Karin Morawetz

Wie auf Wildpferdspuren

1912 - 2004
Lebensweg meiner Mutter in Bayern, Preußen, Polen und Böhmen

Zum Titelbild:
Diese Aufnahme von 1941 zeigt meine Mutter, Anna Thamm, als junge Frau im Alter von 29 Jahren in Posen.

Ohetaler-Verlag
D- 94566 Riedlhütte

Ohetaler-Verlag
D- 94566 Riedlhütte

Impressum

Autorin
Karin Morawetz, Jahnstraße 29, 94209 Regen

Buchlayout und Umschlaggestaltung
Hans Schopf

Herausgeber und **Vertrieb**
Ohetaler Verlag
Kühbergweg 28, D 94566 Riedlhütte
Tel.: 0049(0)8553 97 888 70
Fax: 0049(0)8553 97 888 73
www.ohetaler-verlag.de
e-mail: Ohetaler-Verlag@gmx.de

Inhalt

Für meinen Mann Karsten,
meine Söhne Stefan und Ulrich
und alle,
die meine Mutter schätzten

obwohl das kerzenlicht erloschen ist
seh ich doch noch lang vor mir
was ich in seinem schein
betrachtet habe

Anna Thamm an ihrem 92. Geburtstag am 24.02.2004

Behaltet mich bitte alle so fröhlich in Erinnerung!

Vorwort der Tochter

Beweggründe, die Erzählungen meiner Mutter im März 2004 aufzuzeichnen

Oft erzählt meine Mutter, was ihr während ihres langen Lebens widerfahren ist. Sie kann dabei Ereignisse so eindringlich zu Gehör bringen, als wären sie erst vor kurzem geschehen. Es ist ihr sehnlichster Wunsch, dass ich ihre Erinnerungen aufschreibe.

Meine Mutter wurde am 24. Februar 1912 geboren. Im März 2004, einen Monat nach ihrem 92. Geburtstag, beginnen wir endlich mit der Aufzeichnung ihrer Erinnerungen. Angesichts ihrer ungewöhnlichen Lebensgeschichte und ihres Alters drängt die Zeit.

Es scheint, dass Mama irgendetwas noch nicht zur Ruhe kommen lässt. Bis jetzt hat sie es nicht ganz geschafft, einen versöhnlichen Schlussstrich unter all ihre Erlebnisse zu ziehen. Immer noch wird sie von den Verletzungen, die ihrer empfindsamen Seele vor vielen Jahren zugefügt wurden, gequält.

Die Rückschau meiner hochbetagten Mutter zu begleiten, helfend auf sie einzugehen und dabei alles Erlebte schriftlich festzuhalten, wird viel Kraft von mir erfordern.

Vielleicht gelingt es ihr dann leichter, lange zurückliegende Vorkommnisse besser zu verarbeiten und inneren Frieden zu finden.

Die Herkunft der Prägungen meines eigenen Lebens werde ich sicher durch notwendiges Nachforschen kennenlernen. Durch dieses Wissen kann ich nur profitieren, denn wer mehr weiß, versteht auch mehr!

Familiäre Situation aus der Sicht der Tochter

1. Unser Leben unweit des Wohnortes meiner Eltern

Gegenseitige Hilfe von Jung und Alt

Meine Eltern wohnen in Bodenmais, ich lebe mit meiner eigenen Familie 14 Kilometer entfernt in der Kreisstadt Regen. Unsere Beziehung ist durch die vielen Jahre, in denen wir in geringer Entfernung fast gemeinsam durchs Leben gehen konnten, sehr eng geblieben. Besonders in den letzten zehn Jahren, in denen sie meiner Betreuung und Pflege immer mehr bedurften, wurde meine Nähe zum entscheidenden Faktor für ihre Lebensgestaltung. Meine 1 ½ Jahre ältere Schwester Annelie hat ihren Lebensmittelpunkt in der Nähe der Stadt Karlsruhe gefunden. Sie entlastet mich, so gut sie es ermöglichen kann.

Von einigen Krankenhausaufenthalten abgesehen, war es meinen Eltern bis zuletzt möglich, wohl versorgt ihren Lebensabend im eigenen Heim zu verbringen. Sie hatten in mir eine zuverlässige Vertrauensperson und Helferin in allen Lebenslagen. Außerdem fungierte ich als ihre Gesellschafterin und Gestalterin von allen Festtagen des Jahres. An meinem eigenen Familiengeschehen konnten sie regen Anteil nehmen und hatten dadurch einen nie versiegenden Gesprächsstoff, wenn sie alleine waren. Was in meiner Familie passierte, erfuhren oder erfühlten sie zwangsläufig, ob wir es wollten oder nicht. Sie wollten gerne hören, womit wir es als jüngere Generation zu tun hatten. Dadurch fühlten sie sich eingebunden und blieben geistig jung. Andererseits hatte auch ich an ihnen eine ebenso liebevolle und zuverlässige Stütze. Vor allem als die Kinder klein waren und ich berufstätig war, kam es oft vor, dass Mama als Nothelferin einsprang.

Mein Mann Karsten wurde von meinen Eltern wie ein Sohn behandelt. Auch er begegnete ihnen stets mit Zuneigung und Respekt. Dank der gegenseitigen Achtung kam es nie zu ernsthaften Konflikten zwischen ihnen.

2. Begleitung meiner Eltern in Krankheit und Alter Fahrten zur Pflege ab 1994

Das gewohnte Leben bekam 1989 eine jähe Wendung. Mit 77 Jahren erlitt mein Vater einen folgenschweren Schlaganfall. Er konnte weder sprechen noch sich orientieren. Die Ärzte gaben keine ermutigende Prognose und verwiesen auf das fortgeschrittene Alter des Patienten. Die Suche nach einem Pflegeheim wurde uns ans Herz gelegt, falls er überleben und sein Zustand andauern würde. Obwohl wir einerseits auf Besserung hofften, rechneten wir andererseits mit dem Schlimmsten. Unsere Familie erlebte in der Sorge um sein geliebtes Oberhaupt eine bedrückende Zeit.

Trotz der wenig ermutigenden Aussicht auf Genesung konnte Papa nach wenigen Wochen nach Hause entlassen werden. Es grenzte an ein Wunder. Meine Mutter glaubte unerschütterlich an Papas Genesung und päppelte ihn nun mit all ihrer Energie Tag für Tag wieder auf. Dank ihrer Zuwendung verbesserten sich allmählich seine sprachlichen und motorischen Fähigkeiten. Einige Monate später war er sogar wieder fähig, mit dem Auto Besorgungen zu erledigen. Er sprach aber fortan nur wenig, lachte selten und war nervlich nicht mehr belastbar. Wenn Besuch kam, ermüdeten ihn die hin- und hergehenden Gespräche schnell. Nach dem gemeinsamen Essen zog er sich deshalb meist zurück, um sich auszuruhen. Mama fand sich damit ab. Sie war froh, ihren geliebten Mann überhaupt noch um sich haben zu können und nahm ihren noch stiller als vorher gewordenen Mann so, wie er nun geworden war. Wenn auch Sprachzentrum und Psyche in Mitleidenschaft gezogen wurden, so konnte er doch trotz der Einschränkungen wieder seinen Platz im Familienverband einnehmen.

Das Pilzesuchen war Papas große Leidenschaft geblieben. Wenn er im Wald war, kam er manchmal nicht rechtzeitig zum Mittagessen nach Hause. Dann stand Mama Höllenängste aus. Telefonisch versuchte ich sie zu beruhigen, bis das bekannte Motorengeräusch von Papas Auto die Erlösung brachte. Nach seiner verspäteten Rückkehr musste sich Papa eine gehörige Standpauke anhören. Mama erleichterte ihr aufgebrachtes Gemüt auf diese Weise. Papa ließ den Wortschwall schweigend über sich ergehen. Er wusste ja, dass die Angst um ihn der Grund war. Meistens begab er sich danach wortlos zu seinem Lieblingsplätzchen im Garten, seinem kleinen, grün gestrichenen Gartenhäuschen unter hohen Apfelbäumen. In früheren Jahren hatte er es selbst gezimmert. Mit den zwei kleinen Fenstern, den weißen Läden und den rot blühenden Geranien in den schmalen Blumenkästen sah das Häuschen im Sommer sehr malerisch aus. Vom Haus aus war der höher gelegene Garten über acht Granitstufen zu erreichen.

Sie waren ein großes Hindernis für Mama, da sie an Kniearthrose litt. Papas Reich blieb für sie somit unerreichbar und er hatte entsprechend seinem Bedürfnis eine stille Oase ganz für sich allein.

Er konnte auf einer Liege im Häuschen bei geöffneter Türe im Schatten der Obstbäume entspannen, den geliebten Wald sehen, sein beruhigendes Rauschen hören und sich am munteren Vogelgezwitscher erfreuen. Hier war er sich selbst genug. Das war alles, was ihm noch wichtig war. In seiner überschaubaren, kleinen Welt, abgeschirmt von allem, was ihn belastete, fühlte er sich wohl. Neben dem Gartenhäuschen stand noch eine kleine Werkstatt, in der er kleinere Reparaturen auf seiner alten, selbst gezimmerten Hobelbank vornahm. Papa konnte geschickt mit verschiedenen Materialien, besonders Holz, umgehen. Seine Fähigkeit, alte, kaputte Dinge wieder gebrauchstüchtig zu machen, war erstaunlich und zeugte von ungebrochener Kreativität.

So verbrachte er noch sieben Jahre nach seinem Schlaganfall mit Ruhen und Werkeln, so wie es ihm gut tat.

Ein Jahr nach Papas Schlaganfall, stellte der Arzt Prostata- und Blasenkrebs fest. Eine Operation wurde aber nicht mehr vorgenommen, weil das Herz schon sehr schwach war und das Risiko zu hoch erschien. Alle vier Wochen bekam er bis zum Tod 1997 vom Hausarzt als Therapie eine Spritze. Ab 1994 habe ich meine 82-jährigen Eltern in ihrem Haus intensiver betreut. Bis dahin kamen sie noch halbwegs selbst zurecht. Jetzt konnte Mama den Haushalt nicht mehr alleine schaffen und war zusammen mit Papa mehr und mehr auf meine Pflege angewiesen.

Beginnender Abschied von Papa

Papa erlitt im Frühsommer 1996 einen Herzinfarkt. Er fühlte sich schlecht, ließ aber davon nichts verlauten, da er nicht ins Krankenhaus wollte. Der Hausarzt respektierte den Wunsch seines 84-jährigen Patienten. Im Oktober verschlechterte sich sein Zustand und eines Nachts bekam er kaum noch Luft. Mama fand Papa frühmorgens im Wohnzimmer auf der Couch liegend vor. Stockend erzählte er, dass er ihren Schlaf nicht stören wollte und deshalb das Schlafzimmer verlassen hatte. „Noch so eine Nacht werde ich nicht überleben!“, meinte er.

Ganz aufgelöst rief mich Mama an und erzählte, dass es Papa schlecht gehe. Ich informierte sofort den Hausarzt und fuhr nach Bodenmais. Als ich am Haus ankam, war er schon da und untersuchte Papa. Nun half es nichts mehr, Papa musste doch ins Krankenhaus. Der Sanka kam bald und schweren Herzens winkten Mama und ich Papa nach. Nachdem ich Mama beruhigt hatte, fuhr ich ins Krankenhaus nach Zwiesel. Papa lag auf der Intensivstation und schlief. Jetzt konnte ich nichts für ihn tun und fuhr wieder zu Mama. Traurig und verloren saß sie auf ihrer Couch im Wohnzimmer und blickte auf die leere Liege gegenüber. Wie fröhlich hatten wir noch den gemeinsamen 84. Geburtstag meiner Eltern im Februar gefeiert! Nun beschlich uns die beklemmende Ahnung des beginnenden Abschieds von unserem Papa. So zerknirscht konnte ich Mama nicht sich selbst überlassen. Ich packte das Nötigste in eine Tasche, leerte den Kühlschrank und ging prüfend durch das Haus. Dann fuhren wir in unser Haus in Regen.

Karsten und ich fassten schon vor längerer Zeit den Entschluss, die Eltern im Alter in unser Haus aufzunehmen. Bereits vor einigen Jahren bauten wir deshalb im Dachgeschoß eine komplette, gemütliche Wohnung mit allen Annehmlichkeiten für sie aus. Hier konnte Mama jetzt gut bleiben.

Betreuung meiner Eltern in unserem Haus in Regen

Da ich hoffte, Papa bald aus dem Krankenhaus holen zu dürfen, veranlasste ich, dass ein Pflegebett ins Wohnzimmer der Eltern gestellt wurde und alle nötigen Pflege- und Hilfsmittel im Bad der kleinen Wohnung vorhanden waren. Als eine urologische Untersuchung veranlasst wurde und sich herausstellte, dass sich der Prostatakrebs nun auch zur Blase hin ausgedehnt hatte, war diese Diagnose niederschmetternd für uns.

Nach vier Wochen im Krankenhaus durften wir Papa zu uns nach Hause bringen lassen. Die zunehmende Bettlägerigkeit und das zeitaufwendige Eingeben von Flüssigkeit und Nahrung, bedingt durch die massiven Schluckbeschwerden, erforderten einen großen Pflegeaufwand.

Drei Monate lang, von Oktober bis Weihnachten 1996, pflegte ich Papa mit großer Hingabe.

Meiner Mutter ging die Krankheit mit Papa über ihre körperlichen und seelischen Kräfte. Sie fühlte deutlich den allmählich entschwindenden Halt in ihrem Leben und hatte Angst vor der Zukunft.

Erschwerend kommt hinzu, dass sie sich in der neuen Wohnung auch nicht einleben konnte und Heimweh bekam. Es war abzusehen, dass ihr die Übersiedlung in unser Haus nicht so leicht glücken würde.

Kurz vor Weihnachten verschlechterte sich Papas Zustand erneut. Er musste wieder ins Krankenhaus gebracht werden.

Rückkehr meiner Eltern in ihr eigenes Heim in Bodenmais

Mama hielt ohne Papa nun nichts mehr daran zurück, sich mit ihren Sachen wieder in ihr eigenes Heim nach Bodenmais fahren zu lassen. Als sie über die Schwelle trat, atmete sie tief ein. Da war der heimelige Geruch des Hauses, da standen ihre altvertrauten Möbel und alle Dinge hatten ihren gewohnten Platz! Das war ihr Reich! Das wollte sie nicht gegen ein anderes eintauschen und sei es auch noch so schön.

Hier fühlte sie sich so frei, wie ein Wildpferd in der Steppe.

Mama klammerte sich nun an die Hoffnung, dass ihr Leben wieder in gewohnten Bahnen verlaufen würde, sobald Papa aus dem Krankenhaus zurückkäme. Welche Tragweite das Festhalten an der vertrauten Umgebung für ihre eigene Versorgung und die Pflege Papas hatte, war ihr nicht voll bewusst. Sie vertraute darauf, dass alles schon irgendwie weitergehen würde.

Nun ließ ich alle Pflegehilfsmittel von Regen nach Bodenmais bringen.

Nach Neujahr wurde Papa mit dem Sanka vom Krankenhaus nach Hause gebracht.

Meine Schwester Annelie war in den Weihnachtsferien für ein paar Tage aus Karlsruhe gekommen. Als sie wieder nach Hause fuhr, war sie erleichtert darüber, dass ich die Verantwortung für unsere Eltern bezüglich Versorgung, Pflege und ständiger Erreichbarkeit übernahm.

Ich musste es akzeptieren, dass Mama in ihrem Haus bleiben wollte und ich konnte sie mit dem schwerkranken Papa nicht alleine lassen.

Meine erneuten Fahrten zur Pflege nach Bodenmais

Meine Mutter und ich pflegten Papa in Bodenmais ab Januar 1997 bis zu seinem Tod im Mai. Das waren sechs sehr aufreibende Monate. Zu jeder Tages- und Nachtzeit war ich erreichbar und gewärtig, gleich losfahren zu müssen. Es kam auch vor, dass ich nachts einen Anruf von Mama bekam. Dann musste ich mich rasch auf den Weg machen. Ich setzte meine ganze Energie für meine Aufgabe ein. Dank eines früheren Lehrganges für häusliche Krankenpflege und aller nötigen Hilfsmittel des Sanitätshauses konnte ich diese Arbeit leisten.

Mama hoffte weiterhin, dass sich Papas Zustand bessern würde und wollte seinen Verfall nicht wahrhaben. Ich versuchte, sie schonend auf sein wahrscheinlich baldiges Ableben vorzubereiten.

Eines Tages sprach Papa seinen innigsten Wunsch aus. Er wollte gerne in seinem Gartenhäuschen nachschauen. Ich beteuerte ihm jedoch, dass es ihm dazu erst besser gehen müsse.

Es schien mir aber unwahrscheinlich, dass es seine körperliche Verfassung noch erlauben könnte. Papa war schon sehr schwach und vermochte sich kaum noch allein auf den Beinen zu halten. Welche Flügel aber der letzte Wunsch einem Sterbenden verleihen kann, davon konnte ich mich bald selbst überzeugen.

Abschied Papas von seinem Lieblingsort

Es war am frühen Morgen des Ostersamstages 1997. Ein Graupelschauer fegte gerade über Bodenmais, es war nasskalt und windig. Mama schlief noch. Als der Sohn des Nachbarn in sein Auto steigen wollte, hörte er leise Hilferufe. Als er nachsah, wo sie herkämen, bemerkte er Papa vor dem Gartenhäuschen am Boden liegend. Gemeinsam mit seinen Eltern brachte er meinen erschöpften, durchnässten, alten Vater ins Haus und weckten dabei Mama. Sie erschrak fast zu Tode. Als sie Papa mit Hilfe der Nachbarn mit Wärmflasche und Decke auf die Couch gebettet hatte, rief sie uns gleich an.

Sofort verständigten wir den Notarzt und fuhren umgehend nach Bodenmais. Der Arzt stellte aber glücklicherweise keine Unterkühlung oder schlimmere Verletzung fest. Lediglich ein Bluterguss am Bein war zu sehen.

Papa hatte sich im Morgengrauen aufgemacht, nur mit seinem Schlafanzug bekleidet und mit Pantoffeln an den Füßen, seinen Lieblingsplatz aufzusuchen. Er hatte sich irgendwie ganz allein über die Gartentreppe hinaufgeschleppt und war erst vor dem Häuschen zusammengebrochen. Gut, dass seine Hilferufe vernommen wurden.

Mit gespielter Entrüstung fragte ich Papa, als er auf der Couch in Decken gehüllt lag: „Was hast du denn um Gotteswillen bei diesem schauderhaften Wetter im Garten gesucht? Wie bist du denn überhaupt dort hinauf gekommen?“

Mit einem spitzbübischen, glücklichen Lächeln antwortete er leise: „Ich habe mich gut gefühlt.“

Er strahlte eine große Zufriedenheit aus. Wir konnten ihm trotz des Schreckens, den wir ausgestanden hatten, nicht mehr böse sein. Es blieb uns ein Rätsel, wie er allein über die Treppe zum zwanzig Meter entfernten Gartenhäuschen gekommen ist. War es die Todesahnung, die ihm unerklärliche Kräfte verlieh, von seinem Lieblingsplatz Abschied zu nehmen?

Papas Angst

Am Ostersonntag früh, einen Tag nach Papas Abschied von seinem Lieblingsplatz, rief Mama wieder bestürzt bei uns an. Papa bekäme keine Luft, jammerte sie. Ich rief den Arzt an und wir fuhren sofort los nach Bodenmais. Als wir ins Wohnzimmer kamen, hörten wir, wie Papa keuchend nach Luft rang. Schnell telefonierten wir nochmals den Arzt an und schilderten die akute Situation. Er kam bald und gab Papa eine Spritze. Dann setzte er sich an sein Bett.

Papa aber keuchte weiter und riss angsterfüllt seine Augen weit auf. Das ging so etwa noch eine halbe Stunde. Wir glaubten fest, dass das Ende nicht mehr weit sei und waren ganz aufgelöst. Mama weinte und jammerte fortwährend: „Papa, lass mich noch nicht allein! Ich bin ja nichts ohne dich. Ich habe ja nur dich.“ Sie konnte ihn noch nicht gehen lassen. Und er konnte auch noch nicht von ihr gehen, so wie er dagegen ankämpfte.

Der Arzt entschloss sich, Papa nochmals eine Spritze zu geben. Nun wurde er langsam ruhiger. Daraufhin ging der Arzt nach Hause und versprach, etwas später nochmals nachzusehen. Unterdessen atmete Papa wieder entspannt und wir waren erleichtert. Bald darauf klopfte der Arzt an die Türe. Als ich sie öffnete, sah er in meine verweinten Augen. Er gab mir seine Hand und sprach mir leise sein Beileid aus. „Er lebt noch, Herr Doktor.“, flüsterte ich erschrocken. Erstaunt trat er ans Krankenbett meines Vaters und war offensichtlich verwundert und zugleich erleichtert, dass Papa den Anfall überstanden hatte.

Nun folgten noch vier Wochen bis zum endgültigen Abschied, ein wenig Zeit, die sich Mama von Papa erbettelt hatte. Er wurde aber von Woche zu Woche immer schwächer und aß und trank nur noch wenig. Nach drei Wochen mussten wir Papa schweren Herzens ins Krankenhaus bringen lassen. Die intensive Pflege, die mein herz- und krebskranker Vater jetzt bei Tag und bei Nacht brauchte, konnten wir nach einem halben Jahr der häuslichen Bemühungen nicht mehr erbringen.

Noch eine Woche besuchten wir Papa täglich im Krankenhaus. Ich bemerkte, dass er mit jedem Tag mehr verfiel. In Papas klein und spitz gewordenem Gesicht und seinen in tiefen Höhlen liegenden Augen sah ich untrüglich, dass der Sterbeprozess begonnen hatte.

Mama schien auch das noch nicht wahrzunehmen. Meine Andeutungen wollte sie einfach nicht verstehen. Sie versuchte vergeblich, Papa noch im Krankenhaus mit Grießbrei, zu füttern, obwohl er in den letzten Tagen ja gar nicht mehr schlucken konnte.

3. Papas Tod am 09.05.1997

Mamas Zeit danach

Papas letzte Stunden

Am 09. Mai 1997 wurde ich kurz vor fünf Uhr morgens vom Krankenhauspfleger angerufen. Er berichtete, dass sich Papas Zustand verschlechtert habe. Die so genannte „Schnappatmung" habe eingesetzt. Auch Mama und Annelie, die mit ihrer Familie zu Besuch war, wurden informiert.

Ich setzte mich umgehend ins Auto und fuhr los, um bei meinem sterbenden Papa zu sein. Beim Fahren wurde mir bewusst, dass ich auf dem Weg war, eine neue Erfahrung zu machen. Jetzt war es also so weit, Papa sterben zu sehen! Gelassen ging ich meinen wehmütigen Gedanken nach und fühlte eine seltsame Innerlichkeit angesichts des anbrechenden Tages.

Am Horizont schickte die aufgehende Sonne ihre rötlichen Strahlen voraus, kühl und frisch lagen die Wiesen und Felder in der Morgendämmerung. Im dunkelgrünen Wald, durch den die Straße führte, würden bald die Vögel erwachen und mit ihrem Zwitschern einen neuen Tag begrüßen. Für Papa würde es wahrscheinlich der letzte sein.

Diese morgendliche Stimmung hatte es meinem Vater immer so sehr angetan. Er stand gerne früh auf, um Pilze oder Beeren zu sammeln und im Wald herumzustreifen. Während ich in Papas altem Auto auf dem Weg ins Krankenhaus unterwegs war, konnte ich mir gut vorstellen, dass er sich gerade diese Tageszeit zum Sterben ausgesucht hatte.

Mit festen Schritten begab ich mich gegen 5.30 Uhr zum Krankenlager meines Vaters. Er lag ruhig da und atmete flach. Seine Augen waren unentwegt auf das seitliche Fenster gerichtet. Ich setzte mich auf die rechte Bettkante und hielt Papas Hand, während ich leise das Vaterunser und andere Gebete sprach.

Bald darauf kam Karsten. Er setzte sich auf die linke Seite des Bettes und ergriff behutsam Papas Hand. Der Ernst der Stunde war uns beiden bewusst.

Ruhe und Frieden ging von Papa aus. Sein Anblick rührte mein Herz. Ich streichelte seine Hände, seine Wangen und küsste immer wieder sein vom nahen Tod gezeichnetes Gesicht. Dabei dankte ich ihm für all das Gute, das er für uns je getan hatte und versprach ihm, für Mama zu sorgen, so gut wir dazu fähig wären.

Gegen sechs Uhr verfärbten sich Papas Fingernägel bläulich. Auf seinen Beinen zeigten sich rötliche Flecken.

„Schau mal, Karsten, jetzt bekommt der Opa ganz blaue Fingernägel.“, sagte ich erstaunt und fuhr in der Betrachtung fort.

„Jetzt hat der Opa aufgehört zu atmen.“, sprach Karsten kurz darauf leise zu mir herüber.

Der plötzliche Atemstillstand schreckte mich auf, obwohl ich jeden Moment darauf gefasst war.

Ich beugte mich über Papa und flüsterte ihm ins Ohr: „Papale, jetzt hab ich deinen letzten Schnaufer net gsehn. Ach, schnauf doch noch amal für mich.“

Ich sprach die schier unerfüllbare Bitte spontan aus, weil es immer mein Herzenswunsch war, meinen Vater bis zum „letzten Atemzug“ zu begleiten. Und nun sollte ich diese kleine Weile verpasst haben?

Den Augenblick in Worte fassen, als Papa tatsächlich wieder zu atmen begann, ist schwer. Einmal, zweimal, dreimal hauchte Papa seinen Atem deutlich vernehmbar aus. Nach dem dritten Atemzug neigte er ein wenig den Kopf zur Seite, schloss Mund und Augen, die in den letzten Stunden offen standen. Zuletzt huschte über seine friedlichen Züge ein zartes Lächeln. War es nicht dasselbe feine Lächeln, mit dem er uns immer vor unserer Heimfahrt verabschiedete? Dieses Zeichen der Zuneigung eines Menschen, der seine Gefühle meistens nur sehr zurückhaltend preisgab, beschenkte mich mit dem wertvollsten Andenken an meinen Vater.

Still lag er nun da. Er hatte seinen Lebenslauf am 09.05.1997 um 6.20 Uhr würdig und gelassen beendet. Trotz unseres Schmerzes gewahrten wir einen geheimnisvollen Frieden im dämmerigen Sterbezimmer.

Wir haben erfahren, welch großes Geschenk eine „gute Sterbestunde“ bedeutet und wie erstrebenswert es ist, für sich selbst und andere eine solche zu erhoffen.

Kurz nach Papas letztem Atemzug betrat Mama mit Annelie und ihrer Familie, die am Tag zuvor angereist war, das Sterbezimmer. „Papa ist gerade gegangen.“, flüsterte ich ihnen entgegen. Fassungslos blickten sie auf Papa, der reglos und bleich im Kissen lag.

Wir trauerten gemeinsam um unseren guten Papa und Opa. Jedes Familienmitglied nahm auf seine Weise Abschied von Papa. Zwei Stunden durften wir im Zimmer bleiben.

Dann kamen zwei Krankenschwestern ins Zimmer. Sie taten, was notwendig war. Jetzt verhüllte Papa ein Laken. Er wurde hinausgeschoben. Ich legte eine Hand auf Papas Schulter und ging neben der Bahre her. Die Schwestern sahen mich verwundert an. Unbeirrt blieb ich aber an seiner Seite, bis wir aus dem Zimmer kamen und nach dem Weg durch den Flur und der Fahrt mit dem Aufzug den Leichenraum erreicht hatten. Jetzt legte ich beide Hände einige Augenblicke lang auf Papas Kopf. Mit dieser segnenden Geste verabschiedete ich mich von meinem Vater. Monatelang hatte ich ihn gepflegt. Nun musste ich ihn loslassen. Geholfen hat mir, dass ich sehen konnte, wo er sich in den nächsten Stunden befand. Dadurch konnte ich einen weiteren, für mich persönlich wichtigen Schritt des Abschieds von meinem Vater gehen.

Mamas Verfassung als Witwe

Sieben Jahre sind seit Papas Tod nun vergangen. Auch wenn Mama im Herzen tief traurig über seinen Verlust blieb, bewältigte sie doch den tiefen Lebenseinschnitt und die zehrende Trauerzeit zufriedenstellend. Das Leben im eigenen Haus, das ihr so viel bedeutete, hat sicher auch dazu beigetragen.

Mamas jahrelange schwere Gehbehinderung und ihre Gelenkschmerzen haben ihre Lebensqualität aber schon beträchtlich eingeschränkt.

Was gibt ihr die Kraft, das so enorm eingeschränkte Dasein so lange zu ertragen?

Kraft und Mut, ihren beschwerlichen Alltag zu meistern, schöpft sie immer wieder aus ihrer Familie. Freude bereiten ihr unsere Besuche und die unzähligen Telefongespräche fast zu jeder Zeit. Ich muss Mama immer mehr von meiner Kraft abgeben. Durch unsere enge Verbindung zueinander erkenne ich rasch ihre Stimmungen und weiß, wie ich sie bei Schwermut wieder zum Lachen bringen kann. Oft kommen auch heftige Wortwechsel vor, denn wir sagen uns gegenseitig ehrlich unsere Meinung. Wir reden über alle möglichen Vorkommnisse, freudige oder traurige, feinsinnige oder gewöhnliche. Interessanter Gesprächsstoff bietet sich für uns immer.

Mein Mann und ich besuchten Kurse für häusliche Pflege und Altenpflege und ließen uns zu Hospizhelfern ausbilden. Dadurch gelingt es uns, besser mit den zunehmenden Altersgebrechen meiner Mutter umzugehen.

4. Art und Weise der Aufzeichnungen mit meiner Mutter

Zunächst muss ich noch ein technisches Problem lösen: Wie stelle ich es an, alle Informationen festzuhalten? Es muss flott gehen, denn Mamas Redefluss ist sehr schnell. Ihr Erzähltempo mit meinen Aufzeichnungsmöglichkeiten, der Schreibmaschine oder mit Kurzschrift, zu koordinieren, brachte nicht viel Erfolg. Einfügungen waren nicht gut möglich.

„Am besten wird es sein, ich leihe mir einen Laptop. Damit kann ich bei Mama sitzen, die Erinnerungen behutsam antippen, erfragen und dann gleich aufschreiben.“, dachte ich mir.

Unser Nachbar, dem ich hiermit herzlich danke, stellte mir auf meine Bitte hin ein Gerät zur Verfügung. Später kaufte ich mir selbst einen Laptop.

Anfangs hatte ich Schwierigkeiten, die Kenntnisse aus Computerkursen in die Praxis umzusetzen. Meine Fertigkeit wuchs jedoch mit den Anforderungen. Meine Unsicherheit verringerte sich langsam. Ich konnte das Erzählte an Ort und Stelle immer besser niederschreiben, dabei nachfragen, berichtigen, ergänzen und schließlich speichern.

Unterstützung durch meinen Mann

Das Schreiben beansprucht meine ganze Kraft und nimmt beinahe die gesamte Besuchszeit ein. Mir wird klar, dass ich ohne meinen verständnisvollen Mann diesen zeitlichen Aufwand nicht durchhalten würde. Er aber schätzt das Anliegen meiner Mutter auch so hoch ein, dass er mich darin unterstützt, es in die Tat umzusetzen. Deshalb übernimmt Karsten für mich die Hausarbeiten bei Mama. Er zeigt Verständnis, wenn ab und zu meine Kräfte aufgezehrt sind. Bei der langjährigen Betreuung meiner Mutter, den Verrichtungen im Haus und Garten ließ er mich auch schon nicht allein. Das möchte ich an dieser Stelle besonders hervorheben. Mama hat Recht, wenn sie von Karsten sagt: „Er ist ein guter Mann." Ihm danken wir von Herzen für die vielen selbstlosen Dienste!

Mit Mamas Hilfe konnte ich Fachlehrerin für Hauswirtschaft und Handarbeit werden. Als Lehramtsanwärterin lernte ich bei den Kegelnachmittagen der Junglehrer in Regen meinen Mann kennen. Gemeinsam konnten wir eine solide Basis für unsere Familie schaffen. Daran denke ich oft und werde nie vergessen, wem ich all das zu verdanken habe.

5. Schilderung meiner Schreibarbeit im März 2004 in Bodenmais

Voller Eifer und mit ein wenig Stolz, dass ich mir diese verantwortungsvolle Aufgabe zutraue, beginne ich am 24. März 2004 zusammen mit meiner Mutter endlich mit dem Schreiben.

Vorher trinken wir noch Kaffee und essen den von mir gebackenen, nahrhaften Gugelhupf mit vielen Rumrosinen, den sie so sehr liebt. So gestärkt, sitzen wir uns nun einige Stunden lang gegenüber. Mama sitzt auf ihrer Eckbank und stützt sich mit den Unterarmen auf den Tisch. Die kleine, rundliche Frau mit den weißen, kurz geschnittenen Haaren ist aufgeräumt und glücklich.

Nun beginnt sie eifrig zu erzählen. Manchmal lehnt sie sich zurück und gestikuliert mit den Händen, als würde sie dirigieren. Ihre Wortwahl ist überaus treffend und verblüfft mich immer wieder aufs Neue. Mit ihren leuchtenden, blassblauen Augen schaut sie mich spitzbübisch an, wenn ich mit dem Schreiben nicht nachkomme.

Öfter gerate ich in Bedrängnis, weil ich nicht so schnell schreiben kann, wie sie spricht. Hin und wieder kämpfe ich laienhaft mit den Tücken des Laptops. Ein einziger, unbedachter Tastendruck lässt plötzlich alles verschwinden! Mama erzählt unentwegt weiter, während ich das zuvor Geschriebene verzweifelt im Laptop suche. Ich bemühe mich, mir meine Unsicherheit nicht allzu sehr anmerken zu lassen und probiere verschiedene Klicks aus. Schließlich finde ich den Text doch wieder wie durch eine glückliche Fügung! Ich verberge meine große Erleichterung genau so verschämt wie mein großes Missgeschick zuvor und bitte Mama gefasst um die Wiederholung ihrer letzten Geschichte. Sie erzählt erneut mit derselben Genauigkeit wie zuvor. Keine Einzelheit lässt sie aus, keine charakteristische Besonderheit vergisst sie.

Nach einer Sitzung von zwei bis drei Stunden sind wir beide erschöpft. Mama hat dann ihr Tagwerk vollbracht. Ich benötige hingegen zu Hause nochmals dieselbe Zeit, um den Text auf meinem PC zu überarbeiten. Zum besseren Einfühlen in die jeweiligen Ereignisse von damals füge ich zu Mamas Erlebnissen nach und nach noch die geschichtlichen Hintergründe ein.

Nun beginnt meine 92-jährige Mutter zu erzählen:

Hauptteil

Freude darüber, bei den Aufzeichnungen meiner Tochter Lebensrückschau halten zu können

Warum mir dabei hin und wieder der Vergleich mit einem Wildpferd einfällt

Beim Aufschreiben meiner Lebensgeschichte im März 2004

Nun bin ich 92 Jahre alt. Nach einigen vergeblichen Anläufen fangen meine Tochter Karin und ich heute an, meinen Lebensweg aufzuschreiben. Ich bin froh darüber und hoffe, für das anstrengende Vorhaben bis zuletzt noch genügend Kraft zu besitzen.

Nun wird Karin meine Gedanken, die mich seit vielen Jahren nicht loslassen, in dieses kleine Gerät vor mir hineinschreiben und ihnen eine Heimat geben.

Meine Tochter klappert darauf manchmal ein wenig hilflos herum. Aber wir kommen dennoch gut voran. Da mir die Zeit schon zwischen den Fingern zu zerrinnen scheint, hoffe ich, dass sie noch ausreicht, die wichtigsten Erinnerungen festzuhalten. Viele Menschen haben mich in der Vergangenheit schon dazu ermuntert, meine Erzählungen zu Papier zu bringen. Leider fehlte mir bis heute die Ausdauer für dieses langwierige Unterfangen. Diesen wohlwollenden und mich immer wieder ermunternden Zuhörern danke ich für ihre Wertschätzung.

Meine Erinnerungen gehen bis zum Jahr 1916 zurück. Deshalb kann ich mich noch gut an die beschwerlichen Lebensumstände der Bevölkerung im Bayerischen Wald, meiner Heimat, erinnern. Mit diesem Wissen kann ich Verständnis für die Handlungsweisen jener Menschen aufbringen, die in meinen Erzählungen vorkommen. Ich bewundere unsere Vorfahren, die nicht mit sichtbarem Reichtum gesegnet waren, aber unseren heutigen, beliebten Kultur- und Erholungsraum mit ihrer Hände Arbeit mühsam gestaltet haben. Ihre Zähigkeit, mit der sie die Auslese ihres harten Lebens durchgestanden haben und die Kraft, mit der sie vielfältige Werte schaffen konnten, ist nicht verloren. Sie schlummert noch in unseren Genen!

In diesem Zusammenhang liegt mir der Vergleich mit Wildpferden nahe. Ich verehre diese widerstandsfähigen Tiere, weil sie in freier Natur mit ihrem Herdeninstinkt anspruchslos und anpassungsfähig sind. Ausdauernd und robust trotzen sie seit Jahrtausenden den unwirtlichsten Witterungsbedingungen. Sie überleben sowohl in Gebieten mit schneereichen und kalten Wintern als auch heißen und trockenen Sommern. Die erfahrene Leitstute führt die Gruppe auf ihrer Wanderung an, der wachsame Hengst folgt ihr als Beschützer zuletzt. Gemeinsam sind die Tiere sehr stark und können sich sogar gegen Wölfe erfolgreich zur Wehr setzen!

Vergleichbares gibt es auch in meinem Leben.

Wer die folgenden Texte liest, wird bestimmt einige typische Wildpferdspuren finden.

Erlebnisse und Erinnerungen aus meinem langen Leben

Teil I: Meine Herkunft, Kindheit und Jugendzeit

1. Meine Mutter

Ihre Heimat in Pirka bei Viechtach

Meine Mutter, Maria Kopp, wurde am 28.10.1891 in Pirka, Gemeinde Blossersberg, Kreis Viechtach, auf dem Gehöft ihrer Eltern geboren. Sie wuchs auf dem Hof ihrer Eltern auf und blieb nach der Schule zu Hause, um ihrer Mutter bei der Haus- und Stallarbeit zur Hand zu gehen. Ihre Mutter und Großmutter waren Töchter von Kleinlandwirten aus Dörfern im Kreisgebiet. Ihr Vater und Großvater verdienten sich neben ihrer kleinen Landwirtschaft noch ein geringes Zubrot als Bauernmusiker. Sie spielten mehrere Instrumente und waren gesellige Akteure bei allerlei Festen ringsum.

Junge Liebe, versagter Heiratswunsch, Sohn Georg

Als 19-jähriges Mädchen lernte meine Mutter einen sehr ansehnlichen Bauernburschen aus der Umgebung kennen. Erst blieb es bei scheuen Blicken. Dann gingen sie wie zufällig nach dem Kirchgang ein Stück nebeneinander her. Später trafen sie sich nach der Maiandacht mit den anderen jungen Leuten am Dorfanger. Nach und nach suchten und fanden sie lauschige Plätze, wo sie verhaltene Zärtlichkeiten austauschten. Die Liebe fing in den beiden jungen, unerfahrenen Menschen zu keimen an. Im Verlauf des Sommers wurden sie immer vertrauter miteinander und dann geschah es, dass Liebe und Leidenschaft aufloderten. Vorbei waren alle Warnungen der Eltern und abschreckenden Beispiele der in Schande Geborenen! An verschwiegenen Plätzen liebten sie sich und tauschten Gefühle aus, die sie bisher noch nicht gekannt hatten. Um sie herum war nichts mehr von Bedeutung. Es zählte nur noch der nächste Tag des Wiedersehens am heimlichen Treffpunkt außerhalb des Dorfes. Wie schön konnte das Leben sein! Was war verkehrt daran? Sie wussten zwar, dass es verboten war, was sie taten, aber sie waren nicht mehr im Stande, es nicht zu tun. Endlich gab es einen Menschen, der nur ihnen zugetan war. Wie lange war es her, dass sie liebkost und gestreichelt wurden, ihnen ein zärtliches Wort ins Ohr geflüstert wurde? Eine Ewigkeit war es her, als die Mutter ein paar Tage im Kindbett lag und nur Augen für das Neugeborene haben durfte.

Einen einzigen schönen Sommer lang dauerte das Glück der Liebenden. Wie auf Wolken meinten sie zu schweben, ob bei den Arbeiten im Haus, auf dem Feld oder im Stall. Nach ein paar Monaten aber trat ein, wovor die Erwachsenen immer mit allen schrecklichen Beispielen gewarnt hatten. Meine Mutter bemerkte, dass sie schwanger geworden war. So viel wusste sie ganz sicher, denn bei den jungen Mädchen waren die „Zustände" bei einer Schwangerschaft schon immer ein beliebtes Thema, das unter vorgehaltener Hand ausgebreitet wurde. Natürlich konnte meine Mutter ihre Erkenntnis nicht für sich behalten und sprach mit ihrem Geliebten über ihre Situation. Beide spürten, dass nun eine neue Phase ihrer Liebe bevorstand. Was tun die anderen jungen Leute in ihrer Lage? Ja, sie heiraten. Genau das wollten sie auch tun.

Beim nächsten günstigen Zeitpunkt, das heißt, als der Mut größer als die Furcht war, machte sich der Bursche auf den Weg. Er ging zu den Eltern des Mädchens. Mit ungeschickten Worten ließ er sie wissen, dass er so gerne „ihra Deandl" heiraten möchte. Die Eltern waren nicht ganz überrascht von dem Ansinnen der jungen Leute, da ihnen ihre Liebschaft nicht verborgen geblieben war. Alles Einreden auf ihre Tochter war wie in den Wind gesprochen und verfehlte die Wirkung. Einer Heirat wollten sie aber nicht zustimmen, auch nicht der Schwangerschaft wegen. Es fehlte einfach die nötige Mitgift, und der junge Mann war ebenso mittellos. Niemand konnte so einer Hochzeit zustimmen.

Wie sollte es nun weitergehen? Die Schwangerschaft konnte schon nicht mehr verheimlicht werden und die heimliche Liebe wurde allen offenkundig. Im Dorf wurde getuschelt und die Eltern der beiden Liebenden sparten nicht an groben Worten. Sie verstanden die Welt nicht mehr und fühlten sich, wie wenn sie in einen Abgrund stürzen würden. Obwohl sie sich so sehr liebten, gab es für sie keine gemeinsame Zukunft. Ihnen fehlte das Geld für den Familienstand.

Der junge Mann nahm sich den unerfüllten Hochzeitswunsch mit seiner Liebsten und die Schmach ihrer unehelichen Schwangerschaft so sehr zu Herzen, dass er sich noch vor der Geburt seines Kindes aus Verzweiflung erhängte. Die Liebe konnte ihn nicht davon abhalten, seinem Leben ein Ende zu setzen. Mit der Liebe allein konnte er keine Familie gründen, geschweige denn sie ernähren.

Nun stand die junge Frau, knapp zwanzig Jahre alt, als werdende Mutter alleine da. Sie beweinte jeden Tag den Tod ihres Liebsten und ihr hartes Schicksal, für das Kind in Zukunft alleine den Unterhalt bestreiten zu müssen.

Von der Dorfgemeinschaft war sie als uneheliche Mutter beäugt und beargwöhnt worden. Die früheren Freundinnen fanden keine Geste des Trostes und wichen ihr aus. Im Wirtshaus hatten die Stammtischbrüder neuen Gesprächsstoff. Mit hämischem Gelächter ergötzten sie sich darüber und breiteten das Unglück „einer Solchenen, die so dran war", mit unflätigen Äußerungen aus. Das übliche Geschwätz und Gerede im Dorf hatte willkommene Nahrung bekommen. Sogar der Gang zur Sonntagsmesse wurde für die ledige Schwangere zum Spießrutenlauf. Mutter hatte eine schwierige Zeit zu überstehen. Bis zur Geburt ihres Kindes arbeitete sie so gut sie konnte auf dem Hof ihrer Eltern weiter. Es tat ihr Leid, dass sie ihren Eltern Schande machte.

Als sich der Zeitpunkt der Geburt anzeigte, wurde die Hebamme ins Haus geholt. Sie hatte schon öfter ledige Mütter entbunden und war eine warmherzige Frau. Der Umstand dieser Unglücklichen ließ sie nicht unberührt. Sie tat ihr Möglichstes, ihr während der intimen Situation einer Hausgeburt beizustehen. Sie beruhigte meine Mutter und sprach ihr gut zu.

Von ihr erfuhr sie eine nie erfahrene Anerkennung. Die Hebamme fand es beachtlich, dass sie sich zu dem Kind bekannte und es nicht, wie manche andere Frauen in ihrer Lage, von Kurpfuschern „wegmachen" ließ. Sie erzählte, dass sie sogar schon bei der Geburt eines im Mutterleib getöteten Kindes helfen musste. Meiner Mutter taten die Worte der erfahrenen, weisen Frau gut und sie stärkten ihr Selbstbewusstsein. Ihre gebeugte Seele konnte sich daran wieder aufrichten und ihr Gleichgewicht finden. Mutter gewann neue Zuversicht und es fiel ihr ab jetzt viel leichter, ihr Schicksal anzunehmen.

Sie gebar nach langen Stunden des Wartens auf die Endphase der Geburt hin, in denen eine Wehe die andere ablöst, einen gesunden Sohn. Sein Vater wäre stolz auf ihn gewesen!

Der kleine Junge wurde noch am gleichen Tag getauft. Die Kindersterblichkeit im Säuglingsalter war damals groß und der Glaube, dass ein ungetauft verstorbenes Kind als Heide nicht in den Himmel kommen würde, war tief verankert. Die Großeltern trugen ihren Enkelsohn in die Kirche. Er bekam den Namen Georg und wurde als „uneheliches Kind" in die Taufurkunde eingetragen.

Einige Wochen nach der Geburt des kleinen Schorschi, so nannte Mutter ihren kleinen Schatz, kam ein guter Bekannter ihrer Eltern, ein Viehhändler, in das Gehöft meiner Großeltern. Er kam weit herum und hat so manchen guten Handel eingefädelt. In der Gegend war er als ehrlicher Geschäftsmann bekannt und man konnte ihm trauen. Nach einigen hin und her erzählten Belanglosigkeiten, die ihn sicher machten, dass er die richtige Auswahl getroffen hatte, rückte er mit seinem Anliegen heraus. Er fragte meine Mutter, ob sie nicht auswärts arbeiten wolle. Von ihrer misslichen Lage habe er natürlich gehört, fühle mit ihr und habe sich gedacht, dass sie über ein Stellenangebot froh sein werde. Eine ledige Mutter war immer dem Tratsch im Dorf ausgesetzt und noch dazu eine, dessen Kindsvater sich „wegen ihr" umgebracht hatte. Den Lohn konnte sie ja auch gut gebrauchen, da sie alleine für das Kind zu sorgen hatte. Die besagte Stelle sei nun bei einem verwitweten, älteren und wohlhabenden Bauern in der Nähe von Regen frei, der eine Wirtschafterin suche.

Meine Mutter und ihre Eltern überlegten sich das Angebot und kamen zu dem Entschluss, die Gelegenheit nicht auszuschlagen. Allerdings musste dann der kleine Georg bei den Großeltern bleiben dürfen. Die Entscheidung, ihren Sohn, das Einzige, was ihr von ihrem Liebsten geblieben war, zurücklassen zu müssen, ist meiner Mutter sehr, sehr schwer gefallen. Aber es hilft nichts, Tränen zu vergießen, wenn aus Verantwortung gehandelt werden muss. Sie war schon längere Zeit auf der Suche nach einer Anstellung, jedoch fand sich in ihrer Umgebung keine. Nun war sie froh über das Angebot des Viehhändlers, selbst um den hohen Preis, sich von ihrem Kind trennen zu müssen.

Meine Mutter packte ein paar Kleidungsstücke in eine große Tasche, nahm schweren Herzens von ihrem Schorschi und der Familie Abschied und setzte sich zum Viehhändler auf den Wagen. Das Pferd wurde angefeuert und es ging in Richtung Regen, der ersten Arbeitsstelle meiner Mutter.

Arbeitsstelle in Matzelsried bei Regen

Von Regen führte ein ansteigender Weg hinauf nach Matzelsried, einer vor Jahrhunderten gerodeten und urbar gemachten weiten Kulturfläche unterhalb der Burgruine Weißenstein. Das Pferd musste sich bei dem steilen Stück gehörig anstrengen.

Der Hofhund schlug schon lange bevor der Wagen zu sehen war an und der Bauer wusste, dass Besuch kam. Er hielt Ausschau und sah bald, dass es der Viehhändler mit einer jungen Frau auf dem Wagen war. Freundlich empfing er den Händler auf dem Hof und tauschte mit ihm zunächst Höflichkeiten und Neuigkeiten aus.

Meine Mutter war noch scheu und hielt sich bei dieser üblichen Zeremonie etwas abseits. Ab und zu bemerkte sie musternde Blicke des Bauern auf ihrer schlanken Figur. Als sie vom Händler hinzu gerufen und vorgestellt wurde, reichte ihr der Bauer seine kräftige, knochige Hand und begrüßte sie mit selbstsicherer, tiefer Stimme als seine neue Dienstmagd. Nun sah sie ihm erstmals aus der Nähe ins braungebrannte, von einigen tiefen Falten zerfurchte, freundliche Gesicht, in dem ein beachtlicher Schnurrbart dominierte. Seinen Zügen war die frühere Wohlgestalt noch anzusehen. Unter dem Hut lugten ein paar schüttere, graublonde Haarsträhnen hervor. Er war älter, als ihn sich meine Mutter vorgestellt hatte. Ihr Dienstherr hätte leicht ihr Vater sein können. Trotz seines Alters empfand sie ihn männlich und anziehend. Seine blauen Augen blitzten schelmisch und lebhaft auf, fast wie die eines jüngeren Mannes, als er in das schmale, ernste Gesicht meiner Mutter sah. Es wurde von schwarzen Haaren, die sie zur Zopffrisur geflochten hatte, umrahmt. Vom ersten Augenblick an schienen sich beide nicht abgeneigt zu sein.

Über den Jahreslohn und die betreffenden Tätigkeiten am Hof wurden sie sich schnell einig, denn meine Mutter stellte keine unbotmäßigen Ansprüche. Nun wies sie der Diensther in ihren Arbeitsbereich ein und zeigte ihr das Anwesen.

Bauersleute vieler Generationen haben hier geschickt gewirtschaftet und den Hof im Laufe von Jahrhunderten nach und nach vergrößert. Nun stand der Besitz mit seinem beachtliche Waldbestand, seinen weitläufigen Wiesen, gut bestellten Feldern, den an langen Barrenreihen stehenden, gut gefütterten Kühen, den Kälbern, Ochsen und Pferden in einem Stall mit steinernen Säulen unter dem Kreuzgewölbe, anscheinend in der Blüte.

Reges Treiben herrschte am Hof bei Tag mit dem geschäftigen, fuhrwerkenden Gesinde, den gackernden Hühnern, schnatternden Gänsen und blökenden Schafen. Dazwischen bellte der große Hofhund, der an der Kette am eisernen Laufgestänge um das Haus laufen konnte. Meine Mutter war natürlich sehr beeindruckt von dem Wohlstand, der an ihrer ersten Arbeitsstelle herrschte.

Die Bewohner des Hofes, der älteste Sohn des Bauern, Franz Xaver, seine zukünftige Frau, die zu Besuch da war, und Knechte und Mägde nahmen die neue, junge Dienstmagd beiläufig in Augenschein. Es würde nicht leicht sein, sie mit ihrer Küche zufrieden zu stellen. Auf diesem Hof war man andere Speisen gewohnt als auf dem kleinen Hof bei ihr zu Hause. Einige Vorgängerinnen von ihr sind wohl schon daran gescheitert. Wäre der vermittelnde Viehhändler sonst so weit gefahren, um sie an diesen Ort zu holen? Meine Mutter ließ sich aber nicht einschüchtern und begann gleich im Haus zu arbeiten, wo es nötig war. Hier wollte sie gerne wirtschaften. Sie spürte, dass sie es mit dieser Stelle recht gut getroffen hatte. Offensichtlich war die Ausstattung im Haus dem Hof angemessen, und es fehlte an nichts.

Bald hatte sich meine Mutter auf ihrer Arbeitsstelle eingewöhnt. Von früh bis spät, so wie sie es von zu Hause gewohnt war, sorgte sie für das Hauswesen. Sie wirtschaftete sehr umsichtig und zur Zufriedenheit aller am Hof. Es gab keinerlei Unmutsäußerungen über sie, nur Anerkennung. Der Bauer war erfreut, dass er durch den Viehhändler endlich zu so einer guten Wirtschafterin gekommen war.

Da bekanntlich die Liebe durch den Magen geht, war der ältere Herr mehr und mehr von der jungen, schwarzhaarigen Bauerntochter angetan. Er lernte nicht nur ihren Fleiß bei der Arbeit, sondern auch ihr ruhiges, friedfertiges und bescheidenes Wesen schätzen. Gerne sah er der jungen Frau bei der Arbeit in der Küche zu, wenn er am Feierabend seine Pfeife rauchte und von der Zeitung ab und zu aufblickte. Er dachte dabei wohl an seine verstorbene Ehefrau, als sie noch für ihn sorgen konnte. Wie fehlte sie ihm, gerade jetzt, wo der Sohn schon mehr und mehr Verantwortung für den Hof übernehmen konnte und in naher Zukunft eine Frau heimführen würde. Bald hätte das alte Paar im Austrag den Lebensabend genießen können, aber die Kraft der Bäuerin war nach 13 Geburten zu Ende.

Meine Mutter störte die Anwesenheit ihres Dienstherrn nicht. Allmählich fühlte sie sich sogar zu ihm hingezogen. So ein lustiger und umgänglicher Mensch, der oft fröhlich vor sich hin pfiff, war ihr noch nicht untergekommen. Woher nahm er wohl das für sein Alter ungewöhnlich quirlige Wesen? Sie selbst war in sich gekehrt und ein wenig schwermütig, denn oft musste sie an ihren kleinen Schorschi denken. Konnte er schon laufen und sprechen? Welches Wort wird als erstes aus seinem Plappermäulchen kommen? Wem konnte sie ihre Sehnsucht nach dem Kind schildern? Hinzu kam die Trauer über den verlorenen Liebsten, der ihr nur im Traum ganz nahe war. Wenn sie nachts weinend erwachte, dauerte es lange, bis sie wieder einschlafen konnte. In ihrem Bett wurde es ihr dann immer kälter, weil sie vor Kummer zitterte und sich nicht mehr erwärmen konnte. Frühmorgens begann wieder ein neuer, anstrengender Tag und es hatte sich nichts an ihrer inneren Verlorenheit geändert. Wie wohl tat ihr die Gesellschaft des älteren Herrn, dessen Wesen auch trotz seiner erlittenen Schicksalsschläge noch scheinbar unbeschwert war.

Diese gegensätzlichen Wesenszüge des Bauern und seiner Dienstmagd zogen sich offenbar trotz des Altersunterschiedes an, denn beide freuten sich schon den ganzen Tag über auf das gemeinsame, traute Beisammensein nach Feierabend in der Küche. Meine Mutter hatte einen Menschen gefunden, dem sie ihr Herz ausschütten konnte und der Bauer konnte seiner nagenden Witwereinsamkeit bei der jungen Frau entfliehen. Beide suchten und fanden in ihrer beider Verlassenheit die Wärme und Zuneigung eines verständnisvollen Menschen. Meine Mutter ließ die allmähliche, nicht unangenehme Annäherung geschehen und eines Nachts fielen alle Hemmungen, sich den auflodernden Gefühlen hinzugeben. Das unterschiedliche Paar lebte seine besondere Beziehung und fühlte sich abgehoben vom Rest der Welt.

Nachdem beide schon dachten, das Leben würde für sie bis zum Ende nur noch Arbeit und Plage bereit halten, fühlten sie sich durch ihr froh machendes Zusammensein um so mehr beschenkt. Zunächst hielten sie ihr Verhältnis noch geheim. Das erzeugte eine besondere Spannung bei ihren Treffen. Bald wurde jedoch die Liebe des Bauern zu meiner Mutter offenkundig.

Der Bauer hätte die ganze Welt umarmen wollen, als meine Mutter eines Tages zaghaft erwähnte, dass sie schwanger von ihm geworden sei. In seinem Alter noch einmal Vater zu werden, empfand er unbeirrbar als ein freudiges Ereignis.

Meine Mutter fand zunächst ihren Zustand nicht so erhebend, eher beunruhigend. Aber als der Bauer ihr überschwänglich einen Heiratsantrag machte, verflogen ihre Befürchtungen, und sie willigte gleich ein. Es gab keinen dagegen sprechenden Grund, es nicht zu tun und es schien nun alles einen annehmbaren Verlauf zu nehmen. Meine Eltern, das ungleiche Paar, freuten sich auf mich.

2. Mein Vater

Seine Heimat auf dem großen Bauernhof unter der Burg

Aus dem intimen Verhältnis des Dienstherrn mit meiner Mutter ging ich hervor. Mein Vater hieß Josef Graf und wurde am 10.01.1845 in Matzelsried bei Regen geboren.

Er war der geachtete Nachfahre einer hier schon seit vielen Generationen ansässigen Bauernfamilie, die sich unterhalb der Burgruine Weißenstein, direkt am Böhmweg, angesiedelt hatte. Seine erste Frau, die ihm 13 Kinder geschenkt hatte, starb schon vor längerer Zeit. Bis auf den ältesten Sohn, Franz Xaver, den zukünftigen Hoferben, waren alle Abkömmlinge durch Heirat im ganzen Landkreis und darüber hinaus verstreut. Mein Vater war schon 66 Jahre alt, als meine Mutter 1911, mit zwanzig Jahren, in seinen Dienst trat.

Mein Vater 1911 mit seinen Pferden und 1913 mit einem Fohlen.

Geplante Hochzeit

Bald wollte mein Vater sein Verhältnis mit meiner Mutter durch eine Hochzeit legalisieren. Deshalb fuhr er mit ihr in der Kutsche, die von einem weißen Schimmel gezogen wurde, zu ihren Eltern nach Pirka. Wie damals üblich, hielt er um die Hand der Tochter an. Dieses Mal waren die Eltern einverstanden, obwohl der Bräutigam um viele Jahre älter war. Die Hochzeit wurde beschlossen.

Glücklich fuhren meine Eltern wieder zurück auf den Hof unter der Burg. Meinem Vater machte es nichts aus, dass seine Braut keine Mitgift bekommen würde, denn er war darauf nicht angewiesen. Auch war ihm das lauffeuerartige Gerede der Leute, das gewiss anheben würde, nicht wichtig. Es würde ihn von seinem Vorhaben nicht abbringen können. Dessen war er sich sicher. Was hatte er schon zu verlieren? Er wollte trotz und vielleicht auch gerade wegen seines Alters noch einmal von vorne beginnen.

Eigentlich war mein Vater seiner Zeit voraus, denn heutzutage kann jeder vermögende Mann eine junge Frau heiraten, ohne dass ein Aufschrei in der Gesellschaft stattfindet.

Mein Vater hatte die Absicht, nach der Hochzeit sein Gehöft dem ältesten Sohn Franz Xaver zu übergeben. Mit meiner Mutter wollte er in das Sacherl ihrer Eltern nach Pirka bei Viechtach ziehen und dafür ihr Haus ausbauen. Voller Tatkraft wollte er im Alter noch einmal etwas Neues anfangen.

Verlobungszeit auf dem Hof

Josef Graf, der alte, eingesessene Bauer, war stolz auf seine junge Braut. Mit ihr wurde er auch noch einmal jung. Fröhlich pfiff er seine Lieder vor sich hin. Meine Mutter war glücklich, als Schwangere nicht allein zu sein und sich an eine starke Schulter anlehnen zu dürfen. Sie fühlte sich bei meinem Vater geborgen.

Nach der gemeinsamen Fahrt nach Viechtach hatte mein Vater seinen Sohn Franz Xaver von der geplanten Hochzeit in Kenntnis gesetzt. Dieser versuchte nun alles, um seinen Vater von seinem Plan abzubringen, aber ohne Erfolg. Seine Befürchtungen betrafen sicherlich die Erbfolge und das Vermögen, denn schon oft hatte eine junge Frau ihren älteren Mann in dieser Hinsicht beeinflusst, um sich selbst einen großen Teil zu sichern. Der Schrecken aller zukünftigen Erben ist ja bis heute ein junger Ehepartner der Eltern, der selber noch Kinder bekommen kann!

Natürlich dauerte es dann nicht lange, bis sich das Ansinnen seines alten Vaters überall herum sprach. Wie zu erwarten war, sind die gefürchteten Reaktionen aus dem Umfeld auch eingetreten.

Meine Mutter wunderte sich, dass die Stimmung auf dem Hof plötzlich feindselig und bösartig wurde. Auf dem Hof bemerkten alle schon deutlich, dass das heimliche Verhältnis des Bauern zu seiner Dienstmagd nicht ohne Folgen geblieben war. Das war aber nicht die Ursache des Stimmungsumschwunges, denn das war durchaus nicht als außergewöhnlich anzusehen. So etwas kam öfter vor. Dass aber der Bauer seine von ihm geschwängerte Dienstmagd auch noch heiraten würde, das war außerhalb der Norm und für die Leute unverständlich. Darüber konnte nicht genug gezetert werden.

Meine Mutter wirtschaftete wie bisher weiter. Sie konnte aber plötzlich auf dem Hof niemandem mehr etwas recht machen. Das Gesinde ging, ohne ihren Gruß zu erwidern, an ihr vorbei. Beim Essen hörte man vom Sohn keine Anerkennung mehr, sondern es fielen abfällige Bemerkungen. Wenn der Bauer nicht anwesend war, brachen die Mägde und Knechte plötzlich, nachdem sie vielsagende Blicke ausgetauscht hatten, in prustendes Gelächter aus. Wenn meine Mutter etwas gesagt hatte, drehten sie sich um und taten, als ob sie es nicht gehört hätten. Wie beiläufig fielen sogar derbe Schimpfwörter hinter ihrem Rücken.

Heute würden wir sagen, meine arme Mutter wurde nach allen Regeln der Kunst gemobbt. Was ein solches Verhalten der Mitmenschen in der Psyche der Betroffenen anrichten kann, das ist mittlerweile bekannt. Es kommt zu unbewussten Reaktionen und sogar ernsthaften Erkrankungen.

Wie sollte das Leben auf dem Hof weitergehen? War es in ihrer Heimat in Pirka einmal anders zu erwarten? Meine Mutter bezweifelte allmählich, dass die Ehe mit dem Bauern gut gehen würde, denn sie litt unsagbar an den unvorhergesehenen, unerträglichen Anfeindungen. Was nützte es, dass ihr Verlobter zu ihr stand, wenn die ganze Welt gegen sie war? Nein, dieses Leben konnte sie nicht mehr länger ertragen. Lieber war sie bettelarm, als so beleidigt und verachtet zu werden! Die Gemeinheiten ihrer missgünstigen Mitmenschen waren noch schlimmer zu ertragen als das karge Leben, das ihr vertraut war. In ihr reifte nach und nach der Entschluss, ihre Verlobung mit dem Bauern aufzulösen.

Eines Tages war das Maß voll. Meine Mutter brach weinend zusammen, als sie nun auch noch beim Tragen der heißen Suppenschüssel angerempelt wurde. Sie verbrannte sich durch die überschwappende, heiße Brühe trotz ihrer Kleidung den Bauch. Vater jagte alle beim Essen Anwesenden hinaus. Dann nahm er Mutter fest in seine Arme. In ihrer Verzweiflung brachte Mutter schluchzend und immer wieder von Weinkrämpfen geschüttelt hervor, dass sie wieder fort müsse und aus der Hochzeit nichts werden könne. Auch in Pirka war es sicher nicht anders. Die Menschen waren ja überall gleich. Nein, nein und nochmals nein, nichts könne sie mehr umstimmen. Sie müsse die Verlobung lösen, komme was mag. Unmöglich konnte sie die Sticheleien und böswilligen Verleumdungen auf Dauer ertragen. Mit allem konnte sie umgehen, nur damit nicht.

Mein Vater war ratlos und verstört. Er hatte die Entwicklung nicht aufzuhalten vermocht. Seine Androhungen, die Rädelsführer aus dem Gesinde auszustellen, waren nicht ernst genommen worden, denn der eigene Sohn stand hinter ihnen.

So schlimm hatte der Witwer es nicht kommen sehen! Es würde also keine gemeinsame Zukunft für ihn und seine junge Geliebte geben, die von ihm ein Kind erwartete. Natürlich wollte er für das Kind sorgen und Verantwortung übernehmen, das war keine Frage für ihn. Traurig musste er sich aber eingestehen, dass es anders gekommen war, als er es sich im Überschwang der späten Liebe gewünscht hatte.

Auflösung der Verlobung

Die Auflösung der Verlobung hatte sich nun auch wieder bald herumgesprochen. Gewissheit brachte den Mitbewohnern des Hofes, dass der Bauer und seine Dienstmagd ihr Bett nicht mehr miteinander teilten, denn meine Mutter zog wieder in ihre Gesindekammer ein.

Nun haben die bösen Zungen doch erreicht, was sie insgeheim beabsichtigten. Eine nicht standesgemäße Frau wurde in ihre Schranken gewiesen. Sie triumphierten mit Genugtuung und Schadenfreude über die zerbrochene Beziehung. Unbeirrt und in ungebrochener Überzeugung, dass ihre Meinung richtig sei, setzten sie ihre gehässigen Reden fort. Meine Mutter war jetzt vogelfrei auf dem Hof. Ihr Weggang schien nur noch eine Frage der Zeit zu sein, was mit einem herablassenden, verächtlichen Grinsen in ihrer Gegenwart kundgetan wurde.

So wurde es für Mutter noch unerträglicher, als Schwangere länger am Hof zu bleiben. Aber sie hatte dem Bauern versprochen, erst zu gehen, wenn er eine neue Dienstmagd gefunden hatte.

Beistand durch Franz Kopp aus Schlag bei Kirchdorf, Weggang vom Hof

Einer der Knechte meines Vaters hatte sich in meine Mutter verliebt. Nachdem die Verlobung gelöst wurde, sah er die Chance gekommen, meiner Mutter seine Zuneigung zu offenbaren. Bei einer günstigen Gelegenheit nach dem Nachtmahl, als sie sich gerade einmal alleine in der großen Stube aufhielten, nahm er all seinen Mut zusammen und gestand ihr seine Liebe.

Der junge Knecht hieß Franz Kopp, trug also zufällig denselben Namen wie meine Mutter, obwohl sie nicht verwandt waren. Er war ein Bauernsohn aus Schlag, bei Kirchdorf im Bayerischen Wald.

Mutter wusste nicht, wie ihr geschah. In ihrer seelischen Verfassung war sie gerade nicht aufnahmefähig für solche Späße. Franz versicherte ihr aber, dass es ihm ernst sei. Nach einiger Zeit wurde ihr aber bewusst, dass Franz immer zurückhaltend war, wenn im Kreis des Gesindes über sie hergezogen wurde, und bissige Bemerkungen gerade noch vernehmlich hinter ihrem Rücken zu hören waren. Er tat dabei immer, als höre er gar nicht hin und fuhr unbeirrt mit seiner Arbeit fort. Beim Essen saß er mit gesenktem Blick am Tisch und gab nie Kommentare ab, die sie verletzt hätten. Er warf sogar ab und zu ein mäßigendes Wort ein, wenn die Mägde allzu gemein wurden. Mehr aber nicht, denn er war kein leichtfertiger Redner. Er hielt sich aus dem üblen Tratsch geschickt heraus.

Er vermied es stets, meiner Mutter ins Gesicht zu sehen, denn dann hätte er errötend seine Gefühle für sie verraten. Nein, wenn er ganz sicher war, dass ihre Augen woanders hinsahen, traute er sich, sie zu betrachten. Am liebsten stand er im Dunkel der Scheune und sah aus einiger Entfernung zu, wie meine Mutter zum Wäscheplatz ging, die Wäsche abnahm oder aus dem Brunnen Wasser holte, um die Gredplatten zu schrubben. Wie beneidete er die jungen Kätzchen, die im Körbchen lagen und von ihr gestreichelt wurden!

Franz wusste also nach einiger Zeit genau, was er tat, als er meiner Mutter den Vorschlag machte, ihn zu heiraten und dann zusammen mit ihm auf das Sacherl, einem kleinen Gehöft ihrer Eltern, zu ziehen.

Meine Mutter war dem Werben des Knechtes Franz Kopp nach den verletzenden Vorkommnissen auf dem Hof nicht abgeneigt und konnte sich von seiner Ehrlichkeit überzeugen.

Nach kurzer Zeit des Überlegens willigte sie ein, dass Franz Kopp bei ihren Eltern um ihre Hand anhalten dürfe. Erst wollte aber meine Mutter nach ihrer Heimkehr noch mit ihnen sprechen, um sie vorzubereiten. Nach der Hochzeit könnte Franz in das elterliche Sacherl in Blossersberg bei Pirka einziehen, wenn es die Eltern erlauben würden.

Glücklicherweise fand der Bauer kurz nach Mutters Entschluss eine neue Dienstmagd, die ihre Arbeiten übernehmen konnte.

Mit starrem Gesicht nahm meine Mutter Abschied von meinem Vater, den sie nie wieder sehen sollte und von Franz, der versprach, bald nachzukommen und sie zu heiraten.

Vaters Hofübergabe, meine Geburt 1912, Vaters Tod 1914

Mein Vater blieb einsam und tief gekränkt auf seinem Hof zurück.

Mit gesenktem Kopf und auf dem Rücken verschränkten Händen durchstreifte er seinen Wald und umrundete seine Felder und Wiesen.

Keine Arbeit wollte ihm mehr so recht von der Hand gehen. Wenn man ihn ansprach, war er geistesabwesend und wortkarg und er ließ sich nicht mehr auf ein längeres Gespräch ein.

Er war sehr enttäuscht, dass ihm alle Leute in den Rücken gefallen waren und keinen Respekt vor seiner Entscheidung hatten. Diese Demütigung hatte ihm so sehr zugesetzt, dass ihn von da an niemand mehr pfeifen hörte.

Niedergeschlagen und nur noch ein Schatten seiner selbst, übergab er den Hof an seinen ältesten Sohn Franz Xaver, meinen Stiefbruder. Der heiratete nun seine Verlobte, eine Bauerntochter, und führte den Hof weiter.

Vater verbrachte seine letzten Tage vergrämt und einsam. Bald erkrankte er und verließ schließlich sein Bett nicht mehr. Er bekam Lungenentzündung.

Am 22.03.1914 starb mein Vater, gerade zwei Jahre nach meiner Geburt, ohne mich, sein 14. Kind, je gesehen zu haben. Er wurde 69 Jahre alt und wäre mit meiner Mutter als Frau in einer glücklicheren Verfassung vielleicht viel älter geworden.

Niedergang des Hofes meines Vaters

Mein Stiefbruder Franz Xaver und seine Frau bekamen fünf Kinder. Davon waren drei Mädchen und zwei Söhne. Ein Sohn fiel 1943 im Krieg. Die drei Nichten und den Neffen Franz Xaver, der wie sein Vater hieß, lernte ich erst 1945 kennen. Franz Xaver, war auch im Krieg. Er kehrte zwar äußerlich unverletzt zurück, war aber anschließend im Wesen verändert und sprach häufig dem Alkohol zu. Da er der einzige Sohn war, setzte er sich trotzdem mit Hilfe seiner Mutter etwa 1950 bei der Erbfolge durch. Nach dem Tod meines Stiefbruders und seiner Frau zeigten sich allmählich die Folgen ihrer Fehlentscheidung.

So lange meine drei Nichten noch auf dem Hof arbeiteten, ging noch alles gut. Doch nach und nach heirateten sie in auswärtige Höfe ein und bekamen die ihnen zustehende Mitgift. Xaver war nun mit seiner Verantwortung alleine und hatte keine mithelfenden Familienmitglieder mehr. Dieser Situation war er nicht gewachsen und verfiel immer mehr dem Alkohol.

Daran änderte sich auch nichts, als eine junge Frau von ihm ein Kind bekam und zu Xaver auf den Hof zog. Leider lag ihr die Landwirtschaft nicht. Bald verließ sie meinen Neffen mit dem Kind wieder und ließ sich von Xaver eine angemessene Abfindung auszahlen.

Niemand konnte ihm mehr helfen. Er nahm einen Kredit nach dem anderen auf. Durch die zunehmende Trunksucht verlor mein Neffe die

Übersicht über sein Hab und Gut. Nach und nach ging sein Besitz in andere Hände über.

Xaver, der einstige Erbe eines uralten Hofes, musste sein Zuhause verlassen und sich ein Zimmer mieten.

Wenige Jahre später hatte sich mein armer Neffe, der einige Jahre jünger war als ich, zu Tode getrunken.

3. Lebensbedingungen meiner Vorfahren mütterlicherseits als Kleinbauern

Mit einem kleinen Anwesen von etwa drei bis fünf Hektar erwirtschafteten Kleinlandwirte in Niederbayern gerade das Lebensnotwendige. Von ein paar Kühen und einem Ochsen, mit dem die umliegenden Wiesen und Felder bearbeitet werden konnten, lebten sie. Das war im ausgehenden 19. Jahrhundert und Anfang des 20. Jahrhunderts nichts Besonderes, denn mehr als die Hälfte der Bauern waren in dieser Zeit Kleinlandwirte. Vielen Menschen war Überfluss ein unbekannter Zustand. Zäh musste um die Erfüllung der Grundbedürfnisse eines Menschen ein Leben lang gerungen werden. Das Ergebnis der Bemühungen war dabei von vielerlei Faktoren abhängig, die man durch Fleiß allein nicht beeinflussen konnte. Unheilbare Krankheiten, Seuchen, Kriege und Hungersnöte suchten die Familien oftmals heim.

Von früh bis spät wurde schwer gearbeitet, um die Existenz des Sacherls, so hießen die kleinen Höfe, zu sichern. Die eintönige, kohlenhydratreiche Ernährung sicherte gerade so viel an Kraft und Energie, wie für die Arbeit mit den einfachen landwirtschaftlichen Geräten und mit Hilfe der Zugtiere nötig war. Dem mageren, steinigen und oft auch noch schwer zu bewirtschaftenden, weil hügeligen Boden eine ausreichende Ernte abzutrotzen, erforderte vom Frühjahr bis in den Herbst hinein die äußersten Anstrengungen der gesamten Hofgemeinschaft. Die Arbeiten begannen in der Zeit des Ackerns, Säens, des Wachstums und der Ernte schon vor dem Morgengrauen um vier Uhr und dauerten oft bis lange nach Sonnenuntergang.

Die Mithilfe von schulpflichtigen Kindern war selbstverständlich. Sie wurden schon früh daran gewöhnt, kleinere Verrichtungen auszuüben und damit ihren eigenen Beitrag zum Lebensunterhalt beizusteuern. Auf die kleineren Geschwister aufzupassen, das Vieh zu hüten, bei der Ernte und dem Heuen mitzuhelfen, war von Kindesbeinen an selbstverständlich und stellte meist sogar eine nicht unbeliebte Freizeitbeschäftigung dar.

Vor allem die Bäuerinnen trugen eine schwere Bürde. Die Versorgung von Haus, Hof und Familie erforderte viel Kraft und Mühe. Trotz der oft Jahr für Jahr erfolgten Schwangerschaften und der wegen der schweren Arbeiten erlittenen Fehlgeburten, wurde ihnen vielfach wenig Fürsorge zuteil. Gegenüber ihrem Mann hatten sie eine untergeordnete Rolle und auch die Stellung in der Gesellschaft war ihren Leistungen in keiner Weise angemessen. Das führte dazu, dass viele Frauen wegen ihrer vielfältigen Belastungen, der fehlenden Schonung ihrer Gesundheit ausgeschunden und verhärmt früh starben. Mangelnde Hygiene bei der Geburt rief häufig das gefürchtete Kindbettfieber hervor und es raffte viele junge Frauen, die oft noch etliche kleine Kinder hinterließen, dahin. Den Witwern blieb nichts anderes übrig, als nach dem Trauerjahr bald eine neue Frau zu heiraten, damit Kinder, Haus und Hof versorgt wurden. Stand der Hof gut da, fiel ihm die Auswahl nicht schwer.

Die Familienverbände waren seit vielen Generationen an das anspruchslose Dasein gewöhnt. Es galt, wunschlos glücklich und zufrieden zu sein, wenn der Hunger vor der Haustüre blieb. Die Hochzeiten wurden meist innerhalb derselben sozialen Schicht arrangiert und das junge Paar führte das gewohnte, heimische Leben mit seinen überkommenen Sitten und Gebräuchen weiter. Die Lebensplanung wurde nach den althergebrachten Vorstellungen vom bäuerlichen Stand ausgerichtet. Durch das Festhalten an der Tradition erfuhr die Bevölkerung aber auch Halt und Schutz in der Gemeinschaft mit Ihresgleichen. Wer sich an die Regeln hielt, der konnte auch mit der Hilfe der Dorfgemeinschaft rechnen. Aber es galt als geächtete Missetat, die Normen zu missachten, daraus auszuscheren und aufzufallen.

Begabungen konnten schon als außergewöhnlich betrachtet werden, wenn jemand die Energie aufbrachte, sie neben der Bauernarbeit noch auszuleben und auch Anerkennung mit seiner Kunst zu finden. Wurde sie in den Dienst der Allgemeinheit gestellt, konnte daraus sogar eine, aus der Masse herausragende, anerkannte Stellung werden. So gab es z.B. gute Bauernmusikanten, die bei verschiedenen Gelegenheiten aufspielten, oder geschickte Hochzeitslader, die junge Leute aus entlegenen Ortschaften zusammenbrachten und die Hochzeitsfeste arrangierten oder Bauernschnitzer, die für die Kirchen und Kapellen Skulpturen anfertigten. Vermögend sind sie dabei alle nicht geworden.

Die Bauernfamilien waren sehr kinderreich. Zehn und mehr Kinder waren in den Familien keine Seltenheit. Dem ältesten Sohn wurde meistens der Hof allein überschrieben. Die anderen durften von Glück sprechen, wenn sie in einen anderen Hof einheiraten konnten. Eine Teilung des elterlichen Hofes war nicht mehr möglich, weil er sonst keinem Kind mehr eine Lebensgrundlage geboten hätte. Deshalb mussten sich die anderen Abkömmlinge der Bauernfamilien nach der Schulentlassung als Dienstboten verdingen und hatten oft kein anderes Schicksal mehr zu erwarten, als in Abhängigkeit vom Dienstherrn und mit geringem Lohn ihr Leben zu fristen. Der in Bargeld ausgezahlte geringe Jahreslohn in Reichsmark und ausbedungene Naturalien wie Getreide, Kleidung und Schuhwerk sowie bescheidenes Essen und Wohnen waren alles, was ein Dienstbote Zeit seines Lebens zu erwarten hatte. Dabei waren die Preise für Lebensmittel im Vergleich zum Einkommen auch nicht gerade als niedrig anzusehen. Es hieß also, einen Pfennig dreimal umzudrehen, ehe man ihn ausgab. Der Lohn musste ja ein ganzes Jahr lang ausreichen.

Zum Heiraten benötigten alle Mädchen und Burschen eine Mitgift, welche die Gründung eines eigenen Hausstandes ermöglichte. Konnten die beiden Heiratswilligen die erforderlichen Mittel nicht aufbringen, so wurde aus der Heirat nichts. Wenn es der Ertrag des Hofes zuließ, blieben die Ledigen im Familienverband und arbeiteten dort für unentgeltliches Essen und Wohnen, oder sie verdingten sich auch auf einem anderen Hof.

Es gab viele unverheiratete Paare, die zwar Kinder, aber keinen eigenen Hausstand besaßen. Die armen, unehelichen, in „Schande geborenen Kinder“, wurden oft bei ihren Großeltern oder Tanten untergebracht und hatten wenig Zuwendung durch ihre Eltern zu erwarten. Diese hatten zehn Stunden und mehr zu arbeiten. Uneheliche Kinder mussten sich mit ihrer Stigmatisierung ihr ganzes Leben lang abfinden. Sie waren bei der Berufswahl und der Arbeitsplatzvergabe gegenüber den ehelich Geborenen benachteiligt, wenn sie keinen einflussreichen Fürsprecher hatten. Die Gesellschaft betrachtete sie als Menschen zweiter Klasse. Nicht mehr nachvollziehbar erscheint mir heute, dass die Ausgrenzung selbst in der Kirche so weit ging, dass ihnen nicht einmal aus christlicher Barmherzigkeit die Bestattung nach feierlichem Ritus vergönnt wurde. Somit übte die traditionelle Gesellschaft auch die Rolle des moralischen und sozialen Erziehers aus und sperrte diejenigen aus, die in ihr Bild von Sitte und Anstand nicht hineinpassten.

Dieses bedingungslos angepasste Leben an die Vorgaben der Familien und Gemeinschaften nahmen die meisten Frauen und Männer auch als Gottes Willen demutsvoll hin. Sie suchten und fanden dabei nur Trost und Kraft durch ihren tief verwurzelten Glauben. Durch Kirchgang und Sakramentenempfang bekam dieser immer wieder neue Nahrung. Von einer Generation auf die andere wurde er überzeugend weitergegeben. Viele kleine Orte bekunden die Opferbereitschaft der früheren ländlichen Bevölkerung heute noch durch ihre herrlichen Kirchen, die als wahre Kleinode zu betrachten sind. Hier war der Abglanz des Himmlischen Jerusalem schon auf Erden zu spüren. Der feierliche Gottesdienst mit Weihrauch, Kerzenlicht, lateinischen Gebeten, erhebenden Gesängen und aufrüttelnden Predigten erbaute die Seelen. So gestärkt, konnten die Gläubigen mit neuer Hoffnung ihr entbehrungsreiches Leben wieder auf sich nehmen. Sie hörten ja vom Weizenkorn, das in die dunkle Erde versenkt werden muss, damit neues Leben aus ihm hervor gehen kann. Sie glaubten, dass sie als Christen damit gemeint waren. Mit ihrem aufopferungsvollen Leben ermöglichten sie, dass ihre Nachkommen leben konnten. Brot war ja ohne Arbeit nicht zu bekommen. Die Geistlichen in den Pfarreien und Klöstern waren Ansprechpartner für das Volk in seinen mannigfachen Nöten. Sie haben ihre Aufgabe, sich mit ihrem Wirken auch in den Dienst der einfachen Bevölkerungsschichten und Armen zu stellen, Jahrhunderte lang mit großem Einsatz ausgeführt.

Die Anstrengungen der herrschenden Monarchie, die wirtschaftlichen Verhältnisse in Niederbayern zu verbessern, hielten sich in Grenzen. Zu weit abgelegen war das Land von den Verbindungsstraßen der reichen, prächtig angelegten Handelsstädte, als dass man ihm etwas mehr Aufmerksamkeit hätte schenken wollen. Die einfache Bevölkerung konnte sich die hochwertigen Handelsgüter, die aus der ganzen Welt in die Zentren gelangten, auch gar nicht leisten.

Die Bevölkerung nahm durch den Kinderreichtum der Familien immer mehr zu. Das schaffte Probleme, denn es fehlten ausreichende Schulen und genügend Arbeitsplätze. Die jeweilige Regierung bekundete nur dann ein außerordentliches Interesse am entlegenen Landstrich, wenn es in Kriegszeiten um die Rekrutierung von Soldaten ging. Die Bevölkerungszunahme kam dem Nachschubbedarf für die unteren Ränge des Militärs sehr entgegen. Was machte es den machthungrigen Herrschern schon aus, wenn die zahlreichen, mit Herzblut aufgezogenen Bauernsöhne auf den Schlachtfeldern der sinnlosen Kriege ihr junges Leben verlieren mussten?

Kein Ort ist zu klein, als dass er nicht ein bemerkenswertes Kriegerdenkmal aufzuweisen hätte. Reihenweise sind die Namen blutjunger Soldaten in den Stein gehauen. Ihr Schicksal rührt manch stillen Betrachter immer wieder zu Tränen. Es erregt Mitgefühl für das Leid derer, die sie liebten und bis ans Lebensende betrauert haben und entfacht Wut über sinnlos Geopferte.

4. Erinnerungen aus meiner Kindheit

Das kleinbäuerliche Anwesen meiner Großeltern in Pirka/Viechtach

Nach dem Abschied von Matzelsried kehrte meine Mutter zu ihren Eltern nach Blossersberg/Pirka zurück. Ich kann mir gut vorstellen, was in ihnen vorging, als ihre Tochter „in anderen Umständen“ nach Hause kam. Schon das zweite uneheliche Kind war unterwegs. Als Franz Kopp, der Bauernsohn aus Schlag, um die Hand meiner Mutter anhielt, waren sie mehr als erleichtert. Die Familie von Franz war ihnen ebenbürtig, nicht ärmer und nicht reicher. Einer Hochzeit, die Ordnung in die Familienangelegenheiten brachte, stand dieses Mal nichts im Wege.

Nun hieß es aber zusammen zu rücken, damit auch die junge Familie Platz genug auf dem Hof hatte.

Das Anwesen meiner Großeltern war nicht groß, aber es war sehr schön auf einer Anhöhe gelegen. Der Blick konnte ungehindert vom Osten bis Westen über die Wogen der Bayerwaldberge schweifen. Nur einige Birken versperrten im Sommer die volle Sicht nach Westen hin. Auf den Hügeln unterhalb lagen weit verstreut angesiedelte Gehöfte und im Tal breitete sich der größere Ort Viechtach aus.

Die Wahl des Standortes war sehr intelligent von den Vorfahren ausgewählt worden. Den ganzen Tag über konnte bei klarem Himmel auf den südlich geneigten Hang die Sonne scheinen. Im Frühjahr schmolz zuerst hier der Schnee. Die Felder und Wiesen, die sich direkt unterhalb des Hofes ausbreiteten, dampften schon in der Sonne, wenn anderswo die Flächen noch schneebedeckt und gefroren waren. Von der Bauernstube aus war das kleine bäuerliche Reich leicht zu überblicken. Tag und Nacht hörten die Hausbewohner das beruhigende Plätschern des Wassers aus dem Brunnenrohr. Das Haus mit Stall und Scheune unter einem langen Dach war schon alt und bot bereits mehreren Generationen Schutz und Heimat.

Das Besondere des Gehöftes lag aber, von außen unsichtbar, unter dem Gebäude. Im Boden der Speisekammer war eine schwere, mit Eisenbändern beschlagene Klappe eingelassen. Diese musste man wie eine liegende Türe hochheben und mit einer Eisenstange anspreizen. Eine Steintreppe führte von hier aus tief hinunter in einen Gewölbekeller, der mit schmalen Feldsteinen ausgemauert war. In diesem dunklen, verliesartigen, feuchten Raum hielten sich Obst, Gemüse und Kartoffeln bis weit in das Frühjahr hinein. Ich hatte Angst, ohne meine Mutter in den Keller hinunter zu gehen, denn hin und wieder huschten Mäuse umher und verschwanden in den Ritzen des Gemäuers, an dem viele, dichte, staubschwere Spinnweben hingen.

Wenige Höfe dieser Größe hatten einen so aufwändigen Unterbau. Die meisten Holzhäuser standen mit ihren dicken Balken nur auf niedrigen Fundamenten aus aufgeschichteten Feldsteinen. Einer unserer Vorfahren hatte anscheinend hier sein besonderes Sicherheitsbedürfnis zum Ausdruck gebracht, indem er sich einen Fluchtpunkt in der Erde geschaffen hatte. Über das handwerkliche Geschick und die nötigen finanziellen Mittel musste er auch verfügt haben.

Mutters Hochzeit mit meinem Stiefvater Franz Kopp, meine Geburt

Meine Mutter und Franz Kopp heirateten in Viechtach. Sie richteten sich in Pirka auf dem Hof meiner Großeltern, ein.

Hochzeit meiner Mutter mit meinem Stiefvater 1911

Nun konnte sich meine Mutter wieder um ihren kleinen Georg kümmern. In ihrer Abwesenheit durch die Arbeit in Matzelsried ist er schon zu einem kleinen Lausbuben herangewachsen, konnte laufen und sprechen. Anfangs hat er noch ein wenig gefremdelt, aber nach und nach verlor er seine Scheu vor ihr. Der Kleine ging nun nicht mehr von ihrer Seite. Er hatte ja viel an Zuwendung nachzuholen.

Die Ehe mit Franz Kopp gab meiner Mutter den gesellschaftlichen Rückhalt, den sie, nun schon zum zweiten Male unehelich schwanger, dringend benötigte. Da gab es nicht viel zu überlegen, wenn eine junge Frau in ihrer Lage einen Heiratsantrag bekam. Franz Kopp muss, den Umständen nach zu schließen, meine Mutter wirklich sehr geliebt haben. Ungeachtet des Geredes der Leute führte er sie zum Traualtar.

Wenige Monate nach der Hochzeit kam ich zur Welt. Ich wurde am 24.02.1912 in Blossersberg/Pirka geboren und in der Kirche von Viechtach auf den Namen Anna getauft. Da mein leiblicher Vater Josef Graf war, hatte ich von Geburt an einen Stiefvater.

Vaters Tod

Josef Graf hat mich als sein Kind anerkannt und bezahlte regelmäßig die üblichen Alimente. Zwei Jahre nach meiner Geburt blieben plötzlich die Zahlungen aus. Meine Mutter fragte nach und erfuhr vom Hoferben Franz Xaver Graf, dass mein Vater gestorben sei. Sie könne auch nicht mehr mit weiteren Alimentenzahlungen rechnen. Der Tod des Grafenbauern traf sie sehr, er war der Vater ihrer Tochter Anna und hatte sie immer gut behandelt.

Mein Stiefvater ließ sich die ausbleibenden Zahlungen nicht gefallen und ging zum Gericht. Von ihm wurde der Hoferbe zur weiteren Zahlung verpflichtet, da Josef Graf die Vaterschaft offiziell anerkannt hatte. Der Zweifel an der Potenz seines alten Vaters half meinem Stiefbruder Franz Xaver also nichts. Mein Stiefvater wusste auch zu gut, wer für die Schwangerschaft auf dem Grafenhof verantwortlich war. Franz Xaver übernahm nur widerwillig die übertragene Verpflichtung.

Er betrachtete mich stets nur als lästiges, lediges Kind seines Vaters, das eine Schande für den Hof war und ignorierte mich, als wäre ich eine Fremde und nicht seine Halbschwester. Das tut mir heute noch weh.

Das bittere Gefühl, nicht willkommen zu sein, trug ich während meiner ganzen Kindheit in mir. Es war eine unbewusste Ahnung, eine schmerzende Wunde, die nicht erklärbar vorhanden war.

Mama sank jetzt am Tisch zusammen und weinte bitterlich. Das ganze Drama ihres Lebens, ihre Zerrissenheit und die Trauer um nicht erfüllte Sehnsucht nach elterlicher Geborgenheit überkam sie rückblickend. Ich nahm sie in die Arme und tröstete sie damit, dass sie ja auch Schönes erlebt habe. Ihr Gesicht erhellte sich, Mama sah mich liebevoll an und flüsterte: „Mein Karinlein! Wenn ich dich nicht hätte."

Niemand wird nach ihr je wieder so zärtlich meinen Namen sagen. Das macht mich traurig.

Dann fasste Mama sich wieder und erzählte leise weiter.

Ich erinnere mich, wie man einmal im Dorf erzählte, dass mein Vater nur mein Stiefvater und mein richtiger Vater der Grafenbauer aus Matzelsried sei. Ich lief aufgeregt nach Hause und erzählte es meiner Mutter.

Sie sagte nur, dass die Leute dummes Zeug reden würden. Sie brachte es nicht übers Herz, mir frühzeitig die Wahrheit über meine Herkunft beizubringen. Es war damals nicht üblich, unangenehme Tatsachen offen anzusprechen. Man trug sie so lange es ging mit sich herum, bis sie nicht mehr zu verheimlichen waren. So wuchs ich mit der Lüge und dem Verschweigen auf. In mir keimte aber bereits ein dumpfes Misstrauen. Es ist mir bald bewusst geworden, dass ich mich im Leben nur auf mich allein verlassen konnte. Ich wollte stets auf der Hut sein und auf meine innere Stimme hören.

Beginn des 1. Weltkrieges

Ich war 2 ½ Jahre alt, als im August 1914 der 1. Weltkrieg ausbrach.

Ab 21.02.1916 tobte der Krieg in Frankreich mit den Deutschen. Laut Befehl der Generäle mussten die Fronten um jeden Preis gehalten werden. Wer zurückwich, wurde erschossen.

Im Mai 1916 kamen deutsche Truppentransporte bis 3 km vor Verdun. Der Tavannestunnel bot den Soldaten nur dürftig Unterkunft und Schutz. Schon jetzt gab es den Verlust von 100 000 gefallenen, verwundeten und vermissten Deutschen und Franzosen zu beklagen. In der Materialschlacht des Stellungskrieges, ohne intakte Unterstände, ganz auf sich gestellt, hatte ein Soldat in der „Blutpumpe" bei Verdun eine Lebenserwartung von 14 Tagen. Ein Wegkommen vom Feld unverwundet oder lebend war unmöglich. Bei vielen Soldaten brachen die Nerven zusammen und sie wurden zum „Kriegszitterer". Man sprach von einem unbekannten Phänomen.

Mein Stiefvater wurde eingezogen

Ende Mai 1916 rückte das bayerische Regiment bei Verdun an. Die Schlacht tobte schon seit hundert Tagen.

Da bekam mein Stiefvater den Gestellungsbefehl! Ich war damals vier Jahre alt.

Ein bedrückendes Erlebnis aus dieser Zeit werde ich nicht vergessen. Auf dem Dorfanger stand ein Fuhrwerk, auf dem schon mehrere Soldaten saßen. Ich lief aufgeregt nach Hause. An der Haustüre stand mein Stiefvater in Soldatenuniform und nahm gerade von meiner Mutter Abschied. Sie umarmten sich lange. Wie versteinert standen die zwei im Hauseingang. Als sie mich bemerkten, lösten sie sich voneinander. Während mich mein Stiefvater hochhob und küsste, weinte meine Mutter heftig in ihre Schürze. Vaters Bart kitzelte mich an der Nase und ich spürte, dass seine Wangen voller Tränen waren. Nun fing auch ich zu weinen an. Zum Trost schenkte mir Vater einen Kreuzer, ein kleines Geldstück. Dann verließ er uns und ging mit gesenktem Kopf zum bereitstehenden Fuhrwerk. Langsam stieg er auf den Wagen zu den anderen Soldaten. Wir winkten ihm nach, bis das Gefährt hinter einer Kurve nicht mehr zu sehen war.

Die Soldaten wurden nach Regen zum Bahnhof gebracht. Erst seit 1877 bestand diese Verbindungslinie vom unterentwickelten Bayerischen Wald zur Landeshauptstadt.

Der Zug fuhr mit den unerfahrenen jungen Männern an die Front nach Frankreich. Von stählernen Kriegsmaschinen unterstütztes Schießen, Hauen und Stechen begann.

Mit Artillerie, Flammenwerfern und Giftgas wurden Menschen zu Ungeheuern gemacht.

Währenddessen bangten die daheim gebliebenen Familien um ihre Söhne und Väter in unablässiger Sorge. Sie lebten und arbeiteten fernab vom höllischen Lärm der Geschütze und überstanden irgendwie in Weilern, Dörfern und Städten den berüchtigten „Hungerwinter" des 1.Weltkrieges.

Der verschluckte Kreuzer

Nach der Abfahrt meines Stiefvaters lief ich zu den spielenden Kindern auf dem Dorfanger. Ein ungehobelter, größerer Junge rempelte mich unvermittelt an. Daraufhin ermahnte ihn ein älteres Mädchen: "Lass fei d Nannerl in Ruah. Ihra Vata hot grod inn Kriag ziagn müassn." Ihr Mitgefühl stimmte mich jetzt noch trauriger, als ich es schon vorher war. Nun hatte ich keine Lust mehr zu spielen. Ich legte mich abseits der Kinder ins Gras und betrachtete versonnen die Wolken, wie sie am blauen Himmel dahin zogen. Die Sonnenstrahlen wärmten mich angenehm. Ich nahm das Geldstück in den Mund und lutschte wie an einem Bonbon daran. Als ich es mit der Zunge mehrmals von einer Seite auf die andere drehte, rutschte es auf einmal in den Hals und ich verschluckte es. Erschrocken sprang ich auf und lief weinend zu meiner Mutter. Als sie aus meinem Gestammel mein Missgeschick entnahm, beruhigte sie mich und sagte: „Is net so schlimm, Nannerl. Den kriagst scho wieda. Jetzt muasst halt so lang aufn Misthaufa mocha, bis er wieda aussakimmt.“

Als der Kreuzer bald darauf wieder zum Vorschein kam, säuberte die Mutter das Geldstück. „Jetz kannst dir a Guatl davo kaufa, Nannerl.“, sagte sie herzlich lachend, als sie mir den Kreuzer zurückgab. Sofort eilte ich zum Kramer und kaufte mir ein Kokosbonbon. Noch heute kann ich mich an den köstlichen Geschmack des süßen Würfels erinnern.

Mutter mit den Kindern allein, Josefs Geburt, zu große Verantwortung

Noch bevor Vater in den Krieg musste, wurde meine Mutter von ihrem dritten Kind schwanger. Nachdem er als Soldat eingezogen wurde, musste sie die kleine Landwirtschaft alleine bewirtschaften. Georg und ich liefen immer hinter ihr drein oder halfen ihr, so gut wir es als kleine Kinder schon vermochten. So wurden wir frühzeitig mit Pflichten und Verantwortung vertraut.

Als mein Bruder Josef zu Hause geboren wurde, war ich knapp fünf Jahre alt. Damals war ich zum Kinderhüten schon groß genug. Ich musste mich auf den Fußboden setzen, das Baby im Arm halten und es beruhigen, wenn es schrie. Mutter konnte einstweilen in den Stall gehen, melken, ausbuttern, Gras für die Kühe mähen oder in der Waschküche waschen. Es gab viele Arbeiten für eine Frau, die Haus und Hof allein zu versorgen hatte. Um uns Kinder konnte sie sich nur so viel kümmern, als es unbedingt notwendig war.

An einem schönen Sommertag beauftragte mich meine Mutter, den kleinen Josef im Kinderwagen draußen zu hüten. Sie setzte ihm ein rotes Kopftüchlein auf, weil es ein wenig windig war und wir fuhren den Wagen an den Rand des Dorfweihers. Vom Gemüsegarten aus, in dem sie jäten musste, konnte sie uns beobachten. Sie schärfte mir ein, den Kinderwagen festzuhalten, denn der Wagen könnte bei einem Windstoß in den Weiher rollen.

Nach einer Weile sah ich, wie andere Kinder Ringelreihen spielten. Davon ließ ich mich ablenken und vergaß, den Kinderwagen zu halten. Auf einmal kam er durch den Wind ins Rollen und fuhr in den Weiher. Ich schrie hilflos auf. Meine Mutter rannte eilends zum Wasser, um den untergegangenen Kinderwagen herauszuholen. Als sie ihn herauszog, lag aber das Kind nicht mehr im Wagen. Meine Mutter schrie und raufte sich verzweifelt die Haare. Dabei hielt sie nach dem Baby Ausschau. Plötzlich entdeckte sie den winzigen Zipfel des roten Kopftüchleins, das sie dem Kind umgebunden hatte. Er ragte gerade noch aus der Wasseroberfläche heraus. Meine Mutter watete mit erhobenen Händen hin, packte ihn und zog daran das Baby aus dem Wasser. Mit dem nassen Bündel in den Armen kroch sie tropfnass und bleich vor Schreck aus dem Teich heraus. Ich schrie unaufhörlich vor Angst, Schläge zu bekommen, weil ich nicht auf den Wagen aufgepasst hatte. Ich fühlte mich schrecklich schuldig. Jetzt hatte Mutter Mitleid mit mir und tröstete mich sogar. Sie wusste, dass die Verantwortung für mich noch zu groß gewesen war. Wie hätte sie mich bestrafen können, da ich sowieso schon ein Bild des Jammers bot?

Zum Glück waren trotz des Windes die Temperaturen des Wassers und der Luft sommerlich warm. Die Mutter zog das Baby aus, badete es und zog es frisch an. Bald darauf schlief es unbeschadet in seinem Bettchen. Wir waren froh, dass alles so glimpflich ausgegangen war. Erleichtert bemerkte meine Mutter, dass der Zipfel des roten Kopftüchleins dem Baby vielleicht das Leben gerettet hatte und dass sie nicht wisse, wie lange seine Bergung sonst gedauert hätte. Als er aus dem Wasser schaute, wusste sie sofort, wo das Kind war.

Kriegsende 1918

Endlich war der Krieg zu Ende. Es fielen keine Schüsse mehr, aber es sollte die Geduld der wartenden Familien noch längere Zeit vonnöten sein, bis sie die wenigen Überlebenden der fast aufgeriebenen Kompanien zu Hause in die Arme schließen durften.

Die Internationale Bilanz des Krieges verzeichnete 8,5 Millionen Gefallene, 21 Millionen Verwundete, acht Millionen in Kriegsgefangenschaft geratene Soldaten. Viele Millionen Granaten verwüsteten Landstriche, zerstörten Dörfer, Wälder, Felder, Straßen und Bahnlinien. Boden und Wasser wurden von Gas, Sprengstoff und Leichengift verseucht. Die Schlachten um Verdun und an verschiedenen anderen Fronten wurden ein Sinnbild des Schreckens, blutigen Gemetzels und massenhaften Todes.

Hunderttausende Deutsche sind gefallen, haben schwere und schwerste Verwundungen erlitten, viele sind für den Rest ihres Lebens gezeichnet.

Die heimgekehrten Überlebenden sind derart traumatisiert, dass die meisten von ihnen viele Jahre zur Bewältigung ihrer schrecklichen Erlebnisse brauchen und dann erst, wenn überhaupt, darüber sprechen können.

Viele haben durch ihre erlittenen psychischen Schäden nicht mehr die Kraft, an ihr früheres Leben anzuknüpfen. Familien, Frauen und Kinder leiden dadurch mit ihnen. Noch spätere Generationen werden von diesen Verletzungen geprägt sein.

Der verlorene Krieg ist zur moralischen Bankrotterklärung des Kaiserreiches geworden. Seine Tage waren nun schon gezählt.

Die deutschen Soldaten haben durch die offensichtlich sinnlosen Angriffsbefehle der Offiziere das Vertrauen in die Autoritäten des Kaiserreiches verloren. Die deutsche Revolution zwei Jahre später war die Folge von Enttäuschung und Verachtung der alten Autoritäten.

Mutter war von der Nachricht vom Kriegsende völlig überrascht. Die Informationen gelangten spärlich in das kleine Dorf. Eine Zeitung hatten wir nicht. Endlich wich die gespannte Sorge der vergangenen Kriegsjahre von ihr.

Tränen der Erleichterung liefen über ihr eingefallenes Gesicht, als sie mit uns Kindern vor dem Kreuz im Herrgottwinkel stand und laut betete. Wir Kinder kannten uns nicht recht aus, was das zu bedeuten hatte. Erst viel später haben wir verstanden, dass man auch vor Freude weinen kann.

Wie viele Frauen auch, wartete meine Mutter nach der langen Trennungszeit schon sehnlich auf ihren Mann. Die kräftezehrende Bauernarbeit und die gleichzeitige Versorgung ihrer drei kleinen Kinder forderten ihre letzten Kräfte. Trotzdem konnte sie sich insgeheim glücklich schätzen, weil sie eine der wenigen Frauen des Ortes war, welche von der schrecklichen Todesnachricht des Mannes verschont geblieben waren. Sie durfte auf seine Ankunft warten. Die anderen Frauen mussten trauern.

Heimkehr des Stiefvaters 1918

Wie ein Lauffeuer sprach es sich eines Tages herum: „Die Soldaten kommen heim!".

Endlich war es so weit! Nach und nach trafen sie ein. Wer laufen konnte, der ging zu Fuß. Die anderen wurden auf Fuhrwerken gebracht. Auf einem solchen saß mein Stiefvater.

Den Anblick meines heimkehrenden Stiefvaters werde ich nie vergessen.

Die einst horizontblaue Uniform war zerrissen, schlammüberkrustet, übersät von Läusen und Flöhen. Das Gesicht war grau von Müdigkeit, Hunger und gezeichnet von jahrelang durchgestandener Angst. Die Hände waren zerschunden und tiefe, schwarze Rillen überzogen sie wie ein grobes Netz. Um das rechte Bein war ein schmutziger Verband geschlungen. Die löchrigen Stiefel waren von Nässe und Morast durchweicht, ausgetreten und abgewetzt.

Ungeachtet seiner äußeren Erscheinung fiel ihm meine Mutter um den Hals. Wortlos standen beide umschlungen im Hauseingang, genau so, wie ich sie beim Abschied vor zwei Jahren in Erinnerung hatte.

Jetzt traf das eine Leid auf das andere Leid. Beide waren sich auf ihre Weise ebenbürtig, zerschunden, gemartert, auf sich selbst zurückgeworfen in ihrem Elend.

Während Mutter den Waschzuber mit heißem Wasser füllte, näherten wir uns langsam dem fremden Mann in der Stube an. Das sollte unser Vater sein? Unser Vater sah aber früher ganz anders aus. Der war jung und stark, nicht so alt und schwach wie diese stumme, mit leeren Augen dreinblickende Gestalt auf der Eckbank.

Wir mussten uns erst an den zurückgekehrten Vater, so wie er jetzt war, gewöhnen.

Ich glaube, Mutter ging es genau so. Aber darüber sprach sie nicht.

Der junge Soldat Franz Kopp, der sich mit seinen Kameraden bei den Stellungskämpfen in Frankreichs Boden um Verdun eingegraben hatte, überlebte also Geschützfeuer, Einschläge von Granaten, Gasangriffe und Maschinengewehrkugelhagel. Wir wussten damals noch nicht, welch hohen Preis er für sein Überleben zahlen musste.

Das Familienoberhaupt kehrte als Invalide, an Leib und Seele verwundet, heim.

In ihrer Armseligkeit konnten sich die vom Schicksal Gebeutelten gegenseitig kein stützender Partner sein.

Tod der Großeltern, Aufgabe des kleinen Hofes in Blossersberg Umzug nach Schlag bei Kirchdorf

Nur wenige Jahre nach der Hochzeit meiner Mutter vergingen, da starb meine Großmutter. Der Großvater übergab das Sacherl an meine Eltern. Nun erfuhren meine Eltern, dass der kleine Hof verschuldet war. Er brachte eben nicht genug für zwei Familien hervor. Auch die geliebte Nebentätigkeit des Großvaters, die er wie schon sein Vater als begeisterter Sänger und Volksmusikant auf Tanzböden und Wirtshaussitzweilen ausübte, brachte keine nennenswerten Summen ein. Sie deckten oft nur gerade seine Unkosten, die das Unterwegssein hervorrief.

Bald nach der Übergabe des Hofes an meine Eltern folgte der Großvater der Großmutter ins Grab. Meine Großeltern waren durch ihr hartes Leben in ihrer Kindheit und später durch die Anstrengungen für ihre eigene Familie beide nicht alt geworden.

Um die Schulden bezahlen zu können, schlug mein Stiefvater meiner Mutter vor, sich die Alimente für mich bis zu meinem 16. Lebensjahr im Voraus ausbezahlen zu lassen. Der wirtschaftliche Druck, der auf der Familie lastete, zwang sie, in sein Ansinnen einzuwilligen.

Mein Stiefbruder Xaver hatte nichts dagegen, die Sache mit dem ledigen Kind seines Vaters ein für allemal mit einer einzigen, größeren Summe aus der Welt zu schaffen und übergab meiner Mutter das gesamte Geld. Es war für meinen Unterhalt bis zu meinem 16. Lebensjahr gedacht und ich sollte keine Anrechte auf Unterstützung oder sonstiges Vermögen mehr besitzen.

Mit der Abfindungssumme wurden die Schulden auf dem kleinen Hof getilgt und der Rest zum Leben aufgebraucht.

In den vergangenen Jahren ist auch der Ertrag des Hofes durch aufeinander folgende schlechte Ernten immer weiter zurückgegangen. Der Boden war ausgelaugt, die wenigen Kühe produzierten nicht genügend Mist zum Düngen. Notwendige Reparaturen am Haus standen schon lange an und waren aus Geldmangel immer wieder verschoben worden. Das Dach sollte neu eingedeckt werden, denn es tropfte bei Regen schon durch das Gebälk, die Weidezäune und die Gerätschaften waren in schlechtem Zustand. Alles zu erneuern, um weiter wirtschaften zu können, hätte viel Geld, das nicht vorhanden war, benötigt.

In dieser bedrückenden Situation erbte mein Stiefvater gerade zum richtigen Zeitpunkt das elterliche Sacherl in Schlag bei Kirchdorf.

Meine Eltern beschlossen, das Anwesen in Pirka, welches das Auskommen nicht mehr sichern konnte, zu verkaufen. Nachdem ihnen dies geglückt war, zogen meine Mutter, mein Stiefvater, Georg, Josef und ich nach Schlag, bei Kirchdorf, um.

Mein Stiefvater, ein alkoholkranker Invalide

Als der Stiefvater nach Kriegsende als Invalide angeschlagen aus dem Krieg zurückkam, fühlte er sich kraftlos und ausgelaugt. Nach einiger Zeit fing er zu trinken an, da er durch die belebende Wirkung des Alkohols zunächst besser mit seinem Leben und seinen Schmerzen am kriegsversehrten Bein zurechtkam. Dabei glitt er nach und nach unaufhaltsam in die Sucht ab. Der Alkohol veränderte seinen früheren gutmütigen Charakter und machte ihn mehr und mehr unberechenbar, aufbrausend und gewaltbereit. Eine typische Alkoholikerkarriere nahm ihren verhängnisvollen Lauf und beeinträchtigte die ganze Familie.

Es herrschte dauernd Geldnot und mein Stiefvater veräußerte alle Wertsachen, um Geld für das Wirtshaus zu bekommen. Er schreckte nicht einmal davor zurück, das Geschenk meines Vaters an meine Mutter, eine kostbare Goldbrillantbrosche und eine Nähmaschine für meine Aussteuer, zu verkaufen. Meine Mutter konnte sich in ihrer Hilflosigkeit gegen meinen Stiefvater nicht wehren und bekam sogar Schläge, wenn sie sich seinen Forderungen widersetzte.

Ja, wir mussten vieles beobachten, was Kindern eigentlich erspart bleiben sollte.

In meinem jetzigen Alter habe ich mich damit versöhnt, dass mir nichts Schweres erspart geblieben ist, denn ich habe auch viel Schönes erlebt. Es gab nicht nur Schatten-, sondern auch Sonnenseiten in meinem Leben.

5. Erinnerungen aus meiner Schulkindzeit

Sturz vom Kirschbaum

Meine Mutter hatte mich sehr lieb. Es tat ihr sicher herzlich Leid, dass ich meinen leiblichen Vater nicht zu Gesicht bekommen habe. So oft sie konnte, verwöhnte sie mich mit meiner Lieblingssüßspeise. Sie kannte meine Vorliebe für Süßigkeiten. Mein Appetit darauf war so groß, dass ich einmal sogar einen ganzen Becher mit Kunsthonig ausleerte.

Eines Tages fragte mich Mutter liebevoll: „Nannerl, soll i dir heit wieda Kerschpfannakuacha bacha?“

„Ja, Muata. I kraxl glei aufm Bam aufe und brock welche!“, rief ich vor Freude.

Ich holte den großen Blechkrug und band ihn mit einem Lederriemen um meinen Bauch. Dann stieg ich auf die lange Leiter, die am hohen Kirschbaum lehnte und kletterte flink auf den Kronenästen bis zu den schönsten und größten Kirschen hoch. Verlockend glänzten sie in der Vormittagssonne. Als der Krug voll war, kam mir meine Mutter in den Sinn. Wie würde sie sich über die großen, dunkelroten Süßkirschen freuen! Nun sah ich aber ein kleines Ästchen, an welchem noch schönere Kirschen hingen. Das wollte ich ihr als Überraschung mitbringen. Glücklich über meine Idee streckte ich mich hinüber. Ich wollte es gerade abbrechen, als ich plötzlich das Gleichgewicht verlor und vom Baum stürzte. Unglücklicherweise fiel ich mit dem Bauch direkt auf den Krug und wurde sofort ohnmächtig. Geraume Zeit muss ich wohl auf dem Boden unter dem Baum gelegen haben. Als ich wieder bei Sinnen war, bekam ich kaum Luft. Ich meinte, nur durch einen dünnen

Halm einzuatmen. Keiner hatte den Vorfall bemerkt. Röchelnd kroch ich vom Garten bis zum Hauseingang. Zufällig schaute ein Nachbar herüber und ich hoffte, er würde mir helfen. Er tat aber nichts dergleichen und ging weiter seines Weges. Dann kroch ich in die Wohnstube. Da war aber niemand. Ich setzte mich mühsam auf einen Stuhl. Mit letzter Kraft öffnete ich die Schließe des Lederriemens, nahm den nur noch halbvoll gefüllten Krug ab und stellte ihn auf den Tisch. Nach einiger Zeit konnte ich mich wieder aufrichten und ging auf wackeligen Beinen langsam in den Stall. Die Mutter war gerade beim Melken. Der Schweiß stand ihr auf der Stirn, als sie auf dem Schemel hockend an den Zitzen des Kuheuters zog. Als sie mich sah, blickte sie nur kurz auf, ohne im gleichmäßigen Wechsel ihrer Bewegungen inne zu halten. Ich sagte ihr aber nichts von meinem Sturz, da ich sie während der anstrengenden Arbeit nicht beunruhigen wollte und kehrte in die Stube zurück. Nach der Stallarbeit schickte sich Mutter an, die Kirschpfannkuchen zu backen. Bei Tisch schmeckten sie allen. Nur ich brachte keinen Bissen hinunter.

Meine Mutter fragte: „Warum isst denn nix, Nannerl, wo grod du di a so draf gfreit host?“

Ich schüttelte nur den Kopf und sagte leise: „I mog nix. I hob koan Hunga, Muata.“

Nach dem Essen gingen die Eltern wieder in den Stall, um mit der Arbeit fort zu fahren. Mit Schmerzen im Brustkorb legte ich jetzt langsam mein Kleid ab, zog mein Nachthemd über und legte mich stöhnend ins Bett. Plötzlich bekam ich Todesangst. In Panik lief ich in den Stall zu den Eltern und wollte ihnen sagen, dass ich einen Arzt brauche. Ich konnte aber nur unverständlich stammeln: „Anni, Dani, Anni, Dani.“ Dass der Nachbar, der Anton, mir, der Anni, den Doktor holen sollte, konnten sie nicht verstehen. Dann lief ich im Nachthemd schreiend in das Dorf.

Die Eltern hatten Angst, ich sei verrückt geworden. Sie wussten ja nicht, dass ich vom hohen Kirschbaum herunter gefallen war. Meine Mutter lief mir nach und brachte mich ins Haus zurück. Da ein Arzt nicht erschwinglich war, wurde auch keiner geholt. Stattdessen machte mir meine Mutter kalte Umschläge auf die Brust. Langsam ging es mir besser und ich bekam wieder leichter Luft. Den ganzen Tag über blieb ich aber noch im Bett.

Nach diesem Sturz bekam ich von Zeit zu Zeit Lähmungserscheinungen an den Armen und gleichzeitig Schwächezustände. Am besten halfen mir in diesem Falle kalte Umschläge. Nach einer Ruhepause von etwa einer Stunde ging es mir wieder besser und ich konnte meine Arbeit fortsetzen. Diese Anfälle verschwanden glücklicherweise nach meiner ersten Schwangerschaft, dem Ende meiner Jugendzeit.

Unter dem Wagenrad

Mein Vater und ich fuhren eines Morgens wieder mit dem Wagen auf die Wiese, um Futter für das Vieh zu holen. Der Vater saß vorne auf dem Wagen, der vom Ochsen gezogen wurde. Ich saß in der Mitte des Wagens auf den Holzstangen. Als wir über die Wiese fuhren, schaute ich verträumt dem vorbeihuschenden Gras am Boden nach. Auf einmal rutschte ich zwischen den Holzstangen hindurch und fiel unter den Wagen. Das große Wagenrad fuhr über meinen Kopf und drückte dabei mein Gesicht tief ins Gras. In diesem Moment dachte ich, mein Kopf sei kaputt. Als der Wagen über mir hinweg gefahren war, stand ich benommen auf und wunderte mich, dass mein Kopf noch heil war. Mein Vater, der den Vorfall erst bemerkte, als ich mich plärrend hinter dem Wagen aufgerappelt hatte, rief erschrocken. „Jetz host oba a grouß Glück ghabt. Leicht hätt dir wos passiern könna. Host an Schutzengl ghabt Deandl!!“

Ich war auch fest davon überzeugt, dass ein Schutzengel seine Hand über mich gehalten hatte.

Mutter dem Tode nahe

Meine Mutter war einmal schwer krank. Sie lag in der Schlafstube im Bett. Die Türe stand offen. Wir aßen mit dem Vater unser kärgliches Mittagessen. Hin und wieder blickte ich zur Mutter hinein. Auf einmal sah ich, wie unter dem Bett der Mutter Blut auf den Boden tropfte. Ich stieß einen Schrei aus und zeigte mit dem Finger auf die rötlich schimmernden Holzdielen. Vater und wir Kinder blickten auf die kleine Blutlache und erschraken. Der Vater schickte mich gleich zur Großmutter im Hause gegenüber. Sie solle sofort kommen, um nach der Mutter zu sehen. Ich lief zu ihr hinüber und schrie außer mir vor Angst: „Groß-muata, du muasst glei kemma. D Muata blüat untam Bett aussa.“ Sie fand es aber nicht nötig zu kommen. Außerdem war sie gerade beschäftigt. Ungerührt erwiderte sie: „Sog ihr, sie muass de zwoa Dam fest drucka und d Händ affe zum Plafon strecka. Sie soi ganz staad liegn bleibn. Dann vagehts scho wieda.“ Meine Mutter solle also beide Daumen fest drücken, die Arme nach oben zur Zimmerdecke strecken und ganz ruhig liegen bleiben. Das würde helfen. Mit diesem Rat lief ich zur Mutter zurück. Sie tat, was mir die Großmutter aufgetragen hatte und der Vater ging beruhigt alleine in den Stall. Ängstlich beobachtete ich, wie Mutter eine Weile mit geballten Fäusten und nach oben gestreckten Armen im Bett lag. Ich bezweifelte, ob das helfen würde. Mir wurde bang ums Herz. „Was wird aus mir, wenn meine Mutter stirbt?“, dachte ich.

Auf einmal sanken die Arme meiner Mutter schlaff auf die Zudecke herunter. Sie war ohnmächtig geworden. Reglos lag sie in ihrem Kissen und reagierte nicht auf meine Rufe. Außer mir vor Angst schüttelte ich sie und schrie aus Leibeskräften: „Muata, du derfst net sterbn! Wach auf, wach auf! Moch deine Augn auf! Schau mi o! Schau mi halt o, Muataaaaaal! “

Kurz darauf bewegten sich kaum sichtbar ihre Augenlieder. Langsam machte sie die Augen auf. Sie sah mich an, als käme sie von weit her aus einer anderen Welt. Gott sei Dank, sie war wieder bei sich! Ich war überglücklich und rief erleichtert: „Mei Muata, jetz hob i scho denkt, du warst gstorbn. Des deafst net doa, gei?“ Mutter schloss wieder ihre Augen und lächelte schwach.

Es dauerte ein paar Tage, bis Mutter wieder zu Kräften kam und aufstehen konnte. Währenddessen übernahm ich ihre Pflichten. Später erfuhr ich, dass sie ein Kind verloren hatte.

Öfters erwähnte Mutter mir gegenüber dankbar: „Nannerl, du host mir fei daseimst s Lebn grett.“ Mit meinem verzweifelten Schreien hätte ich sie damals wieder in das Leben zurückgeholt. Sie sei bereits auf dem Weg ins Jenseits gewesen, als sie mich von Ferne rufen gehört hatte.

Auch ich glaubte, dass Mutters Seele durch mein Flehen wieder in ihren Körper zurückkehrte.

Insgeheim war ich meinem Vater gram darüber, dass er keinen Arzt für meine Mutter geholt hatte, obwohl sie beinahe verblutet wäre. Ließ er nicht auch den Tierarzt kommen, wenn eine Kuh krank war? Als ich ihn einmal darauf ansprach, redete er sich mit üblichem Geschwätz heraus und erwiderte: „A Viech kann se net seiba helfa, abar a Mensch scho."

Es gab sogar eine Redensart, die besagte, dass eine Frau leichter zu ersetzen sei, als eine Kuh. Ein Stück Vieh müsse man teuer kaufen. Eine neue Frau hingegen bekäme ein Bauer ohne viel Aufwand auf den Hof.

Als sich Erwachsene einmal auf der Hausbank unterhielten, hörte ich eine Geschichte, die mich nachdenklich stimmte. Ich weiß nicht, ob das Ernst oder Spaß war.

Die Frau eines Bauern lag nachts im Sterben. Er saß beim Schein der Kerzen bei ihr. Die Nacht ging vorüber, die Kerzen waren verbrannt, doch die Bauersfrau war noch immer nicht gestorben. Am Morgen war der Bauer darüber zornig und verärgert, dass die teuren Kerzen umsonst verbrannt waren. Er soll gerufen haben: „Jetz san de teuan Kirzn vobrennt und s Wei is oiwei no net hi."

Orientierungslos bei der Beerensuche im Wald

Es war Hochsommer und die Waldbeeren waren reif. Wie jedes Jahr, machten sich meine Mutter und ich auf, um Beeren zu sammeln. Meine Mutter stellte Blechgeschirre für die Beeren in einen Tragekorb und nahm ihn auf den Rücken. Ich trug zwei Eimer und die Blaubeerkämme. Wir wanderten erwartungsvoll eine Anhöhe hinauf. Auf einmal entdeckten wir eine große Fläche mit Sträuchern, die vor Blaubeeren nur so strotzten. Eifrig begannen wir, mit den Kämmen die Beeren von den Sträuchern zu streifen. Ab und zu steckten wir besonders große Beeren in den Mund. Sie machten satt und löschten den Durst. Nach ein paar Stunden hatten wir unsere Behältnisse fast voll. Gedankenverloren sind wir währenddessen immer weiter talwärts gegangen. Plötzlich wussten wir nicht mehr, wo wir waren. Meine Mutter fragte mich bekümmert, in welche Richtung es wohl nach Hause gehen würde. Im Augenblick war ich ratlos und überlegte eine Weile, während ich rundum blickte. Dann schaute ich zu den Wolken am Himmel, die ich schon einige Zeit beim Pflücken zwischendurch beobachtet hatte. An ihrem Zug erkannte ich, woher wir gekommen sind. Es konnte nur in die gleiche Richtung nach Hause gehen. Wir gingen den Berg hoch und fanden erleichtert unseren Heimweg wieder. Meine Mutter lobte mich und sagte anerkennend, dass ich sehr gescheit sei. Ich musste darüber lachen, aber ich freute mich, dass ich etwas gut gemacht hatte. Froh und dankbar pflückten wir noch weiter. Als nichts mehr in unsere Geschirre hineinging, machten wir uns auf den Heimweg. Die Beeren, die wir nicht für den Winter trockneten, brachten wir zum Händler. Der schüttete unsere Beeren in Kübel, stellte sie auf eine altertümliche Waage, rechnete umständlich hin und her und drückte uns schließlich ein paar Münzen in die Hand. Wir freuten uns über das Geld, auch wenn es schwer verdient war.

Auf diese Weise sparte ich mir Jahr für Jahr schon als Kind etwas zusammen. Nach der Schulentlassung musste ich ja in Stellung gehen. Dazu würde ich neue Kleider und Schuhe brauchen. Meine Eltern konnten mir keine neuen Sachen kaufen. Deshalb nahm ich Strapazen und mühselige Arbeiten auf mich, um ein paar Pfennige zu verdienen.

Als der Zeitpunkt gekommen war, konnte ich mir von meinen Ersparnissen ein Paar Schnürschuhe im Laden kaufen. Einen schönen, geblümten Kleiderstoff und zwei weiße Schürzen besorgte ich mir von einer Hausiererin. Eine Dorfschneiderin nähte mir aus meinem Stoff ein halbärmeliges Kleid mit Gürtel. Ich war für den „Ernst des Lebens“ gerüstet, dachte ich.

Pilzsuche

Oft musste ich mit meinem Vater schon früh um vier Uhr zum Pilze sammeln aufbrechen. Im Wald hob ich die Äste hoch und fand auf diese Weise viele Pfifferlinge, Steinpilze, Rotkappen und Zigeuner. Mein Vater brauchte nur in die Richtung zu deuten, wo er Pilze vermutete und schon kroch ich unter die oft nassen, schweren Äste, um die Pilze zu holen. Durch die Kriegsverletzung am Bein konnte er sich schlecht bücken oder hinknien. Nur die Stockschwämmchen konnte er leichter erreichten. Meistens kamen wir mit vollen Körben nach Hause. Dann musste ich mir trockene Sachen anziehen. Wenn mein Vater zur Mutter sagte, ich sei brav gewesen, war das der schönste Lohn für mich. Ein Lob entschädigte mich von jeher für alle Mühen.

Die Pilze wurden dann gemeinsam geputzt und in dünne Scheiben geschnitten. Sie wurden auf feinen Drahtgittern, die auf vier Holzlatten aufgenagelt waren, ausgebreitet. Bei Regenwetter legten wir sie zum Trocknen auf die Stangen über dem Küchenofen und bei Sonnenschein stellten wir sie an die Hauswand. Die strohtrockenen Pilze schüttete Mutter in einen Kopfkissenbezug, schnürte ihn zu und hängte ihn unter der Holzdecke in der Stube auf. Da war es warm und die Pilze schimmelten nicht. Im Winter gab es von den kostbaren Vorräten oft Pilzsoße mit Rahm und Semmelknödel oder Pilzsuppe. Nur sonntags gab es Schweinebraten vom Wammerl, selbst eingemachtes Sauerkraut und Knödel aus geriebenen Kartoffeln. Das kleine Fleischstück aß aber meistens der Vater allein.

Im Schneesturm verirrt

Es war tiefe Winterzeit, als ich, wie so oft, von meiner Mutter zum Einkaufen geschickt wurde. Obwohl ich erst zehn Jahre alt war, traute sie mir die Besorgungen bedenkenlos zu. Sie wusste, dass ich flink war und rennen konnte. Meine Eltern hielten indessen Mittagsruhe. Da es in Schlag keinen Kaufladen gab, musste ich zum Einkaufen nach Kirchdorf laufen. In Holzschuhen ging es über Berg und Tal zum Kramerladen im Pfarrdorf. Eine Stunde dauerte mein Hinweg. Auf dem Rückweg hatte ich einen schweren Rucksack zu tragen. Mein Rücken tat mir beim Tragen schon weh, denn Zucker, Grieß und drei Laib Brote wogen schwer. Meine Schritte wurden immer langsamer und unsicherer.

Auf dem Heimweg fing es immer heftiger zu schneien und zu stürmen an. Auf einmal konnte ich im Schneegestöber den Weg nicht mehr sehen. Ich kam vom Weg ab und spürte nur noch den nachgiebigen Wiesengrund unter meinen Holzschuhen. Ohne Orientierung torkelte ich im tiefen Schnee umher. Ich stürzte, rappelte mich wieder auf und stapfte weiter über Hügel und Gräben. Eine furchtbare Angst, den Weg nicht mehr zu finden, stieg in mir hoch. Mein Herz klopfte bis zum Hals.

In meiner Not schaute ich zum Himmel und bat den lieben Gott, dass er mir wieder den richtigen Weg zeigen möge. Einer inneren Eingebung folgend, ging ich einige Zeit danach in die Gegenrichtung und spürte nach einer Weile wieder festeren Boden unter meinen Füßen. Ich war heilfroh, als ich merkte, dass ich den Weg wieder gefunden hatte. Abgekämpft setzte ich meinen Heimweg durch den tiefen Schnee fort. Vorsichtig achtete ich bei jedem Schritt auf den verschneiten, festeren Untergrund des Weges, damit ich nicht wieder auf die Wiese abkommen würde.

Unterdessen waren meine Eltern beunruhigt, weil ich schon so lange bei dem plötzlich einsetzenden, heftigen Schneetreiben unterwegs war. Sie hatten furchtbare Angst, dass ich eingeschneit und mich niemand finden würde. Deshalb zogen sie sich an, um auf die Suche nach mir zu gehen. Wie erleichtert waren sie, als ich plötzlich durch die Türe stürzte! Sie nahmen mir gleich den Rucksack ab. Mutter zog mir trockene Kleidung an und gab mir heißen Tee mit Holundersaft zu trinken.

Trotz des Unwetters und des schweren Rucksacks hatte ich auf dem schneebedeckten Weg heimgefunden! Ich erzählte meinen Eltern, wie ich mich auf einer Wiese verirrt hatte. Hätte ich auf dieser meinen Weg fortgesetzt, wäre ich immer mehr im Schnee versunken und keiner hätte mich mehr vor der Schneeschmelze im Frühling gefunden. Solche Verirrungen im Schnee sind im Bayrischen Wald nicht selten vorgekommen. Oft genug gingen sie nicht so glimpflich aus wie bei mir.

Schnupftabak als Suppenwürze

Mein Vater hatte einen beachtlichen Schnurrbart. Wie viele Männer ringsum, schnupfte er mehrmals täglich Schnupftabak. Das war deutlich sichtbar, denn am Schnurrbart klebten immer Brösel. Wenn er mit uns aus der großen Suppenschüssel aß, kamen sie mit seinem Löffel zwangsläufig in die Suppe, in der sie dann herum schwammen. Wir Kinder dachten uns schon nicht mehr viel dabei. Doch eines Tages schien mir besonders viel Tabak in die Suppe gefallen zu sein. Ich konnte es mir nicht mehr verkneifen zu bemerken: „Mei grausts mir vo deim Schnupftabak in da Suppn, Vata.“ Ich bekam zur Antwort: „Wenns dir a so graust, dann brauchst ja nix aus der Schüssl essn, Nannerl.“

Da ich aber Hunger hatte, fand ich mich mit der braun gesprenkelten Suppe ab und löffelte weiter. Es gab ja nichts anderes zum Essen als das, was auf den Tisch kam. Mein Vater beachtete mich aber gar nicht weiter und grinste belustigt in seinen Bart hinein. Ja, so war er, wortkarg und nachsichtslos.

Unser Hund Lux

Wir hatten einen großen Hofhund. Er hieß Lux und war fast so groß wie ein Kalb. Er hatte seinen Platz in einer großen Hundehütte, durfte aber auch unter den Tisch in der großen Stube. Dort bekam er ab und zu einen Happen von uns Kindern ab. Er war für uns ein braver Spielgefährte, trotzdem aber auch ein sehr wachsamer Aufpasser für Haus und Hof. Eines Tages wollte der Vater zum Holzhacken hinausgehen. Lux lag unter dem Tisch. Da er ihn bei sich haben wollte, rief er ihm zu, unter dem Tisch hervorzukommen. Lux rührte sich aber nicht, sondern knurrte nur bedrohlich und schielte mit seinen Augen. Mit energischem Ton schrie Vater noch ein paar Mal den Hund an, mit ihm hinauszugehen. Lux gehorchte aber nicht und knurrte unaufhörlich weiter. Nun warnte der Vater uns Kinder, nicht zum Hund zu gehen. Er holte aus der Speisekammer ein Stück Speck. Damit brachte er ihn endlich so weit, unter dem Tisch hervor zu kriechen. Dann lockte er ihn weiter in seine Hütte gegenüber dem Haus. Von meinem Schlafzimmer aus konnte ich beobachten, wie unser Hund eigenartig zuckend über den Hof kroch.

Mein Vater holte sein Gewehr und brummte bedauernd: „Jetz muass i den Lux daschiaßn. Der hot de Tollwut.“ Neugierig ging ich mit ihm hinaus. Er lud sein Gewehr, während ich neben ihm stand. Plötzlich bekam ich es mit der Angst zu tun und machte einen Schritt zur Seite. In diesem Moment ging neben mir ein Schuss in den Boden. Ich hätte tot sein können, wenn ich stehen geblieben wäre.

Mein Vater erschrak furchtbar und rief: „Jietz hättma dia oba boid s Toutnhemd olegn deafa, Deandl!“ Wieder hatte ich einer inneren Eingebung mein Leben zu verdanken.

Anschließend zielte mein Vater auf den Lux und traf ihn mitten auf die Stirn. Der Lux jaulte kurz auf und winselte einige Zeit noch ganz erbärmlich. Weil er mir so arg leid tat, fing ich auf einmal zu heulen an. Verwundert meinte mein Vater: „Jetz woaß i net, wen i troffn hob. Di odar an Lux.“

Damit drückte er auf seine unbeholfene Art sein Mitgefühl mit meiner Trauer um unseren Hund Lux aus.

Verbotene Früchte

Meine Firmpatin stammte aus Grub, einem kleinen Dorf in der Nähe von Schlag. Sie hatte drei jüngere, ganz fidele Schwestern, die etwa in meinem Alter waren. Da wir uns gut vertrugen und immer unseren Spaß miteinander hatten, trafen wir uns gerne hin und wieder.

In den frühen Abendstunden eines spätsommerlichen Tages kamen sie wieder einmal zu mir. Sie fragten mich heiter: „Annerl, gehst mit? Mia gemmar af Kiadoaf um unsane Hoizschuah. A jede vo uns hot fei neie kriagt! Heit sans fiate woarn.“

Die Mädchen wollten also ihre Holzschuhe aus Kirchdorf holen und mich mitnehmen. Da ich mit der Hausarbeit aber noch nicht fertig war, erwiderte ich: „I frog no d Muata, ob i deaf, gei? Freili mog i nachad mitgeh. Woats ma no!“, rief ich aufgeregt. Es war keine Frage! Ich würde gerne mit den Mädchen mitgehen, aber ich musste vorher noch meine Mutter um Erlaubnis fragen. Da ich im Dorf keine weiteren Freundinnen hatte, beschäftigte ich mich oft alleine. Die Schule, die oft bis zum Nachmittag dauerte und die tägliche Hausarbeit füllten meine Zeit ohnehin aus. Unterhaltung und Abwechslung boten sich mir selten. Die Mädchen aus Grub warteten schwatzend auf mich. Ihre drei Paar Holzschuhe wollten sie während des einstündigen Weges nicht tragen. Deshalb hatten sie lustigerweise einen kleinen Handwagen dabei. Nachdem mir die Mutter erlaubte, mit den Mädchen noch so kurz vor dem Abendessen fort zu gehen, zogen wir vier Bauernmädchen scherzend los. Abwechselnd setzten wir uns in den Handwagen und ließen uns von den anderen ziehen und oder schieben. Mit heiterem Gelächter genossen wir die holprige Zuckelfahrt, die einmal rasant über die Feldwege und zwischendurch auch gemächlich über die Wiesen dahinging. Das war ein Vergnügen!

Voller Übermut kamen wir an einem Einödhof vorbei. Hier hatte sich mein Bruder Georg ein Jahr zuvor als Oberknecht verdungen. Ich war schon öfters bei ihm. Hinter dem ansehnlichen Gehöft befand sich ein großer Garten. Neben mehreren Apfelbäumen stand noch ein hoher Birnbaum. Dieser trug im vergangenen Herbst herrlich schmeckende Früchte. Mein Bruder legte bei einer Stippvisite ein paar von den süßen Birnen in meine Schürze hinein. Wie stolz war er, dass auf dem Hof, auf dem er arbeitete, so prächtiges Obst gedieh und er mir so eine Kostbarkeit für daheim schenken konnte! „Ach, müssten sie nicht jetzt gerade reif sein?“, dachte ich. Nun kam mir der köstliche Geschmack der saftigen Birnen in den Sinn. Das Wasser lief mir im Mund schon zusammen!

Obwohl es verboten war, in fremde Gärten zu gehen, entschloss ich mich, die Mädchen zu einem kleinen Abstecher in den Garten zu überreden. „He, Deandla, lusts amoi. I woaß ebbs. Mia stelln jiatz s Wagal af d Seitn und dann holn mia uns a poar vo de bestn Birn, de s gibt. I woaß, wo da Bam steht. Brauchts ma grod noche zgeh!“, schlug ich ihnen vor. Ich hatte nicht erwartet, dass sie sich gleich trauen würden, sich auf mein Ansinnen einzulassen. Umso mehr freute es mich, als sie sofort erwiderten: „Ja, Annerl, genau, des dama! Mia ham eh scho an soichan Hunga. Heit hots dahoam grod Hosnknöpf und a sauane Mil gebn.“

Wir ließen den Handwagen am Wegrand stehen und gingen leise plappernd zum Garten hinter dem Hof. Eine Dreschmaschine stand vor der Scheune. Wir wussten, was das bedeutete. Die Leute hatten den ganzen Tag an der Maschine geschuftet. Da sind sie früh in ihre Kammern gegangen, um sich für den anderen Tag auszuruhen. Die zentnerschweren Getreidesäcke mussten von den Knechten in den Speicher hoch getragen werden. Jeder auf dem Hof musste bis zur Erschöpfung arbeiten, wenn die Dreschmaschine ratterte. Also hieß es nun leise zu sein, um niemanden aufzuwecken.

Wir schlichen hintereinander zum Birnbaum. Auf einmal quietsche die schwere Haustüre. Ich schaute hin und sah eine Männergestalt mit weißem Hemd. Plötzlich knallte ein Schuss in der abendlichen Stille. Wir erschraken heftig und machten kehrt. Mit einem Schlag war unsere gute Stimmung vorbei. In Panik verließen wir schreiend den Garten und liefen zu unserem Handwagen. Als wir ihn keuchend erreicht hatten, fing eins der Mädchen an zu jammern: „Mei, mir rinnt ebbs so hoaß übers Wadl. Schauts amoi her!“ Wir blickten alle auf ihr Bein und sahen schockiert, dass Blut über ihre Wade lief.

„Der Schuss hot di dawischt!“, schrie ich entsetzt. Vor Schreck, angeschossen worden zu sein, fiel das Mädchen in Ohnmacht. Ihre Schwestern beugten sich bestürzt über sie. Ich rannte zum Hoftor und rief laut um Hilfe. Jetzt wurde ein Fenster in der oberen Etage des Wohnhauses geöffnet und ein Mann beugte sich heraus.

„Wos isn lous?“, dröhnte seine Stimme herunter

Ich erkannte meinen Bruder und schrie zu ihm hinauf: „De Schwester vo meina Firmpatin is ogschossn worn. Sie hot a Loch im Wadl und is umgfoin.“

Bald darauf kam mein Bruder mit dem Bauern aus dem Haus herausgestürzt. Als er sah, was sein Schuss angerichtet hatte, erschrak er und wies Schorsch an: „Kimm, mia tragn s Deandl in n Hof auf d Woschbänk. Und dann fahrst glei mitm Radl af Kiadoaf und hoist an Dokta!“

Wir standen mit dem Bauern betreten an der Waschbank bei dem Mädchen und warteten auf den Arzt. Zum Glück kam die Verletzte bald wieder zu sich.

Nach etwa einer halben Stunde kam mein Bruder mit dem Arzt, der auch auf einem Rad fuhr, zurück. Er untersuchte das Mädchen und gab ihm eine Spritze. Dann verband er die Wunde. Wir waren erleichtert, als er feststellte: „Es ist zum Glück nur eine Fleischwunde.“

Anschließend setzten wir das verarztete Mädchen auf den Handwagen. Mein Bruder zog ihn zu ihren Eltern nach Grub. Diese waren auch Bauersleute. Ihr Hof war aber nicht so groß wie der des Bauern, der geschossen hatte. Die Eltern schlugen die Hände über dem Kopf zusammen, als sie ihre verletzte Tochter auf dem Handwagen sahen. Ich erzählte ihnen, was geschehen war. Nun schimpften sie uns aus, dass wir in einen fremden Garten gegangen waren. Wir hätten doch wissen müssen, dass man das nicht durfte! Beschämt standen wir vor ihnen und ließen die Schelte über uns ergehen.

Georg und ich begaben uns bei Dunkelheit betroffen auf den Weg nachhause.

Dieser Vorfall verbreitete sich wie ein Lauffeuer im Dorf und es entstand eine große Aufregung. Die Leute waren sich uneins darüber, ob der Bauer richtig gehandelt hatte. Der Vater des angeschossenen Mädchens ließ die Sache aber nicht auf sich beruhen und zeigte den Bauern an. Es kam zu einer Gerichtsverhandlung, bei der ich aussagen musste. Der Richter ermahnte mich: „Anna, du musst alles so erzählen, wie es wirklich war. Du darfst nicht die Unwahrheit sagen!"

Darauf versicherte ich dem Richter: „Heit lüag i amoi net!"

Die Leute im Gerichtssaal lachten schallend. Der Richter schmunzelte.

Sein Urteil lautete: „Der Bauer wird mangels Beweises freigesprochen."

Jahre später, als mein Bruder nicht mehr Knecht auf dem Einödhof war, ließ er mir gegenüber verlauten, dass der Bauer wirklich geschossen hatte. Es war nicht das erste Mal, dass er auf diese Weise ungebetene Gäste auf dem Einödhof verjagt hatte. Allerlei Gesindel, Füchse und andere wilde Tiere trieben sich nämlich manchmal bei Anbruch der Dunkelheit um das einsam gelegene Gehöft herum. Sein Gewehr hing deshalb schon jahrelang griffbereit in der Wohnstube. Als Soldat im Ersten Weltkrieg konnte er, wie mein Vater auch, damit umgehen. Es hätte sonst niemand auf dem Hof schießen können.

Das Mädchen hatte aber zeitlebens eine Behinderung des rechten Beines davon getragen. Es humpelte seit diesem verhängnisvollen Schuss. Ihr Fuß schmerzte sie beim Gehen, denn ein Zeh blieb steif.

Johannas Rückgratverkrümmung

Nach meinem Bruder Josef gebar meine Mutter noch die drei Mädchen Johanna, Maria und Katharina. Sechs Kinder waren für sie eine große Aufgabe. Ihr invalider Mann war bei ihren Arbeiten keine große Hilfe mehr.

Eines Tages bemerkte Mutter beim Wickeln meiner jüngeren Stiefschwester Johanna, dass mit ihrem Rücken etwas nicht stimmte. Er war gekrümmt. Meine Eltern fuhren mit meiner Schwester zu einem Spezialisten nach München. Dieser schlug vor, das Kind ein halbes Jahr in eine Gipsschiene legen zu lassen.

Zu Hause mussten sich meine Eltern entscheiden, ob sie einwilligen wollten oder nicht. Mein Vater zog seinen Alltagshut tief in die Stirne, so dass man sein Gesicht kaum sehen konnte, verschränkte seine Arme auf dem Rücken und ging, nach vorne gebeugt, in der Stube hin und her. Dabei kämpfte er mit sich um eine richtige Entscheidung. Erstens war es für das Kind eine Qual und zweitens kostete die Behandlung viel Geld, meinte er. Seine kleine Tochter leiden sehen zu müssen, würde er nicht übers Herz bringen, sagte er meiner Mutter.

Am anderen Tag schrieb er dem Arzt, dass er das Kind lasse wie es ist. Er wolle ihm nicht zumuten, dass es ein halbes Jahr in der Schiene liegen müsse. Meine Mutter hatte aber eine andere Meinung. Leider konnte sie sich nicht gegen Vater durchsetzen und Johanna musste mit ihrer Einschränkung leben.

Mein Leben als Schulkind

Bis zu meinem 13. Lebensjahr ging ich mit den anderen Kindern von Schlag nach Kirchdorf in die etwa drei Kilometer entfernte Schule. Bei Wind und Wetter machten wir uns in Holzschuhen, den Schulranzen auf dem Rücken, auf den einstündigen Weg. Im Winter war es noch dunkel, wenn wir losgehen mussten. Bei hohem Schnee hatten wir eine längere Gehzeit einzuplanen. Die größeren Schüler stapften voraus, damit die kleineren in den größeren Fußspuren ihrer Holzschuhe leichter durch den tiefen Schnee gehen konnten. Wenn der Schnee nicht zu hoch lag, fuhren wir einige Strecken mit dem Schlitten. Ein wollenes Kopftuch oder eine Haube, eine Strickjoppe, ein langer Rock und handgestrickte Strümpfe und Fäustlinge wärmten uns ausreichend. In der Schule stand ein großer Ofen, den wir mit Holz heizen mussten. Manchmal rauchte er mehr als er wärmte. Unsere durchnässten Kleidungsstücke durften wir um ihn herum zum Trocknen aufhängen. Als Pauseverpflegung bekamen wir meistens ein Butterbrot und einen Apfel mit. Unseren Durst stillten wir mit Wasser.

Wenn wir nachmittags noch Schule hatten, war es bei unserer Heimkehr schon dämmerig. Dann holte meine Mutter die Raine mit meinem Mittagessen aus der warmen Backröhre.

Die Familie saß im Halbdunkel in der Stube. Die Petroleumlampe wurde erst angezündet, wenn die Finsternis hereinbrach. Im Winter musste ich meine Hausaufgaben immer bei sehr dürftiger Beleuchtung machen, oft sogar bei Kerzenlicht.

So vergingen meine Schuljahre und meine Kindheit in der Art und Weise, wie es im Dorf damals so üblich war.

Das Lernen machte mir Spaß. Ich mochte die Fächer Musik, Turnen, Geschichte und Religion. Das Rechnen war aber nicht meine Stärke. Weil ich gut singen konnte, fragte mich meine Lehrerin eines Tages, wer bei uns zuhause so gut singen könne. Als ich verlegen sagte: „Mei Vata singt a so schee.“, lachte die ganze Klasse lauthals. Die Lehrerin beschwichtigte sie und meinte, dass auch Männer schön singen können. Ich schämte mich aber trotzdem wegen des vorherigen Gelächters.

Religiöse Eindrücke

Gerne erinnere ich mich an unseren Herrn Pfarrer. Er war ein Geistlicher voller Güte und Wohlwollen für die Menschen seiner Gemeinde. Da sich die Kirche in der Nähe der Schule befand, ging ich in der Mittagspause oft ins Gotteshaus hinein. Häufig kniete hier, ganz in der Anbetung versunken, der Herr Pfarrer in der ersten Kirchenbank. Dieser Anblick rührte mich immer sehr an. Mit Vorliebe kniete ich mich weiter hinten nieder. Beim ehrfürchtigen Betrachten der kostbaren Heiligenfiguren, der geheimnisvollen Deckengemälde, des herrlichen Altars, der mit Blumen, Kerzen und Spitzendecken geschmückt war, fühlte ich mich herausgehoben aus meiner armseligen Welt. Die Stille des heiligen Raumes tat mir besonders wohl. Hier wurde mir immer ganz feierlich zumute. Nach einer Weile des Verharrens im Gebet schlug ich das Kreuzzeichen über mich, stand sachte auf und besprengte mich mit Weihwasser. Ganz in mich gekehrt öffnete und schloss ich zuletzt leise das schwere Kirchentor. Mit frommen Bildern im Sinn ging ich bedächtig wieder ins Schulhaus mit den lärmenden Kindern zurück.

Eine rasende Lehrerin

Einmal war ich an Grippe erkrankt und musste das Bett hüten. Da erzählte mir das Nachbarskind, dass am nächsten Tag der Schulfotograf käme. Gerne wollte ich dabei sein. Obwohl ich mich noch krank und matt fühlte, ging ich trotzdem in die Schule. Als mich die Lehrerin auf meiner Bank sitzen sah, wurde sie zornig und begann zu schimpfen: „Da schau her, auf einmal kannst du in die Schule kommen!" Sie war erbost, dass ich jetzt wegen des Fotografen in die Schule gehen konnte und fing an, mich wütend auf den Kopf zu schlagen, an den Haaren zu reißen und mit dem Tatzenstock auf die Finger zu hauen. Mit ihren Füßen trat sie sogar gegen meine Beine.

Ich sah wie ein gerupftes Huhn aus. In meinem Kopf hämmerte es, meine Wangen glühten. In der Mittagspause hielt ich es nicht mehr aus und lief nach Hause. Die Lehrerin schickte mir zwei große Buben nach, um mich zurückzuholen, aber ich rannte, so schnell ich konnte und erreichte keuchend mein Elternhaus. Ich stürzte in die Stube zu meinen Eltern. Sie blickten erstaunt auf, da sie mich so früh nicht erwartet hatten. Völlig erschöpft und aufgelöst lief ich auf meine Mutter zu und umklammerte sie.

„Nannerl, wos isn passiert?", fragte sie mich besorgt und strich mir zärtlich über meine zerzausten Haare. Nach und nach berichtete ich, heftig schluchzend, was geschehen war. Allmählich konnten sich meine Eltern ein Bild von dem Hergang in der Schule machen. Sie waren bestürzt über die unbeherrschte Lehrerin, die ihren Zorn an einem kranken Kind entlud. Mein Stiefvater stand von seinem Kanapee auf, setzte sich den abgegriffenen Filzhut tief in die Stirn, nahm seinen Stock aus der Ecke und brummte: „Nannerl, geh, mir gemma glei ind Schui zu deina Lehrerin. Dem Luada sog i aba gscheid mei Meinung!" Er lief mit mir zur Schule zurück, so schnell er es mit seinem kriegsversehrten

Bein vermochte. Die Mittagspause war gerade zu Ende, als wir in der Schule ankamen.

Einige Kinder sahen uns in der Ferne kommen. Sie liefen zur Lehrerin und brachten ihr die Nachricht. Nun war sie auf unser Kommen vorbereitet. Als sie mein Vater zur Rede stellen wollte, schloss sie sich aus Angst in ihrem Klassenzimmer ein. Unverrichteter Dinge verließ mein Vater die Schule und gingen mit mir zur Polizeistation in Kirchdorf. Aufgebracht zeigte er dem Polizisten meine Hände, auf denen dicke, blutunterlaufene Striemen zu sehen waren, mein geschwollenes Gesicht und die Abschürfungen und blauen Flecke an meinen Beinen. Er war im Krieg gewesen, hatte für das Vaterland gekämpft und war ein Invalide geworden. Nun fühlte er sich durch die Misshandlung seiner Tochter in seiner Familienehre gekränkt und wollte sie nicht ungestraft auf sich beruhen lassen.

Der Polizist wollte die Anzeige nicht annehmen. Mein Vater drohte, zu einem anderen zu gehen. Erst dann hat der Gendarm die Anzeige aufgenommen. Mein Vater nahm mich an der Hand und wir verließen mit sichtlicher Genugtuung das Büro. Nun machten wir uns getrost auf den Heimweg.

Am nächsten Tag veranlasste der Hauptlehrer, dass ich in eine andere Klasse kam.

Einige Zeit später kamen der Polizist, der Hauptlehrer und der Pfarrer zum Haus meiner Eltern. Ich saß gerade auf dem Kirschbaum um Kirschen zu pflücken. Die unerwarteten Besucher versuchten meinen Vater zu bewegen, die Anzeige zurückzunehmen. Er weigerte sich jedoch, ihrem Ansinnen gleich nachzukommen. Die Herren kamen noch zweimal. Dann gab mein Vater nach, um seine Ruhe zu haben. Schließlich hatte er ja erreicht, was er wollte. Er hatte seine Meinung kundgetan und deutlich gemacht, dass auch kleine Leute einen Stolz haben. Alles lassen sie sich auch wieder nicht gefallen!

Wie gewohnt besuchte ich die Schule weiter. Fortan genoss ich aber eine Sonderstellung. Lehrer und Mitschüler wussten, dass Anna Kopp niemand ungestraft anrühren darf. Mein Vater hatte durch sein prompAtes Erscheinen nach der rigorosen Misshandlung der Lehrerin in der

Schule einen beachtlichen Eindruck hinterlassen. Anscheinend ist so eine Reaktion noch nie vorgekommen.

Am letzten Schultag bekamen wir unsere Zeugnisse ausgehändigt. Mit guten Ratschlägen wurden wir verabschiedet. Als ich an der Reihe war, sagte der Hauptlehrer zu mir: „Anna, dich möchte ich sehen, wenn du 1000 Wochen alt bist.“ Als ich das meiner Mutter erzählte und sie fragte, was das bedeuten könnte, meinte sie: „Der Herr Lehrer moant halt, dass du mit 19 Joahr gwiss a scheens Deandl bist und a sechas mögn hoit olle Mannaleit gern segn.“

Unsere häuslichen Verhältnisse

Zum Essen hatten wir, was der kleine Hof so hergab. Häufig gab es Mehl- und Kartoffelspeisen. Saure Milchsuppe mit Brot oder Kartoffeln gab es oft sowohl früh, mittags, als auch abends. An Festtagen hatte meine Mutter manchmal Schmalzküchel gebacken. Das Leben war kärglich und bescheiden. Luxus kannten wir nicht. Es ging in dieser Zeit alles bloß darum, die nötigsten Bedürfnisse zu befriedigen. Satt zu sein, ein Dach über dem Kopf, eine warme Stube und wärmende Kleidung zu besitzen, wäre schon ausreichend gewesen. Das war aber nicht immer alles gleichzeitig vorhanden.

Drei von Mutters neun Kindern starben im Säuglingsalter, sie erlitt mehrere Fehlgeburten. Georg, Anna (ich), Josef, Maria, Johanna, Katharina und den trunksüchtigen Mann in ihrer beklagenswerten Lage zu versorgen, zehrte Mutter aus. Sie verhärmte und wurde kränklich.

Verkauf des Hofes in Schlag, Umzüge nach Bischofmais und Zwiesel, Mutters Tod am 01.02.1940, Vorausschau

Die Schulden nahmen immer mehr überhand und das kleine Gehöft in Schlag musste verkauft werden. Vom Geld, das nach der Tilgung der Schulden übrig blieb, wurde ein Haus bei Bischofsmais gekauft. Meine Mutter musste nun ein ganz armseliges Leben mit meinem Vater und den Kindern führen, denn sie hatte keine Landwirtschaft mehr, die den Kauf einiger Grundnahrungsmittel erspart hätte. Sie bestritt unseren

Lebensunterhalt hauptsächlich von der kleinen Invalidenrente ihres Mannes. Als Kriegsversehrter bekam er nur noch gelegentlich Arbeit. Das Wenige, das er ab und zu verdienen konnte, vertrank er auch nur.

Der Verkauf von Beeren und Pilzen besserte ihr Einkommen ein wenig auf. Die Situation verschärfte sich aber noch. Mein sonst friedfertiger Vater wurde im Rausch immer gewalttätiger und schlug dann meine Mutter häufig. Wir Kinder verkrochen uns verängstigt in eine Ecke und warteten ab, bis sich der Vater ausgetobt hatte.

Das Haus in Bischofsmais konnte nicht lange behalten werden, denn wieder drückten Schulden. Es wurde verkauft und mit dem Rest des Geldes erwarben meine Eltern in Zwiesel ein Häuschen, das auf einem schmalen Grundstück nahe unterhalb der Pfarrkirche stand.

Meine leidgeprüfte, ausgeschundene Mutter wurde nur 49 Jahre alt. Sie hat nach einer Lungenentzündung das Bett nicht mehr verlassen und starb in den Armen meiner jüngeren Stiefschwester Maria, nachdem diese ihr das Kissen aufgeschüttelt hatte, am 01. Februar 1940.

Die Todesnachricht erreichte mich, als ich fern der Heimat lebte und arbeitete. Davon berichte ich noch später.

Maria war gerade im sechsten Monat schwanger, ihr Verlobter befand sich im Krieg.

Maria beerdigte meine Mutter in Zwiesel. Sie blieb in dem kleinen Häuschen. Im Mai 1940, wenige Monate nach Mutters Tod gebar sie einen Sohn, Siegfried. Drei Jahre später fiel Siegfrieds Vater im Krieg.

Meinen kranken Stiefvater hielt nach dem Tod meiner Mutter in Zwiesel nichts mehr. Er verdingte sich bei einem Gäubodenbauern als Viehhüter und starb bald darauf.

Der Krieg war für ihn und für viele andere Bauernsöhne der Umgebung ein so schreckliches Erlebnis, dass er nach der Rückkehr in die Heimat sein vorheriges, alltägliches Leben nicht mehr meistern konnte. Viele Familien wurden durch die Trunksucht der Väter um Hab und Gut gebracht. Ohne den finanziellen Rückhalt eines Erbes mussten sich ihre Kinder gleich nach der Schule als Dienstboten auswärts in den größeren Städten wie München und Mainz verdingen, um sich ihren dürftigen Lebensunterhalt selbst zu erarbeiten. In der Heimat waren Stellen sehr rar geworden.

So erging es auch mir. Ich fühlte als heranwachsendes Mädchen aber eine unerklärliche Sehnsucht nach der Fremde. Der Gedanke an den Abschied von daheim fiel mir daher nicht allzu schwer. Dem Geruch der Abgase eines Autos schnupperte ich sehnsüchtig nach.

Ich wünschte mir, einmal in einem modernen Gefährt zu sitzen und weit weg zu fahren, einem unbekannten Ziel entgegen. Dieser Wunsch ging in Erfüllung. Aber es war dann ganz anders, als ich es mir damals in meiner Naivität vorstellen konnte.

6. Erinnerungen aus meiner Jugendzeit

Abschied von zu Hause im August 1925

Nach dem Ende der Schulzeit begann für mich wie für die meisten meiner Kameradinnen mit 13 Jahren der Ernst des Lebens. Ich wurde vom Arbeitsamt als Hausmädchen an ein Gasthaus vermittelt. Meine Eltern waren froh über die Entlastung, wieder ein Kind weniger versorgen zu müssen. Vor mir ging schon Georg von zu Hause weg. Er verdingte sich als Knecht bei einem Bauern in unserer Nachbarschaft. Nun waren noch Josef, Maria, Johanna und Katharina bei den Eltern.

Nach der Schulentlassung hatte ich noch ein paar Tage frei. Da half ich nicht nur meinen Eltern bei der landwirtschaftlichen Arbeit, sondern richtete auch meine Kleidung und Schuhe für meine erste Stellung her. Da ich keinen Koffer besaß, legte ich meine Habseligkeiten in eine Pappschachtel. Mutter kam und begutachtete meine Ausstattung. Sie meinte, dass ich weiterhin fest sparen müsse, um mir noch schönere Sachen kaufen zu können. Ich war aber damit zufrieden, denn ich kannte es nicht besser. Für den Anfang reichte mir meine Habe, die ich mir mühsam durch Beeren- und Pilzeverkauf erarbeitet hatte. Schon lange habe ich für diesen Tag, der mir persönliche Selbständigkeit verhieß, gespart. Auf meine zwei weißen, mit schmalen Spitzen besetzten Schürzen, meine neuen Lederhalbschuhe, die Leinenunterwäsche, die von Mutter handgestrickte Wolljacke und das kleingeblümte Kleid, das die Dorfnäherin für mich angefertigt hatte, war ich sehr stolz. Damit fühlte ich mich gut gerüstet für den Beginn meines Arbeitslebens.

Erste Stellung in einem Gasthaus

Wie eine Kostbarkeit kramte Mutter aus dem Küchenkasten eine gebrauchte Paketschnur hervor. Dann schnürte sie so bedächtig und sorgsam die Schachtel zusammen, dass es aussah, als wäre es für sie eine heilige Handlung.

Als ich meinte, das könne ich doch alleine tun, erwiderte sie traurig: „Nannerl, des is des Letzte, wos i für di no doa kann. Ab jetz wirst füa di alloans sorgn müassn, und mia werdn uns lang nimma segn."

Ich verstand nicht, warum sich meine Mutter in solch einer gedrückten Stimmung befand, während meine Gefühle eher gehoben waren.

Tröstend meinte ich: „Aba Muata, i bin doch net aus da Weit."

Später wusste ich, was sie bei meinem Weggang so bewegte. Obwohl mir meine Eltern nicht viel bieten konnten, war ich in ihrem Haus zumindest geborgen. Mit meinem Schritt hinaus verlor ich auch diesen Schutz. Ab diesem Zeitpunkt blies mir ein starker Wind ins Gesicht. Der Kontakt zu meiner Familie verlor sich nach und nach.

- Ich sehe, dass ich damals wie ein kleines Bäumchen war. Im Sturm wurde es hin und her gebeutelt. Es muss tiefe Wurzeln getrieben haben, um allem Ungemach standzuhalten und ein Baum zu werden. -

Zur Verabschiedung kam die ganze übrige Familie aus dem Haus. Vater umschloss meine Hand mit seinen beiden schweren Bauernhänden und brummte: „Moch uns koa Schand, Derndl. Dua, wos ma dir sogt, dass ma zfriedn is mit deina Arbat!"

Mutter umarmte mich und brachte nur mit Mühe hervor: „Nannerl, bleib brav und gib Obacht af di. Pfüat di Gott."

Sie machte mir ein Kreuzzeichen auf die Stirn und blickte mir dabei ernst in die Augen. Ich legte noch einmal meine Arme um ihren Hals und drückte mich fest an sie, weil sie mir so Leid tat.

Die jüngeren Geschwister zappelten aufgeregt um mich herum und riefen: „Bringst uns wos mit, wennst wieda kimmst?" Dann drückten sie mir mit ihrem feuchten Mund der Reihe nach ein „Eierl" auf die Backe.

Georg rief schon ungeduldig von seinem Pferdefuhrwerk herunter: „Na, schick di hoit. I muass heit no mitm Bauan afs Feid und hob net so lang Zeit zum Umanandasteh!"

Nun nahm ich meine Schachtel an der Schnur hoch und stieg zu meinem großen Bruder auf die Sitzbank des Wagens. Meine Familie winkte mir nach, bis wir um eine Biegung des Weges fuhren und ich winkte zurück.

Beim Fahren überkam mich Neugierde auf das, was auf mich zukommen würde. Was hinter mir lag, wusste ich nur zu gut. Aber was vor mir lag, das würde etwas Neues, Aufregendes sein. Ich wollte mich der neuen Herausforderung gerne stellen. Auf diesen Tag habe ich mich schon lange gefreut. Ich bildete mir ein, endlich die Enge des Elternhauses, den aus allen Ritzen lugenden, unabänderlichen materiellen Mangel und die körperlich und seelisch erfahrbare Not hinter mir lassen zu können. „Jetz kanns bloß no bessa wern!“, dachte ich mir.

Schorsch und ich fuhren mit dem Pferdefuhrwerk durch den Wald bis zu meiner ersten Arbeitsstelle. Endlich sahen wir unser Fahrtziel, ein paar Häuser und ein stattliches Wirtshaus. Ich war ein wenig enttäuscht über diesen einsamen Ort. So abgelegen hatte ich mir meinen Arbeitsplatz nicht vorgestellt! Schlag war schon ein ganz kleines Dorf, doch jetzt hatte es mich auf einen noch winzigeren Siedlungsflecken mitten im Wald verschlagen.

Als Georg und ich vom Wagen stiegen, kam auch schon eine rundliche, kleine Frau aus der Haustüre, offenbar die Wirtin des Gasthauses und begrüßte uns.

„Du bist sicher unsa neis Hausmadl, gell?“, sprach sie mit durchdringender Stimme zu mir.

„Ja, i bin die Anna Kopp unds Arbeitsamt hot mi zu dir gschickt.“, erwiderte ich.

Die Wirtin ließ meinem Bruder einen Krug Bier bringen. Er setzte sich damit auf die Hausbank und trank ihn schnell leer. Danach verabschiedete er sich knapp von mir und machte sich auf den langen Heimweg. Er wusste, was auf mich zukommen würde. Er war ja schon länger Knecht.

Arbeit als Hausmädchen

Die Wirtin zeigte mir meine Schlafstätte in einem kleinen Zimmerchen unter dem Dach, das ich mit einer anderen Angestellten teilen musste. Hier konnte ich gleich meine Schachtel in einen alten Kasten legen.

Wir gingen wieder hinunter. Nun erklärte sie mir die ersten Tätigkeiten in der großen Küche und zeigte mir meinen Arbeitsplatz am Spülbecken und Gemüsetisch. Die Vorbereitungen für das Abendessen der Gäste, die hier ihre Sommerfrische verbrachten, waren schon in vollem Gange. Auf dem Holzküchenofen in der Mitte des Raumes dampften riesige Töpfe mit Kartoffeln und Suppe. Schon wurde ich angewiesen, für den Wurstsalat Zwiebeln und Schnittlauch zu schneiden. Kaum war ich damit fertig, bekam ich den nächsten Auftrag. Ich musste für den nächsten Tag einen großen Topf voller gekochter Kartoffeln pellen. Das war der erste Tag meiner Tätigkeit als Mädchen für alles.

Tag für Tag ging es von früh bis abends so weiter. Obwohl ich alles flink erledigte, gingen der Wirtin die Arbeiten nie aus. Wenn abends im Haus Ruhe herrschte, fiel ich todmüde ins Bett und schlief wie ein Stein bis zum Morgen. Beizeiten hieß es aufzustehen, um dabei zu helfen, das Frühstück für die Sommerfrischler herzurichten.

Da das Wirtshaus damals schon Erholungsuchende beherbergte, die sogar auch schon von außerhalb Bayerns hergereist kamen, lernte ich hier hochdeutsch mit den Gästen zu sprechen. Die gewohnte Anrede mit „Du“ wurde mir strengstens verboten und ich musste mich schwer umstellen, um mich an das „Sie“ zu gewöhnen. Wenn mir doch einmal ein „Du“ entschlüpfte, musste ich mich sofort höflich entschuldigen. Die Gäste amüsierten sich zwar köstlich, aber die Wirtin schaute mich jedes Mal streng dabei an. Später, wenn es niemand hören konnte, schimpfte sie mich aus.

Die Gäste mochten mich gut leiden, da ich ein aufgewecktes, lustiges junges Mädchen war. Sie waren gebildete Leute, die nichts Ehrenrühriges darin sahen, dass die bäuerliche Herkunft nicht zu verleugnen war. Die Stadtmenschen hatten sogar ihren Spaß daran, wenn mir einmal ein Ausrutscher passierte. Mit der Zeit wurde ich gewandt im Umgang mit den Gästen. Die Wirtin honorierte meine Gelehrigkeit damit, dass ich jetzt sogar in der Gaststube beim Bedienen helfen durfte. Das empfand ich wie eine Auszeichnung und es machte mir Spaß, flink die Speisen zu servieren.

Lernen im Gasthaus

Nun lernte ich also die bürgerliche Küche, die entsprechenden Essgewohnheiten und das bessere Leben kennen. Das Annehmen der gebräuchlichen Umgangsformen, Anstandregeln und das Sprechen nach der Schrift waren die Voraussetzung dafür. Begierig nahm ich alle neuen Eindrücke auf und lernte bald, mich anzupassen. Aus dem Bauernmädel ist eine tüchtige Hausangestellte geworden. Ich musste alle möglichen Arbeiten verrichten und der Wirtin ständig zur Hand gehen. Kein Auftrag war offenbar zu schwer oder zu schmutzig, als dass er mir nicht zugemutet werden konnte. Ich kam ja aus einer Landwirtschaft! Die Wirtin wusste wohl, warum sie gerade ein Bauernmädel eingestellt hatte. In der Küche, in der Gaststube, in Haus und Garten gab es den ganzen Tag über eine Menge zu tun und ein williges Mädchen, das noch froh war, Arbeit zu haben, konnte dafür gut gebraucht werden.

Ein Kriegsblinder „sieht“ mich

Als ich einmal Ausgang bekam, besuchte ich meinen Bruder Schorsch, der jetzt in der Pfistermühle bei Regen einen Platz als Knecht hatte. Ich suchte den Hof, auf dem mein Bruder arbeitete und ging ins Bauernhaus hinein. Schorsch saß in der Bauernstube mit einem Kriegsblinden beim Bier und unterhielt sich mit ihm.

Mein Bruder freute sich über meinen überraschenden Besuch. Wir erzählten uns die letzten Neuigkeiten von unserer Arbeit und der Familie zu Hause, vor allem der Mutter. Wir Großen waren ja in Arbeit und konnten der Mutter nicht mehr helfen, die den invaliden Vater und die kleineren Geschwistern allein zu versorgen hatte. Das stimmte uns ein wenig wehmütig.

Der Blinde hörte aufmerksam zu.

Auf einmal stellte er unvermittelt fest: „Schorsch, du host oba a sauberne Schwester, saxn di!"

Mein Bruder stutzte und meinte: „Wia woaßtan du, dass mei Schwesta schee is, ha? Du kannst as ja gor net segn!"

Der Blinde erwiderte unbeirrt: „Ja mei, de brauch i net segn. Des hör i an ihrana Stimm!"

Ich lachte und wir scherzten noch ein wenig. Dann machte ich mich auf den Rückweg zu meiner Arbeitsstelle, damit ich noch vor Anbruch der Dunkelheit zurück war. Das Wegstück durch den Wald war mir bei Tag schon nicht ganz geheuer gewesen.

Neu erlebter Mangel im Wirtshaus

Die guten Gerichte, welche den Gästen serviert wurden, durfte ich beim Kochen zwar probieren, mich daran satt essen jedoch nicht. Sogar auf dem kleinen Hof zu Hause war die Ernährung für mich gesünder als die Verpflegung im Wirtshaus. Daran musste ich jetzt dankbar zurückdenken. Im Gegensatz zu daheim bekam ich hier meistens eine dünne Suppe und eine Süßspeise, meistens einen Pudding hingestellt. Wenn ich zwischendurch Hunger hatte, durfte ich mir ein Brot mit Marmelade bestreichen. Ich war nicht gewohnt, über meine Ernährung nachzudenken. Wichtig war mir nur, dass ich nicht zu hungern brauchte. Diese einseitige Ernährung musste sich irgendwann an meiner Gesundheit auswirken, da ich schwer arbeiteten musste und im Heranwachsen war. Aber das interessierte niemanden, so lange ich in der Lage war, meine Arbeiten zu verrichten. Einige Zeit lang konnte ich glücklicherweise noch von meiner guten Substanz zehren.

Zu Hause hatten wir als bäuerliche Selbstversorger zwar nicht viel Auswahl an Nahrungsmitteln, aber mit den gebräuchlichsten Naturalien konnten wir uns trotz unserer sonstigen Armut selbst gesund versorgen. Hier wurde das Wenige geteilt, was mit der Hände Arbeit gemeinsam erarbeitet wurde. Da fehlte es nicht an frischer Milch und Butter, Schmalz und Eiern, Kartoffeln und allerlei Gartengemüse, Vollkornmehl und Bauernbrot. Mutter wusste, wie sie uns daraus einfache, aber durchaus nahrhafte Gerichte kochen konnte. Damit wurden wir satt und blieben gesund. Die überlieferten Rezepte waren der schwer arbeitenden Bevölkerung hinsichtlich des Kalorienbedarfes und Nährstoffgehaltes durchaus angemessen und die Gerichte können als vollwertig bezeichnet werden. Heute, viele Jahrzehnte später, ist das Ernährungsbewusstsein vieler Menschen gestiegen und es findet eine Rückbesinnung auf diese einfache und gesunde Kost aus naturbelassenen Lebensmitteln statt. Alte Rezepte von Kartoffel- und Mehlspeisen finden sogar in guten Gasthäusern großen Anklang. Allerdings muss ihr Kaloriengehalt dem geringeren Bedarf der modernen Menschen angepasst werden.

Ganz allein auf mich gestellt, lernte ich hier einen Mangel kennen, der ohne Notwendigkeit eintrat. Als Schutzbefohlene wurde ich verantwortungslos behandelt. Herzlosigkeit und Geiz spielten anscheinend dabei auch eine große Rolle. Warum bekam ich, meiner schweren Arbeit entsprechend, kein kräftigeres Essen? Der Hofhund hatte es besser! Der bekam einen Napf mit den Fleischresten und durfte so viel fressen, wie er wollte.

„Deinen Reichtum mehrt, was der andere entbehrt!“, sagt ein altes Sprichwort. Ich habe leider den Eindruck gewonnen, dass es das Lebensmotto vieler Menschen war, denen ich im Laufe meines Lebens begegnet bin.

Schwere Erkrankung durch Arbeitsüberlastung und Mangelernährung

Nachdem ich über ein halbes Jahr als Hausmädchen in dem abgelegenen Gasthof gearbeitet hatte, erkrankte ich schwer.

Eines Tages konnte ich nicht mehr aufstehen. Mein Gesicht glühte vor Fieber und ich fühlte mich entsetzlich elend. Zwar taten mir mehrere gerötete, harte Stellen auf der Haut schon seit einigen Tagen weh, aber jetzt waren sie auf einmal eitrig und besonders berührungsempfindlich geworden.

Als die Wirtin von meiner Kollegin hörte, dass ich krank sei, kam sie in mein Zimmer. Sie sah, dass ich in meiner Verfassung nicht unter die Leute gehen konnte und unfähig war, zu arbeiten.

Ein herbeigerufener Arzt untersuchte mich. Am ganzen Körper, vor allem am Kopf, betastete er ausgedehnte Entzündungsherde. Er fragte mich, wie alt ich sei, wie lange ich arbeiten müsse und was ich zum Essen bekäme. Sein Gesicht wurde ernst. Seine Diagnose war: Furunkulose als Folge von Unterernährung und Arbeitsüberlastung.

Mit 13 Jahren fing ich schon an, schwer zu arbeiten. Nun war ich 14 Jahre alt. Mein Organismus hatte keine Widerstandskraft mehr.

Der Arzt veranlasste, dass ich noch am selben Tag in das Krankenhaus nach Regen gebracht wurde. Die Wirtin erkundigte sich bei ihm, wie lange ich nicht arbeiten könne. Als ihr der Arzt erwiderte, dass es bestimmt mehrere Wochen sein würden, wies sie einer Angestellten an, meine Sachen aus dem Kasten zu räumen und in meine Pappschachtel zu packen.

Mit meinen Habseligkeiten unter dem Arm verließ ich das Haus, so wie ich gekommen war. Nichts erinnerte in diesem Haus mehr an eine Minderjährige, deren körperliche Kräfte durch die schlechten Arbeitsbedingungen aufgezehrt wurden.

Genesung im Krankenhaus, Zukunftsängste

Im Krankenhaus bekam ich stark wirksame Spritzen und kräftiges, vitaminreiches Essen. Die örtliche Behandlung der Abszesse war sehr schmerzhaft, da Einschnitte in die Haut notwendig waren. Unter Salbenverbänden heilten sie langsam ab und auch das Fieber ging zurück. Nach einigen Wochen war die akute Phase Dank der guten Pflege der Ärzte und Schwestern vorbei. Ich konnte mich wieder draußen sehen lassen. Zum Glück behielt ich von dieser schmerzhaften, eitrigen Hauterkrankung nur kleinere Narben zurück. Langsam fühlte ich mich auch wieder besser und konnte schon längere Zeit durch die Gänge des Krankenhauses gehen.

Meine Gedanken kreisten schon wieder um eine Arbeitsstelle. Die Wirtin im Gasthaus hatte bestimmt schon ein neues Mädchen eingestellt. Wo würde ich nach meiner Entlassung aus dem Krankenhaus gleich unterkommen? Meine Eltern waren froh, dass ich aus dem Haus war und ein Esser weniger am Tisch saß. Dorthin konnte ich doch nicht zurück!

Überraschender Besuch - Neue Arbeitsstelle in München

Kurz vor der Entlassung aus dem Krankenhaus bekam ich von Herrn Dipl. Ing. D. aus München Besuch. Er war der Vorgesetzte meines Vaters im Krieg. Das Verhältnis der beiden war sehr freundschaftlich. Die Kämpfe in Frankreich haben sie zusammen geschweißt. Herr D., der Offizier war, schätzte meinen Vater sehr, denn er konnte sich damals bei größter Gefahr auf ihn verlassen. Er hielt den Kontakt und die Freundschaft auch noch aufrecht, als Vater dem Alkohol verfiel. Sicherlich kannte er die Hintergründe und möglichen Ursachen besser als seine eigene Familie.

Herr und Frau D. verbrachten sogar öfter ihren Urlaub bei uns in Schlag. Beide mochten mich schon als Kind sehr gerne.

Nachdem Herr D. bei seinem Besuch des Vaters in Schlag erfahren hatte, dass ich im Krankenhaus sei, besuchte er mich dort eines Tages. Ich freute mich riesig, den Bekannten meines Vaters zu sehen, denn ich bekam während meiner Erkrankung keinen einzigen Besuch. Als ich noch ein Schulmädchen war, bat ich Frau D., mich doch nach der Schulentlassung als Hausmädchen zu sich nach München zu holen. Für ein Landmädchen wie mich war das die Erfüllung aller Träume. Meine erste Arbeitsstelle lag mitten im Wald und ich hatte dort keine guten Erfahrungen gemacht. Nun schien mir ein Platz in der Stadt bei den Bekannten umso erstrebenswerter zu sein.

Deshalb konnte ich mein Glück gar nicht fassen, als Herr D. mich fragte, ob ich in seinem Haushalt arbeiten wolle. Er habe meine Eltern schon gefragt. Sie seien damit einverstanden. Seine Frau habe ein Kind bekommen, müsse sich schonen und brauche sofort eine Haushaltshilfe. Da sie mich schon kennen würde, wäre es ihr recht, wenn ich bald anfangen könnte.

Natürlich nahm ich das neue Angebot hoch erfreut sofort an.

Herr D. erkundigte sich beim Arzt, ob ich so weit gesund sei, dass er mich zu seiner Frau nach München als Kinder- und Hausmädchen mitnehmen könne. Der Arzt hatte keine Einwände und ich packte gleich meine Sachen.

Wir fuhren mit dem Zug nach Deggendorf. Da Herr D. bei einem Kollegen dort dienstlich zu tun hatte, übernachteten wir in einem Hotel.

Abends durfte ich mir etwas zu essen bestellen und bekam ein kleines Zimmerchen zum Schlafen.

Am anderen Tag fuhren wir zusammen mit dem Kollegen weiter nach München. In Landshut mussten wir in einen D-Zug umsteigen.

Herr D. fragte mich während der Fahrt, ob mir beim Fahren in diesem anderen Zug etwas auffallen würde. Ich antwortete, dass die Telefonmasten jetzt viel schneller vorbeifliegen würden. Die Herren mussten lachen und ich wunderte mich darüber. Am Hauptbahnhof München stiegen wir in die Straßenbahn um und fuhren zu Herrn D.s Wohnung.

Frau D. erwartete uns bereits. Sie war neugierig, wie ich mich seit ihrem letzten Urlaub bei uns in Schlag verändert habe. Nachdem wir angekommen waren, durfte ich mich im Bad umziehen und frisch machen. Ich wusch mich, kämmte meine langen Haare, flocht sie links und rechts zu dicken Zöpfen und band eine Taftschleife an ihre Enden. Als ich mich im Spiegel betrachtete, sah mir ein adrettes, hübsches Mädchen entgegen. Das Ehepaar D. saß während dessen im Korridor. Als ich mit meinem neuen Hauskleid und meiner weißen Schürze aus dem Bad kam, war Frau D. über meine Verwandlung so erstaunt, dass sie lachend ausrief: „Aber Anna! Ich habe ein Hausmädchen und keine Prinzessin erwartet!“. Ich freute mich, dass meine Herrschaft mit meinem Äußeren zufrieden war. Ein wenig eitel war ich also damals schon!

Als Hausmädchen in München

Frau D. zeigte mir die große Fünfzimmerwohnung und zählte die anstehenden Arbeiten auf. Die Liste war lang und ich sah gleich, dass es viel zu tun gab. In den geräumigen, hohen Zimmern gab es große Fenster zu putzen, einige Kachelöfen zu versorgen, Parkettböden und schwere Teppiche zu pflegen, Wäsche zu waschen und zu bügeln. Auch mit dem süßen Baby wurde ich vertraut gemacht. Da ich mit kleinen Kindern immer schon gut umgehen konnte, freute ich mich auf die Beschäftigung mit ihm. Das bedeutete für mich keine Anstrengung.

Mein Tagwerk begann schon früh. Ich richtete das Frühstück her, putzte die Böden, bürstete auf den Knien die Teppiche ab, ging zum Einkaufen, trug die vollen Taschen in den zweiten Stock hoch, half beim Kochen, spülte Geschirr und bügelte. Am meisten strengte mich an, die zwei schweren Kohleneimer aus dem Keller über drei lange Treppen herauf zu tragen. Für die Öfen in der großen Wohnung verbrauchten wir im Winter viel Heizmaterial.

Ab und zu musste ich knieend den Parkettboden mit Stahlwolle entlang der Maserung abziehen, einwachsen und so blank reiben, bis ich mich darin spiegeln konnte. Dabei liefen mir vor Anstrengung die Schweißperlen von der Stirn auf den Boden. Mir hat das aber sogar Spaß gemacht und ich war der Herrschaft gegenüber sogar stolz, wenn der Boden so herrlich glänzte. Anderntags waren die hohen Fenster zum Putzen an der Reihe, später die schweren Teppiche unten im Hof auszuklopfen oder der schwere Korb mit feuchter Wäsche auf den Dachboden zum Trocknen hinauf zu tragen und dort aufzuhängen.

Bis alle Räume gründlich geputzt und die verschiedensten Hausarbeiten verrichtet waren, dauerte es ein paar Wochen. Dann ging die Prozedur von vorne wieder los. Zwischendurch gab es Vorbereitungen zu Familienfesttagen und Feiertagen. Die Arbeiten gingen in dem gepflegten Haushalt nie aus, denn es gab ja ein „Mädchen für alles“, das beschäftigt werden musste. Ich konnte alle Aufgaben geschickt erledigen und empfand auch noch Freude daran, in einem Stadthaushalt arbeiten zu können.

Die ganze Wohnung musste ich alleine sauber halten. Frau D. konnte durch meine Hilfe ein angenehmes Leben führen und sich von der Geburt des Kindes gut erholen. Das Ehepaar genoss es sichtlich, so ein fleißiges Hausmädchen wie mich zu haben, das alles gutwillig und zu seiner vollsten Zufriedenheit erledigte.

Nachmittags vertraute mir Frau D. manchmal das Kind alleine an. Dann musste ich es spazieren fahren, zu Hause wickeln, füttern, herumtragen und ins Bett bringen. Beim Aufpassen durfte mir keine Nachlässigkeit passieren und ich trug mit meinen 14 Jahren eine große Verantwortung.

Wenn die Herrschaften nachmittags selbst mit dem Kind spazieren fuhren, bekam ich verschiedene Aufgaben, die bis zu ihrer Rückkehr erledigt sein mussten.

Als ich 15 Jahre alt wurde, bekam ich als Lohn drei Mark im Monat. Ich stellte keine hohen finanziellen Ansprüche an die Herrschaft, da ich die Hausarbeit angenehmer als die Bauernarbeit empfand. An Weihnachten bekam ich eine Jacke von Frau D. geschenkt, die sie auf meine Größe umarbeiten ließ. Ich wurde zwar freundlich von meinen Arbeitgebern behandelt, aber sie verlangten von mir auch das Äußerste. Nur während der Essenszeit konnte ich mich ein wenig ausruhen. Danach ging die Arbeit gleich wieder weiter und ich kam den Tag über nicht mehr zum Hinsetzen.

Früh um sechs Uhr musste ich aufstehen und durfte erst gegen 21 Uhr nach getaner Arbeit in mein kleines Zimmer zurückgehen. Nachdem ich mich gewaschen, meine Zöpfe gelöst, die Haare gekämmt und neu geflochten und evt. noch meine Strümpfe gestopft hatte, fiel ich erschöpft ins Bett.

Es gab für mich keinen Mindestlohn, keine Arbeitszeitbegrenzung und kein Jugendschutzgesetz. Heute würde man bei solchen Bedingungen von der Ausbeutung Minderjähriger sprechen und bestraft werden. Damals war es bei vielen Arbeitgebern an der Tagesordnung, die Dienstboten auszuschinden. So kümmerte sich auch meine Herrschaft wenig um die Vorgaben, die ihnen sicher bekannt gewesen sein dürften. Schließlich war Herr D. Diplom Ingenieur. Ich habe aber selbst nicht darüber Bescheid gewusst. Was hätte es mir auch viel genützt? Mit arbeitsrechtlichen Forderungen wäre ich meine Stellung sofort los gewesen. Herr D. hatte nicht ohne Grund kein Stadtmädchen eingestellt, sondern mich aus dem Bayerischen Wald geholt!

Bierholen für den Dienstherrn

Die Wohnung lag ungefähr hundert Meter vom Salvatorkeller entfernt. Herr Dipl. Ing. D. gab mir jeden Abend um acht Uhr den Auftrag, vom Salvatorkeller eine Maß Bier zu holen. Dafür machte ich mich immer hübsch. Ich band mir eine saubere weiße Schürze um und schwarze Samtschleifen um meine Zöpfe. Wenn ich im Gasthaus das Bier in den steinernen Maßkrug füllen ließ, sah ich, wie sich viele Blicke der Gäste auf mich richteten. Dann trug ich den Krug vorsichtig die Straße entlang und über die Treppe hinauf in die Wohnung.

Manchmal kam ich in Versuchung, ein wenig an dem würzigen Bier zu nippen, aber ich hatte Angst, jemand könnte mich beobachten oder

der Herr würde es bemerken. Nur wenn gut eingeschenkt wurde und der überquellende Schaum über meine Hände gelaufen war, schleckte ich meine Finger davon ab. So wusste ich wenigstens, wie gut das Gebräu schmeckte!

Seltener Genuss - eine kleine Honigschnitte

Wir schrieben das Jahr 1927. Der Krieg war jetzt neun Jahre zu Ende. Um die wirtschaftliche Lage Deutschlands stand es schlecht. Die Nahrungsmittel waren rar und teuer. Deshalb wurde ich von meiner Herrschaft auch nur mit dem Allernötigsten versorgt. Einmal kam Besuch und es gab Kaffee, Kuchen und Brot mit Honig. Wahrscheinlich habe ich so unübersehbar auf die seltenen, leckeren Dinge hingesehen, dass die Besucherin die Gastgeber bat, mir auch eine Honigschnitte zu geben. Tatsächlich wurde für mich dann auch ein Stück Brot mit Honig bestrichen. Es hat mir wunderbar geschmeckt! Dazu bekam ich eine Tasse Malzkaffee, wie es damals üblich war.

Als ich ein weiteres Schnittchen haben wollte, bekam ich leider keines mehr.

Die Vorliebe für Süßes blieb mir bis ins hohe Alter erhalten. Meine morgendlichen zwei Schnitten, dick mit Butter bestrichen und ordentlich viel Honig darauf und die tägliche Kaffeestunde mit selbstgebackenem Kuchen genoss ich immer mit großer Dankbarkeit und Genugtuung.

Erkrankung bei der Familie D.

Über ein Jahr war ich schon in München in Stellung. Schnell vergingen die Monate, angefüllt mit viel Arbeit und wenig Lohn. Nun kam es, dass ich allmählich immer länger dazu brauchte, die beiden schweren Kohleneimer über die Treppen in die Wohnung zu tragen. Oben angelangt, musste ich mich erst auf die letzte Stufe setzen, um auszuruhen. Den Abend konnte ich kaum mehr erwarten, um mich ins Bett zu legen und schlafen zu können. In der Nacht wachte ich oft schweißgebadet auf und konnte anschließend nur unruhig weiterschlafen. Frühmorgens kam ich vor Erschöpfung kaum aus dem Bett. Beim Blick in den Spiegel fiel mir auf, dass tiefe Schatten unter meinen Augen lagen und meine sonst rosige Gesichtsfarbe fahl geworden ist. Beim Essen verspürte ich keinen Appetit mehr. Mein Kleid schlotterte immer mehr an meinem ausgezehrten Körper. Bei anstrengenden Arbeiten standen mir bereits kurz nach dem Beginn die Schweißperlen auf der Stirn. Eine bleierne Müdigkeit begleitete mich den ganzen Tag über. Die Arbeiten fielen mir immer schwerer.

Ich dachte zuerst, mein Unwohlsein würde mit meiner Periode zusammenhängen, die ich erst vor wenigen Wochen zum ersten Mal bekommen hatte. Deshalb sagte ich meiner Herrschaft aus Scham nichts über mein schlechtes Befinden.

Schließlich stand ich den ganzen Arbeitstag nicht mehr durch. Mir wurde während der Arbeiten schlecht und ich musste mich vor Schwäche, die mich dann befiel, hinlegen. Meine Stirn war heiß und bestimmt hatte ich Fieber. In diesem Zustand war ich nicht mehr arbeitsfähig. Jetzt erst merkten meine Arbeitgeber, dass mit mir etwas nicht stimmte und schickten mich endlich zu ihrem Arzt.

Langer Krankenhausaufenthalt

Für den Stadtgang zog ich meine Sonntagskleidung an und fuhr mit der Straßenbahn zum Arzt der Familie D.. Als deren Kind krank war, durfte ich einmal mit zum Arzt fahren. Deshalb kannte ich mich in dem betreffenden Stadtteil aus und wusste, wo sich die Praxis befand. Der väterliche Arzt war mir also nicht mehr unbekannt. Er untersuchte mich eingehend. Unter anderem klopfte und horchte er Brust und Rücken ab und fragte nach meinem sonstigen Befinden. Als er seine Diagnose festgestellt hatte, sagte er mir mit ernstem Gesicht: „Anna, ich muss dich sofort ins Krankenhaus einweisen. Du bist sehr krank. Wahrscheinlich müssen sie dich dort längere Zeit behandeln." Er gab mir einen Brief für das Krankenhaus und einen für Familie D. mit. Ich konnte die Tragweite der schockierenden Aussage des Arztes gar nicht fassen. Wie benommen fuhr ich zu meiner Herrschaft zurück. Ich übergab das Schreiben und berichtete stockend, was der Arzt gesagt hatte.

Frau D. war bestürzt, denn sie wollte anscheinend noch nicht so schnell auf die Annehmlichkeit ihres billigen und fleißigen Hausmädchens verzichten. Sie sagte mir nun, dass sie mich zwar noch gerne eine

Weile beschäftigt hätte, aber leider sei das jetzt nicht mehr möglich. Zerknirscht bezahlte sie mir den ausstehenden Lohn von ein paar Mark. Dann holte ich meine Schachtel vom Schrank herunter und packte meine Habseligkeiten hinein. Ich verabschiedete mit traurig von meiner Herrschaft und verließ mit meiner Habe unter dem Arm die Wohnung, deren blitzblanke Sauberkeit mein ganzer Stolz war. Auf wackeligen Beinen begab ich mich ins Krankenhaus. Dort legte ich an der Pforte das ärztliche Schreiben vor. Nach einer Weile kam eine junge Schwester und brachte mich auf die Tuberkulosestation.

Im Krankenhaus wurden wegen der bedrohlichen Diagnose des Hausarztes noch weitere Untersuchungen durchgeführt. Der Stationsarzt teilte mir mit, dass ich Lungen-Tuberkulose habe, eine schwere Infektionskrankheit mit Tuberkelbazillen.

Dadurch sei mein Organismus allmählich entkräftet worden und mein Gewicht habe deshalb ständig abgenommen.

„Ich habe also die Schwindsucht, eine Armeleutekrankheit bekommen!“, dachte ich benommen.

Von den Erklärungen des Arztes blieben in meiner krankheitsbedingten Apathie nur die Worte über den sichtbaren „Schatten auf der Lunge“ in meinem Gedächtnis haften. Ich fühlte mich wie betäubt. Es war mir auch gleichgültig, wie es in meiner Lunge aussah, weil ich mich viel zu elend fühlte, um darüber nachzudenken oder mich aufzuregen. Mein Wunsch war nur noch, ruhig im Bett liegen bleiben zu dürfen. Alles andere überließ ich vertrauensvoll den Ärzten und Schwestern.

Die Ärzte behandelten mich über ein halbes Jahr lang im Krankenhaus. Die teure Behandlung war sicher wegen des schweren Krankheitsbildes bitter nötig. Mein schlechter Allgemeinzustand bedingte das Versagen der Abwehrkräfte. Ich hatte den Tbc-Bazillen nichts entgegen zu setzen. Die mitfühlenden Ärzte und Schwestern waren bestrebt, mich mit Medikamenten und sonstigen Maßnahmen so gut zu behandeln, dass mich die Erkrankung in meinem künftigen Leben nicht noch einmal beeinträchtigen würde. Dafür bin ich heute noch sehr dankbar. Durch die gute Versorgung im Münchener Krankenhaus bildeten sich die Streuherde zurück. Meine Lungenerkrankung konnte gestoppt und später vollständig ausgeheilt werden.

Viele andere Tuberkulosekranke mussten in jungen Jahren sterben, wenn ihre Erkrankung unzureichend behandelt wurde oder zu weit fortgeschritten und nicht mehr heilbar war.

Leider bekam ich in dieser ganzen schweren Zeit der Bettlägerigkeit und auch später, als es mir schon wieder besser ging, keinen einzigen Besuch. Familie D. hatte an ihrem kranken Hausmädchen kein Interesse mehr! Das tat mir bitter weh, denn ich dachte, bei ihr einen Familienersatz gefunden zu haben. Wieder überlegte ich, wie es nach der Entlassung aus dem Krankenhaus mit mir weiter gehen solle.

Ich fühlte mich bei meinem monatelangen Aufenthalt in den kahlen Räumen des Krankenhauses sehr einsam und weinte oft vor Heimweh. Wenn mich jemand fragte, woher ich käme, beschlich mich das traurige Gefühl der Verlassenheit und es schnürte mir die Kehle zu. Wo war ich denn zu Hause? Nirgends. Nicht in München und auch nicht mehr dort, woher ich vor langer Zeit kam! Obwohl ich spürte, dass ich zu Hause nur eine Last gewesen wäre und dort kein Platz mehr für mich war, hatte ich in meinem Elend trotzdem eine tiefe Sehnsucht nach daheim und meine Heimat im tiefen Bayerischen Wald. In der Fremde fühlte ich, wie sehr ich sie liebte. Ich vermisste die hügeligen Wiesen und Felder im Wechsel der Jahreszeiten, den Wald, der die Flächen dunkel säumte und sich wogend ausdehnte, so weit das Auge reichte. Ja, ich war ein Kind von dort. Ich würde es immer bleiben!

Kurzes Wiedersehen mit Frau D.

Eines Tages war ich wieder so weit genesen, dass ich ein wenig spazieren gehen durfte. Dabei traf ich zufällig Frau D.. Da ich über ein Jahr bei ihr beschäftigt war, lud sie mich auf ein Stündchen zu sich ein. Sie zeigte sich großzügig, denn ich bekam eine Tasse Kakao und eine Honigschnitte vorgesetzt. Darüber freute ich mich sehr und bedankte mich überschwänglich. Durch ihre gezielten Fragen merkte ich aber bald, dass sie nur ausloten wollte, ob meine erneute Anstellung von meinem Gesundheitszustand her in Frage kommen würde. Ich ließ verlauten, dass die Tuberkulosefürsorge der Stadt München plante, mich noch einige Zeit in ein Heim zur Erholung zu schicken.

Während wir uns unterhielten, schaute ich mich ganz verstohlen ein wenig um. Ich wusste, wo ich hinsehen musste, um fehlenden häuslichen Arbeitseifer zu entdecken. Hier und dort wären meine Bemühungen sehr notwendig gewesen. Am auffälligsten war jedoch für mich, dass der Parkettboden, der immer mein ganzer Stolz war, stumpf und abgetreten war, also nicht mehr glänzte. Nichts spiegelte sich in den blinden Flächen mehr so wie nach meinem Einsatz. Als ich Frau D. fragte, ob sie denn niemand mehr als Haushaltshilfe habe, antwortete sie, dass sie nur noch stundenweise eine Zugehfrau beschäftigen würde, da die Hausmädchen in München zu teuer seien. „Aha! So ist es also!", dachte ich. Mir wurde bewusst, dass ich für einen Hungerlohn hart gearbeitet hatte.

Leider musste ich als einfältiges Mädchen zum zweiten Male böse Erfahrungen machen. Wenn meine Kräfte versiegt waren, ließen mich meine Arbeitgeber fallen und kümmerten sich nicht mehr um mich. Die Arbeiten, die ich gründlich ausgeführt hatte, mussten lange Zeit nicht mehr wiederholt werden!

Unwissend und arm wie ich war, wurde ich schamlos ausgenutzt und habe es in meinem Eifer nicht einmal bemerkt. Ich habe meine Arbeitgeber nicht durchschaut. Mit ihrem großzügigen Lob haben sie mich nur geködert, mich über meine Kräfte hinaus anzustrengen. Mir blieb das billige Lob, ihnen der große Nutzen.

Die Anerkennung, die ich durch meinen kräftezehrenden Arbeitseinsatz gesucht hatte, musste ich mit der Einbuße meiner Gesundheit teuer bezahlen. Durch das karge, magere Essen war ich den großen Anstrengungen auf Dauer nicht gewachsen. Ich wurde so geschwächt, dass ich sogar schwer lungenkrank geworden bin.

Was konnte ich mit meiner gewonnen Erkenntnis anfangen? Ich war abhängig von meinen Arbeitgebern und konnte das System nicht ändern. Außerdem trug ich schon seit meiner Kindheit dieselbe Verhaltensweise in mir. Immer suchte ich Bestätigung und Lob und litt unter Zurückweisung, besonders der Ablehnung durch die Familie meines leiblichen Vaters.

Geldnöte im Krankenhaus

Obwohl ich mich schon ein halbes Jahr im Krankenhaus aufhielt, war ich immer noch nicht gesund. Die Krankenkasse wollte die Behandlungskosten nicht mehr übernehmen und versuchte, die Verantwortung für die Zahlungen auf Verwandte abzuwälzen. Meine Eltern bekamen einen Brief. Sie waren aber nicht einmal in der Lage, einen kleinen Betrag zu zahlen. Nun wurde an meinen Stiefbruder Franz Xaver Graf geschrieben, ob er für einen Teil der Krankenhauskosten aufkommen würde. Er war mein einziger zahlungskräftiger Verwandter und für damalige Verhältnisse sehr reich. Mein Stiefbruder war Rechtsnachfolger meines verstorbenen Vaters Josef Graf. Franz Xaver schrieb unverzüglich zurück, dass er in Vertretung seines Vaters meine Alimente an meine Mutter voll ausgezahlt hatte. Er sei nicht bereit, weitere Kosten zu übernehmen. Rechtlich war dem auch nichts entgegen zu setzen.

Das wenige Unterhaltgeld war aber schon lange zum Leben der Familie ausgegeben worden. Ich hatte also als „lediges Kind" wenig davon, dass mein leiblicher Vater begütert war.

Hilfe durch das Jugendamt – Vermittlung in ein Kinderheim

Der Leiter des Krankenhauses schickte mich nun zum Jugendamt von München. Ich bekam ein Schreiben der Ärzte mit, in dem mein gegenwärtiger Zustand erläutert wurde. Ich durfte mich immer noch nicht anstrengen und brauchte noch für längere Zeit einen Schonraum.

Im Jugendamt wurde beschlossen, mich in ein Kinderheim in Oberbayern zu schicken. Dieses wurde von Klosterfrauen geleitet. Hier sollte ich mich vollständig erholen und mit leichter Beschäftigung zu meinem Unterhalt beitragen können.

Nach ein paar Tagen durfte ich das Krankenhaus verlassen und zum Kinderheim fahren. Ich war froh, dass ich eine neue Unterkunft in Aussicht hatte, denn in dem Heim sollte ich ungefähr ein Jahr lang bleiben dürfen.

Erlebnisse im Kinderheim: Beschäftigung mit den Kindern

Die Kinder unterstanden alle dem Münchener Jugendamt und waren zwischen ein und fünf Jahre alt. Ich wurde von den Schwestern in der Kinderpflege unterwiesen und durfte mit ihnen die Kinder betreuen. Dabei führte ich alles so aus, wie es mir gezeigt wurde. Die Beschäftigung gefiel mir sehr gut, weil ich durch das Familienleben mit meinen jüngeren Geschwistern Geschick und Erfahrung im Umgang mit kleinen Kindern hatte.

Wir sangen und tanzten auf dem Waldspielplatz, der in der Nähe des Heimes lag. Zwei Lieder habe ich mir noch halbwegs gemerkt:

Mit Fingerlein, mit Fingerlein, mit flacher, flacher Hand, mit Fäustelein, mit Fäustelein, mit Ellenbogen an. Kindchen, Kindchen geig einmal, Püppchen möcht gern tanzen. Hat ein rotes Röcklein an, ringsherum mit Fransen.

Trallalalalalala, Trallalalalalala.

Und scheinet die Sonne zum Fenster herein, dann bin ich so froh wie ein Waldvögelein. Fidiralala, Fidiralala, Fidirala, Fidirala, Fidiralalala.

Und scheinet der Mond zum Fenster hinein, dann schließ ich ins Gebet all meine Lieben hinein. Fidiralala, Fidiralala, Fidirala, Fidirala, Fidiralalala.

Füttern eines kranken Kindes

Einige Beobachtungen und Erlebnisse haben mir im Heim aber gar nicht gefallen und mich sogar in meiner guten Meinung über die Klosterschwestern erschüttert.

Einmal fütterte Schwester Th. auf ihrem Schoß ein kleines Kind. Es war krank und erbrach das Essen in den Teller. Die Schwester aber nahm das Kind schimpfend fest in den Arm, hielt seine Hände fest und stopfte den ganzen Inhalt wieder in den Mund des Kindes zurück. Das arme Kleine bekam erneut einen Brechreiz und würgte das Essen nochmals heraus. Dabei riss es die Augen auf, weil es durch die Breimenge, die ständig in den Mund nachgestopft wurde, kaum noch Luft bekam.

Mir wurde von dieser Tortour selbst speiübel und ich musste mich draußen übergeben. Bei uns zu Hause wurde nie ein Kind zum Essen gezwungen! Wie konnte eine Klosterfrau, noch dazu im Beisein eines jungen Mädchens, das etwas lernen sollte, so wenig Mitgefühl aufbringen?

„Da gibt sie mir kein gutes Beispiel für den Umgang mit Kleinkindern.", dachte ich.

Verunreinigte Speisen

Eines Tages saß ich wie sonst auch mit den drei Ordenskandidatinnen beim Mittagessen. Nach dem Beten wurde eine Haferflockensuppe aufgetragen. Wir begannen zu essen. Als ich kurz einmal den Kopf hob, sah ich, dass die Kandidatinnen bei jedem Esslöffel die Augen zukniffen. Ich fragte, warum sie das täten. Sie antworteten leise, dass in der Suppe Mäusekot wäre und sie von der Oberin den Befehl hatten, die Suppe mit allem was darinnen ist, zu essen.

So etwas hatte ich noch nicht gehört, obwohl ich auf einem Bauernhof aufgewachsen war, wo die Mäuse dazu gehörten. Wir hatten nie Mäusedreck im Essen gehabt und ich war auch nicht gewillt, hier einen zu essen.

Jetzt erst untersuchte ich die Suppeneinlage genauer. Schon entdeckte ich die ersten Verunreinigungen. Ich fischte sie heraus und versteckte sie in meiner linken Faust.

Die Oberin ging hin und her und beobachtete uns beim Essen. Mein Auslesen der Suppe ist ihr nicht verborgen geblieben. Sie kam zu mir her und fragte, was ich in der Faust habe. Ich öffnete zaghaft meine Faust und hielt sie ihr mit dem Inhalt hin. „Ich habe die Mauskügelchen aus der Suppe herausgefischt, weil mir davor graust.", gestand ich kleinlaut. Darauf schnaubte die Oberin vor Zorn und schrie mich an: „Alle anderen essen die Suppe und du solltest das auch tun. Der Geist muss stärker sein als das schwache Fleisch".

Ich glaube, damit wollte sie das Aufbegehren der Kandidatinnen wohl gleich im Keim ersticken und sie an das hoch gesteckte Ziel, ihren Körper für das Klosterleben „abzutöten", erinnern.

Mir kam aber der hochtrabende Spruch von Geist und Fleisch in Verbindung mit der schleimigen, schwarz gepünktelten Haferflockensuppe so übertrieben vor, dass ich Mühe hatte, nicht laut loszukichern.

Meine Weigerung, diese unappetitliche Suppe zu essen, wurde mir als Ungehorsam angekreidet. Da ich mich schon mit dem Gedanken getragen hatte, ins Kloster zu gehen und diesen auch schon gegenüber der Oberin geäußert hatte, war meine Widerspenstigkeit keine Empfehlung für mich. Im Kloster musste man zu damaliger Zeit die Kraft haben, auch in dieser Ekel erregenden Art und Weise seinen Willen abzutöten. Das konnte ich nicht. Mäusedreck zu essen brachte ich nicht fertig. Meine Tauglichkeit als Klosterfrau war somit nach Meinung der Oberin nicht gegeben.

Das geistliche Leben, das Beten und der Dienst am Nächsten haben mich aber schon im Innersten angesprochen. Das Berührtsein von einer solchen Berufung behielt ich trotz der abschreckenden Erlebnisse mein Leben lang bei.

Angemeldete Visitation

Bei schönem Wetter spielten, sangen, tanzten und unterhielten wir uns täglich auf dem nahe gelegenen Waldspielplatz mit den Kindern. Eines Tages kam die Mutter Oberin eilig aus dem Haus und rief, dass wir heimkommen sollen, weil sich aus München Visite angemeldet habe.

Wir liefen so schnell wir konnten mit den Kindern hinein und bekamen gleich den Auftrag, die Kinder umzuziehen und die weggesperrten, schönen Spielsachen auszuteilen. Die Buben bekamen Pferdchen und die Mädchen Puppen zum Spielen.

Es dauerte nicht lange und die Damen vom Jugendamt München standen vor der Türe. Als sie die schön gekleideten, glücklich spielenden Kinder antrafen, klatschten sie vor Begeisterung in die Hände. Sie freuten sich, weil die armen Kinder hier im Heim offensichtlich in einem Paradies leben würden. Die Schwestern sahen sich betreten an, aber die Oberin genoss sichtlich die lobenden Worte. Die Damen ahnten nichts von dem abgekarteten Spiel oder sie wollten es auch gar nicht wissen. Staatliches Geld war damals für eine soziale Einrichtung wie dieses Heim auch schon knapp.

Nach der erfolgreich verlaufenen Visite ordnete die Oberin sofort an, den Kindern die alten Kleidungsstücke anzuziehen und auch die Spielsachen wieder zu verwahren.

Diese Lob heischenden, berechnenden Anordnungen der Oberin missfielen mir sehr. Ich war befremdet von dem scheinheiligen Tun und fand es abstoßend und unehrlich. Täuschung und Betrug hatte ich von Schwestern nicht erwartet und deshalb war ich sehr enttäuscht. Gleichzeitig taten mir die armen Kinder leid, denn von den kurzen paradiesischen Zuständen würden sie bis zur nächsten Visitation nur träumen dürfen.

Wöchentliche Beichte

Es war Pflicht, jeden Freitag um vier Uhr zum Beichten zu gehen. Ein Pfarrer kam eigens dafür in die Klosterkapelle. Bei der Gewissenserforschung sollten wir in uns gehen und unseren Vergehen nachspüren. Da ich den ganzen Tag nur Umgang mit den kleinen Kindern und frommen Schwestern hatte, fielen mir auch nach vielem Nachdenken keine erwähnenswerten Sünden seit der letzten Beichte vor einer Woche ein. Selbst als ich in der Reihe vor dem Beichtstuhl anstand und ich die Nächste war, wurde mir noch immer kein Vergehen bewusst. Als ich endlich im Beichtstuhl kniete und der Pfarrer sein murmelndes Anfangsgebet beendet hatte, sprach ich: „In Demut und Reue bekenne ich meine Sünden."

Dann kam nichts weiter aus mir heraus und es herrschte allmählich beklemmende Stille. Dabei nahm ich erstmals den dumpfen Staubgeruch des geschlossenen kleinen Raumes wahr. Der Pfarrer atmete einige Male deutlich hörbar am hölzernen Beichtstuhlgitter. Beinahe aufmunternd raschelte er ungeduldig mit seinem weißen Schweißtuch, mit dem er die zu mir geneigte Gesichtshälfte bedeckte. Schließlich nahm ich mir ein Herz und gestand demütig: „Herr Pfarrer, mir ist bei der Gewissenserforschung keine Sünde eingefallen."

Der Pfarrer hob den Kopf und erwiderte. „Mein Kind, selbst der Gerechteste fällt des Tages sieben Mal."

Jetzt wurde ich bei einer schlimmen Sünde ertappt, ohne es zu ahnen. Meine Seele ist von Hochmut heimgesucht worden! Nachdem mir der

Pfarrer ins Gewissen geredet hatte, gab er mir zur Buße drei „Vaterunser“ und drei „Gegrüßet seist du Maria“ zu beten auf. Dann bekam ich die Absolution. Ich bekreuzigte mich, sagte „Amen“, erhob mich vom Seegraspolster des Knieschemels und ging etwas betreten hinaus.

Einige Wochen vergingen, in denen ich mich schon Tage vor der Beichte auf das Sündenbekenntnis vorbereitete. Das erschien mir aber langsam unsinnig und ich entschloss mich, am nächsten Freitag nicht zum Beichten zu gehen. Ich fand es auch nicht ehrlich, etwas krampfhaft und ohne Überzeugung zu tun, nur weil andere es nützlich fanden.

Natürlich ist mein Fehlen bemerkt worden. Als die Mutter Oberin davon erfahren hatte, suchte sie mich in meinem Zimmer auf und stellte mich zur Rede.

Ich wiederholte dasselbe wie im Beichtstuhl: „Mir ist bei der Gewissenserforschung keine Sünde zum Beichten eingefallen.“

Daraufhin wurde die Oberin so zornig, dass sie mir eine schallende Ohrfeige versetzte. Nun hatte sie sicher etwas zu beichten!

Diese Misshandlung und Züchtigung durch eine gottgeweihte Frau verletzte mich zutiefst. Meine Absicht ins Kloster zu gehen, geriet durch diese Kränkung noch mehr ins Wanken.

Neugierde einer Schwester

Schwester B. und ich waren an einem schönen Sommertag im Wald mit den Kindern beim Spielen. In einiger Entfernung saß unter einem Baum auf einer Bank eng umschlungen ein Liebespaar. Von Zeit zu Zeit küsste es sich leidenschaftlich und ausdauernd. Es hatte die Welt um sich herum vergessen und gab sich seinen übermächtigen Gefühlen offen hin. Allmählich empfand ich es schon sehr peinlich und drehte mich weg. Ich schämte mich vor der Schwester B., die Liebenden zu beobachten. Aber sie konnte ihre Augen keine einzige Sekunde von ihnen lassen und beäugte sie immerzu mit unverholener Neugierde. Mich störte dieses Verhalten und ich fand es für eine Nonne unpassend und ungehörig.

Ich konnte es mir nicht verkneifen und bemerkte: „Darf eine Klosterfrau sich so etwas ansehen?“

Sie aber erwiderte ungeniert: „Aber freilich! Es ist doch schön zu sehen, wenn sich ein Paar liebt."

Was sollte ich davon halten? Meine Vorstellung von einem echten Klosterleben war eine andere. Ehrlichkeit, Reinheit und Nächstenliebe waren meine Erwartungen. Ich erlebte aber auch andere Tugenden bei den Schwestern. Unreif wie ich war, schätzte ich nicht ein, dass sie unter ihrer Klostertracht auch nur Menschen mit Fehlern geblieben waren. Aber sie brachten mich wenigstens auf den Boden der Realität zurück. Nun betrachtete ich das Klosterleben weniger abgehoben und schwärmerisch.

Entlassung aus dem Kinderheim

Nach der Visite hatte ich keine Ruhe mehr. Die Falschheit der Oberin und das Vortäuschen paradiesischer Zustände wollte ich, naiv wie ich war, ans Tageslicht bringen.

An meinem freien Tag fuhr ich nach München. Ich suchte das Jugendamt und Stadtrat S. auf. Von ihm wurde ich an die Damen verwiesen, welche das Kinderheim visitiert hatten. Ihnen berichtete ich von dem Vorfall, dass die Kinder umgezogen wurden und anderes Spielzeug erhalten hatten. Die Damen sahen sich vielsagend an und notierten etwas. Dann durfte ich wieder gehen.

Drei Tage später kam Stadtrat S. in das Kinderheim. Wir fütterten gerade die Kinder. Die Oberin und er standen an einem Kinderbett und schauten auf das Kind, das ich gerade herausnahm, um es zu wickeln.

Beiläufig fragte der Stadtrat die Schwester Oberin: „Wie geht es denn unserer Anna?" Sie erwiderte: „Ach, die Anna hat Heimweh und leidet sehr darunter." Davon habe ich aber nie etwas verlauten lassen, widersprach aber nicht.

Der Stadtrat meinte: „Wenn das so ist, dann geben wir ihr eben am Ende des Monats das Geld für die Heimfahrt."

Sie redeten von mir als wäre ich nicht anwesend, obwohl ich daneben stand. Damit setzten sie mich von ihrem Entschluss in Kenntnis, ohne ihn mir ins Gesicht sagen zu müssen. Ich durfte mich auch nicht rechtfertigen.

Leider waren mir die Folgen meines Tuns vorher nicht klar. Mit meinem Vorhaben, die Zustände im Kinderheim ändern zu wollen und der Wahrheit genüge zu tun, habe ich mir letzten Endes mehr geschadet, als es den Kindern genützt hatte.

Ich habe zwar meiner Seele Luft verschafft, denn von jeher waren mir Ungerechtigkeit und Lüge verhasst. Meiner Zukunft habe ich damit aber einen schlechten Dienst erwiesen. Damals konnte ich aber nicht anders.

Wie ein kleines Wildpferd, das sich keine Zügel aufzwingen lässt und aufbegehrt, fühlte ich mich in dieser Situation.

Ende des Monates nahm mich eine Schwester in ein Kaufhaus mit. Sie suchte mir für die geleistete Arbeit einen Wintermantel aus. Ich hatte ja noch keinen. Es war Herbst geworden und tagsüber blies bereits ein kalter Wind. Dann packte ich meine Sachen in ein kleines, einfaches Köfferchen, das ich mir mittlerweile gekauft hatte und verabschiedete mich verzagt von den traurig dreinblickenden Schwestern.

Mit der Fahrkarte der Oberin begab ich mich zum Bahnhof und fuhr mit gemischten Gefühlen nach Hause. Nach fast drei Jahren Abwesenheit war es kein Zuhause für mich mehr. Wo sollte ich aber sonst hin?

Kurze Rückkehr nach Schlag - Kein Platz zu Hause

Meine Eltern waren völlig überrascht über mein unerwartetes Eintreffen. Sie waren enttäuscht, dass ich nicht länger in dem Kinderheim geblieben war. Hier, dachten sie, sei ich gut versorgt und beschützt gewesen. Sie machten mir klar, dass ich unmöglich bei ihnen bleiben könne. Sie hätten selbst kaum das Nötigste für sich und die drei anderen Mädchen. Einen Esser mehr am Tisch könne die Familie nicht ernähren. Zu Hause sei auch kein Platz mehr für eine so große Tochter. Der Vater brachte mir schonungslos nahe, dass ich mir sofort eine neue Stellung suchen müsse, um mein Auskommen wieder selbst zu verdienen. Geld könne er mir für den Zug auch keines mitgeben. Ich müsse selber sehen, wie ich wieder fort komme.

Da ich für meine Eltern eine untragbare Belastung war, musste ich so schnell wie möglich wieder von zu Hause fort.

Abfahrt von Schlag

Am nächsten Nachmittag kam ein etwa 25-jähriger Kaminkehrer auf einem Motorrad zum Haus der Eltern gefahren. Als er mit seiner Arbeit fertig war, erzählte er mir, dass er nach Deggendorf fahren würde. Ich horchte auf und fragte ihn sofort, ob er mich auf dem Motorrad mitnehmen würde. Er war damit einverstanden.

Ich nahm mein Köfferchen und verabschiedete mich von meiner Familie. „Wenn ich in Deggendorf bin, kann ich per Anhalter nach München weiter fahren.“, beschwichtigte ich meine Mutter. Sie schien nicht froh darüber zu sein, dass ich so vertrauensselig mit dem jungen Mann mitfuhr und auch keine Fahrkarte für die Weiterfahrt hatte. Was sollte ich aber tun? Der Stiefvater war nicht willens, mich länger im Haus zu behalten und ich hatte nicht genug Geld für eine Zugfahrt. Meine Mutter konnte mir nicht mehr beistehen.

Als wir in Deggendorf ankamen, ging es schon dem Abend zu. Die Fahrt hatte länger gedauert, als ich dachte. Der Kaminkehrer meinte, es wäre für mich als junges Mädchen zu gefährlich, abends per Anhalter weiterzufahren. Nach München sei es noch weit und ich käme bestimmt in die Nacht hinein. Er schlug mir vor, in einem Gasthaus zu übernachten und erst am anderen Morgen die Fahrt fortzusetzen. Als ich abwehrte, weil mir das nötige Geld dafür fehlte, antwortete er, dass er genug für uns beide dabei habe. Nun ließ ich mich zögernd umstimmen. Vorsichtshalber gab ich ihm jedoch zu verstehen, dass er sich keine Hoffnung auf Gegenleistung machen dürfe.

Er versprach mir, mich in Ruhe zu lassen und nichts von mir zu verlangen. So ging ich auf mein kleines, billiges Einzelzimmer mit Waschgelegenheit. Ich war todmüde, aber die Gedanken an den morgigen Tag beschäftigten mich. Alles war ungewiss. Der Besuch bei meinen Eltern stimmte mich traurig. Wie gerne wäre ich noch in der Heimat geblieben! Jetzt, wo ich sie verlassen musste, merkte ich erst, wie sehr ich sie trotz allem liebte.

Missbrauchte Gutgläubigkeit

Ich hatte ungefähr eine Stunde geschlafen, als ich durch sachtes Klopfen aufwachte. Der junge Kaminkehrergeselle rief leise meinen Namen. Er bettelte, dass ich mein Zimmer aufsperren solle. Erschrocken rief ich, dass ich meine Ruhe wolle. Der junge Mann ließ sich aber nicht abweisen und pochte immer heftiger an die Türe. Einige Zimmernachbarn schimpften schon über den Lärm. Das ging noch zwei Stunden so weiter. Immer versicherte er, er wolle nichts von mir und ich solle nur die Tür einen Spalt aufmachen.

Es war ungefähr zehn Uhr abends, als ich die Türe öffnete, um dem Spektakel ein Ende zu bereiten. Kaum hatte ich die Türe einen Spalt geöffnet, war er schon im Zimmer. Er drängte mich ins Bett zurück und versuchte mich zu vergewaltigen.

Ich schrie dabei so laut, dass alle Gäste im Hause und die Wirtsleute aufmerksam auf den Vorfall wurden. Sie klopften an die Türe und drohten mit der Polizei.

Durch meine heftige Gegenwehr kam zum Glück ein Geschlechtsverkehr nicht zustande. Der junge Mann hatte sich jedoch befriedigt. Kurz darauf verließ er das Zimmer. Die Wirtsleute beschimpfen ihn. Sie verlangten die Begleichung der Rechnung und verwiesen ihn aus dem Hause.

Lange lag ich wach, bis ich unruhig einschlief. Am Morgen ging ich zu den Wirtsleuten hinunter. Ich entschuldigte mich für den Radau in der Nacht. Sie erwiderten aber, dass es richtig von mir war, mich zu wehren. Dann bekam ich zum Frühstück noch eine Tasse Kaffee mit Brot.

Die mitfühlenden Wirtsleute fragten mich noch, wo ich denn jetzt hinfahren werde. Ich erzählte, dass ich mir eine Stelle als Hausmädchen in München suchen will. Im Marienheim, wo heimatlose Mädchen unterkommen können, würde ich vorübergehend wohnen, bis ich einen Arbeitsplatz gefunden habe.

Als ich mich von den Wirtsleuten verabschiedete, wünschten sie mir viel Glück für die Fahrt. Sie gaben mir sogar noch ein Stück Brot mit. Voller Mitgefühl und kopfschüttelnd sahen sie mir nach, als ich über den Stadtplatz ging und ihnen kurz zuwinkte.

Weiterfahrt nach München per Anhalter

Es dauerte nicht lange, bis auf der Straße in Richtung München ein älterer Autofahrer anhielt. Er nahm mich bis Dingolfing, ein anderer nach Landshut und der letzte nach München mit. Alle drei fragten mich ein wenig über mein Vorhaben aus. Mein Schicksal ließ keinen unberührt. Vielleicht hatten sie selbst Töchter in meinem Alter gehabt. Am Ende jeder Etappe kümmerten sie sich sogar darum, dass mich ein zuverlässiger Fahrer mitnahm, denn sie fühlten sich für mich verantwortlich.

Die drei älteren Herren waren für mich richtige Schutzengel.

Auf diese Weise kam ich unbehelligt im Zentrum der Landeshauptstadt an. Ich fragte mich zum Marienheim durch. Nachdem ich durch endlos erscheinende Straßenzüge gelaufen war, fand ich die Pforte des Hauses für heimatlose Mädchen und bat um Aufnahme. Ich wurde eingelassen und hinter mir schloss sich das schwere Eingangstor. Nun hatte ich wenigstens ein Dach über dem Kopf!

Eigentlich war ich nicht richtig heimatlos. Ich hatte nur kein Heim, in welchem ich daheim sein konnte. Die Heimat, nein die konnte mir keiner mehr nehmen. Die trug ich in meinem Herzen, seit ich sie das erste Mal vermisst habe.

Eher fühlte ich mich wie ein kleiner Vogel, der zu früh aus dem Nest geworfen wurde und sich nun in einer warmen Menschenhand zitternd duckt.

Neue Arbeitsstelle bei Familie Dr. S. 1927

Zwei Tage war ich erst im Mädchenheim, als eine ältere Dame kam und sich ein Mädchen für den Haushalt aussuchte. Ihre Wahl fiel auf mich.

So war ich wider Erwarten schnell mit einer Arbeitsstelle versorgt. Meine Erleichterung war unsagbar und mir fiel ein riesiger Stein vom Herzen. Von einigen Mädchen wusste ich, dass sie schon viele Wochen im Marienheim auf Arbeit warteten. Als sie mich meine Sachen packen sahen, wunderten sie sich, dass ich das Heim schon wieder verlassen konnte. Missgunst regte sich verständlicherweise in ihnen. Sie wollten sich aber nicht gefallen lassen, dass ich anscheinend bevorzugt wurde und beschwerten sich ganz aufgebracht bei der Heimleiterin. Da aber die ältere Dame mich ohne ihr Zutun ausgesucht hatte, konnten die Mädchen mit ihrem Widerspruch nichts daran ändern.

Ich verabschiedete mich von der Heimleiterin und bedankte mich für die Aufnahme im Heim. Froh und zuversichtlich folgte ich der netten Dame mit meinem Köfferchen.

Bald war ich mit meinem Schicksal, ohne Heim zu sein, wieder versöhnt. Ich hatte nämlich einen guten Platz bei einer freundlichen Arztfamilie gefunden.

Wie bei meinen vorherigen Stellen, war mir keine Arbeit zu schwer und alle Familienmitglieder waren mit mir zufrieden.

Im Vergleich zu anderen Tätigkeiten, z. B. in der Fabrik, bekam ich etwa die Hälfte des Lohnes. Als ich das einmal Frau Dr. S. nahebringen wollte, meinte sie aber nur unbeeindruckt: „Aber, aber, Anna! Nein, in eine Fabrik da passt du doch wirklich nicht hin. Da geht es dir zu rau zu!“

Das überzeugte mich. Also blieb ich bei der netten Familie, auch wenn ich wenig Geld bei ihr verdiente.

Teil II: Mein Leben als junge Frau und Mutter

1. Bekanntschaft im August 1928 und ihre Folgen

Schicksalsbekanntschaft

Trotz der nicht nur erbaulichen Erlebnisse im klösterlich geführten Kinderheim dachte ich gerne an die dort verbrachte Zeit zurück.

Das geistliche Leben mit Kirchgang, täglichen Gebeten, Tischlesungen, die Geborgenheit in der Klostergemeinschaft und die Sorglosigkeit um die materielle Existenz beschäftigten mich in meiner freien Zeit. Hier hatte ich etwas erfahren, was mich Zeit meines Lebens nicht mehr losgelassen hat. Diese Art zu leben war meine Idealvorstellung. Die Konsequenzen der mannigfachen persönlichen Einschränkungen des Klosterlebens zog ich jedoch nicht realistisch genug in Betracht. Sicher wäre es mir schwer gelungen, für mich nicht nachvollziehbare Anordnungen zu befolgen und mich bedingungslos der Ordensleitung unterzuordnen. Gehorsam und Unterordnung waren wohl die Schwachpunkte in meinem Leben. Öfter zeigte ich eher mein wildpferdmäßiges Gebaren. Mit Armut und Keuschheit hätte ich weniger Probleme gehabt. In meiner Schwärmerei bedachte ich jedoch nicht, dass der ganze Mensch für eine bestimmte Lebensform berufen sein muss.

Frau Dr. S. schimpfte über meine unrealistischen Gedanken und meinte, dass ich lieber heiraten und Kinder kriegen solle, als im Kloster zu vertrocknen. Sie würde es begrüßen, wenn ich hinausgehen und etwas erleben würde. Ich war nun sechzehneinhalb Jahre alt und kein Kind mehr.

Eines schönen Sonntag nachmittags holte mich Frau Dr. S. aus meinem Zimmer. Sie führte mich auf den Balkon. Da sah ich zum ersten Mal einen Zeppelin über München schweben. Ich war sehr beeindruckt von den gigantischen Ausmaßen des Luftschiffes und wäre liebend gerne auch darin gesessen. Aber nur vermögende Leute konnten sich so eine teure Fahrkarte leisten. Meine Arbeitgeberin war ganz hingerissen von dieser technischen Entwicklung.

Da dieser sonnige Tag zum Verweilen im Freien einlud, ermunterte sie mich, raus aus der Wohnung zu gehen und draußen etwas zu unternehmen. Ich ging zu meiner Bekannten Zenta, die in der Nachbarschaft wohnte und fragte sie, ob sie mit mir spazieren gehen würde, weil meine Frau das gerne möchte. Sie freute sich über meinen Vorschlag, denn sie war auch allein als Hausmädchen in der Stadt.

Wir schlenderten untergehakt über den Marienplatz, an den noblen Geschäften vorbei und kamen schließlich zum Hofbräuhaus. In der Nähe hörten wir eine Blaskapelle spielen und gingen der Musik nach. Sie kam aus einem Volkstheater, in welchem Weiß Ferdl auftrat. In Schaukästen waren die Künstlerbilder zu bewundern. Gerne wären wir ins Theater hineingegangen. Da wir aber noch nicht 18 Jahre alt waren, durften wir nicht hinein.

Zenta und ich schauten dafür eingehend die Plakate in den Kästen an. Auf einmal legten sich von hinten Hände auf meine und Zentas Schultern. Wir stießen vor Schreck einen Schrei aus und drehten uns mit einem Ruck um. Jetzt sahen wir in die übermütig lachenden Gesichter von drei Soldaten. Sie entschuldigten sich höflich, dass sie uns so ohne Vorwarnung überrascht hatten und drückten mit gespielter Ergriffenheit ihr Bedauern aus. Diese theatralische Entschuldigung erheiterte uns junge Mädchen und stimmte uns der Kontaktaufnahme und Annäherung zugeneigt. Nun kam nach einigen mehr oder weniger ernst gemeinten Komplimenten eine kurze Unterhaltung über dieses und jenes in Gang. Dazwischen brachen wir gemeinsam immer wieder in großes Gelächter aus. Das Balzritual war eröffnet.

Wir unterhielten uns darüber, was wir arbeiteten, wie lange wir schon in München waren und wo wir herkamen. Sie erzählten uns, dass sie aus Königsberg in Preußen kämen und eine Schulung über Brückenbau in einer Kaserne in der Pappenheimstraße absolvieren würden.

Die Soldaten hatten Erfahrung darin, Mädchen in ein Gespräch zu verwickeln und Vertrauen zu erwecken. Im Vergleich zu unseren manchmal linkisch wirkenden bayerischen Burschen, die sich oft erst nach einer längeren Anlaufphase mit wenigen, unbeholfenen Worten zu äußern trauten, schienen die Soldaten gewandt und erfahren im Umgang mit dem weiblichen Geschlecht zu sein.

Nach einiger Zeit gebot es uns der Anstand, dass wir uns von den Soldaten verabschieden wollten. Sie waren dazu jedoch noch nicht gewillt, denn sie hatten durch uns eine willkommene Abwechslung ihres Kasernendaseins gefunden. Als wir uns trotzdem entfernen wollten, stellten sie sich uns in den Weg. Übermütig bettelten sie uns um unsere Adressen und Telefonnummern an. Sie versprachen, dass sie uns dann sofort gehen lassen würden.

Meine Freundin und ich hatten uns schon zu lange von den drei Soldaten einwickeln lassen. Nun hatten wir nicht mehr genug Abstand, uns gegen die Zudringlichkeit zu wehren. Wir unerfahrenen jungen Mädchen ließen uns von der Übermacht in die Enge treiben und gaben ihnen widerstrebend preis, was sie von uns erfahren wollten. Endlich ließen uns die hartnäckigen Soldaten lachend gehen.

Zenta und ich plauderten aufgeregt über diese unerwartete Bekanntschaft und amüsierten uns über die dreisten Soldaten. Jeder wurde ein interessantes Objekt unserer mädchenhaften Kritik, während wir kichernd wieder zu unseren Wohnungen zurückgingen.

Es war ungefähr August 1928, als wir diese schicksalhafte Begegnung hatten.

Annäherung und Kennenlernen

Schon am nächsten Sonntag, zwischen sieben und acht Uhr, erhielt meine Arbeitgeberin einen Anruf. Ein junger Mann fragte sie höflich, ob er mich sprechen dürfte.

Frau Dr. S. rief mich ans Telefon: „Anna, ein feiner Mann will dich sprechen."

Es imponierte ihr nämlich, dass er hochdeutsch sprach.

Ich ging dann ans Telefon und sprach: „Hallo, wer ist da?"

Am anderen Ende der Leitung hörte ich eine Stimme, die mir bekannt vorkam: „Können Sie sich an den Mann erinnern, der Ihnen am letzten Sonntag Nachmittag die Hand auf die Schulter gelegt hat?"

Ich sagte: „Selbstverständlich. Was wollen Sie von mir?"

Der junge Mann fragte: „Möchten Sie vielleicht ein Stündchen mit mir spazieren gehen? Ich bin nämlich allein hier in München auf der Pionierschule und kenne niemanden. Ich würde Sie abholen."

Ich erwiderte: „Da muss ich aber erst fragen, ob ich darf. Warten Sie bitte so lange."

Ich fragte meine Herrschaft, ob ich für eine Stunde spazieren gehen dürfe. Dann erklärte ich dem Mann, wo ich wohne.

Kurze Zeit später trafen wir uns vor dem Haus, wo meine Herrschaft wohnte.

Treffen mit Bruno Lemke

Wir haben uns begrüßt und gelacht, dass wir uns durch das zufällige Treffen vor einer Woche heute schon verabreden konnten.

Der junge Mann stellte sich als Bruno Lemke vor. Ich erzählte ihm, dass ich aus dem Bayrischen Wald komme und Anna gerufen werde.

Währenddessen gingen wir auf der Brienner Straße auf und ab, denn ich hatte ja nur eine Stunde frei bekommen.

Im Gespräch erfuhr ich, dass der junge Mann am 06.01. 1903 im Städtchen Krone an der Brahe, dem linken Nebenfluss der Weichsel, geboren wurde.

Seit 1919 gehört das ganze Gebiet zu Polen. Der Krone-Stausee wird von der Brahe gespeist. Die Kreisstadt Bromberg mit über 150 000 Einwohnern liegt nur etwa 20 km südlich davon. Der Bromberger Kanal nützt den Unterlauf der Brahe. Dieser Kanal fließt vor dem Eintritt in die Weichsel durch Bromberg.

Brunos Eltern besaßen ein Haus in Ostpreußen. Der Ort hieß Paterswalde, in der Nähe des Kleinstädtchens Wehlau. Er war von der historischen, schönen Stadt Königsberg nur 50 km entfernt.

Aus den lebendigen Erzählungen Brunos spürte ich Stolz über die Heimat und die Sehnsucht nach ihr heraus.

Mein Bekannter war also ein Ostpreuße. Er kam für mich wie aus einer fernen Welt, von der ich nur in der Schule etwas gehört hatte. Ich erinnerte mich an den I. Weltkrieg. Seine Auswirkungen konnte ich jetzt ein wenig erahnen. Ein Geburtsort konnte also deutsch und polnisch sein. Die Menschen blieben aber doch die gleichen! Ich war sehr beeindruckt von dieser lebendigen und anschaulichen Geschichtsstunde.

Als die Zeit um war, verabschiedeten wir uns und Bruno versprach mir, mich wieder anzurufen, wenn er Zeit habe.

Tatsächlich blieb es nicht bei einem einzigen Treffen. Ab August 1928 verabredeten wir uns gelegentlich zu Spaziergängen. Ich war erst 16 ½

Jahre alt. Bruno war neun Jahre älter als ich. Ich merkte, dass ich mich durch die unterhaltsamen Treffen allmählich verliebt hatte.

Wir kamen uns ein wenig näher, küssten uns zuerst verstohlen und später heftiger. Wenn mich Bruno aber dort berühren wollte, wo es Männer gerne tun, wehrte ich immer ab. Solche Dinge waren verboten, war ich überzeugt.

Als uns Herr Doktor S. einmal im Hausflur beim Austausch von Zärtlichkeiten überrascht hatte, war er sehr erbost.

Er herrschte Bruno an: „Verschwinden Sie aus meinem Haus, Sie Lausbub!"

Mir befahl er: „Und du, Anna, du gehst nach oben in dein Zimmer."

Dann kehrte er uns den Rücken zu und ging ärgerlich die Treppe hinauf.

Ich folgte aber nicht, lief Bruno nach und entschuldigte mich dafür, dass der Herr Doktor ihn einen „Lausbuben" genannt hatte.

„Ach, das habe ich schon wieder vergessen. Hauptsache ist, dass du jetzt da bist.", erwiderte er unbekümmert. Wir redeten noch zehn Minuten miteinander, bevor wir uns verabschiedeten.

Als ich in die Wohnung zurückkehrte, hatte ich ein seltsames Gefühl von Scham gegenüber Herrn Dr. S. und ein anderes, nie gekanntes, Bruno gegenüber. Ich habe mich auf seine Seite gestellt. War es Mitleid oder Zuneigung? Auf jeden Fall war ich ihm schon sehr zugetan.

Verhängnisvolles Kompaniefest

Mittlerweile stand die Weihnachtszeit vor der Tür. Bruno rief die Frau Doktor an und bat sie, mit mir sprechen zu dürfen. Sie rief nach mir und er fragte mich, ob er mich zum Weihnachtsfest der Kompanie einladen dürfe. Er hätte sonst niemanden und möchte, dass ich mitkomme, damit er nicht der einzige ohne Begleitung sei.

Die Frau Doktor erlaubte mir, an dem Fest teilzunehmen.

„Es ist ja eine geschlossene Gesellschaft. In der kann dir nichts passieren", meinte sie.

Offensichtlich fühlte sie sich verantwortlich für mich. Sie meinte es sehr gut mit mir. Trotzdem war es auch immer ihre Absicht, mich von meinen Klostergedanken abzubringen. Nun sollte ich Gelegenheit bekommen, ein wenig unter die Leute zu kommen.

Da ich kein Ausgehkleid hatte, lieh ich mir eines von Zenta. Es war mir zwar zu lang, aber das geblümte Seidenkleid stand mir gut.

Das Fest war am 19. Dezember 1928. Ich freute mich schon riesig auf das Tanzen. Zuhause hatten wir ein Grammophon mit einigen Schallplatten. Zu der Musik hüpften wir Kinder herum oder tanzten mit dem Besenstiel. Mein Urgroßvater und Großvater meiner Mutter waren Bauernmusiker und spielten bei Hochzeiten auf. Sie konnten verschiedene Instrumente spielen. Die Liebe zur Musik liegt mir sozusagen im Blut. Ich konnte mich gut zur Musik bewegen und sang auch gerne mit meiner hellen Stimme die Melodien mit.

Für das Weihnachtsfest der Kompanie machte ich mich hübsch und fuhr mit der Straßenbahn zur Kaserne mit der Pionierschule. Bruno erwartete mich schon. Wir gingen in den Festsaal, in dem auch eine Bühne aufgebaut war. Es wurde ein Theater geboten, an dem auch Bruno mitwirkte. Er brachte mich an einen Tisch, an dem ein älteres Ehepaar saß, die Eltern eines Soldaten waren. Ich sollte nicht so alleine sein, wenn er in dem Theaterstück mitspielte.

Während des Theaterstückes, das ungefähr von 20–22 Uhr dauerte, wurde ich immer schläfriger und ich nickte, müde von der Hausarbeit, zwischendurch ein. Der Kopf fiel mir immer wieder hinunter. Bruno beobachtete mich von der Bühne aus und kam in der Pause zu mir. Er machte mir den Vorschlag, mich oben im Mannschaftszimmer etwas auszuruhen, bis der Tanz beginnen würde. Ich war einverstanden und ging mit ihm hinauf. Er küsste mich und versprach, mich nach dem Theaterstück zu holen. Dann ging er wieder hinunter.

Nun zog ich das geliehene Seidenkleid aus, um es im Bett nicht zu verknittern und legte mich hin. Sogleich schlief ich fest ein.

Böses Erwachen

Mitten im Schlaf wurde ich von heftigen Küssen auf meinen Mund und von Händen, die mich fest packten, geweckt. Ehe ich ganz zu mir kam, spürte ich den kräftigen Mann auf mir und merkte, was er völlig erregt mit mir vorhatte. Ich wollte schreien, aber Bruno verschloss mir meinen Mund mit seinem Mund. Dann dachte ich mir, was es für eine Blamage gewesen wäre, wenn ich geschrieen hätte. Also ließ ich das qualvolle und brutal vollzogene Vorhaben Brunos über mich ergehen und dachte insgeheim, dass es ja sowieso einmal passieren müsse. Dass es aber so schmerzhaft sein würde, habe ich mir nicht gedacht. Aber ich konnte mich aus der Umklammerung nicht lösen und hoffte, dass die Tortur bald zu Ende sein würde.

Als sich Bruno abreagiert hatte, ließ er von mir ab. Wie benommen stand ich auf und rang nach Worten. Statt des Tanzens musste ich so eine schlimme Erfahrung machen und mein Vertrauen wurde entsetzlich tief enttäuscht. Ich ordnete meine Haare und zog mein Kleid an. Das Bettlaken war voll Blut und zerwühlt. Damit die drei Zimmerkameraden das nicht sahen, nahmen wir das Laken ab, wuschen es im Waschbecken so gut es ging und hängten es über den Heizkörper. Kaum waren wir damit fertig, kamen auch schon die drei Zimmerkameraden herein. Sie erkannten sofort die Situation. Erbost begannen sie mit ihrem Kameraden in ihrem mir unverständlichen, ostpreußischen Dialekt zu schimpfen. Er hatte sich offensichtlich schuldig gemacht. Ich verstand nur soviel, dass er mich jetzt heiraten müsse, um Schlimmeres zu verhindern. Immerhin war ich erst 16 ½ Jahre alt und somit minderjährig.

Bruno brachte mich noch zu meiner Wohnung. Ich schimpfte: „Wenn ich gewusst hätte, was du mit mir vorhast, wäre ich nicht auf das Kompaniefest mit dir gegangen!“ Er antwortete gedrückt: „Es tut mir leid, aber ich habe etwas getrunken und weiß nicht, wie es dazu kommen konnte.“ Dann ging ich ins Haus und schlich bekümmert in mein Zimmer. In der Nacht spürte ich, wie mein ganzer Unterleib zuckte und pulsierte. Er tat weh wie eine einzige Wunde. Ich war ganz schockiert und konnte das Erlebte noch gar nicht fassen.

Am anderen Morgen stand ich wie immer auf und bereitete das Frühstück vor. Viel lieber wäre ich im Bett liegen geblieben, denn ich hatte immer noch Schmerzen. Als mich die Herrschaften sahen, war es ihnen klar, was passiert war. Es wurde aber kein Wort darüber gesprochen. Sie sahen mich nur traurig an.

Eigentlich waren sie für mein Wohlergehen verantwortlich, denn ich war ihre Schutzbefohlene. Sie hätten mich nicht ohne zuverlässige

Begleitung an dem abendlichen Fest teilnehmen lassen dürften. Deshalb fühlten sie sich mitschuldig am Geschehenen. Davon durfte niemand etwas erfahren, sonst wären sie bestraft worden. Leider war das für sie so harmlos scheinende Fest in geschlossener Gesellschaft so unerwartet schlimm ausgegangen, und ich musste eine so schlechte Erfahrung machen.

Mir war nicht klar, wie die Beziehung zu Bruno nun weitergehen sollte. Am liebsten hätte ich ihn nie wieder gesehen.

Das hatte ich aber nicht mehr zu entscheiden. Der Missbrauch blieb nicht ohne Folgen. Ich war schwanger. Wohin sollte ich denn jetzt gehen? Ich fühlte mich, als wenn mir der Boden unter meinen Füßen weggezogen würde. Eine schreckliche Angst um meine Zukunft beschlich mich. Das Leben allein war schon schwer genug. Wie sollte ich auch noch für ein Kind sorgen?

Wieder wurde Mama von einem leisen Schluchzen geschüttelt. Wie sehr hatte sie Jahr für Jahr ihr ganzes Leben lang unter dieser Vergewaltigung gelitten und wie sehr grub sich die Not der unvorhergesehenen Schwangerschaft in ihrer Seele als unheilbare Verletzung ein. Trauer, immer wieder Trauer durchzieht ihre Erzählungen. Es scheint, als wenn sie ein kostbares, altes Glas in ihren Händen betrachten würde, dem ein feiner Sprung den Wert geraubt hat.

Die Jahre mit Papa haben ihr den Raum gelassen, die Vergangenheit immer wieder von allen Seiten zu beleuchten und sich mit ihr zu beschäftigen. Es war aber nicht erkennbar, dass sich ein wesentlicher Wandel zur Bewältigung hin gezeigt hätte. Auch aus diesem Grund schreibe ich ihre Geschichte auf. Vielleicht kehrt dann ein wenig Frieden in ihre Seele ein und sie kann den Kreis ihres Lebens, mit ihrem Schicksal versöhnt, schließen.

Ungewollte Schwangerschaft

Bruno war entsetzt, als ich ihm von der Schwangerschaft erzählte. Sie kam ihm überhaupt nicht gelegen und er versuchte, mich zu einer Abtreibung zu bewegen. Das wollte ich aber auf keinen Fall. Selbst nach mehreren Anläufen seinerseits blieb ich standhaft und drohte, zur Polizei zu gehen, wenn er mich weiter bedrängen würde.

Ich habe mich auf das Kind gefreut und konnte mir nicht vorstellen, es von einem mir unbekannten „Arzt“ in irgendeinem bestellten Zimmer töten zu lassen und mich dabei eventuell selbst noch zu gefährden. Obwohl ich ein einfaches, unerfahrenes Bauernmädchen war, das auf sich allein gestellt war, habe ich mich für das einzig Richtige entschieden und habe mich nicht zu einer solchen Handlung bewegen lassen. Woher ich die Kraft hatte, weiß ich nicht. Irgendetwas hat mich in meinem Inneren gewarnt und zu mir gesprochen, das Verlangte nicht zuzulassen. Um mich doch noch umzustimmen, malte er mir letztlich aus, dass ich mit dem Kind keine weiße Braut mehr sein könne. Darauf antwortete ich: „Das ist mir egal. Was andere Leute denken, stört mich nicht. Ich lasse niemanden an mir herumpfuschen!“

Mit den Problemen allein

Nach der Aussprache mit Bruno, bei der ich ihm meinen festen Willen kundtat, das Kind zu behalten, hörte ich etwa acht Wochen lang nichts mehr von ihm.

In meiner Verzweiflung kam ich auf den Gedanken, zu seinem Hauptmann, Herrn von H., zu gehen, der mir von den Gesprächen mit Bruno her namentlich bekannt war.

Ich ging in die Kaserne, in welcher das Kompaniefest war, zur Wache und bat mit dem Herrn Hauptmann sprechen zu dürfen. Der Wachhabende fragte mich, in welcher Angelegenheit ich den Hauptmann sprechen will. Dann sagte ich, dass es eine private sei. Der Wachhabende führte mich zur Türe des Büros. Er klopfte, öffnete die Türe nach dem „Herein“ und meldete dem Herrn Hauptmann: „Ein junges Fräulein möchte Sie sprechen!“ Jetzt wurde ich hereingebeten.

Am Schreibtisch saß Herr Hauptmann von H. in Uniform. Er fragte mich, in welcher Angelegenheit ich denn komme. Daraufhin erklärte ich: „Ich heiße Anna Kopp und bin die Freundin von Herrn Obergefreiten Bruno Lemke. Leider habe ich lange von ihm nichts mehr gehört. Da ich von ihm schwanger bin, mache ich mir Sorgen, wie es mit uns weitergeht.“

Dabei erzählte ich auch den Vorfall beim Kompaniefest und dass ich damals erst 16 ½ Jahre alt war. Nun bin ich gerade 17 Jahre alt geworden und kann keine Hilfe von meinen Eltern oder sonst wem als vom Vater des Kindes erwarten. Ich bin gänzlich auf mich alleine gestellt, habe kein zu Hause und nicht einmal eine eigene Wohnung. Deshalb sehe ich keinen anderen Ausweg, als mit dem Herrn Hauptmann, seinem Vorgesetzten, zu sprechen, damit Herr Lemke zu seiner Verpflichtung steht. Ich bat inständig, mich in meiner misslichen Lage zu unterstützen.

Der Herr Hauptmann hörte mir aufmerksam zu und gab betroffen zur Antwort, dass er tue, was ihm möglich sei. Er verstehe, dass meine Situation wirklich nicht einfach ist, aber könne mir leider nichts versprechen.

Danach verabschiedete ich mich von Herrn Hauptmann von H. und bedankte mich herzlich dafür, dass er bereit war, mir helfen zu wollen. Endlich sah ich doch noch einen Silberstreifen am dunklen Horizont. Ein Hoffnungsschimmer keimte in mir auf. Vielleicht würde doch noch alles gut werden!

Nun kehrte ich wieder zu meiner Herrschaft zurück und war froh, dass ich zunächst einmal dort noch eine Bleibe hatte.

Unterkunft in einem Mädchenheim in Nymphenburg

Ich arbeitete noch weiter bis etwa zum siebten Schwangerschaftsmonat bei der Familie Dr. S.. Die schwereren Arbeiten strengten mich immer mehr an und mein Zustand wurde von Woche zu Woche deutlicher sichtbar. Dann eröffnete mir die Herrschaft, dass sie ein anderes Mädchen suchen müsse, so leid es ihr tut, denn die Arbeit muss ja gemacht werden. In meinem Zustand war ich nicht mehr überall einsetzbar.

Herr Dr. S., der ja selber Arzt war, telefonierte mit dem Jugendamt und erläuterte die Sachlage. Da ich noch minderjährig, schwanger und ohne familiäre Unterstützung war, musste ich in staatliche Obhut genommen werden. Daraufhin kam eine Dame und holte mich mit meinen wenigen Habseligkeiten ab. Sie brachte mich nach Nymphenburg, bei München, in ein Heim für junge Frauen, die nicht wussten, wo sie in den letzten Wochen der Schwangerschaft hin sollten. Es wurde von weltlichen

Schwestern und einer Klosterfrau geleitet. Die jungen Frauen erledigten leichte Arbeiten für die Krankenhäuser, z. B. legten sie Windeln, Mullbinden und Wäsche zusammen.

2. Als ledige Mutter 1929 allein mit meinem Kind

Geburt eines Mädchens am 10. September 1929 im Mädchenheim in Nymphenburg

Der Zeitpunkt der Geburt kam immer näher. Mir ging es jedoch nicht schnell genug. Ich übte ein wenig Seilspringen, weil ich dachte, dann komme das Kind eher. Es kann sein, dass die Geburt dadurch beschleunigt wurde, denn am anderen Tag bekam ich Wehen.

Ich wurde in den Kreißsaal gebracht. Es dauerte einige Stunden, bis das Kind kam. Ich fragte den Arzt, ob er mir den Bauch aufschneiden müsse. Er schaute mich zweifelnd an, ob ich das ernst meine. Als er meine ängstlichen Augen sah, sagte er: „Nein, Köppchen, das muss da heraus, wo es hinein ist."

Ich verstand, was er meinte und schämte mich. (Köppchen, weil ich Kopp hieß).

Die Hebamme und der Arzt unterhielten sich und erzählten Witze, als das Kind plötzlich mit einer Presswehe herausstürzte. Dabei riss der Damm ein. Die Hebamme nahm das Kind und zeigte mir das gesunde Mädchen. Ich durfte es ein wenig im Arm halten und dann wurde es gewogen. Das kleine Wesen wog sieben Pfund. Dann wurde es gebadet und versorgt. Mein Dammriss wurde geklammert und ich kam dann in mein Zimmer.

Einige Tage hatte ich bei jeder Bewegung heftige Schmerzen. Bis die Klammern entfernt wurden, musste ich im Bett bleiben. Langsam ging es mir besser und ich durfte aufstehen und mein Kind alleine wickeln. Von Anfang an stillte ich es sehr gern, denn meine Milch war reichlich vorhanden. Ich hatte große Freude an meinem süßen, hübschen kleinen Mädchen. Es gehörte nur mir allein und es hatte nur mich. Ich wiegte es zärtlich im Arm, streichelte und küsste es. Ein unbeschreibliches Glücksgefühl kam über mich und meine Probleme traten vorerst in den Hintergrund.

Die Schnullermode

Ich erinnere mich, dass alle Mütter im Heim über das Kinderbettchen zur Zierde einen übergroßen Schnuller, den es in allen Farben gab, hängten. So einen wollte ich auch haben und ließ ihn mir von einer Schwester besorgen. Da sie wusste, wie arm ich war, schenkte sie ihn mir und ich freute mich riesig.

Als eines Tages Visite war, erboste sich der Chefarzt, dass sogar die älteren, ledigen Mütter diese Spinnerei mit den Schnullern mitmachten. Er verbot diese Mode. Alle mussten die großen Schnuller über den Kinderbettchen entfernen, nur ich nicht. Er sagte, die jugendliche Mutter dürfe ihn hängen lassen, damit sie weiter ihre Freude daran hat.

Taufe meines Mädchens

Sobald die Kinder etwa zehn Tage alt waren, wurden sie mit ihrem Namen getauft. Dazu lagen sie nebeneinander auf einem langen Wagen, alle gleich mit einem weißen Kleid angezogen. Die Mütter standen hinter ihren Kindern. Der Priester taufte ein Kind nach dem anderen, eine Schwester assistierte. Ich habe mich für den Namen „Anneliese" entschieden, da ich Anna heiße und mir dazu Liesa auch noch gut gefiel. Ich ganz allein durfte also dem Kind einen Namen geben! Es gehörte ein kleines Wesen zu mir, für das nur ich verantwortlich war. Nun war ich nicht mehr allein auf dieser Welt. Wie schön wäre es gewesen, wenn Bruno sich um uns gekümmert hätte. Bei jedem Soldaten, der sich dem Haus näherte, hoffte ich, dass es Bruno wäre.

Ersehnter Besuch von Annelieschens Vater

Der Vater von Anneliese ließ sich immer noch nicht sehen, obwohl er bestimmt schon von ihrer Geburt über das Jugendamt informiert worden war. Ich musste ja seinen Namen angeben, weil es für die Dokumente notwendig war. Die alleinige Verantwortung für mein Kind belastete mich sehr. Ich sorgte mich mehr und mehr um unsere Zukunft und war traurig und bedrückt. Der Schwester Oberin tat ich unendlich leid und sie fühlte mit mir mit. Ich konnte mich bei ihr aussprechen und ausweinen, aber meine traurige Lage ändern konnte sie auch nicht.

Eines Tages kam eine Schwester erfreut zu mir. Ich war gerade auf dem Balkon und hatte Anneliese im Arm. Die Schwester sagte, dass ich Besuch hätte. Ich solle mit dem Kind ins Besucherzimmer gehen. Ich dachte, es sei jemand vom Jugendamt, da ich nicht mehr glaubte, dass sich Bruno jetzt noch melden würde.

Ahnungslos ging ich mit dem Kind im Arm in den Besucherraum. Da stand Bruno in Uniform. Ich hatte Herzklopfen! Ich ging zu ihm, gab ihm die Hand und zeigte ihm unser Annelieschen. Er sah es wortlos und regungslos an. In diesem Moment hörten wir eine Blähung der Kleinen geräuschvoll entweichen. Mir war das peinlich und ich entschuldigte mich dafür. Bruno lächelte etwas betreten und meinte, dass ich mich nicht für etwas entschuldigen müsse, wofür ich nichts könne.

Nach einer Weile verabschiedete sich Bruno kühl von mir. Wir haben uns ja über ein halbes Jahr nicht mehr gesehen und es lagen eine Menge enttäuschter Hoffnungen auf beiden Seiten dazwischen. Er teilte mir mit, dass er Urlaub nehme und zu Hause in Königsberg bei seinen Eltern viel zu erledigen habe.

Dass er eine Verlobung mit einem Mädchen aus seiner Heimat lösen müsse, verschwieg er. Bei unserem Kennenlernen verneinte er jede Frage, ob er nicht schon gebunden wäre und ob nicht ein Mädchen wegen mir um ihn weinen müsse.

Als wir uns verabschiedeten, sagte Bruno, dass er erst in etwa vier Wochen wieder zurückkäme.

Nun hatte ich zwar den ersehnten Besuch von Bruno doch noch bekommen, aber ich blieb mit zwiespältigen Gefühlen zurück. Einerseits meinte ich ihn doch noch lieb zu haben, andererseits fand ich sein kühles Benehmen und sein geringes Interesse an seinem süßen, kleinen Mädchen abstoßend.

Er äußerte sich mir gegenüber auch nicht über seine weiteren Pläne. Die Ungewissheit beunruhigte mich. Ich wusste nicht, was er beabsichtigte und wie es mit uns weitergehen würde. Sein Verhalten deutete nicht auf eine gemeinsame Zukunft hin. Er äußerte sich auch nicht, wie seine Unterstützung, auf die ich angewiesen war, erfolgen würde.

Sicherlich hatte er aber seinem Hauptmann das Versprechen abgeben müssen, mich zu heiraten. Die Bestrafung seiner Gewalttat und die Auswirkungen auf seinen beruflichen Werdegang wären sonst unausbleiblich gewesen.

Warum wunderte ich mich also über seine Zurückhaltung? Sicher lotete er erst alle Möglichkeiten noch einmal aus, wie er aus dieser verzwickten Situation ungeschoren davonkommen könnte.

Obwohl ich nicht wusste, wo ich mit Anneliese auf Dauer unterkommen würde, konnte ich nur noch etwa drei Wochen in dem Mädchenheim bleiben. Dann sollte ich woanders hin, denn das Heim brauchte Platz für andere obdachlose Schwangere.

Umzug in das Säuglingsheim in der Frühlingsstraße als Helferin

Der Leiter des Jugendamtes fragte mich, ob ich damit einverstanden sei, mit dem Kind in ein Säuglingsheim zu gehen. Ich willigte ein, denn da konnte ich als Helferin arbeiten, bei meinem Kind sein und es stillen.

Ich wurde mit Anneliese in das Säuglingsheim in der Frühlingsstraße gebracht und bekam ein kleines eigenes Zimmer. Anneliese schlief aber mit drei anderen Kindern auf der Säuglingsstation.

Zunächst hatte ich glücklicherweise wieder eine Bleibe und konnte für meine kleine Anneliese sorgen. Ich wurde in die Säuglingspflege eingewiesen und arbeitete mit den Schwestern auf der Station. Die Arbeit mit den kleinen Kindern machte mir große Freude. Es steckte wohl noch die fürsorgliche Puppenmutter von einst in mir. Hier konnte ich auch auf meine Erfahrungen aus dem Aufenthalt im Kinderheim zurückgreifen. Bald hatte ich mich gut eingearbeitet. Ich fand es aber traurig, dass ich Anneliese nachts nicht bei mir haben durfte. Wenn sie nachts schrie, kam niemand, um sie zu trösten oder ihr etwas zu trinken zu geben. Es tat mir leid, dass sie getrennt von mir war. Sie hatte nur mich und ich nur sie. Das kleine Wesen ist in meinem Denken und Fühlen zu meiner ganzen Welt geworden.

Muttermilchsegen

Ärzte und Schwestern bemerkten, dass meine Milch sehr ausgiebig floss. Sie reichte für mehrere Kinder. Da kamen sie auf die Idee, dass ich mit meiner Milch noch andere Kinder nähren könnte. Ich war damit einverstanden. Mit einer Pumpe habe ich die Milch abgepumpt und in ein Glas geschüttet. Sie wurde kranken Kindern in der Flasche gegeben.

Ein etwa sechs Monate alter Junge wurde einmal zu mir gebracht und an meine Brust angelegt. Er sollte sie leer trinken. Nach dem dritten Mal weigerte ich mich, den Jungen zu säugen. Er zwickte mich dermaßen in die Brust, dass sie sich entzündete und tagelang sehr schmerzte.

Besuch von Bruno nach seinem Urlaub im Dezember 1929 Neue Situation durch Heiratspläne

Ich wartete schon geraume Zeit auf Brunos Rückkehr und war gespannt, ob er sich melden würde. Endlich bekam ich eines Tages im Dezember von ihm Besuch.

Bruno begrüßte mich und ich bemerkte, dass er gelöster als das letzte Mal war. Er berichtete, dass er zu Hause mit seinen Eltern gesprochen habe. Diese meinten, er solle mich heiraten. Schließlich sei schon ein Kind da und er sei dafür verantwortlich. Ich gefiel ihnen sehr, als er ihnen mein Bild zeigte.

Es war für mich kaum zu fassen, dass die Zeit der Ungewissheit vorüber war. Endlich hatte ich die Aussicht auf eine eigene Familie und ein eigenes Heim. Da Bruno Beamter war, fühlte ich mich mit ihm an meiner Seite finanziell abgesichert.

Durch diese neue Entwicklung in unserer Beziehung fühlte ich mich von einer großen Last befreit. Die Unterstützung durch die Eltern brachte uns wieder zusammen. Jetzt verlor sich meine anfängliche Scheu vor Bruno, denn wir waren jetzt ja quasi verlobt.

3. Unmündig, dennoch 1930 eine Ehefrau

Eigene Wohnung - Hochzeitsvorbereitungen

Einige Zeit später besuchte mich Bruno erneut und teilte mir die freudige Nachricht mit, dass er eine kleine Wohnung für uns in München gefunden habe. Ich solle in dem Säuglingsheim Ende Dezember kündigen und mich für den Umzug in die Wohnung Anfang Januar vorbereiten. Darin wollen wir dann bleiben, bis die Hochzeit gefeiert werden kann. Die vollständigen Papiere müssen auch erst noch besorgt werden. Meine Eltern müssen ihre Einwilligung erst noch geben. Damals war man erst mit 21 Jahren volljährig.

Bruno traf alle Hochzeitsvorbereitungen. Ich war mit 18 Jahren dazu noch nicht berechtigt.

Einrichtung der kleinen Wohnung

Unsere Wohnung in der Wilhelmstraße war noch einzurichten. Brunos Eltern liehen ihm das Startkapital, bis seine Berufssoldatenzeit zu Ende war und er eine Abfindungszahlung erhalten sollte. Nun war es an der Zeit, Möbel zu kaufen. In zwei Geschäften, in denen wir waren, hat uns nichts gefallen. Im dritten kauften wir ein neues Schlafzimmer. Dort standen auch neue und gebrauchte Küchen. Wir waren uns über den Kauf einer alten oder neuen Küche noch nicht einig. Am anderen Tag entschlossen wir uns zum Kauf einer neuen.

„Komm mit, ich habe eine neue Küche ausgesucht. Schau sie dir an.“, sagte Bruno. Ich konnte es nicht fassen, dass mein heimlicher Wunsch in Erfüllung gegangen ist.

Die Verkäuferin freute sich mit mir, dass ich nun doch eine neue Küche bekommen werde.

„Für eine so junge Frau passt eine gebrauchte Küche nicht.“, meinte sie.

Einzug im Januar 1930

Die Möbel wurden in die Wohnung gebracht und im Januar 1930 konnten wir in die kleine Wohnung einziehen. Das ging schnell, denn viel hatten wir beide ja nicht besessen. Wir waren froh, wenigstens in unseren eigenen vier Wänden zu sein und Anneliese ganz bei uns zu haben. Mit Schlafzimmer und Wohnküche waren wir für ein halbes Jahr ausreichend eingerichtet. Danach wurde Bruno ja wieder zu seiner Kompanie nach Königsberg in Ostpreußen zurück versetzt.

Nun warteten wir immer noch auf meine Heiratspapiere. Wenn damals ein Beamter heiratete, war ein Ahnenpass notwendig, welcher die arische Abstammung bis in die dritte Generation zurück dokumentierte. Bruno fuhr sogar selbst in den Bayerischen Wald zu meinen Eltern und zu den entsprechenden Behörden in Regen und Viechtach, um den Vorgang zu beschleunigen.

Hochzeit am 27.03.1930 in München

Am 24.02.1930 wurde ich 18 Jahre alt, am 27. März 1930 konnten wir endlich heiraten. Da war Anneliese, die am 10. September 1929 geboren wurde, erst sechs Monate alt und ich war bereits seit Februar wieder schwanger.

Es war eine schlichte Feier, an der nur einige Bekannte von Bruno und mir teilnahmen. Unsere Eltern und Geschwister waren nicht zugegen. Das wichtigste waren die Formalitäten am Standesamt mit der Aushändigung der Heiratsurkunde. Auch die kirchliche Trauung vollzogen wir, da wir beide katholisch waren. Brunos Eltern waren sogar streng katholisch, da die Mutter polnischer Abstammung war.

Mir war, als ob ich mit geschlossenen Augen durch das Leben taumelte. Wie eine Marionette fühlte ich mich von unsichtbaren Fäden gezogen. Alles ließ ich ohne besseres Wissen über mich ergehen. Einerseits wollte ich es selbst gar nicht, andererseits musste ich es zulassen, weil meine Lage es erforderte. Ohne einen besseren Ausweg für mich zu erkennen, fühlte ich mich gefangen in den Zwängen meines armen Lebens.

Für die Hochzeit musste ich mir das Brautkleid ausleihen. Eine Bekannte meinte, sich ein Brautkleid auszuleihen, das bringe Unglück. Ich dachte mir aber nicht viel dabei.

Konnte das Schicksal noch Schlimmeres mit mir vorhaben, als ich es ohnehin schon in der Kindheit und Jugend erfahren hatte? Ich wollte mir auch nicht vorstellen, dass das Leben noch größeres Ungemach für mich bereit halten würde, als ich mit 18 Jahren schon durchgemacht hatte. Woran konnte ich mehr denken als an das Heute? Das Morgen wird sich dann schon zeigen. In dieser inneren Haltung war es mir möglich, an den täglichen Bewährungen nicht zu scheitern, denen ich als die junge Ehefrau eines zehn Jahre älteren Mannes ausgesetzt war.

Hochzeit mit Bruno Lemke am 27.03.1930 in München

Erste Erfahrungen als junge Haufrau

Mit meinen 18 Jahren war ich auf einmal für den eigenen Haushalt verantwortlich und sorgte dafür, dass sich mein 28-jähriger Mann und mein Töchterchen wohl fühlten. Ich fragte Bruno, was er als erstes essen wolle. Er wünschte sich Fisch, weil er in Ostpreußen gewöhnt war, oft Fisch zu essen. In München gab es aber selten Fisch.

Ich hatte noch nie Fisch zubereitet. Wir kauften einen Barsch. Den wusch ich, würzte, panierte und briet ihn knusprig in der Pfanne. Dann servierte ich ihn mit Salzkartoffeln. Meine Bäckchen glühten vor Eifer. Das gefiel Bruno.

Später kaufte ich mir ein Kochbuch und lernte die Alltagsgerichte, die wenig kosteten, zu kochen.

Annelieses Ernährung war einfach, denn ich stillte sie noch.

Das Haushalten machte mir Spaß. Endlich hatte ich ein eigenes Zuhause und fühlte mich gut aufgehoben. Bruno hatte viel zu lernen. Er war ja auf der Pionierschule und musste lernen, Brücken zu bauen, damit die Soldaten über die Flüsse marschieren konnten. Bei Passau wurde an der Donau das Zusammenbauen der Brückenteile geübt. Da war ich auch sehr viel allein und habe mich nur mit Kind und Haushalt beschäftigt. So empfand ich keine Langweile. Auch zu Hause saß Bruno oft am Küchentisch und lernte für seine Prüfungen.

Einmal legte er mir früh einen Zettel auf mein Kissen, während ich noch schlief.

Auf dem stand: „Glück ohne Ruh, Liebste bist du."

Mir kam das eigenartig vor. Noch nie hatte mir jemand solche Worte geschrieben. Ich musste lächeln.

Als mein Mann nach Hause kam, ging ich nicht weiter darauf ein. Ich verstand noch gar nicht richtig, mich gefühlsmäßig auszudrücken. Eigentlich fühlte ich mich noch wie ein großes Kind und nicht wie eine Frau.

Rückblickend hätte ich viel mehr Geduld und liebevolle Leitung von meinem erfahrenen Mann gebraucht, um mich von einem gehemmten Mädchen zu einer reifen Frau zu entwickeln. Dazu war er aber in seiner ungestümen, fordernden Art nicht fähig. So blieb ich, wie ich war.

Umzugsvorbereitung nach Königsberg

Die Dienstzeit Brunos in München war zu Ende. Er hatte seine Pionierschule beendet und die Prüfungen abgelegt. Nun bereiteten wir uns auf den Umzug nach Königsberg vor. Die Kompanie besorgte den Transport der Möbel. Vorher sind wir aber noch einmal in den Bayerischen Wald gefahren. Ich sollte Abschied von meiner Familie und der Heimat nehmen, denn Ostpreußen war weit und wir wussten nicht, wann wir jemals wieder hierher reisen würden. Darum sind wir mit dem Dienstwagen der Kompanie nach Zwiesel gefahren. Hier wohnte jetzt meine Familie in einem kleinen Häuschen unterhalb der Kirche.

Abschied von meiner Mutter und meiner Heimat für eine lange Zeit

In dem Häuschen, das ich selbst noch nicht kannte, trafen wir meine Mutter, meinen Stiefvater und meine Stiefschwestern Maria, Johanna und das Baby Käthe. Georg und Josef waren schon in Arbeit und wohnten auswärts. Meine Mutter hatte mit 39 Jahren noch ein Kind bekommen. Es war gerade drei Monate und unsere Anneliese war etwa ein Jahr alt.

Das Kind der Mutter war kränklich und sah blass und unterernährt aus. Es tat mir leid, dass Mutter sich um ihr schwaches Baby so große Sorgen machen musste. Sie freute sich über mein gut genährtes und kräftiges Kind. Insgeheim dachte ich mir, dass es fraglich sei, ob das arme Würmchen Käthe durchkommen würde.

Meiner Mutter ging es offensichtlich gesundheitlich auch nicht gut und sie machte einen kraftlosen Eindruck auf mich. Nach mehreren Ortswechseln hatte sie nun die letzte, ärmlichste Station erreicht. Die Not durch meinen kranken, arbeitsunfähigen Stiefvater war überall zu spüren. Es fehlte an den nötigsten Dingen. Für mich wäre nun hier in den zwei kleinen Stübchen erst recht kein Platz mehr gewesen.

Bruno übernachtete auswärts. Er holte Anneliese und mich am anderen Tag bereits wieder ab. Nun hieß es schweren Herzens Abschied zu nehmen.

„Mei, Nannerl, ich kann dir nichts mitgeben auf die Reise. Wir haben selber nicht viel. Aber hoffentlich machst du in der Fremde wirklich dein Glück!“, sagte sie hilflos.

Dann zeichnete sie mir zum Segen ein Kreuz auf die Stirn und flüsterte: „Nannerl, bleib immer brav und fromm. Behüt dich Gott, überall wo du auch bist.“

Schweren Herzens nahmen wir beiden Frauen, deren Schicksal sich seltsam ähnelte, tränenreich von einander Abschied. Wir ahnten, dass es für immer sein würde.

Meine verhärmte Mutter winkte uns nach und schluchzte in ihre Schürze, als wir in den Dienstwagen einstiegen und losfuhren.

Jetzt befand ich mich in diesem modernen Gefährt und fuhr darin in die Welt hinaus. Wie schön hatte ich mir diesen Augenblick vorgestellt und wie wenig hatte er mit der Realität zu tun!

Ich versteckte mein Gesicht auf Annelieschens kleinem Nacken und meine Schultern zuckten. Ich wollte keinen Laut von mir geben.

Der beklagenswerte Status meiner Familie setzte die Achtung meines Mannes vor mir herab. Kühl und distanziert verhielt er sich während der Fahrt. Um so mehr drückte ich Anneliese an mich und umschloss ihre kleinen Händchen mit meiner Faust. Ich spürte ihren warmen Atem, erwiderte ihr herziges Lächeln und war wieder getröstet. Die Umgebung huschte am Autofenster vorbei und wurde mir immer fremder. Was wird mich erwarten?

Es ging hunderte von Kilometern über Berlin nach Ostpreußen und dann zu Brunos Dienststelle.

4. Wegzug vom Bayerischen Wald nach Ostpreußen 1930

Sechs leidvolle Ehejahre

Ankunft in Königsberg - Kennenlernen der Schwiegereltern

Nach einer endlos scheinenden, langen Fahrt, die sich über den Tag und die Nacht hinzog, kamen wir in Paterswalde bei Wehlau am Fluss Pregel müde und erschöpft an. Das Städtchen, von weiten, fruchtbaren Feldern umgeben, lag etwa 50 km von Königsberg entfernt.

Da die Dienstwohnung erst in 14 Tagen frei wurde, blieben wir zunächst bei Brunos Eltern in Wehlau. Die Schwiegereltern waren auf unser Kommen noch nicht vorbereitet. Als wir eintrafen, legten sie Matratzen auf den Fußboden des Wohnzimmers und ließen uns darauf provisorisch schlafen.

Bruno wusste, aus welchen Verhältnissen ich kam. Es brauchte nicht viel, sie zu überbieten. Sein Vater, Fritz Lemke, war Maschinenmeister bei der Bahn. Die Beamtenfamilie lebte im wohlhabenden Ostpreußen. Sie war im Vergleich zu meiner armen Bauernfamilie aus der unterentwickelten niederbayerischen Gegend beinahe als gut situiert zu bezeichnen und entsprechend solide eingerichtet.

Vor dem Einschlafen fragte mich mein Mann stolz: „Ist es nicht schön hier bei meinen Eltern?“

Durch meine Anstellungen hatte ich schon eine Vergleichsmöglichkeit und ich dachte mir: „Na ja, so schön ist es nun auch wieder nicht. Außerdem müssen wir behelfsmäßig auf dem Fußboden liegen.“

Ich behielt jedoch meine Gedanken für mich und nickte meinem Mann zu, um ihn nicht zu kränken. Nur zu gut wusste ich wie es sich anfühlt, beschämt zu werden.

Am anderen Tag haben uns die Schwiegereltern unter dem Dach eine Schlafstätte eingerichtet, damit sie sich nicht so beengt fühlten.

Mit Bruno und Anneliese bei den Schwiegereltern - Erste Misshandlung

Da Bruno lange nicht zu Hause war, hatte er sich mit seinen Eltern viel zu erzählen. Vor allem waren die politischen Verhältnisse Gegenstand der Diskussionen. Ich lag alleine im Bett und fühlte mich in der ersten Nacht unter dem Dach einsam, verlassen und fremd. Irgendwie hatte ich auch Heimweh und war anlehnungsbedürftig. Da entschloss ich mich, nach unten zu gehen und nach Bruno zu sehen. Ich wollte, dass er auch schlafen geht.

Ich klopfte an die Stubentüre und öffnete sie.

Bruno blickte auf fragte unwirsch: „Was willst du und warum schläfst du nicht?“

Ich antwortete zaghaft: „Ich kann hier nicht schlafen.“

Eigentlich wollte ich sagen: „Ich kann ohne dich hier nicht schlafen, weil ich mich einsam und fremd fühle.“ Aber ich schämte mich, das zuzugeben.

Bruno muss sich durch mein Erscheinen im intensiven Gespräch mit seinen Eltern gestört und durch meine Antwort auch noch beleidigt gefühlt haben. Er stürzte auf mich zu und versetzte mir eine schallende Ohrfeige.

Ich stand wie versteinert an der offenen Türe.

Die Eltern kannten ihren Sohn von dieser jähzornigen Seite. Sie geboten ihm streng: „Geh nun auch schlafen. Du kannst sie jetzt, wo du sie geschlagen hast, nicht allein nach oben gehen lassen!"

In dieser Nacht spürte ich, dass mein erhofftes Glück an Brunos Seite auf tönernen Füßen stand.

Von dem brutalen Schlag war ich so tief getroffen, dass ich meinte, ich stürze in ein großes Loch. Ich weinte bitterlich. Mein Ohr schmerzte dumpf. Mein gekränktes Herz raste. Auf einmal bekam ich Luftnot und Angstzustände, wie ich sie früher als Kind hin und wieder nach dem Sturz vom Kirschbaum hatte. Das Heimweh begann in mir nagend aufzusteigen. Ich fühlte mich verlassen und schwer verletzt. Nun war ich doch wieder mit meinem einjährigen Kind und der erneuten Schwangerschaft auf mich allein gestellt. Die äußerlichen Verhältnisse waren durch die Heirat zwar geordnet, gefühlsmäßig habe ich jedoch nicht den sicheren Hafen gefunden.

Bis unsere Dienstwohnung in Königsberg bezugsfertig war, musste ich zwei Wochen im Haus der Schwiegereltern bleiben. In dieser Zeit hielt ich mich tagsüber bei der Schwiegermutter in der Küche auf. Hier durfte ich aber nichts anrühren. Sogar den Babybrei hat die Schwiegermutter nach ihrem Gutdünken selber gemacht. Sie sagte, sie hätte vier Mädchen und zwei Buben großgezogen und könne das besser als ich. Im Haus meiner Schwiegereltern musste ich mich die ganze Zeit über ducken und ich fühlte mich mehr geduldet als willkommen.

Da Bruno auf Manöver war, empfahl mir die Schwiegermutter, ihm eine Karte zu schicken. Darauf sollte ich schreiben, dass ich ihn liebe und mich auf seine Rückkehr freuen würde. Das tat ich, obwohl mir durch den demütigenden Schlag vor den Schwiegereltern gar nicht danach war.

Über Brunos unbeherrschtes Verhalten wurde auch vor mir nie offen gesprochen. Mir wäre es dann leichter gefallen, die Situation zu begreifen und einzuordnen. So stand ich ihr fassungslos gegenüber. Niemand stellte sich auf meine Seite oder tröstete mich. Ich musste in dem fremden Haus, in der die dominierende Schwiegermutter das Sagen hatte, mit meiner erschreckenden Erfahrung alleine fertig werden.

Aus dieser Zeit stammt ein kleines Foto von meiner einjährigen Anneliese.

Einzug in die Wohnung in Königsberg

Endlich war unsere Wohnung in der Pionierstraße 12 bezugsfertig. Ich war froh, dass ich wieder meinen eigenen Haushalt führen konnte und nicht bevormundet wurde.

Wieder war ich viel mit Anneliese allein. Sie war meine ganze Freude. Ich genoss es, mit ihr zu spielen und sie zu necken, bis sie vergnügt kreischte. Täglich fuhr ich sie spazieren. Immer wieder erhaschte ich ein Lächeln meiner Kleinen aus dem Kinderwagen, indem ich mich über sie beugte und mit meinem Mund blubbernde Geräusche machte. Das entzückte sie und ich war glücklich, wie es nur eine junge Mutter sein kann.

Meine zweite Schwangerschaft nahm ich in dieser Zeit nicht so intensiv wahr wie meine erste. Mir kam sie wie ein unabwendbares Geschehen vor. Was blieb mir anderes übrig als mich damit abzufinden? Jetzt war ich wenigstens verheiratet und hatte dadurch zumindest mehr äußere Sicherheit.

Edeltrauts Geburt am 15.11.1930

Am 15.11.1930, demselben Jahr, in dem wir geheiratet hatten, wurde meine zweite Tochter Edeltraut geboren. Ich war 18 ¾ Jahre alt. Dieses Mal hatte ich eine Hausgeburt, wie es meistens üblich war. So musste Anneliese, die am 10.09.1929 geboren und erst 14 Monate alt war, nicht von mir getrennt werden.

Sie war ganz erstaunt über das kleine Wesen, das in meinem Arm lag und ihr zunächst den Platz streitig machte. Aber sie erkannte auch bald, dass es lustiger zu zweit war als alleine. Den ganzen Tag über gab es etwas zu sehen. Ihre Erkenntnis, schon viel größer zu sein als das hilflose Geschwisterchen, machte sie ganz stolz auf das, was sie schon besser konnte. Wenn das kleine Baby weinte, rührte es ein wenig die mütterlichen Gefühle der süßen Kleinen. Dann war Anneliese froh, wenn ich mich um das schreiende Baby kümmerte.

Mit meinen zwei kleinen Kindern war ich den ganzen Tag über beschäftigt. Entsprechend meiner heutigen Erfahrung würde ich sagen, dass ich für mein Alter hoffnungslos überfordert war. Wie sehr hätte ich, so allein in der Fremde, Hilfe gebraucht!

In vielen Dingen war ich unerfahren und fand keine Stütze an meinem rücksichtslosen, unbeherrschten Mann an meiner Seite.

Wenn nur meine Mutter in der Nähe gewesen wäre. Sie wusste sich in vielen Dingen zu helfen. Mit ihr hätte ich über alles reden können, ohne mich bloßgestellt zu fühlen. Sie war selbst eine in vieler Hinsicht geschlagene arme Frau.

Meine Heimat war weit weg und mir fehlte im Innersten ein warmes Nest, wo ich mich geborgen fühlen konnte.

Annelieses schwere Erkrankung

Edeltraut war nun vier Monate und Anneliese 1 ½ Jahre alt. Ich sorgte für meine beiden kleinen Töchter so gut ich es vermochte. Sie waren mein ganzes Glück.

Wenn Anneliese ihre Ärmchen um mich legte und anlächelte, vergaß ich für einen kurzen Moment alles, was mich bedrückte.

Eines Tages im März bekam sie Fieber und sie musste sich übergeben. Ich ließ unseren Kompaniearzt kommen. Der stellte eine Grippe fest und verordnete einige Medikamente. Sie wirkten aber nicht, denn nach etwa zwei Wochen ist der Zustand der Kleinen nicht besser sondern schlechter geworden. Nun bekam ich es mit der Angst zu tun.

In meiner Not rief ich eine Nachbarin herein. Diese erschrak, als sie Anneliese sah. Sie bekam schwer Luft und atmete nur mühsam und mit Schmerzen. Die Nachbarin empfahl mir, einen Kinderarzt zu holen. Der kam sofort nach meinem Anruf. Er nahm das Kind aus dem Bettchen, setzte es auf den Tisch, untersuchte die Lunge und den Körper.

Meine einjährige Anneliese in Paterswalde, geboren am 10.09.1929 in München, verstorben am 10.03.1931 in Königsberg

Dann fragte er mich: „Wie alt sind Sie?“

Ich antwortete: „Ich bin im Februar 19 Jahre alt geworden. Warum wollen Sie das wissen?“

Er erwiderte: „Da Sie so jung sind, kann ich es verstehen, dass Sie so lange gewartet haben, mich anzurufen. Leider hat das Kind jetzt im höchsten Stadium Lungenentzündung und muss sofort ins Krankenhaus gebracht werden.“

Der Arzt rief einen Krankenwagen, mit dem Anneliese gleich ins Krankenhaus eingeliefert wurde. Wegen meiner kleinen Edeltraut konnte ich leider nicht mit fahren. Es war mir deshalb auch unmöglich, Anneliese öfter zu besuchen. Ich wähnte sie in der Kinderklinik in guten Händen und hatte keinen Anlass, daran zu zweifeln.

Mein Mann war wieder auf Manöver und ich war allein mit meiner Sorge um das kranke Kind. Deshalb schrieb ich meiner Schwiegermutter und berichtete ihr, dass Anneliese schwer krank im Krankenhaus liegt.

Bald darauf kam sie in meine Wohnung. Anneliese lag mittlerweile schon 14 Tage im Krankenhaus. Ungern gab ich Edeltraut in die Obhut einer Nachbarin, aber wir durften das Baby nicht ins Krankenhaus mitnehmen, um Anneliese zu besuchen. Dort fragten wir nach dem Aufenthalt der Kleinen in der Kinderabteilung nach. Wir wurden in ein großes Krankenzimmer hineingeführt. Eine Glaswand trennte die Besucher von den kranken Kindern. Mehr als zehn Kinder lagen dahinter in ihren Bettchen. Sie blickten fast alle zu der Glasscheibe, als sie uns kommen sahen.

Als mich mein Kind erkannte, wollte es anfangen zu weinen. Vor Schwäche und Schmerzen konnte es aber nur lautlos weinen. Es hat nur das Gesichtchen schmerzverzerrt verzogen und mit offenem Mund nach Luft gerungen. Die kleinen Ärmchen streckten sich nach mir aus und die Händchen griffen ins Leere. Dabei sah mich das Kind mit Tränen in den Augen flehend an. Die zarten Bäckchen glühten hochrot, erhitzt vom schweren Kampf des Körperchens gegen die verhängnisvolle Lungenentzündung.

Beim Anblick meiner leidenden kleinen Anneliese, die durch eine kalte Glasscheibe von mir getrennt war, zog sich mein Herz zusammen.

Ich schrie entsetzt auf: „Mutter, das Kind stirbt uns ja!“

Dann erfasste mich ein durchdringender Schmerz und ich weinte bitterlich mit meiner kleinen Tochter durch die Scheibe. Mit meinen tränennassen Händen wischte ich auf dem Glas hin und her, halb winkend, halb streichelnd. Ich wollte berühren was mich von meinem Kind trennte und gleichzeitig seine Blicke auf mich lenken.

Wir durften nicht zueinander. Wie gerne hätte ich es in meinen Armen gehalten und es getröstet. Was hätte ich dafür gegeben, bei ihm bleiben zu dürfen.

Meine Schwiegermutter wollte mich beruhigen und sagte leise: „Wir gehen besser, damit es das Kind nicht so schwer hat. Es wird schon wieder gesund.“

Ich flehte: „Aber ich will noch ein wenig bleiben und die Kleine anschauen!“

Dann kam auch schon eine Schwester auf uns zu und bat uns, den Raum wieder zu verlassen. Die Besuchszeit sei zu Ende.

Ich fügte mich schließlich der Anordnung der Schwester. Es kam mir nicht in den Sinn, dass ich daran etwas ändern könnte.

Nach dem Besuch meines Kindes fuhren wir zu unserer Wohnung. Ich holte Edeltraut von der Nachbarin ab und wir aßen noch gemeinsam zu Abend. Anschließend stieg meine Schwiegermutter in den letzten Zug und fuhr wieder heim nach Paterswalde bei Wehlau.

Heute noch rechne ich es ihr hoch an, dass sie kam, um Anneliese mit mir zu besuchen. Mit ihr an meiner Seite konnte ich den Abschied von meiner schwerkranken kleinen Tochter besser durchstehen.

Anderntags kam mein Mann vom Manöver zurück. Er fragte, wie es dem Kind gehe. Weinend erzählte ich ihm, dass es um Anneliese sehr schlecht stehe und berichtete von unserem Krankenbesuch am Vortag.

Ohne äußere Regung hörte er mir zu. Ich weiß nicht, was er dabei fühlte.

Abschied von meiner kleinen Anneliese

Zwei Tage später kam Bruno mittags eilig nach Hause. Er hatte aus dem Krankenhaus ein Telegramm bekommen.

In diesem stand: „Kind verschlechtert, bitte kommen.“

Bruno sagte: „Zieh dich schnell um, wir fahren gleich mit der Straßenbahn ins Krankenhaus.“

Unterwegs bat ich, aussteigen zu dürfen, um für Anneliese noch eine Banane kaufen zu können.

Mein Mann sagte aber: „Lass das sein, sie isst keine Banane.“

Ich erwiderte: „Wenn sie die Bananen nicht essen kann, gebe ich sie der Schwester.“

Aber ich wollte es mir nicht nehmen lassen, doch noch etwas für mein Kind tun zu können.

Dann kamen wir in das Krankenhausgelände und ich lief so schnell, wie mich meine Beine tragen konnten zum Gebäude. Mein Mann kam langsamer nach. Ich riss die Krankenhaustüre mit einem Ruck auf. Da stand auch schon die Oberärztin vor mir. Sie hatte uns schon erwartet.

Sie schaute mich an und ich schaute sie an. Ich fragte ängstlich: „Wie geht es Annelieschen?“

Sie gab mir zur Antwort: „Sie ist vor zwei Minuten verschieden.“

Ich lief wie wahnsinnig die Treppe zur Kinderstation hinauf und rief: „Wo liegt Annelieschen?“

Die Schwestern zeigten mir die Türe des Zimmers. Ich rannte wie von Sinnen hinein und schrie: „Annelieschen, da bin ich.“

Da lag sie in ihrem kleinen Bettchen, noch ganz eingepackt bis zum Hals mit Umschlägen und Wickeln.

Ich schluchzte: „Annelieschen, siehst du mich?“

Dann hob ich ihre Augenlider und schaute in ihre blauen Augen. Ich streichelte ihre Wangen, die noch warm waren und fuhr zitternd über ihre blonden, seidigen, weichen Härchen, die in Kringeln das Gesichtchen umspielten.

Ich musste wehmütig daran denken, wie wir abends beim Aufschlagen der Zudecken gespielt haben und ich sie fangen musste. Sie krabbelte kreischend über die Betten und ich haschte nach ihr. Dann jauchzten wir beide laut auf und ich drückte sie, mich im Kreis drehend, an mich.

Ich hatte wie sie eine kindliche Freude am Toben, denn ich war selbst erst noch ein großes Kind.

Nun konnte ich sie nie mehr in meinen Armen halten, sie nie mehr streicheln, sie nie mehr herzen und küssen, nie mehr mit ihr lachen und was am schlimmsten war, sie nicht aufwachsen sehen. Unfassbar war mein Kummer.

Mein ganzes Leben lang habe ich diesen tiefen Schmerz nicht mehr vergessen.

Ein Weinkrampf schüttelte mich, ich hatte Mühe, stehen zu bleiben. Darum suchte ich Halt bei meinem Mann. Er schob mich aber mit eiserner Mine weg.

Bruno schaute unverwandt zuerst auf den Boden und richtete dann einen befremdlichen Blick viel sagend auf mich.

Ich glaube, dass er dachte: „Hättest du dich nicht so beharrlich gegen die Abtreibung gewehrt, dann bräuchtest du jetzt nicht diesen Kummer zu ertragen. Wegen dieses Kindes musste ich dich heiraten und jetzt ist es umsonst gewesen. Du bist schuld, dass es gestorben ist. Hättest du besser darauf aufgepasst."

Dann ging er in den Besucherraum, um zu warten, bis ich von meiner Tochter Abschied genommen hatte.

Nach einer halben Stunde am Bettchen von Anneliese kam die Leichenfrau. Sie nahm meine kleine Tochter hoch und wickelte den kleinen Leichnam in eine Decke.

Sie fragte: „Wollen Sie mitgehen in den Leichenraum, wo wir sie in den Sarg legen? Ich kann mir denken, dass Sie jetzt noch schwer Abschied nehmen von Ihrem Kind."

Natürlich wollte ich mitgehen, um noch länger bei meinem Kind bleiben zu können.

Wir gingen hinunter in einen kühlen Raum. Die Frau legte das Kind auf einen großen Tisch, zog es aus und wusch es. Dabei sah ich die bläulichen Totenflecken an seinem Körper. Es lag ganz friedlich da. Ich weinte ununterbrochen ganz fürchterlich. Ich küsste und herzte mein lebloses Anneliesschen und drückte die kleinen Händchen an meinen Mund.

Die Frau ließ mich gewähren, bis ich soweit war, von meinem Kind abzulassen. Dann zog sie ihm ein papierenes Kleidchen und Strümpfchen an. Ich konnte es nicht fassen, dass ich mein Kind nicht mehr mit nach Hause nehmen durfte und es jetzt hier bleiben müsse.

Die Frau redete auf mich ein, es sei wohl besser, wenn ich jetzt wieder zu meinem Mann hinauf ginge. Sie müsse die Kleine jetzt für die Beerdigung verrichten. Das würde zu hart für mich.

Die letzten Verrichtungen wären für mich wirklich auch unerträglich gewesen. Zuzusehen, wie mein geliebtes Kind in den Sarg gelegt und der Deckel geschlossen wird, wäre in diesem Augenblick über meine Kräfte gegangen.

Also nahm ich endgültig Abschied von Anneliese. Ein letztes Mal schaute ich in ihr Gesichtchen, um es nie zu vergessen. In dem weißen Kleid sah sie wie ein Engel aus.

Mit schwerem Herzen ließ ich das Kind zurück und ging wieder zu meinem Mann, der oben im Flur wartete.

Still verließen wir das Krankenhaus.

Besuch bei Brunos Onkel

Wir sind zu Fuß durch die Stadt gegangen, um Brunos Onkel zu besuchen. Ich sollte mich ablenken, meinte Bruno. Vor Tränen sah ich aber um mich herum fast nichts. Die ganze Zeit bin ich halb gebückt vor Trauer neben ihm gegangen.

Beim Onkel angekommen, sahen wir durch das Korridorfenster im Flur mehrere Leute hin und her gehen.

Mein Mann bemerkte: „Bei denen ist auch was los, da sind so viele Stimmen zu hören."

Wir klingelten. Die Tante meines Mannes öffnete die Tür, sie war schwarz angezogen. Sie blickte auf mein verweintes Gesicht und fragte: „Hast du auch einen Todesfall?"

Ich antwortete leise mit gesenktem Kopf: „Mein Kind ist gestorben."

Die Tante erwiderte erschüttert: „Ach, du hast ein kleines Leid. Wir haben ein großes. Unsere älteste Tochter wollte in vier Wochen heiraten. Jetzt liegt sie als Braut im Sarg."

Wir gingen in das Wohnzimmer. Auf Stühlen lag der verschlossene Sarg mit der jungen Braut. Wir konnten nur durch ein kleines Glasfenster in den Sarg sehen. Da lag Brunos tote Cousine in ihrem Brautkleid. Sie starb einen Tag vor Anneliesschen an Rippenfellentzündung.

Tröstlicher Traum von Anneliese in der Nacht vor ihrer Beerdigung

Während der ganzen Nacht hindurch musste ich über meinen furchtbaren Verlust weinen. Jetzt konnte ich mich meinem Schmerz voll hingeben. Am Tag hatte ich ja meine Aufgaben für die Familie zu erfüllen. Edeltraut war ja auch erst wenige Monate alt und ich wollte gut für sie sorgen.

In der Nacht vor der Beerdigung erschien mir meine verstorbene kleine Tochter im Traum.

Ich hörte sie mit ihrer hohen Stimme piepsen: „Mami, komm, ich zeig dir etwas."

Sie nahm mich bei der Hand und führte mich über eine duftende Blumenwiese. Die Sonne schien, die Vögel zwitscherten und eine wunderbare Wärme umfing uns. Dann kamen wir an eine ausgeschaufelte Mulde.

Fröhlich flüsterte Anneliese jetzt: „Mammichen, guck mal, wie gut ich es habe. Lege dich hinein."

Ich legte mich in die frisch ausgeschaufelte Vertiefung und schloss die Augen. Da überkam mich ein unsagbarer Friede. Noch intensiver erfüllte diesen Ort betörender Blumenduft und Vogelgesang. Ich kann das wonnige Gefühl nicht beschreiben, das ich da empfand. Es war paradiesisch schön an dieser Stelle, an der sich mein Kind so wohl fühlte.

Annelieses Beerdigung

Der Traum in der Nacht tröstete mich ein wenig, denn ich sah mein Mädchen lebendig vor mir. Ich empfand es als Geschenk, dass ich mich mit ihm im Traum unterhalten und sein feines Stimmchen noch einmal hören konnte.

Der Tag der Beerdigung war da. Wir gingen zur Kirche. Es war ein schwerer Gang. Nach dem Beerdigungsgottesdienst wollte ich mich bei Bruno auf dem Weg über den Friedhof zum Grab einhängen, da ich vor Weinen kaum gehen konnte. Es zog mich immer wieder, von Weinkrämpfen geschüttelt, zusammen.

Bruno wies mich aber ab. Das hat der mitfühlende Herr Pfarrer beobachtet. Er kam zu mir her und nahm mich behutsam am Arm.

„Ich stehe Ihnen bei.“, sagte er und führte mich zum Grab hin.

Dann fand die Beerdigung statt. Am Grab standen die Schwiegermutter, ihr jüngerer Sohn, mein Mann und ich. Der Pfarrer war sehr einfühlsam und sprach ergreifende Worte.

Ich legte ein paar Blümchen auf den Sarg und stellte mir in Gedanken meine kleine Anneliese darin vor, wie ich sie zuletzt, weiß gekleidet, auf dem Tisch liegen sah. Unbeschreibliches Leid durchdrang mich in diesem Moment. Die Totengräber ließen den kleinen, weißen Sarg mit Seilen langsam in das Grab hinab. Die Blümchen darauf bebten.

Tief beugte ich mich hinunter, um den Weg des Sarges bis zuletzt zu verfolgen. Dann stand er auf dem erdigen Boden und die Seile wurden hochgezogen. Noch trennte mich nur das Holz des Sarges von meinem Kind und die Tiefe des Grabes. Gleich wird es die dunkle, schwere Erde sein, die schon polternd von den Schaufeln auf die weißen Bretter fiel.

Mein Mann verzog keine Miene. Er schaute nur scheinbar ungerührt vor sich hin und hielt Abstand von mir.

Nun verabschiedeten sich meine Schwiegermutter und deren Sohn von uns. Ich wartete noch und sah zu, wie das Gräblein ganz zugeschüttet und der kleine Hügel festgeklopft wurde. Irgendetwas hielt mich fest und ich musste bleiben.

Mein Mann ging unterdessen im Friedhof umher. Als die Totengräber vom Grab weggingen, wollte ich noch einige Zeit dort verweilen.

Ich blieb, bis ich die Kraft hatte, mich von der Stelle zu lösen, an der mein kleiner Schatz begraben war.

Dann fuhren Bruno und ich heim und holten Edeltraut, die während der Beerdigung von der Nachbarin beaufsichtigt wurde

Traum von Anneliese einige Tage nach ihrer Beerdigung

Die Trauer um Annelieschen verfolgte mich Tag und Nacht. Ich weinte und weinte jeden Tag. Da hatte ich wieder einen Traum.

Ich ging zum Friedhof und wollte das Gräbchen richten. Da komme ich zur großen Friedhofsmauer. An dieser lehnten drei Leitern in größeren Abständen voneinander. Auf denen standen drei korpulente Frauen und putzten die Mauer. Als sie damit fertig waren, nahmen sie sich auch das Friedhofsgebäude vor.

Ich fragte eine Frau: „Warum macht ihr das heute so schön? Ist da ein Besonderer gestorben?“

„Nein, das machen wir für alle, die da drin liegen, so schön.“, antworteten sie.

Ich ging durch den Friedhof weiter zu meinem Gräbchen. Als ich dort hinkam, sah ich, wie das Hügelchen wackelte, als wenn sich darunter jemand bewegte.

Ganz erleichtert rief ich: „Annelieschen, du bist ja doch nicht tot. Dann kann ich dich ja wieder mit heim nehmen!“

Ich suchte einen Stein und ein Stück Eisen und kratzte damit die Erde weg. Dann nahm ich den Sarg heraus, stemmte den Deckel auf. Da lag mein Annelieschen, mit roten Bäckchen, lachte und war wieder lebendig! Meine Freude war nicht in Worten auszudrücken!

Glücklich fasste ich mit der linken Hand unter den Kopf und mit der rechten Hand unter den Körper, um ihn herauszuheben. Beim Hochnehmen merkte ich, dass am Hinterkopf ein Loch war. Aus diesem floss übel riechendes Leichenwasser über meine Finger.

Entsetzt legte ich das Kindchen in den Sarg zurück und jammerte: „Nun bist du doch tot und ich muss dich wieder hergeben.“

So schloss ich den Sarg wieder mit dem Deckel und legte ihn ins Grab zurück. Dann scharrte ich die Erde wieder darüber. Nun war das Grab genau so, wie es vorher gewesen ist.

Nach dem Ende des Traumes wachte ich schluchzend auf. Mein Kopfkissen war so tropfnass geweint, dass ich mir ein anderes holen musste.

Wie benommen erinnerte ich mich an den sonderbaren Traum. Was sollte er denn nur bedeuten?

Meine Hände, so bildete ich es mir ein, rochen noch acht Tage lang nach Leichenwasser.

Eine erfahrene Frau deutete meinen Traum so: „Das Kind hat Ihnen beim ersten Traum mitgeteilt, dass es ihm dort, wo es jetzt ist, gut geht. Blumenduft und Vogelgesang umgeben es. Nun will es Ihnen sagen, dass es im Wasser Ihrer Tränen liegt und es ihm nicht gut tut, wenn Sie so viel weinen."

Von da ab bemühte ich mich, weniger zu weinen. Ich musste mich damit abfinden, dass mein erstes Töchterchen nicht mehr lebt.

Eine unverhoffte Begegnung

Mein Mann fragte mich, was nicht oft vorkam, ob ich mit ihm in die Stadt fahren wolle. Er brauche ein Buch und ich könnte mich etwas umsehen. Natürlich wollte ich gerne mitfahren!

Mit Edeltraut im Kinderwagen fuhren wir mit der Straßenbahn in die Stadt. Bruno setzte sich nach vorne hinter zwei Frauen.

Ich konnte mit dem Kinderwagen nicht durch den engen Gang mitgehen und musste hinten bleiben.

Auf die Frage, warum er so weit nach vorne geht, rief er mir zu: „Da kann ich den Buchladen besser erkennen."

An der Haltestelle stiegen die Frauen und mein Mann vorne aus. Draußen wurde er von den beiden Frauen, einer jüngeren und einer älteren, festgehalten und am Weggehen gehindert. Ich stieg mit dem Kinderwagen allein hinten aus. Ich bemerkte, wie die ältere Frau mit meinem Mann in Streit geriet.

Sie gestikulierte wild mit den Armen herum, schimpfte und machte eine wegwerfende Bewegung, als wenn sie sagen würde: „Mit dir möchte ich nichts mehr zu tun haben!"

Das beunruhigte mich und, obwohl ich mich nicht einmischen wollte, ging ich auf die jüngere Frau zu und fragte: „Kennen Sie meinen Mann?"

Sie entgegnete entrüstet: „Natürlich! Er war ja mein Verlobter. Es war ausgemacht, dass wir nach seiner Rückkehr von der Pionierschule in München heiraten werden."

Erstaunt erwiderte ich: „Das habe ich alles nicht gewusst. Er versicherte mir vor der Hochzeit, als ich fragte, ob er in Königsberg ein Mädchen habe, dass er ganz frei sei."

Tatsächlich konnte ich mich aber jetzt erinnern, dass in seinem Zimmer in München ein Mädchenbild hing. Er beteuerte mir, das sei nur seine Cousine.

Bruno ging nach dem Disput mit den Frauen ungerührt in einen Buchladen und ich schob den Kinderwagen vor dem Geschäft hin und her. Währenddessen überlegte ich, warum mich Bruno ausgerechnet heute in die Stadt mitgenommen hatte.

Es kam mir so vor, als ob ein Treffen mit seiner früheren Verlobten verabredet war und er Frau und Kind vorführen wollte. Er setzte sich ja nach dem Einsteigen in die Straßenbahn gleich vorne in die Reihe hinter die beiden Frauen und ließ mich alleine mit dem Kinderwagen hinten. Zunächst habe ich nicht darauf geachtet, ob sie sich da schon unterhalten haben.

Verständlicherweise war ihm das Wiedersehen mit ihr und ihrer Mutter unangenehm, da er sich nicht an sein Heiratsversprechen gehalten hatte. Nun konnten sie den Grund mit eigenen Augen sehen.

Wieder schwanger, trotzdem Schilddrüsenoperation

Als Edeltraut neun Monate alt war, wurde ich wieder schwanger. Vier Wochen vor der Entbindung musste ich trotzdem an der Schilddrüse operiert werden. Schwindelanfälle und Atemnot beim Treppensteigen waren sehr belastend und hätten auch die bevorstehende Geburt erschwert. Der Arzt klärte meinen Mann über die Risiken auf. Er gab sein Einverständnis zur Operation. Sie wurde von Herrn Oberstabsarzt Dr. F. ausgeführt. Als Soldatenfrau wurde ich im Lazarett operiert. Hier gingen alle sehr einfühlsam mit mir um. Es war ja in der Kompanie kein Geheimnis, dass mein Mann mich schlug, mich betrog und mit mir herumschrie.

Sogar dieser Arzt rügte Bruno einmal, als er beim Vorbeigehen an unserer Wohnung sein Gebrüll hörte: „So geht ein Mann nicht mit seiner jungen Frau um!“

Geburt meines Sohnes Bruno am 08.05.1932

Als mein drittes Kind geboren wurde, war Edeltraut 1 ½ Jahre alt. Wie bei ihr, wollte ich auch dieses Mal zu Hause entbinden. Das war früher nichts Besonderes.

Die Hebamme saß bei mir und mein Mann hielt sich auch im Schlafzimmer auf. Er wollte einmal dabei bleiben, um eine Geburt zu erleben. Es war mir nicht recht und ich fühlte mich unwohl dabei. Darauf nahm er aber keine Rücksicht. Die Wehen waren heftig. Es ging auf die Geburt zu und ich schrie.

Bruno war darüber so aufgebracht, dass er mich mit der Faust auf den Hals schlug. Erst vier Wochen vorher wurde ich an der Schilddrüse operiert. Ich fürchtete, dass die Operationsnaht aufgerissen sei. Deswegen hatte ich nach dem Schlag Schmerzen und Ängste gleichzeitig. Die Hebamme saß wie versteinert da und war schockiert über so viel Brutalität. Sie brachte kein Wort heraus.

Nach ein paar Wehen und trotz des rohen Schlages nicht zu unterdrückendem Schreien war das Kind da, bevor es zum Blasensprung kam. Die Hebamme rief: „Ach, es trägt ja eine Glückshaut! Das kommt aber selten vor. Das ist ein gutes Zeichen, Frau Lemke!“ Über dem Kopf des Kindes lag gleichsam wie eine Haube noch die Haut der Fruchtblase. Es war ein Junge und sah seinem Vater sehr ähnlich. Brunos Gesicht erhellte sich darüber. Meine Begeisterung aber war durch den lieblosen Vorfall erheblich getrübt. Trotzdem war ich aber froh darüber, endlich den von der ganzen Familie erwünschten Jungen geboren zu haben. Der Kleine bekam, wie es oft üblich war, den Namen seines Vaters. Brunos Sohn wurde von allen Brunochen gerufen. In Ostpreußen ist die Verkleinerung mit „chen“ sehr gebräuchlich.

Bruno benachrichtigte seine Mutter von der Geburt unseres Sohnes. Dabei bat er sie ihm zu erlauben, dass Sofie, seine 18-jährige Schwester, kommen dürfe. Sie möge mir nach der Entbindung ein paar Tage helfen. Edeltraut war ja erst 18 Monate alt und brauchte auch noch viel Aufmerksamkeit und Pflege. Sofie kam dann auch einige Tage und unterstützte mich bei der Pflege der beiden kleinen Kinder. Ich war froh darüber und dachte nicht weiter nach.

Durch einen Zufall habe ich erst Monate später erfahren, dass Bruno die günstige Gelegenheit genützt hatte, um mit seiner Schwester wieder sexuell zu verkehren. Seit Jahren hatte er schon ein Verhältnis mit ihr.

Als Sofie einen Freund hatte, schrieb sie ihrem Bruder einen Brief. Diesen übergab sie unseren Nachbarn. Sie sollten ihn Bruno geben, ließen ihn aber mir zukommen. Da er nicht zugeklebt war, las ich Sofies Zeilen: „Lieber Bruno! Ich habe nun einen Freund. Lasse mich jetzt in Ruhe, sonst sage ich es der Mama."

1933 - Hitler kam an die Macht

Ein Jahr nach der Geburt des kleinen Bruno kam Hitler durch geschicktes Taktieren an die Macht.

Die Bevölkerung erhoffte sich den ersehnten wirtschaftlichen Aufschwung und die Beseitigung der Arbeitslosigkeit. Im Radio ertönte der Jubel der Menschen bei den Paraden der Nationalsozialisten. Hitler zog mit seinen demagogischen Reden viele Millionen in seinen Bann. Er nährte die Hoffnung auf ein Deutschland als Weltmacht und unaufhaltsam nahm das Verhängnis seinen Lauf. Die Kriegsmaschinerie lief bald auf vollen Touren. Im Land regte sich ein trügerischer Aufschwung.

Mit dem Sieg Hitlers verbinde ich beunruhigende Gefühle der Hilflosigkeit, denn meine eheliche Situation mit Bruno war zur gleichen Zeit alles andere als hoffnungsvoll. Einerseits litt ich wegen der Unterdrückung und der Gewalt durch meinen Mann, andererseits bot mir die Ehe soziale Sicherheit und ein wirtschaftliches Auskommen mit meinen Kindern. Ich versuchte deshalb, mich in mein Schicksal zu fügen und bemühte mich, eine gute Ehefrau zu sein.

Auszug aus der Kasernenwohnung

Bruno war wieder wochenlang zu Übungen in Grafenwöhr. Im Anschluss daran mussten wir die Wohnung in der Kaserne verlassen, da Bruno die zwölf Dienstjahre als Soldat abgeleistet hatte.

In Königsberg waren Wohnungen knapp. In den letzten 25 Jahren hat die Stadt um 100 000 Einwohner zugenommen. Sie hatte 1932 etwa 300 000 Einwohner. Die Bevölkerungszahlen nahmen pro Jahr weiter um zehntausend zu. Deshalb unternahm ich alle Anstrengungen, eine Wohnung für uns zu finden. Mein Mann hatte ja durch seine häufige Abwesenheit keine Zeit dazu.

Bis mein Mann zurückkam, hatte ich durch Zufall eine neue Wohnung gefunden. Nach einem Spaziergang mit den Kindern leistete ich mir am

Rückweg in einer Gaststätte am Königstor eine Limonade. Ich kam mit dem Wirt ins Gespräch und erzählte ihm, dass wir auf Wohnungssuche seien.

Erfreut rief er: „Ach, das trifft sich gut. Ich habe eine schöne Vierzimmerwohnung in der Königsstraße 4. In dieser lebt aber noch ein Schneidermeister mit seinem 16-jährigen Sohn. Er zahlt aber bereits seit drei Monaten keine Miete mehr und geht auch nicht aus der Wohnung heraus. Falls Sie es schaffen, dass er auszieht, können Sie die Wohnung beziehen."

Ich suchte den Schneidermeister auf und sprach: „Ich habe mit Ihrem Vermieter gesprochen, denn wir suchen eine Wohnung. Sie würden uns einen großen Gefallen tun, wenn Sie sich entschließen könnten, uns Ihre Wohnung zu überlassen. Die Wohnung ist für Sie und ihren Sohn sowieso zu groß und zu teuer. Da die Dienstzeit meines Mannes beendet ist, wurde die Kasernenwohnung schon wieder vergeben. Mein Mann ist auf Manöver und ich möchte, bis er zurückkommt, den Umzug bewältigen. Mit den zwei Kindern brauchen wir dringend die Wohnung. Bitte geben Sie mir in einer Woche Bescheid, ob ich einziehen kann, denn ich muss ja die Vorbereitungen treffen."

Nach einer Woche fragte ich hoffnungsvoll nach. Als der Schneidermeister die Türe öffnete, strahlte er über das ganze Gesicht und rief fröhlich: „Frau Lemke, stellen Sie sich vor, wir haben eine passende Wohnung für uns gefunden. Sie können in unsere am nächsten Montag schon einziehen."

Der Hauswirt freute sich, dass er den säumigen Mieter hinaus bekam und eine Beamtenfamilie nachfolgt. Er versprach, die Wohnung umgehend zu renovieren, damit wir bald einziehen können. Wir drei Beteiligten waren alle voll zufrieden mit der geglückten Lösung.

Mit zwei arbeitslosen Männern bewerkstelligte ich den Umzug, bis mein Mann von der Übung zurückkam.

Zur Wohnung gehörte ein separat liegendes Zimmer mit einem eigenen Eingang. Mir kam die Idee, es zu vermieten. Ich fragte den Vermieter, ob ich dieses Zimmer untervermieten dürfe. Zum Glück hatte er auch nichts dagegen.

Tatsächlich fand ich auch schnell eine Mieterin mit einem dreijährigen Kind. Sie lebte in Scheidung und war froh, zunächst eine günstige Bleibe gefunden zu haben. Ich vereinbarte zwanzig Mark Miete für das möblierte Zimmer. So hatten wir in der nächsten Zeit ein kleines Zusatzeinkommen zu erwarten.

Wie stolz war ich über meinen gelungenen Umzug, den ich selbständig durchführte! Es machte mir große Freude, unser Reich mit einfachen Dingen hübsch herzurichten. Meine Familie sollte sich wohl fühlen.

Bevor mein Mann nach Hause kam, hängte ich als Willkommensgruß an die Eingangstüre der neuen Wohnung einen grünen Kranz. Das war bei allen Soldatenfrauen so üblich und ich wollte es ihnen gleich tun.

Heimkehr meines Mannes vom Manöver

Alle Soldatenfrauen freuten sich auf die heimkehrenden Männer. Auf dem Kasernenhof wurden die Soldaten mit Blasmusik empfangen und wir Frauen durften mit unseren Kindern dabei sein. Nach dem offiziellen Empfang begrüßten die Soldaten ihre Familien und begaben sich auf den Heimweg.

Bruno kam im Gewirr der sich umarmenden Paare auf mich zu und drückte mich an sich.

Wie fremd, wie aus einer anderen Welt hier her versetzt, kam er mir vor. War der harte Militärdienst oder die lange Trennung daran schuld? Die Wiedersehensfreude wurde durch meine unerklärlichen Gefühle geschmälert.

Nach Brunos Blick in den Kinderwagen machten wir uns auf den Weg in unser neues zu Hause.

Wie selbstverständlich nahm er es hin, dass ich eine neue Wohnung gefunden und den Umzug allein gemeistert hatte. Ein wenig Anerkennung wäre nicht zu viel verlangt gewesen.

Meine größte Freude bestand darin, für eine Weile nicht mehr nur allein mit den Kindern die Tage und Wochen zu verbringen. Ich wollte auch wieder einmal einen Partner haben, der das tägliche Leben mit mir teilte und mit dem ich mich austauschen konnte.

Als die Kinder zu Bett gebracht wurden und schliefen, legten wir uns auch hin. Bruno wirkte angestrengt und müde.

Im Bett sah ich erschrocken, dass Bruno am ganzen Unterleib einen Verband hatte. Jetzt verstand ich auch, warum er sich nach der Ankunft zu Hause nicht baden wollte und sich stattdessen nur wusch.

Bestürzt fragte ich: „Um Himmels Willen, was ist dir denn da passiert?“

Darauf antwortete er: „Ach, beim Baden bin ich vom Turm gesprungen und bin dabei dummerweise auf einen Stein aufgeschlagen. Jetzt kann ich dich auch nicht einmal lieb haben.“

Nach drei Tagen musste Bruno schon wieder für zwei Wochen weg. Normalerweise wurden aber nur unverheiratete Soldaten so kurz hintereinander zur Übung abkommandiert. Er hatte sich freiwillig zu einem erneuten Manöver in Flensburg gemeldet, weit von Königsberg entfernt, an der dänischen Grenze, in Schleswig-Holstein.

Anschließend kam er ohne Verband geheilt nach Hause.

Zuspitzung der Ehetragödie

Wie sich bisher schon abgezeichnet hatte, war die Ehe mehr und mehr ein Fiasko. Meine insgeheimen Befürchtungen und Momente des Misstrauens haben sich doch nach und nach bewahrheitet. Das noch näher zu beschreiben, erübrigt sich in den Einzelheiten und reduziert sich auf einige besondere Episoden.

Es war schwer für mich, das Richtige zu tun oder das Treiben meines Mannes zu durchschauen. Eigentlich hätte ich zu diesem Zeitpunkt bereits mit den Kindern einen sicheren Zufluchtsort und einsichtige Helfer gebraucht. Ich wäre schuldlos geschieden worden und hätte das Sorgerecht für die Kinder mit der entsprechenden Unterhaltszahlung bekommen. Aber wohin sollte ich in der Fremde gehen?

Der Leidensdruck musste erst noch viel größer werden, da ich eine Menge ertragen konnte. So sehr musste er zunehmen, dass ich mir die Frage nach dem „Wohin“ erst gar nicht mehr stellte.

Briefe anderer Frauen gefunden

Beim Abstauben des Schreibtisches fand ich eines Tages einen Brief mit der Adresse einer Frau. Ich traf mich mit dieser jungen Frau und wir unterhielten uns sehr vernünftig. Sie erschrak über die Tatsache, dass ihr Freund verheiratet war und kleine Kinder hatte. Deshalb beendete sie das Verhältnis zu ihm.

Ein anderes Mal fand ich vor dem Wäschewaschen einen Brief in der Hosentasche. In diesem verabredete sich wieder ein anderes Mädchen mit meinem Mann.

Fünf Frauen lernte ich selbst kennen, die mit meinem Mann ein Verhältnis hatten. Ich konnte begründet annehmen, dass es noch mehrere waren, von denen ich aber nichts erfahren hatte.

Untätige Familie

Wie mein Ehealltag aussah, kann sich jeder einfühlsame Mensch vorstellen. Als junge Frau mit zwei kleinen Kindern und ohne familiären Rückhalt in der Fremde in Preußen war ich vollständig von meinem Mann abhängig. In keiner Weise wurde ich von ihm geschätzt, geschweige denn einmal liebevoll behandelt.

Finanziell hielt mich mein Mann knapp. Pro Tag bekam ich zwei Mark. Dagegen verbrachte er seine Abende und zum Teil auch Nächte in Gasthäusern und bei anderen Frauen. Wenn er abends ausging, nahm er mich nie mit. Ich musste dann immer allein zu Hause bleiben.

Bruno betrog, belog und schlug mich, wenn ihm danach war. Er verstand es sogar, mir daran die Schuld zu geben, wenn ihn nach einem brutalen Schlag doch einmal das Gewissen plagte.

Heute kann ich die typische Täter-Opfer-Umkehrung an Brunos Verhalten feststellen. Damals glaubte ich sogar, dass es an mir gelegen hätte, wenn ich wieder einmal eine Beule am Kopf davontrug und mir das Blut über das Gesicht lief. Ich übernahm die Täterrolle, weil ich mir einreden ließ, dass die Schläge als Folge meiner Fehler eintreten müssten. Bruno sah sich in der Opferrolle. Er fühlte sich als armer Mann, der so weit gehen musste, diese unmögliche Frau wegen ihres schlechten Verhaltens so brutal zu schlagen. Nur ich war an allem schuld!

Sehr eigenartig empfand ich, dass mein Mann nach seiner Misshandlung sogar schnell wieder „zärtlich“ zu mir sein konnte. Es war, als ob er sie sogar dazu vorher brauchte. Nach den wahllos einprasselnden

Schlägen küsste er oft exstatisch viele Male meinen Körper. Dabei versprach er mir hoch und heilig, während er wie ein Kind weinte, mich nie mehr zu schlagen.

Einfühlsame Zärtlichkeit erfuhr ich von meinem Mann nicht. Er war immer schnell befriedigt. Dadurch erlebte ich nie einen Höhepunkt in der Liebe mit ihm.

Durch Brunos Gefühlsausbrüche wurde ich irritiert. Es war mir in meiner Unerfahrenheit unmöglich, ihn richtig einzuschätzen. Mir kam auch nicht in den Sinn, mich ihm zu entziehen, wenn er mich misshandelt hatte. Aus Furcht vor ihm traute ich mich auch nicht, ihm seine Kränkungen und groben Vergehen vorzuhalten.

Leider hatte ich auch nicht gelernt, auf meine Gefühle zu achten oder es sogar zu sollen und zu dürfen. Es wurde mir früher sogar schlecht ausgelegt, wenn ich mein Handeln durch meine eigene Wahrnehmung begründete. Das war weder zu Hause noch im klösterlichen Kinderheim anders. Zu Hause musste ich aus der Not gehorchen, im Kloster wegen der Disziplinierung. Deshalb konnte sich dieses eingeübte Verhalten sogar bis zum Hinnehmen der Gewalt in der Ehe steigern.

Ich erkannte den Zeitpunkt zu spät, wo ich schreien und deutlich rufen hätte müssen: „Halt! Bis hier her und nicht weiter! Das erlaube ich dir nicht mehr!"

Brunos Familie wusste genau, was ich durchmachte. Aber für sie war es mein Los, das ich zu tragen hatte. Keiner aus meinem Umfeld war bereit mir zu helfen. Die anderen Frauen der Familie mussten auch häufig Misshandlungen über sich ergehen lassen. Trotzdem war das niemals ein Gesprächsthema. So war das eben üblich in manchen Häusern, manchmal mehr und manchmal weniger. Es schien, als ob die gegenseitige Nichteinmischung eine unausgesprochene Verhaltensregel war. Der Mantel des Schweigens deckte die Vorkommnisse hinter den eigenen vier Wänden zu. Die Frauen schämten sich sogar, wenn sie geschlagen wurden. Sie meinten, ihren Mann durch ihren Fehler dazu herausgefordert zu haben. Niemand wollte sich in so einen Fall einmischen und sich die Hände schmutzig machen. Das wäre ein Tabubruch gewesen.

So war die zu geringe Unterstützung meiner Freunde und Verwandten als Folge herkömmlicher Verhaltensweisen zu betrachten. Die zu erwartende Reaktion meines Mannes auf eine Einmischung wäre gefürchtet, aber auch sogar entschuldbar gewesen.

Meine hohe Bereitschaft, es doch immer wieder mit meinem Mann zu versuchen, erkläre ich mir heute unter anderem mit der fehlenden Kenntnis der damaligen Schutzmöglichkeiten des Gesetzes. Auch befürchtete ich Schwierigkeiten bei der Beweisführung. Ohne rechtlichen Beistand war mir aber der Weg in ein selbstbestimmtes Leben verschlossen. Im Gegensatz zu mir gehörte jedoch Bruno zu denjenigen, welche ihre Bedürfnisse mit Hilfe der bestehenden gesellschaftlichen Normen und Gesetze meistens durchzusetzen vermochten. Das hatte ich ja erfahren und ich fürchtete mich davor.

Maßgeblich für mein Durchhaltevermögen war auch meine sehr widersprüchliche Beziehung zu Bruno. Mit ihm behielt ich immerhin meine anerkannte gesellschaftliche Stellung. Ohne ihn verlor ich auch noch diesen letzten, fadenscheinigen Halt.

Sicher trugen mein fehlendes Selbstbewusstsein, meine mangelnde Selbständigkeit und hohe Leidensfähigkeit dazu bei, dass ich die eheliche Beziehung trotz der erlittenen Gewalt so lange ohne Gegenwehr ertragen hatte.

Entscheidend aber war für mich die Sorge um unsere gemeinsamen Kinder.

Absehbares Ende der Ehe nach immer schlimmeren Misshandlungen

Die Situation spitzte sich immer mehr zu. Ich war mit meinen Nerven am Ende. Es kam so weit, dass ich aus der Not heraus von einer Minute auf die andere unüberlegt handelte. Damit fügte ich mir selbst leider den größten Schaden zu.

Vor dem Hintergrund meiner jahrelang erduldeten Verletzungen sind die folgenden Ereignisse nachzuempfinden.

Bruno hatte mich eines Morgens erneut massiv geschlagen. Der Anlass war, dass ich mir erlaubte, ihn zu fragen, wo er die letzte Nacht wieder verbracht habe. Ehe ich mich versah, schlug er mit seiner Faust meinen Kopf mit voller Wucht gegen den Schlafzimmerschrank, vor dem ich gerade saß, um mich anzukleiden. Dann hörte ich, wie Bruno die Wohnungstüre zuknallte und die Flurtreppen hinunterhastete.

Beim Anziehen der Strümpfe fuhr ich benommen mit meinem Fuß immer daneben und sah alles doppelt. Im ganzen Kopf fühlte ich einen dumpfen, andauernden Schmerz, den ich durch kalte Umschläge zu lindern versuchte.

Den ganzen Tag über nahm ich mich wegen der Kinder Edeltraut, fast fünfeinhalb Jahre und Bruno, fast vier Jahre alt, sehr zusammen. Ich spielte mit ihnen, sorgte und kochte für sie wie immer. Selbst brachte ich aber keinen Bissen hinunter. Mein Hals war wie zugeschnürt. Abends legte ich meine Kinder, um derentwillen ich bisher alles erduldet hatte, in ihre Bettchen. Sie plapperten noch eine Weile mit mir und ich sang ihnen wie immer noch ein Gutenachtlied vor. Dann schliefen sie selig ein.

Nun konnte ich mich erst einmal besinnen und ungestört darüber nachdenken, was wieder passiert war. Ich saß längere Zeit am Küchentisch und mir wurde meine verzweifelte Lage mehr und mehr bewusst. Dann wurde ich von Weinkrämpfen erfasst. Mein ganzes Elend floss mit den Tränen aus mir heraus, als ich über dem Tisch gebeugt saß. In meinem Kopf dröhnte und hämmerte es. Ich dachte, er würde zerspringen. Mit einem Küchenhandtuch erstickte ich mein Wehklagen, um die Kinder nicht zu wecken.

Allmählich hatte ich keine Tränen mehr. Ich kam wieder zu mir und spürte, dass sich in meinem Innersten etwas verändert hatte. Meine Trauer über mein unwürdiges Dasein verwandelte sich seltsamerweise plötzlich in eine große Wut über meinen jähzornigen Mann. Ich empfand aber außerdem noch Wut über mich selbst, die das Gefühl der Ohnmacht ersetzte. Ohnmächtiges Verharren hatte mich bis jetzt nicht weiter gebracht.

Ich glaube, das war der erste Schritt zur Einsicht! Erst in der Wut erkannte ich, dass ich meine Selbstachtung wieder gewinnen musste. Wie konnte ich mir diese Gewalt so lange gefallen lassen? Nein, jetzt war es genug!

Wie benommen stand ich langsam vom Tisch auf und sah nach den Kindern. Sie schliefen tief und fest. Geistesabwesend nahm ich meinen

Mantel von der Garderobe, hängte ihn mir über die Schultern und verließ leise und wie in Trance die Wohnung.

In der Dunkelheit ging ich erst ziellos durch die Straßen der Stadt. Nichts nahm ich wahr, nur das glitschige Pflaster, auf dem ich immer wieder ausrutschte. Die Geschäfte, die Menschen, alles um mich her interessierte mich nicht. Wie taub und blind bewegte ich mich an ihnen vorbei. In meinem Kopf kreisten düstere Gedanken. Ich empfand weder Hunger noch Kälte, als ich zum Fluss Pregel kam, der durch die Stadt Königsberg floss.

Selbstmordgedanken

Lange stand ich auf einer Brücke und starrte, über das Geländer bebückt, in das Dunkel des schnell fließenden Wassers. Mir schien Selbstmord jetzt als einziger Ausweg aus meinem verhängnisvollen Leben zu sein. Nichts mehr zu fühlen, alles Schreckliche hinter mir zu lassen und in die Unendlichkeit eines tiefen Friedens einzutauchen, ja, das wollte ich. Hier lag die Erlösung unter meinen Füßen, wenn ich das Geländer los ließ.

„Es ist so einfach, mein Drama zu beenden.“, dachte ich erleichtert.

Ich war schon kurz davor, mich ins Wasser zu stürzen, als ich plötzlich leise Musik vernahm. Sie holte mich wieder in die Wirklichkeit zurück.

Wie aus einem Traum erwacht, drehte ich mich in die Richtung, aus der die Töne kamen. Nun sah ich das Palast-Cafe nicht weit entfernt von mir. Von dort also ertönte die schöne Musik. Wie magnetisch davon angezogen, ging ich in diese Richtung. Schließlich stand ich vor dem Cafe.

Am Eingang betrachtete ich unschlüssig die Plakate. In der Tasche hatte ich nur noch fünfzig Pfennige. Davon konnte ich mir gerade noch eine Tasse Kaffee kaufen.

Ich ging hinein und setzte mich an einen der hinteren Tische. Acht Musiker spielten angenehme Unterhaltungsmusik und einige Paare tanzten dazu. Eine ganz neue Welt tat sich mir auf.

Ich hatte mich dem Leben wieder zugewandt.

Ermutigung durch Bekanntschaft

Als ich der Musik am Tisch lauschte, bemerkte ich, dass der junge Geiger der Musikergruppe öfter während seines Spiels zu mir hersah.

In der Pause kam er an meinen Tisch und fragte, ob er mir Gesellschaft leisten dürfte. Ich erlaubte es ihm mit dem Kopf nickend.

Nach einiger Zeit fragte er: „Warum sind Sie so traurig, Fräulein?“

Zögernd und leise antwortete ich ihm: „Ach, das ist eine lange Geschichte.“

Nachdem wir uns bekannt gemacht hatten, kamen wir ins Gespräch. Er hörte schweigend meine traurige Erzählung an.

Als ich keine Worte mehr fand, weil die Trauer meine Kehle zuschnürte, wartete er sehr einfühlsam, bis er leise sprach: „Sie müssen schon sehr lange gelitten haben. Wie lange werden Sie die Kraft noch haben, so etwas zu ertragen?“

Er erkannte meine verzweifelte Lage. Ich dachte an die Minuten am Wasser und antwortete: „Die Kraft hat nur noch bis heute gereicht. Es hatte nicht viel gefehlt und ich hätte diesen Abend nicht mehr erlebt.“

Ich hatte etwas ausgesprochen, vor dem ich im gleichen Moment selbst erschrocken bin. Plötzlich teilte sich das Dickicht, in dem ich mich gefangen fühlte. Klar konnte ich einen Entschluss fassen, vor dem ich mich immer gefürchtet hatte. Mein verzweifelter Ausbruch aus der Ehe begann an diesem entscheidenden Abend.

Ich wurde mir im Innersten sicher, dass ich mich in Lebensgefahr befand, wenn ich weiter bei meinem Mann bleiben würde.

Der traurigen Gewissheit folgte eine logische Erkenntnis.

Ich dachte: „Wenn ich tot bin, kann ich meinen Kindern auch nicht mehr helfen. Dann ist ihr Vater sogar noch zu einem Mörder geworden und sie haben überhaupt niemanden mehr.“

Bis eine Frau zu dieser Einsicht kommt, muss sie viel durchgemacht haben. Letztendlich bleibt nur noch, alles hinter sich zurück zu lassen, um das nackte Leben zu retten. Das hatte jedoch einen hohen Preis gefordert.

Der Geiger war von meinem Schicksal sehr berührt. Im Gespräch mit ihm erkannte ich, dass es jetzt an mir lag, in dieser unglücklichen Ehe weiter zu leiden oder ihr ein Ende zu bereiten. Durch den verständnisvollen Zuspruch des mir zugetanen Musikers hatte ich die Kraft bekommen, so geradlinig zu denken und konsequent zu handeln.

Nach dem Ende seines Auftrittes kam der junge Geiger wieder an meinen Tisch. Bis das Lokal geschlossen wurde, unterhielten wir uns noch sehr angeregt. Wir fanden einander sympathisch und verabredeten uns für den nächsten Abend.

Trennung im März 1936

Da ich mich mit meinem Bekannten abends treffen wollte, bat ich meine Untermieterin, auf die Kinder aufzupassen. Ich erklärte ihr auch, wo ich zu finden sei, falls mit den Kindern etwas wäre. Mein Mann würde ja wie gewöhnlich erst wieder spät nach Hause kommen.

Unbewusst legte ich die Spur, der mein Mann bestimmt folgen würde. Es musste dem Ehedrama ein Ende bereitet werden, auch wenn es auf meine Kosten ging. Ich fand keinen anderen Ausweg als den, der sich mir jetzt bot und mir den Mut zu diesem schweren Schritt gab. Die Lunte war gezündet. Es war nur noch eine Frage der Zeit, wann die Bombe explodierte.

Als Bruno spät abends heimkam, erzählte ihm die Untermieterin, wo ich zu finden sei. Er machte sich umgehend auf die Suche der von mir hinterlassenen Adresse. Es war nicht schwer für ihn, mich ausfindig zu machen. Also traf er mich bald mit meinem Bekannten an.

Über meinen eigenmächtigen, abendlichen Ausgang und das Zusammensein mit dem jungen Mann geriet er augenblicklich dermaßen außer sich, dass er wie ein Rasender auf uns beide einschlug. Erst als er sich dabei selbst einen Finger verrenkte, hörte er mit schmerzverzerrtem Gesicht auf. Der zarte Geiger hatte gegen den Pionier Bruno keine Chance.

Bruno schrie mich beim Hinausgehen wie von Sinnen an: „Du kommst mir nicht mehr in die Wohnung. Wage ja nicht, es zu versuchen, sonst kannst du was erleben. “

Auf keinen Fall konnte ich mehr in mein Heim zurückkehren. Für die nächsten Tage musste ich mir erst einmal eine Bleibe suchen. Ich hatte keinen Zweifel daran, dass mein Mann die Drohung ernst meinte.

Mein Mann am Ziel

Einige Tage später traf ich die Untermieterin auf der Straße. Sie erzählte mir, dass bereits noch am selben Abend eine andere Frau bei Bruno in unserer Wohnung übernachtete.

Am anderen Tag brachte Bruno die Kinder zu seinen Eltern nach Paterswalde und reichte umgehend die Scheidung ein.

Jetzt hatte er mich in meiner Verzweiflung so weit gebracht, einen Fehler zu begehen. Er hatte erreicht, was er sich wahrscheinlich schon lange wünschte.

Endlich konnte er mich ohne eigene Einbußen fortjagen, die Kinder behalten und seine Geliebte heiraten. Ich musste dabei sehen, wo ich bleibe. Sein Plan ging auf.

Anstellung in einem Cafe im April 1936

Bei Bekannten fand ich vorübergehend eine Unterkunft. Sofort begab ich mich auf Arbeitsuche. Überall fragte ich um Arbeit für eine Hausgehilfin nach. Es war nicht leicht etwas Passendes zu finden, aber ich ließ mich nicht entmutigen.

Eines Tages saß ich bei einer Tasse Kaffee im „Cafe am Münzpalast" in Königsberg, um mir bei dem regnerischen Wetter die Zeit zu vertreiben. Ich besaß ja noch keine eigene Wohnung und wollte meinen Bekannten nicht den ganzen Tag zur Last fallen.

Dort beobachtete ich, wie die Damen am Buffet arbeiteten. Das fiel der Chefin auf und sie schickte den Ober an meinen Tisch. Er bat mich, zu seiner Chefin zu kommen. Ich ging zu ihr hin.

Sie fragte mich freundlich: „Warum beobachten Sie die Damen so genau, junge Frau?"

„Ach, wissen Sie, ich suche genau so eine Arbeit. Die würde ich gerne machen.", erwiderte ich:

„Das trifft sich ja gut! Ich suche eine Angestellte für eine solche Arbeit. Gerade hat eine Verkäuferin gekündigt. Möchten Sie bei mir anfangen?", fragte sie mich.

„Ob ich möchte? Ja, ich kann sofort anfangen.“, antwortete ich gefasst. Ich musste mich zusammennehmen, um keinen Freudenschrei auszustoßen.

Schon am nächsten Tag fing ich im „Cafe am Münzpalast“ zu arbeiten an. Die Arbeit gefiel mir sehr gut. Durch den Kontakt mit den Kunden wurde ich von meinen Sorgen abgelenkt. Ach, jetzt konnte ich selbst meinen Lebensunterhalt verdienen! Ich musste nicht betteln gehen. Darüber war ich überglücklich.

Durch meine Anstellung konnte ich mir jetzt auch ein eigenes Zimmer in der Münzstraße 29 in Königsberg mieten. Es ging wieder aufwärts mit mir.

Ich konnte wieder nach vorne sehen.

Fahrt zu den Kindern nach Paterswalde/Wehlau im Mai 1936

Als ich meinen ersten Lohn bekam, kaufte ich Spielsachen und etwas zum Anziehen für meine Kinder. Für Bruno fand ich einen süßen Matrosenanzug und für Edeltraut ein weißes Kleidchen. Damit fuhr ich nach Paterswalde/Wehlau zu meinen Schwiegereltern. Sie hatten nichts dagegen, dass ich die Kinder besuchen kam.

Die Kleinen kamen auf mich zugelaufen, klammerten sich an mich und riefen: „Mami, wo warst du? Bleibst du jetzt immer da? Wir sind dann auch ganz, ganz brav.“

Wie sollte ich ihnen aber erklären, dass ich das nicht mehr zu entscheiden hatte?

Ich tröstete sie, so gut ich konnte und versprach: „Meine Lieblinge, bald komme ich wieder. Bei Oma und Opa ist es doch auch ganz schön.“

Wir verbrachten zusammen einen Nachmittag, der viel zu schnell verging.

Beim Abschied weinten und bettelten die Kinder: „Mamichen, Mamichen, nimm uns mit, nimm uns mit! Nein, du darfst nicht gehen. Bleib doch da. Warum gehst du fort?“

Schweren Herzens musste ich mich von ihnen lösen. Während der ganzen Zugfahrt saß ich zusammengekauert in der Ecke des Abteils und versteckte mein Gesicht hinter meiner aufgehängten Jacke. So konnte

Meine Schwiegereltern, Edeltraut (6), Bruno (4), und ich in Paterswalde im Mai 1936

ich meinen Tränen freien Lauf lassen. In meinen Ohren klang immer wieder das Schreien meiner unglücklichen Kinder nach. Was konnte ich tun?

Hatte ich eine andere Wahl als die Kinder zurück zu lassen? Ich musste doch arbeiten gehen. Von dem Geld konnte ich selbst nur mit Mühe in einem kleinen Zimmer überleben.

Scheidung im Mai 1936

Am 17. Mai 1936 wurden wir zu gleichen Teilen schuldig geschieden.

Es wurden Brunos Verfehlungen mit meiner einzigen aufgewogen. Das war vorauszusehen. Mit meinen geringen Möglichkeiten konnte ich den Ausgang des Verfahrens auch nicht beeinflussen.

Gleich nach der Scheidung heiratete Bruno seine Freundin. Am ersten Abend, als er mir das Betreten der Wohnung unter Androhung von Schlägen verboten hatte, holte er sie bereits zu sich.

Für mich bestand auch keine Chance, wenigstens die Kinder zu bekommen. Ich hatte kein ausreichendes Einkommen, um sie zu versorgen. Außerdem besaß ich nur ein Zimmer statt einer Wohnung. Auch konnte ich mich nicht um sie kümmern, da ich arbeiten musste. Eine Aufsicht für die Kinder hätte ich nicht zahlen können.

Bruno dagegen war Beamter mit gutem Einkommen. Er hatte die Wohnung und eine Ersatzmutter für die Kinder vorzuweisen. Deshalb bekam er das Sorgerecht. Die Kinder mussten bei ihm bleiben. Schwarz auf weiß war es auf einem Stück Papier zu lesen. Da gab es nichts daran zu rütteln.

An eine fremde Frau hatte ich meine Kleinen verloren. Ich besaß keine einklagbaren Rechte als leibliche Mutter mehr.

Letztes Treffen meiner Kinder im Juni 1936 in der früheren Wohnung

Bruno hatte mir bei der Scheidung im Mai nochmals das Betreten der Wohnung verboten. Von früh bis spät und bis in meine Träume hinein fehlten mir aber meine Kinder. Vor Sehnsucht nach ihnen versuchte ich trotzdem noch einmal, sie vier Wochen später in der Wohnung zu sehen.

Die neue Frau ließ sich nach langem Bitten erweichen. Sie führte mich trotz mürrischem Gemurmel zu den Kindern hinein. Edeltraut war fünfeinhalb und Bruno vier Jahre alt. Am frühen Abend mussten sie schon in ihren Bettchen liegen. Als sie mich sahen, hüpften sie vor Freude darin auf und ab.

„Mammichen, Mammichen, endlich bist du wieder da. Wo warst du denn?“, riefen sie.

Wir herzten uns eine Weile und ich machte Scherze mit ihnen. Plötzlich stand Bruno wie versteinert in der Türe. Schnell löste ich mich von den Kindern und sagte ihnen, dass ich wieder gehen müsste und sie schön schlafen sollten.

„Nimm uns bitte, bitte mit, Mammichen, Mammichen!“, schrieen sie beim Abschied herzerweichend und klammerten sich vor Verzweiflung an mich fest.

Edeltraut (7) mit Bruno (5) in Königsberg nach unserer Trennung

Bei diesem Anblick konnte ich nicht anders als meinen Tränen freien Lauf zu lassen. Auch Bruno weinte auf einmal. Dabei hielt er sich die Ohren zu. Plötzlich drehte er sich weg und stieß mit dem Kopf einige Male laut hörbar gegen die Wand.

Ich bekam Angst vor einem weiteren Gefühlsausbruch Brunos. Mit Mühe riss ich mich von meinen Kindern los. Aufgelöst und außer mir verließ ich zum letzten Mal mein früheres Heim.

Die neue Frau rief mir zornig nach: „Das war das letzte Mal, dass Sie hereinkamen. Wenn ich Sie noch einmal an der Türe sehe, haue ich Ihnen die Bratpfanne auf den Kopf!“

Um der Kinder Willen versuchte ich mich so gut es ging von ihnen fern zu halten. Die schreckliche Trennung von mir sollte ihr kleines Herz nicht immer wieder aufwühlen. Hin und wieder konnte ich sie aus der Ferne sehen. Hinter einem Baum stehend beobachtete ich sie dann, wenn sie im Freien spielen durften.

Mein bisheriger einziger Lebenssinn wurde mir entrissen. Ich fühlte mich wie amputiert, denn die Kinder waren ein Teil von mir. Nur mit meinen Gebeten konnte ich sie noch begleiten. Wie ein allgegenwärtiger Phantomschmerz nagte mein Sehnen an mir und erinnerte mich ständig an meinen unausweichlichen Verlust.

Mein bisheriges Leben als Mutter und Frau

10.09. 1929	Anneliese geboren im Mädchenheim in Nymphenburg
15.01.1930	Einzug in die Wohnung in München
27.03.1930	Heirat in München
01.08.1930	Abschied von Bayern, Umzug nach Königsberg in Preußen
15.11.1930	Edeltraut geboren
10.03.1931	+ Anneliese gestorben +
08.05.1932	Bruno geboren
März 1936	Ende der Ehe, Suche nach Arbeit und Unterkunft
April 1936	Wieder auf mich allein gestellt
17.05.1936	Scheidung, Verlust der Kinder
Juni 1936	Abschied von den Kindern in der Wohnung

5. Nach Scheidung 1936 allein in Königsberg/Ostpreußen

Meine Arbeit ab April 1936-1938 in Königsberg

Die erste Arbeit im „Cafe am Münzpalast“ in der Münzstraße in Königsberg bereitete mir Spaß, denn sie war abwechslungsreich. Ich kam mit den unterschiedlichsten Menschen zusammen und bemerkte meine Gabe, sie geschickt unterhalten zu können. Sie fanden meine Herkunft aus Bayern kurios und wunderten sich, dass ich von so weit her gekommen bin, um hier zu arbeiten. Nur noch ein wenig merkte man es mir an der Sprache an, dass ich aus Bayern stamme.

Jetzt lernte ich erst die wunderschöne Gegend um Königsberg kennen. Während meiner sechs Ehejahre kam ich ja nicht weit herum. Meistens war ich allein, meinen Kinderwagen schiebend, unterwegs.

Nach einem Jahr konnte ich mich im „Cafe Excelsior" beruflich und finanziell weiter verbessern und wechselte deshalb meinen Arbeitsplatz.

In meiner Freizeit fuhr ich von Königsberg aus in die bekannten, sehr beliebten Ostseebadeorte in der Kurischen und Danziger Bucht. Der Ort Cranz an der Kurischen Nehrung, Neukuhren, Rauschen, Groß Kuhren und Palmnicken an der Bernsteinküste waren mondäne und noble Badeorte mit wunderschönen Hotels und Cafes, viele im Jugendstil. Hier, an der Küste des Samlandes, verlebten die Menschen, die es sich leisten konnten und auf sich etwas hielten, ihre Sommerfrische.

Auch Masuren, den südlichen Teil von Ostpreußen, seine Hügellandschaft mit weiten Heidewäldern und vielen malerischen Seen, lernte ich kennen. Die einzigartige Natur dort faszinierte mich dermaßen, dass ich heute noch oft davon ins Schwärmen gerate.

Königsberg

Königsberg, die Hauptstadt von Ostpreußen, liegt beiderseits des Pregels, der 8 km westlich der Stadt ins Frische Haff mündet. Die durch Eisbrecher freigehaltene Fahrrinne im Frischen Haff, der Königsberger Seekanal genannt, verbindet die Stadt Königsberg mit dem Vorhafen Pillau an der Danziger Bucht. Von der Stadt aus sind es also ca. 50 km zur Ostsee.

Als Vorhafen von Königsberg fiel Pillau eine große strategische Bedeutung zu.

Hier wurde bei Kriegsende erbittert gekämpft, damit die Flüchtlinge aus der von den Russen umzingelten Stadt Königsberg und dem Umland entkommen konnten. Auf Schiffen mussten viele Tausende erst durch das Frische Haff und das Pillauer Tief. Durch die Danziger Bucht über die Ostsee gelangten sie an sicherere Häfen, wenn sie nicht von den Tieffliegern bombardiert oder von U-Booten torpediert wurden.

Königsberg war eine aufstrebende Stadt mit außerordentlich hohem Bevölkerungszuwachs. 1939 hatte sie sogar schon 368 500 Einwohner.

Königsberg besaß einen mittelalterlichen Kern der Innenstadt mit Speichern und Bürgerhäusern. Wahrzeichen aus dem 13. Jahrhundert waren das Ordensschloss (13. bis 18. Jh.) mit der Krönungskirche der preußischen Könige.

Burg und Stadt Königsberg wurden 1255 durch den deutschen Orden gegründet und nach dem Kreuzfahrer König Ottokar II. benannt. Die Stadt war preußische Krönungsstadt.

Ende Januar 1945 wurde Königsberg von den Sowjets eingeschlossen. Die Kapitulation erfolgte am 10. April. Der Stadtkern wurde völlig zerstört, zum Teil auch schon durch Fliegerangriffe im August 1944.

Das einstige Mitglied der Hanse verfiel in Schutt und Asche.

Die einstige Einwohnerzahl von etwa 370 000 ist durch Krieg, Vertreibung und Flucht auf etwa 100 000 geschrumpft. Nach 1945 wurden Menschen aus der Sowjetunion in die größtenteils entvölkerte, unbewohnte Stadt umgesiedelt. Ihre Schönheit und der Reichtum gehören der Vergangenheit an. Kaliningrad, wie Königsberg heute heißt, ist eine russische Stadt, wie es viele gibt, geworden.

Der heutigen russischen Generation ist sie schon zur Heimat geworden, dieselbe Heimat, die viele Deutsche vor über sechzig Jahren verlassen mussten.

Hitler erzwingt im Mai 1938 die Eingliederung Österreichs ins Deutsche Reich

Eines Tages hörte ich während der Arbeit Nachrichten im Radio. Es hieß, dass Österreich ab jetzt, Mai 1938, zum Deutschen Reich gehört.

Durch Drohungen mit Krieg und Zerstörung trat der Vertreter des Landes zurück. Hitler war unter großem Beifall der Massen in Wien empfangen worden. Was sollte ich davon halten? Wohin wird dieses unrechte Streben Hitlers unser Land letztendlich führen?

Mein ständiger Kummer in Königsberg, langsamer Abschied

Im Herbst 1937 kam Edeltraut in die Schule. Am 15.11.1937 wurde sie sieben Jahre alt. Manchmal wartete ich am Schultor auf sie. Sie erzählte mir dann, wie sehr sie und ihr kleiner Bruder unter der Lieblosigkeit ihrer Stiefmutter zu leiden hatten.

Eigentlich war es meiner Tochter verboten worden, sich mit mir zu treffen. Einmal nahm ich sie trotzdem mit in die Stadt, um ihr ein Kleid und Ohrringe zu kaufen. Sie hatte es sich so sehr zum Geburtstag gewünscht. Als sie deshalb nach der Schule nicht pünktlich zu Hause war, bekam sie fürchterliche Schläge.

Mein kleiner Bruno wurde am 08.05.1938 sechs Jahre alt und kam im Herbst 1938 die Schule. Nun war es mir möglich, auch ihn nach der Schule zu treffen. Lange hatte ich ihn nicht mehr in die Arme nehmen dürfen. Konnte er es zu Hause verheimlichen? Würde er dafür nicht wieder bestraft werden?

Meine Kinder in der Nähe zu wissen und trotzdem ihre Unerreichbarkeit Tag für Tag ertragen zu müssen, ließ mich in dieser Zeit fast zerbrechen. Manchmal war ich froh, wenn viel Arbeit am Büffet war und ich meine Traurigkeit ein wenig vergessen konnte. Wenn aber wenig Betrieb war, weinte ich zusammengekauert hinter dem Ladentisch still in mich hinein. Dabei musste ich gewärtig sein, im nächsten Moment meine Tränen trocknen, aus meinem Versteck aufspringen und die Kunden freundlich bedienen zu müssen.

Jedes Mal war das Wiedersehen mit den Kindern eine unerlaubt erhaschte Freude. Durch den herzzerreißenden Abschied wurde sie jedoch ein jedes Mal getrübt. Immer wieder wurden vernarbte Wunden aufgerissen. Was tat ich da den Kindern und mir selbst nur an?

Einmarsch deutscher Truppen in das Sudetenland am 01.10.1938

An diesem Tag hörte ich im Radio die Nachricht, dass deutsche Truppen in das Sudetenland einmarschiert waren. Ich saß beim Morgenkaffee. Die Meldung wurde vom Sprecher mit großem Pathos vorgetragen.

Erst im Mai dieses Jahres wurde Österreich eingegliedert, jetzt das Sudetenland besetzt und welche Nachbarländer werden wohl die nächsten sein?

Über zweieinhalb Jahre, bis Anfang 1939, Arbeit als Verkäuferin in Königsberg

Zweieinhalb Jahre dauerte mein Leid schon an. Edeltraut war über acht und Bruno sechseinhalb Jahre alt. Es war für die Kinder und für mich unerträglich geworden. Ich konnte auf die heimlichen Treffen und ihre Nähe nicht verzichten. Das mussten sie aber zu Hause büßen. Deshalb musste ich aus Liebe zu meinen Kindern den Aufenthalt in Königsberg beenden.

Konnte ich denn verlieren, was mir nicht ohnehin schon genommen wurde? Damit musste ich mich abfinden. Was mir aus meinem früheren Leben noch lieb und teuer war, konnte ich nur mehr in meinem Herzen behalten und es der Obhut Gottes überlassen. In meiner Verzweiflung bekam ich die Kraft, trotz meiner Sehnsucht nach den Umarmungen meiner Kinder, allein meinen Weg zu gehen.

Edeltraut und ich Anfang 1939, bevor ich von Königsberg wegzog.

Unser Abschiedsfoto

Noch ein letztes Mal wartete ich am Schultor auf meine Kinder. Als Edeltraut herauskam und mich sah, rief sie laut: „Mamichen, Mamichen, heut hab ich geträumt von dir!“, und flog lachend in meine Arme. Sie erzählte, dass Bruno erkältet sei und im Bett liegen bleiben müsse. Hand in Hand gingen wir durch die Straßen, während ich ihr schonend beibrachte, dass ich von Königsberg weggehen würde. Zum Abschied ließen wir uns noch fotografieren. Der Fotograf ermunterte uns, etwas mehr zu lächeln, was uns nur mühsam gelang. Anschließend trennten wir uns schweren Herzens voneinander. Ich sah Edeltraut noch lange nach, wie sie mit ihrem Schulranzen über dem viel zu großen Wintermantel davon trippelte. Immer wieder drehte sie sich um und winkte mir zu. Mir kam in den Sinn, wie begeistert sie als Dreijährige einmal am Ostseestrand Kleckerburgen aus Sand und Wasser baute und Brunochen beim Rauschen der Wellen mit hoher Stimme schrie: „Mamichen, Rrrrollwasser!“ Die Freude, die wir damals am Strand hatten, lag lange zurück, doch sie wird unvergessen bleiben!

Neue Arbeitstelle Anfang 1939 in Swinemünde - Abschied von Königsberg

Bei meinen Tagestouren hatte ich das Leben an der Ostseeküste kennen und lieben gelernt. Es gefiel mir sehr gut. Ich beabsichtigte, einmal in einem Ostseestrandcafe zu arbeiten. Nun war ich innerlich so weit, mich von Königsberg und dem, was mich dort festhielt, zu lösen.

Nachdem ich fast drei Jahre hier gearbeitet hatte, zog ich nach Swinemünde, auf der Insel Usedom.

Ein Bekannter besaß dort ein Hotel. Er vermittelte mir eine Stelle und auch ein Quartier. Wieder konnte ich als Buffetverkäuferin in einem Cafe arbeiten.

Ich packte meine wenigen Sachen und fuhr ca. 500 km mit der Bahn von Königsberg nach Swinemünde. Die Insel lag in der Pommerschen Bucht zwischen den Inseln Rügen und Wollin und gehörte zu Pommern, genauer gesagt zu Vorpommern.

Die Arbeitsstelle sagte mir sehr zu. Mit dem Quartier hatte ich besonders großes Glück. Ich fand bei der außergewöhnlich liebenswürdigen

Familie F. in Swinemünde eine familiäre Aufnahme. Wir verbrachten sogar das Weihnachtsfest zusammen. Die gute Unterkunft mit Familienanschluss tat meinem zerrissenen Herzen wohl. Hier wurde ich wie eine Tochter aufgenommen.

Es waren wirklich gute Menschen, bei denen ich mich wie zu Hause fühlen konnte. Sie nahmen an meinem Schicksal aufrichtig Anteil und sprachen mir Trost zu. Dafür werde ich ihnen immer dankbar sein.

Weihnachten 1939 in Swinemünde bei Familie F.

Swinemünde, Vorhafen von Stettin

Die pommersche Hafenstadt Swinemünde ist Vorhafen von Stettin und liegt am Einfluss der Swine in die Ostsee. Vor dem Krieg hatte die Stadt über 30 000 deutsche Einwohner. Die Swine ist der mittlere und gleichzeitig der größte Mündungsarm der Oder und fließt zwischen Stettiner Haff und Ostsee. Sie trennt die Inseln Usedom und Wollin. Die „Kaiserfahrt" ist die Hauptschifffahrtsstraße nach Stettin.

Die 5 %igen Solequellen eignen sich für Kuren verschiedenster Art, besonders der Atemwege.

Die Stadt war im 2. Weltkrieg deutscher Flottenstützpunkt. 1945 wurde sie zu 70 % zerstört.

Mein Leben in Swinemünde

Sofort war ich von der herrlichen Insel an der Ostsee begeistert. Jetzt begann die schönste Zeit, die ich bis jetzt erlebt hatte. In den freien Stunden suchte ich mir am Wasser oder hinter einer Düne einen ruhigen Platz, wo ich mich ungestört und unbeobachtet am ganzen Körper sonnen konnte. Manchmal fuhr ich in andere, wunderschöne Badeorte und lernte Ahlbeck, Heringsdorf, Zinnowitz, Karlshagen und Peenemünde und ihre herrlichen Strände kennen.

1940 in Swinemünde

Zu meinen größten Vergnügen gehörten die Reitstunden. In der Reitschule des Gestütes lernte ich schnell, mit Trakehnern, der aus Trakehnen/Ostpreußen stammenden, edelsten Rasse deutscher Warmblutpferde, umzugehen. Als Kind vom Land hatte ich keine Scheu vor großen Tieren. Das gelang nicht allen Interessierten so spielerisch. Einmal ritt neben mir eine Offiziersfrau. Plötzlich schrie sie vor Todesangst: „Helft mir herunter! Ich habe noch kleine Kinder, die mich brauchen!“ Sie stieg danach in keinen Sattel mehr.

Ich genoss es, am Strand entlang zu reiten. Auf dem Rücken eines galoppierenden, kostbaren Trakehners vergaß ich alles, was mich bedrückte.

Später lernte ich bei einer Privatlehrerin Englisch. Es war immer mein Wunsch, eine Fremdsprache sprechen zu können. Ich kaufte mir Bücher und las sehr gerne an meinen freien Abenden. Kurz gesagt, ich holte nach, was ich insgeheim schon immer tun wollte. Damit schuf ich mir unauslöschliche Erinnerungen.

März 1939 - Einmarsch der Wehrmacht in Prag

Wieder vernahmen wir in den Nachrichten eine neue Hiobsbotschaft. Hitlers Wehrmacht ist in Prag einmarschiert. Diese Nachricht beunruhigte Herrn F. ungemein.

„Hitler riskiert damit einen Krieg mit England. Das lassen die nicht zu, Anita.“, meinte er sorgenvoll. F.s nannten mich Anita.

September 1939 - Hitlers Überfall auf Polen

Mein Aufenthalt in Swinemünde dauerte schon ein Jahr. Wieder sprach Hitler im Radio zum Volk. Es war Anfang September. Als wäre es sein Verdienst, verkündete er mit anmaßendem Pathos, dass die deutschen Truppen die polnische Grenze überschritten hätten und sie sich bereits tapfer verteidigen würden.

Ich konnte mir nicht vorstellen, warum Hitler das tat. Deutschland war doch schon so groß! Noch gut konnte ich mich an die lange Reise von Bayern nach Preußen erinnern, die mir wie eine Ewigkeit vorkam. Warum strebte Hitler sogar um den Preis eines Krieges noch mehr Landbesitz an? Seine Rede löste in mir ein beklemmendes Gefühl aus.

September 1939 - Rache der Polen am Bromberger Blutsonntag

Hitlers Überfall auf Polen erfuhr bald eine schreckliche Antwort, die unschuldige deutsche Einwohner in Bromberg zu büßen hatten. Da der Vater meines geschiedenen Mannes in Krone, Kreis Bromberg, geboren wurde, horchte ich bei den Radionachrichten besonders auf. Ich hörte, dass unter den Angehörigen der deutschen Volksgruppen Anfang September 1939 in dieser Stadt allein mehr als 7 000 Männer, Frauen und Kinder vom polnischen Militär und Pöbel aus Rache getötet wurden. In den Vororten Brombergs waren es 1 000 deutsche Bewohner.

Die Unrechtstaten Hitlers zogen die nächsten nach sich.

Mutters Tod am 01.02.1940, geb. am 28.10.1891

Abgesehen von den beunruhigenden politischen Verhältnissen war die Zeit von 1936 - 1938 in Swinemünde für mich in vielerlei Hinsicht heilsam. Körperlich und seelisch fühlte ich mich wieder stabiler.

Doch eines Tages erhielt ich wie aus heiterem Himmel eine traurige Nachricht, die mich wieder in ein tiefes Loch stürzte.

Durch meine verheiratete Schwester, Maria Saller, aus Zwiesel, erfuhr ich vom frühen Tod meiner geliebten Mutter am 01.02.1940. Sie hatte eine Lungenentzündung nicht überlebt. Am 28.10. wäre sie erst 49 Jahre alt geworden.

Die Geburt von neun Kindern, von denen drei im Säuglingsalter starben, mehre Fehlgeburten und ein kranker Mann ließen sie nicht älter werden. Ihre Widerstandskräfte waren verbraucht.

Ich konnte mich nicht mehr von ihr endgültig verabschieden und ihr etwas Liebes sagen. Mit großem Schmerz empfand ich diese unwiederbringliche Tatsache. Die verpasste Gelegenheit vertiefte noch die Leere, die sie hinterließ. Dieser unwiderrufliche Verlust veränderte meine Gefühlswelt mit einem Mal.

„Jetzt bin ich ganz allein auf dieser Welt.“, dachte ich voller Trauer.

Und niemand wird je wieder so liebevoll meine Namen aussprechen und sagen: „Nannerl, bittschön, geh mal her zu mir und lass dich ganz fest drücken.“

Es dauerte über zwei Jahre, bis die Wunde in meiner Seele vernarbte. Immer wieder sah ich meine Mutter vor meinen Augen, als ich mich von ihr mit Anneliese und Bruno im Frühsommer 1930 verabschiedete. Damals weinte sie hilflos in die Schürze hinein, als das Auto mit mir losfuhr und ich erstickte mein Schluchzen auf dem weichen Jäckchen am Rücken meines Kindes, das auf meinem Schoß saß.

Gefährliche See

Dass die von mir so geliebte Ostsee auch ihre Tücken hatte, bekam ich an einem sonnigen, jedoch etwas windigen Tag am Strand hautnah mit.

Ich beobachtete vom Ufer aus, wie drei junge Männer im Wasser mit einem Ball spielten. Plötzlich waren nur noch zwei zu sehen. Sofort wurde nach dem Verlorenen gesucht, aber leider konnte er einige Zeit später nur noch tot geborgen werden.

Da die Männer ihren Freund vor den neugierigen Blicken schützen wollten, fragten sie mich, ob ich ihnen meinen Bademantel leihen wolle. Natürlich konnte ich nicht nein sagen. Mit meinem Mantel zugedeckt wurde der Tote abgeholt und ich bekam meinen Mantel gereinigt wieder zurück.

Dieses Erlebnis bewahrte mich davor, künftig zu tief in der Ostsee zu baden.

September 1940 - Abschied von Swinemünde, Suche nach neuer Arbeit in Berlin

Nun arbeitete ich schon zwei Jahre in Swinemünde, in Vorpommern. Die Auswirkungen des Krieges waren in den Urlaubsregionen an der Ostsee schon deutlich am Umsatzrückgang zu spüren. Der Anblick der ein- und auslaufenden, waffenstarrenden Kriegsschiffe verbreitete einen beklemmenden Eindruck. Seeleute prägten das Straßenbild. Sie füllten meistens nur ihre bestimmten Lokalitäten.

Vielen Menschen war nicht mehr nach Urlaub zumute. Die meisten mussten sich täglich auf alle möglichen Schreckensnachrichten einstellen. Durch Einberufungen, zivile Einsätze von Männern und Frauen und andere kriegsbedingte Beeinträchtigungen, vor allem in den Städten, waren nur wenige in der Lage, ruhig an der See zu verweilen.

„Jeder Deutsche muss seinen Gürtel enger schnallen!", rief Göring in einer Ansprache. Nur sich selbst hatte er dabei ausgeschlossen, wie jeder an seinem Umfang sehen konnte.

Da ich auf meinen gleich bleibenden Verdienst angewiesen war, hielt ich nach einer neuen Arbeitsstelle Ausschau. Ich liebäugelte damit, nach Deutsch Krone zu gehen. Bekannte hatten schon Kontakte in einem Betrieb für mich geknüpft. Ich brauchte mich nur noch zu bewerben.

Bei meiner Arbeit lernte ich aber zwischenzeitlich einen sehr netten älteren Herrn kennen. Als wir uns zufällig am Strand trafen, kamen wir ins Gespräch. Es war Anfang August. Der angenehme, freundliche Herr hieß Karl P., wohnte in Berlin. Er war Geschäftsmann, verwitwet und suchte deshalb für sich und seinen Sohn eine Haushälterin. Ohne Umschweife fragte er mich, ob ich bei ihm arbeiten wolle. Sicher hatte er bemerkt, wie wenig Umsatz mein Betrieb jetzt hatte. Und er fand mich ansprechend.

Nach viereinhalb Jahren Arbeit im Cafebetrieb reizte mich der Versuch, wieder in einem Haushalt zu arbeiten. Da ich mich schon auf der Suche nach einer neuen Arbeitsstelle befand, ergriff ich das Angebot. Ich sagte Herrn P. aber nur probeweise zu. Immerhin wusste ich ja nicht, was mich bei ihm erwartete. Ich kündigte bei meinem Arbeitgeber.

In der zweiten Septemberwoche benachrichtigte ich Herrn P. von der Ankunft meines Zuges. Er versprach, mich abzuholen.

Nach einem schweren Abschied von Familie F., meinen lieben Wirtsleuten, fuhr ich mit dem Zug etwa 180 km von Swinemünde nach Berlin. Wieder fand meine ganze Habe in einem Koffer Platz.

Am 15. September 1940 kam ich in Berlin an. Sogleich umfing mich der Trubel der Großstadt. Am Bahnhof drängten und schoben viele Menschen in alle Richtungen durcheinander. Bis ich den verabredeten Treffpunkt mit Herrn P. gefunden hatte, konnte ich die Menschen beobachten.

Viele Soldaten stiegen zu ihren wartenden Familien aus. Berührende Wiedersehensszenen spielten sich vor meinen Augen ab. Andere Soldaten stiegen ein. Junge und ältere Frauen winkten ihnen noch nach, als der Zug schon nicht mehr zu sehen war. Die mögliche Endgültigkeit des Abschiedes war ihnen offensichtlich bewusst. Scheinbar geistesabwesend starrten sie in die Richtung, wohin ein wichtiger Teil ihres Lebens von ihnen entschwunden ist. Blanke Bahngeleise wiesen ins Leere.

Herr P. wartete pünktlich am Treffpunkt. Wir stiegen ins Auto und fuhren zu seinem schönen Anwesen. Hier stellte er mir seinen Sohn meines Alters vor und zeigte mir meinen Wirkungsbereich als Wirtschafterin. Ich sollte für das gesamte Hauswesen sorgen und vor allem für die beiden Herren kochen.

Schon nach wenigen Wochen meines Aufenthaltes in Berlin fand der Sohn des Hauses Gefallen an mir. Er äußerte sogar ernste Absichten. Da mir alles zu schnell ging und ich Zeit gewinnen wollte, erzählte ich ihm von meiner Scheidung und meinen beiden Kindern. Das war die Feuerprobe, durch die ich einen zukünftigen Mann schicken musste.

Er reagierte darauf sehr enttäuscht und sprach: „Das hätte ich jetzt nicht von Ihnen gedacht."

Diese Reaktion des jungen Mannes verletzte mich. Ich fühlte mich abgestempelt. Er hatte die Probe für mich nicht bestanden.

Unbeabsichtigt hörte ich ihn abends bei geöffnetem Fenster mit seinem Vater über mich sprechen.

Er meinte ratsuchend: „Vater, eigentlich wollte ich eigene Kinder und keine von einem anderen Mann groß ziehen. Eine geschiedene Frau hat außerdem schon eine Vorgeschichte, mit der ich leben müsste. Was meinst du über die Frau Lemke?"

Sein Vater antwortete beschwichtigend: „Tja, ich meine, sie hat mit ihrem Mann eben Pech gehabt. So etwas kann schon vorkommen. Ich finde, sie ist eine sehr hübsche und zugleich tüchtige Frau. Du wirst schwer eine finden, die so sparsam und trotzdem so gut kochen kann. Mir gefällt sie gut. Überlege es dir, Junge.“

Wider erwarten machte er mir weiterhin den Hof. Offenbar erschien ich ihm trotz meiner Scheidung und meiner zwei Kinder noch begehrenswert zu sein.

Für mich war die Entscheidung jedoch schon gefallen, als er enttäuscht auf meine Vorgeschichte reagierte. Obwohl es mir im Haus sehr gefallen hatte, löste ich Ende Oktober 1941, also nach sechs Wochen, das Arbeitsverhältnis auf. Alles Bitten des Chefs half nichts. Er konnte mich nicht umstimmen, doch zu bleiben. Ich hatte meine Lehren gezogen. Von wirklicher Liebe erwartete ich etwas anderes. Wer mich nicht bedingungslos haben wollte, so wie ich war, kam für mich als Ehemann nicht in Frage. Ich hatte keine Lust mehr, mich rechtfertigen und durch außerordentliche Tüchtigkeit mein unbestreitbares Manko ausgleichen zu müssen.

Mein Arbeitgeber stellte mir trotz der kurzen Tätigkeit in seinem Hause am 31.10.1940 eine gute Arbeitsbescheinigung aus. Es ist das einzige Dokument, das ich aus dieser Zeit noch habe.

Diese Episode war für mich hiermit beendet.

Meine nächste Arbeitsstelle hatte ich bereits im Blick. Nach meiner Bewerbung bekam ich die Arbeits-

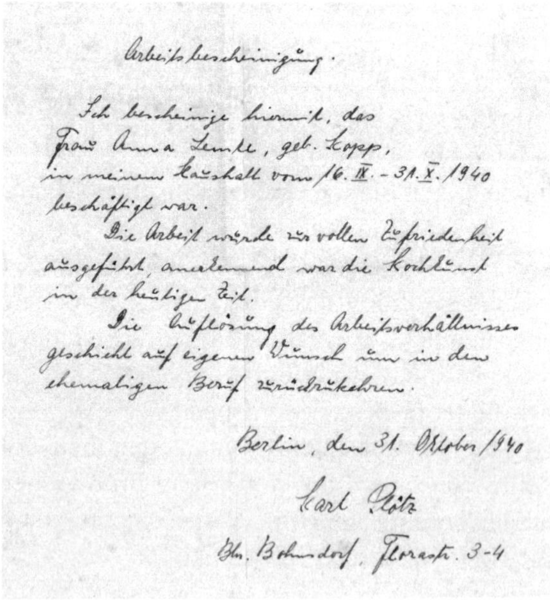
Arbeitsbescheinigung.

Ich bescheinige hiermit, das
Frau Anna Lemke, geb. Kopp,
in meinem Haushalt vom 16. IX. - 31. X. 1940
beschäftigt war.
Die Arbeit wurde zur vollen Zufriedenheit
ausgeführt, anerkennend war die Kochkunst
in der heutigen Zeit.
Die Auflösung des Arbeitsverhältnisses
geschieht auf eigenen Wunsch um in den
ehemaligen Beruf zurückzukehren.

Berlin, den 31. Oktober 1940

Karl Plötz

Bln. Bohnsdorf, Floraste. 3-4

Meine Berliner Arbeitsbescheinigung vom Oktober 1940

stelle in Deutsch Krone. Sie wurde mir von Bekannten schon in Swinemünde empfohlen. Berlin wandte ich meinen Rücken zu.

Ankunft in Deutsch Krone, Hinterpommern, im Nov. 1940

Am 01. Nov. 1940 fuhr ich von Berlin etwa 230 km mit dem Zug direkt nach Deutsch Krone bei Schneidemühl, Hinterpommern.

Nach der Ankunft fragte ich am Bahnhof eine freundliche Frau nach einer Unterkunftsmöglichkeit. Zufällig hatte sie selbst ein schönes Zimmer zu vermieten. Sie nahm mich gleich mit in ihr Haus und quartierte mich ein.

Die Zimmerwirtin erzählte mir, dass ihr Mann ein kleines Fuhrunternehmen besitze und sie in verschiedenen, guten Häusern putze.

Meine neue Arbeitsstelle befand sich im „Paradecafe“, einem feinen Cafe. Offiziersfamilien und andere aus der gehobenen Bevölkerungsschicht hielten sich gerne nachmittags und abends hier auf. Ich hatte es arbeitsplatzmäßig wieder gut getroffen.

Im Cafe in der ehemaligen Grenzregion herrschte das ganze Jahr hindurch gleichmäßig guter Betrieb. Vor kurzem ist Polen von den Deutschen besetzt worden. Die polnische Grenze war also gefallen und ehemalige deutsche Grenzstädte wurden für die Arbeitssuche interessant. Durch den gestiegenen privaten und militärischen Durchgangsverkehr profitierten die Geschäfte.

Deutsch Krone

Die Stadt Deutsch Krone ist etwa 230 km von Berlin entfernt. Sie befindet sich in der ersten Hälfte der Hauptverbindungsstrecke von Berlin nach Königsberg. Es bestand eine sehr gute Bahn- und Straßenverbindung von Berlin her über die Oder bei Küstrin, Landsberg, Kreuz und Schneidemühl.

Von Swinemünde her sind es etwa 170 km. Von dort führte die Verbindung über Stettin und Stargard.

Deutsch Krone liegt südlich der pommerschen Seenplatte, am Großen Böthin-See.

Die Stadt an der Döber, einem Nebenarm der Küddow, hatte über 15 000 Einwohner. Sie war durch ihre günstige Lage im Dreieck der größeren Städte Stargard, Schneidemühl und Neustettin mit 20000 bis 50000 Einwohnern ein beliebtes Naherholungsziel. Hier arbeiteten viele Beschäftigte u. a. in der Metall-, Maschinen- und Textilindustrie.

Die polnische Industriestadt Bromberg mit über 155 000 Einwohnern war nur ca. 80 km entfernt. Bis 1919 war sie Hauptstadt des preußischen Regierungsbezirks Bromberg.

Leben und Arbeiten in Deutsch Krone

Von Deutsch Krone aus verliefen Bahnlinien und gut ausgebaute Straßen in alle Himmelsrichtungen. Dadurch konnten viele Erholungssuchende als Kurzurlauber und Tagesgäste aus den umliegenden Städten bequem hierher kommen. Vor allem an Wochenenden war deshalb sehr viel Betrieb in den Restaurants, Bars und Cafes in der Nähe des Sees. Da wurden von den Angestellten der Lokale die äußersten Anstrengungen und etliche Überstunden als selbstverständlich abverlangt.

Während der ruhigeren Wochentage konnte ich die Überstunden abfeiern. Der idyllisch gelegene See lud dann auch mich zum Entspannen beim Baden oder Rudern ein. Gerne ließ ich meine Blicke über den See schweifen. An den sonnigen Sitzplätzen der Seepromenade konnte ich ausgiebig meiner Beobachtungslust frönen. Die vorbei flanierenden Gäste aus den Städten wollten auch gesehen werden. Sie waren für mich ein interessantes Publikum. Mit meiner erworbenen Menschenkenntnis studierte ich die Leute nach ihren unbewusst ausgesandten Signalen, den unverholenen Merkmalen ihrer Statur oder den Grund ihrer besonderen Ausstrahlung.

Die neue Arbeitsstelle an dem Binnensee hatte auch ihren besonderen Reiz. Das Klima empfand ich milder als an der Ostsee. Die Luft roch sehr würzig durch den umliegenden Laub- und Nadelwaldbestand. Es gab landwirtschaftlich genutzte Flächen mit Getreide- und Kartoffelanbau. Auch die Schafzucht war verbreitet. Ich fühlte mich durch die abwechslungsreiche Umgebung ein wenig an meine ferne Heimat erinnert.

Kennenlernen des Barbetriebes
Baltikum 1940 von sowjetischen Truppen besetzt

Bald hatte ich mich im gut besuchten Cafe mit Barbetrieb eingearbeitet. Mein Chef fragte mich, ob ich nun auch die Tätigkeiten an der Bar kennen lernen wolle. Allerdings müsste ich mich dann an die Spätschicht gewöhnen, meinte er. Da ich neugierig auf diese Art der Arbeit war, sagte ich zu und ließ mir vom Barkeeper die notwendigen Handgriffe und die gängigsten Rezepturen zeigen.

Die beliebtesten Mixgetränke beherrschte ich schnell. Aus den vorhandenen Zutaten raffinierte Mischungen mit dem Shaker zu zaubern und in hübschen Gläsern phantasievoll anzurichten, war etwas, was mir wirklich lag. Mit meinen flinken Händen, einem frohen Lächeln auf meinen Lippen und nie verlegen um einen netten Spruch, war ich bald eine beliebte Bardame geworden. Wenn ich Dienst hatte, gab es an der Bar keine freien Sitzgelegenheiten mehr. Es sprach sich nämlich herum, dass es bei mir an der Bar nicht nur etwas Feines zum Trinken, sondern auch etwas zum Lachen, Erzählen oder Hören gab.

Manchmal wurde ich von meinen Gästen nach meinem Herkunftsland gefragt. Aufgrund meiner Aussprache nahmen aufmerksame Gäste an, ich sei aus dem Baltikum. Der Hitler-Stalin-Pakt ermöglichte, dass im Sommer 1940 sowjetische Truppen Estland, Lettland und Litauen besetzten. In einem geheimen Zusatzabkommen wurde sogar die Aufteilung Ostmitteleuropas festgelegt. Tausende nichtkommunistischer Balten wurden hingerichtet und deportiert. Begüterte Balten und Adelige flohen damals ins Deutsche Reich.

Ich widersprach nicht lange, wenn meine bayerische Abstammung nicht für wahr gehalten wurde. Warum auch? Sollte ich preisgeben, wie ich als junge Bayerin nach Preußen gekommen bin und dass ich mich unaufhörlich nach meinen Kindern sehnte? Das passte nicht hierher. Lieber erzählte ich eine heitere Begebenheit und lenkte die frohe Gesellschaft geschickt vom Thema ab.

Kurz gesagt, die Gäste fanden es amüsant in meiner Anwesenheit. Die zufriedenen Gäste geizten nicht mit Trinkgeld, wenn sie gut bedient und angenehm unterhalten wurden. Durch den guten Umsatz bekam ich auch eine entsprechend hohe Provision. Ich verdiente sehr gut in dieser Zeit.

Allerdings gehörte zu meiner neuen Tätigkeit ein gehöriges Maß an Selbstdisziplin. Ich spürte rasch, dass der Beruf seine Schattenseiten hatte. Den späten Dienst hielt ich nur mit ausreichendem Schlaf am Tage durch. Die restlichen Stunden des Tages verbrachte ich am See, um für den Abend frisch zu sein. Zu meinen Grundsätzen gehörten: kein Alkohol, keine Zigaretten, keine Männergeschichten. Sonst hätte ich diese Zeit nicht so schadlos überstanden. Natürlich konnte ich meine Vorsätze nicht ohne gewisse Tricks durchhalten. Wenn ich zu einem Getränk eingeladen wurde, goss ich mir unter der Theke Wasser ins Glas und färbte es mit Himbeersaft. Schwarzen Tee tat ich ins Glas, wenn mir Weinbrand spendiert wurde. Auf diese Weise verdiente ich mein Geld ohne gesundheitliche Beeinträchtigung. Aufdringlichen Männern entwich ich, indem ich schnell den Hinterausgang benützte, wenn sie auf meinen Dienstschluss zu warten schienen.

Dieser Beruf erfordert nicht nur einen starken Charakter, sondern auch eine gute Beobachtungsgabe und Lebenserfahrung. Nur dann ist eine Frau fähig, von der meist trügerischen Front der männlichen Begierden augenzwinkernd zu entschlüpfen, ohne jemanden vor den Kopf zu stoßen.

Verbotene Hilfe für eine gefährdete Jüdin im Dezember 1940

Eines Morgens saß ich beim Frühstück, als meine Zimmerwirtin zu mir ins Zimmer kam.

Sie sprach zaghaft: „Fräulein, ich putze bei der reichsten jüdischen Kaufmannsfrau der Stadt. Die SS hat heute Nacht ihren Mann mit vielen anderen abtransportiert. Sie selbst wurde mit ihren Kindern aus dem Haus abgeholt und in ein Zimmer verfrachtet. Dort soll sie warten, bis der Transport weiter geht. Wenn diese Frau nun Geld hätte, könnte sie mit den Kindern auf das Land zu Verwandten fahren, die einen Bauernhof haben. Von dort könnte sie weiter fliehen. Aber sie hat nicht das Geld für die Zugfahrkarte, die 70 Mark kostet. Wenn Sie da helfen können, wären wir Ihnen sehr dankbar. Die Frau ist immer so nett zu mir gewesen."

Berührt von diesem Schicksal antwortete ich: „Wenn es nichts weiter ist, dann kann ich helfen. Ich kann ihr das Geld geben. Wo finde ich diese Frau?“

Meine Zimmerwirtin gab mir ihre Adresse.

Noch an demselben Tag suchte ich die kurz vor der Deportation stehende jüdische Kaufmannsfrau in ihrer Unterkunft auf. Ich klopfte an die Türe. Eine kleine, schwarzhaarige und untersetzte Frau öffnete einen Spalt breit die Türe. Leise erklärte ich ihr, dass mich ihre Putzfrau geschickt hätte. Die Kaufmannsfrau zog mich hastig in das Zimmer und verschloss behutsam die Türe.

„Ihre Putzfrau erzählte mir von Ihrer Not und bat mich, Ihnen zu helfen. Ich gebe Ihnen das Fahrgeld.“, sagte ich leise zu ihr.

Ich nahm das benötigte Geld aus der Tasche und gab es ihr in die Hand.

Außer sich vor Freude flüsterte sie: „Dafür gebe ich Ihnen etwas. Das konnte ich gerade noch retten.“

Sie bückte sich unter das Bett und zog einen großen, flachen Karton heraus. Dabei schepperte es metallen darin. Als sie den Deckel hob, kam ein Silberbesteck für zwölf Personen zum Vorschein. Es war teilweise vergoldet, die Griffe waren aus weißem Porzellan, mit hellblauen, handbemalten Blumen. Es war einfach ein Gedicht!

Ich wehrte das Geschenk ab: „Das ist aber zu wertvoll für die 70 Mark!“

„Nein, nehmen Sie es, die SS nimmt es mir sonst sowieso weg.“, flüsterte sie.

Schließlich nahm ich widerstrebend den Karton an mich und verabschiedete mich von der einst reichen Frau, die jetzt um ihr Leben bangen musste. Ich hoffte, dass ich ihr helfen und sie mit den Kindern vor dem Abtransport in ein Lager entkommen konnte.

Das Besteck hütete ich wie einen Schatz.

Persönliche Entwicklung durch meine Unabhängigkeit

Mein Chef in Deutsch Krone schätzte meine konsequent durchgehaltene Trennung von Privatem und Arbeit sehr. Allerdings wollte er sich selbst nicht daran halten. Er dachte wohl, dass er ein Privileg besitzen würde, mit mir anbandeln zu können. Seine zweideutigen Anspielungen missfielen mir sehr. Ich nahm sie zum Anlass, mich allmählich wieder nach einer neuen Arbeitsstelle umzusehen.

Außerdem wollte ich mir nach einigen Monaten der Abendschichtarbeit an der Bar wieder eine Arbeit zu einer üblichen Tageszeit suchen. Auf Dauer war die Arbeit an der Bar für mich nicht durchzuhalten. Das normale Leben spielte sich eben am Tage ab und davon bekam ich nicht mehr viel mit, wenn ich schlafen musste. An meinen freien Tagen konnte ich mich schlecht auf den veränderten Rhythmus umstellen. Ich hatte von meinem verhältnismäßig guten Einkommen auch schon etwas Geld gespart. Deshalb war ich nicht mehr darauf angewiesen, um jeden Preis zu arbeiten. Im Falle einer neuen Ehe würde ich mir bereits jetzt schon meinen Wunschtraum, eine schöne Wohnungseinrichtung, erfüllen können. Eine so arme, mittel- und hilflose Kirchenmaus wie früher wollte ich nie mehr sein müssen. Ich hatte es nun nicht mehr nötig, mich auf die Gunst eines Mannes zu verlassen oder mich unwürdig um sie zu bemühen. Dass ich durch mein offenkundiges Geschick mein eigenes Geld verdienen konnte, hatte ich erfahren. Das erfüllte mich mit Stolz und es tat meinem Selbstbewusstsein ungemein gut. Mit meinen Ersparnissen im Hintergrund fühlte ich mich unabhängig und war offen für das, was das Leben für mich noch an Schönem bereithielt. Allerdings war ich anspruchsvoll geworden und hatte ein untrügliches Gefühl dafür entwickelt, was mir gut tat.

Möglichst viele Betriebe in verschiedenen Gegenden kennen zu lernen, um Berufserfahrungen im Restaurantfach zu sammeln, war in meiner Branche unabdingbar. Das ist bis zum heutigen Tag für die jungen Fachleute von Vorteil und einem jeden anzuraten.

Jede Stelle trug bisher auch wirklich dazu bei, dass ich immer sicherer in Beruf und Umgang mit den Gästen wurde. Auch in der größten Hektik der Stoßzeiten verlor ich den nötigen Überblick nicht.

Die Grundlage dafür brachte ich jedoch schon durch meine Eignung für diesen Beruf mit. Ich hatte eine schnelle Auffassungsgabe, ein flinkes Arbeitstempo, den Blick für das Wesentliche, ein fröhliches Wesen und vor allem Freude an den vielseitigen Aufgaben. Das spürten auch die zufriedenen Gäste, die sich folglich auch als großzügig erwiesen.

Mai 1941 - Arbeit in Schneidemühl

Wiederum fand ich durch Empfehlung eine gute Arbeitsstelle. Ich hatte manches von der größeren Stadt Schneidemühl gehört. Es reizte mich, dort zu arbeiten. Die Verkehrsverbindungen waren sehr gut und das kulturelle Angebot sagte mir auch zu. Das Leben war sogar billiger als an der Ostsee. Mit dem Zug konnte ich meine Wirtsleute im etwa 180 km entfernten Swinemünde besuchen oder die herrlichen masurischen Seen südlich von Königsberg kennenlernen.

Das Restaurant, in dem ich als Bedienung arbeitete und meine Unterkunft befanden sich im Zentrum der Stadt. Die Arbeitsbedingungen sagten mir sehr zu, denn ich hatte keinen Abenddienst mehr. Ich verstand mich auch gleich gut mit meinen neuen Kolleginnen und Kollegen und wurde freundlich in ihren Kreis aufgenommen. Wir wurden bald ein gut eingespieltes Team.

Schneidemühl

Ca. 20 km südöstlich von Deutsch Krone entfernt war die Stadt Schneidemühl an der Küddow.

Die Stadt hatte 1939 etwa 45 800 deutsche Einwohner und war Bahnknotenpunkt.

Sie nahm nach dem 1. Weltkrieg mit der Schaffung des polnischen Korridors als Grenzstadt einen großen Aufschwung.

Schneidemühl war Sitz von Behörden und Schulen, in denen viele Beamte ihren Dienst versahen. Die Maschinen-, Zement-, Mühlen-, Stärke- und Holzindustrie schuf tausende von Arbeitsplätzen.

Meine Lebensgestaltung als alleinstehende junge Frau

Nun war ich 29 Jahre alt und lebte schon fünf Jahre lang allein. Unverbindliche Abenteuer mit Männern interessierten mich nicht. Gelegenheit dazu hatte ich einige, ich wusste aber, was ich wollte und was nicht. Ich hatte eine bestimmte Vorstellung, wie mein Mann fürs Leben sein musste. Auf keinen Fall wollte ich bei meiner nächsten Wahl wieder Schiffbruch erleiden. Deshalb beendete ich Bekanntschaften sehr schnell, bei denen mir klar wurde, dass sie nicht von Dauer sein konnten.

Als geschiedene Frau mit zwei Kindern war es schwer, einen guten Mann, der für die Ehe bereit war, zu finden. Damals war es ein großer Makel, in meiner Situation zu sein. Für eine glückliche Zukunft mit einem guten Ehemann sah es momentan nicht gerade rosig aus. Viele junge Männer waren ja auch im Krieg!

So machte ich das Beste aus meiner Situation und sparte weiter für die Zukunft. Mit zunehmendem Interesse nahm ich wahr, was sich mir an Sehenswertem in den verschiedenen Orten bot.

Rückschau auf meine Zeit in Swinemünde

Einen tiefen Eindruck hinterließ in meiner Erinnerung das Strandleben in Swinemünde. Die vielen Menschen, die wochenlang nichts anderes taten, als sich zu erholen und zu vergnügen, zeigten mir sehr anschaulich eine völlig unbekannte Lebensweise. Ein wenig konnte ich mich ihnen zugehörig fühlen, da ich meine Freizeit fast in der gleichen Weise wie sie verbrachte.

Allerdings wurde dieses Privileg für mich nur durch harte Arbeit und bescheidene Lebensführung dort erschwinglich. Die meisten Gäste des bekannten Seebades konnten sich einen teuren Urlaub hier nur durch ihre gehobene gesellschaftliche Stellung leisten.

Die Weite der Ostsee, wo das Auge keinen anderen Halt findet als die Wolken am Horizont, richtete den Blick in mich selbst hinein. Ruhig und gelassen, ohne quälende Selbstzweifel, konnte ich jetzt endlich meine Lebenslage betrachten.

Die herbe, salzige Luft, die durch den ständigen Wind an Land gefächelt wurde, atmete ich oft so tief ein, dass ich mich selbst leicht benommen und schwerelos fühlte. Der Lufthauch kitzelte auf meiner Haut. Wenn ich die Augen schloss, fühlte es sich so an, als würden die feinen Haare meiner kleinen Kinder darüber streichen.

Im Schutz der mächtigen Dünen und des wogenden Grases konnte mein blasser Körper, der von Kindheit an immer schamhaft verhüllt wurde, nach und nach eine tiefe Bräune annehmen. Die strahlende Sonne am blauen Himmel konnte für mich nicht heiß genug hernieder brennen. Die Sonnenbäder im warmen Sand, die Ruhe an der See und das Atmen der salzhaltigen Luft waren genau das Richtige für mich. Dankbar genoss ich den Aufenthalt in dieser faszinierenden Umgebung.

Dieser lange Aufenthalt direkt an der Ostsee, bei den kurmäßigen, örtlichen Bedingungen trug sowohl zu meiner seelischen als auch zu meiner körperlichen Heilung entscheidend bei. Die beste Zeit meines bisherigen Lebens verbrachte ich hier.

Ich denke, dass sich jetzt meine Lunge endgültig erholt hatte. Die vollständige Ausheilung einer solchen Erkrankung, wie ich sie als 15-jähriges Mädchen hatte, ist ja ein langjähriger Prozess.

Hier lernte ich wieder ein Gespür für meinen Körper zu bekommen. Es war durch die jahrelangen Misshandlungen schon abgestumpft. Wahrscheinlich hätte ich sie sonst auch nicht so lange ertragen können.

Ich entdeckte auch, dass ich Freude daran hatte, mich geistig weiterzubilden. Dazu nutzte ich erfolgreich jede sich mir bietende Gelegenheit durch Bücher, Gespräche mit gebildeten Menschen und Privatstunden.

Abschließend betrachtet, wurde ich für mein deprimierendes, kummervolles Leben in Königsberg/Preußen durch die aufbauenden, in vielerlei Hinsicht gewinnbringenden Erfahrungen in Pommern entschädigt. Ich lernte viel dazu. Vor allem lernte ich mich selbst besser kennen.

Bei meiner persönlichen Entwicklung hatte ich viele Hürden zu bezwingen. Der Weg vom naiven Landmädchen, das zu manipulieren war, zur standfesten Frau, die wusste was sie wollte, war schmerzlich. Er verlangte von mir große, einschneidende Opfer. Zurückblickend habe ich mich mit ihnen endlich versöhnt.

Abschied von Schneidemühl, Entscheidung für Posen/Polen

Nun arbeitete ich bereits seit Mai 1941 in Schneidemühl an der ehemaligen polnischen Grenze. Einige Monate waren schon wieder verstrichen. Ich konnte mir nun auch vorstellen, im Landesinneren Polens zu arbeiten.

Durch die Berichte im Radio habe ich die frühere Scheu vor dem fremden Land verloren. Deutsche Truppen schützten jetzt die deutsche Bevölkerung und es wurden keine Übergriffe durch Polen mehr bekannt.

Vor allem hörte ich mit großem Interesse, dass im besetzten Polen die Lebensbedingungen für Deutsche jetzt besser seien als im Reich. Hier wurden durch den Krieg die Lebensmittel immer knapper. Das bekamen wir natürlich auch in den Restaurants durch begrenzte Zuteilungen und folglich wieder schwindende Besucherzahlen zu spüren. Kolleginnen von mir waren bereits nach Polen abgewandert. Sie empfahlen mir dasselbe zu tun. Auf sie konnte ich bei der Arbeitssuche wieder zählen.

Nach manchen Überlegungen, wo ich meinen Lebensunterhalt am besten sichern konnte, entschloss ich mich, es auch in Polen zu wagen. Die deutsche Wehrmacht hatte allen Deutschen, die in die besetzten Gebiete ziehen würden, Wohnung und Arbeit versprochen.

Was konnte ich schon verlieren? Ohne familiäre Bande war es gleich, wo ich lebte. Die Hauptsache war, dass ich in dieser unsicheren Kriegszeit genug Geld für meinen Unterhalt verdienen konnte. Das schien mir bei den gegenwärtigen politischen Verhältnissen im Osten am besten gewährleistet zu sein. Meine letzte Arbeitsstelle befand sich ja schon in dieser Richtung.

Als mein Entschluss im August 1941 feststand, ließ ich mir von meinen Bekannten eine Arbeitstelle mit Unterkunft in Posen vermitteln.

Wiederum packte ich meinen Koffer und setzte mich in Schneidemühl in den Zug.

Wie ein Wildpferd zog ich auf der Suche nach neuen Weidegründen instinktiv weiter.

Teil III: Lebenswende mit Gustav in Posen; Flucht

1. Arbeit in Posen, Reichsgau Wartheland, im September 1941

Meine Ankunft in Posen/Polen

Nun war ich also im September 1941 in Polen gelandet. Niemals hätte ich vor einigen Jahren im Traum daran gedacht, hierher zu kommen. Etwa 80 km südlich von Schneidemühl lag die große Stadt Posen, im Reichsgau Wartheland. Die polnische Stadt Lodz, nach der Besetzung durch die deutsche Wehrmacht in Litzmannstadt umbenannt, war die größte Stadt im Warthegau.

Meine neue Arbeitsstelle in einem Restaurant befand sich im Zentrum Posens. Alles um mich herum war gewöhnungsbedürftig und fremd für mich.

Wissenswertes über Posen

Posen war nicht nur eine große Stadt, sondern auch ein großes Gebiet gleichen Namens. Es hatte eine Jahrhunderte lange wechselhafte Geschichte. 1919 kam es an Polen.

Die gleichnamige Hauptstadt an der Warthe ist Verwaltungs- und Industriestadt. Besonders wichtig ist der Lokomotivenbau. Die Stadt hatte etwa 400 000 Einwohner. Zu den Sehenswürdigkeiten gehören der Dom und das Renaissance-Rathaus.

Leben als Deutsche während meines Aufenthaltes in Posen

In der großen Stadt Posen fuhren viele Militärfahrzeuge herum. Die polnische Bevölkerung schien mir von den deutschen Soldaten sehr eingeschüchtert zu sein. Die Menschen gingen mit gesenktem Blick an den Deutschen vorbei und sprachen nur leise zueinander. Ich fand es seltsam, um mich herum nur eine verhalten gesprochene fremde Sprache zu hören. Fühlten sich die Menschen hier nicht mehr zu Hause? Die Stimmung bedrückte mich. So hatte ich mir das Leben in Polen nicht vorgestellt.

Die eisig verschlossenen Gesichter verwehrten mir den mitmenschlichen Kontakt, den ich unvoreingenommen suchte. Ich spürte überall, dass auch ich zum Gefolge der Eindringlinge gehörte. Hautnah konnte ich erleben, was Gewalt einzelner in den Seelen vieler Menschen anrichten kann. Das Land, von den Deutschen besetzt, hielt den Atem an. Viele fremde Soldatenstiefel sind schon über seinen Boden gestampft. Es war nur eine Frage der Zeit, bis der dumpfe Klang auch dieses Mal nicht mehr zu hören war. Diese Zeit, die drohend noch vor uns lag, sollte von Freund und Feind noch viele Opfer fordern.

Ereignisse im besetzten Polen während dieser Zeit

Alle polnischen Schulen werden nach der deutschen Besetzung geschlossen.

In den Straßen der Ortschaften wimmelt es von Soldaten. Alle Waffengattungen sind vertreten.

Im Reich wird verkündet: „Jede deutsche Familie wird Einquartierung bekommen."

Der SS-Ansiedlungsstab räumt Wohnungen und Häuser und bringt zuziehende Deutsche darin unter. Viele Wehrmachtsangehörige holen ihre Familien nach Polen.

Die städtische polnische Intelligenz wird in das Generalgouvernement ausgewiesen. Ihre Wohnungen und Häuser werden durch Ausquartierung frei.

Polen und Juden haben den Gehsteig zehn Schritte vor den Deutschen zu verlassen und sie aufmerksam zu grüßen. Ihr Gruß wird aber selten erwidert.

Marterln, religiöse Bildstöcke der Katholiken, werden in den polnischen Wäldern des Warthelandes zerstört.

Vor der Besetzung betrieben die Juden in ihren Vierteln ihre Geschäfte. Nun dürfen sie nicht einmal mehr den Gehsteig benutzen.

Die Autobahn von Fetschau nach Breslau wird fertig gestellt.

Gendarmen treiben die Juden zusammen. Sie werden im Ghetto zusammengepfercht, wo sie primitiv leben müssen.

Polen müssen sämtliche Fotoapparate und Fahrräder abliefern.

Polnische „Unkultur“ wird durch gezielte Fotos veranschaulicht. Sie soll durch „deutschen Wandel“ ersetzt werden. Fotografen werden beauftragt, für die NS-Propaganda Bilddokumente über die polnischen „Untermenschen“ anzufertigen. Dazu fahren sie durch die Gegend und suchen nach verkommenen Unterkünften. Ihrem Auftrag gemäß machen sie Fotos von einer asozialen Familie mit ihren grintköpfigen Kindern, dem verfilzten Dreckskopf ihres Vaters und der strähnigen, schmuddeligen Mutter, wie sie in einem heruntergekommenen Gehöft mit Läusen, Flöhen und Ratten hauste.

Die Fotos von Ausnahmefällen werden zielgerichtet verallgemeinert und propagandistisch verbreitet.

Deutsche Ordnung und deutscher Schönheitssinn werden beispielhaft hoch gelobt.

Die Verfolgung der Deutschen vor dem Krieg in Polen und ihre Befreiung durch die Wehrmacht wird als „Heimkehr“ dargestellt und herausgehoben. „Wir leben nicht nur an den deutschen Lebenden, sondern auch an den deutschen Toten.“, heißt es im Rundfunk.

Die Deutsche Wehrmacht nährt im Wartheland das Bewusstsein, auf deutschem Boden zu stehen, der mit dem Blute der Besten ihres Volkes getränkt war.

Für das „Altreich“ werden Fremdarbeiter rekrutiert.

Im Warthegau werden die polnischen Kirchen geschlossen. Die polnische Intelligenz ist schon dezimiert. Nun werden die „Pfaffen“ die nächsten Opfer. Viele kommen in das KZ.

Im Rundfunk ertönt Militärmusik. Vom Krieg mit Russland wird euphorisch berichtet.

Juden werden aus den Ghettos in die Konzentrationslager verschleppt und planmäßig ermordet.

Alle Polen müssen für die in Russland kämpfenden deutschen Soldaten ihre Pelzmäntel abgeben. Die Kreisleiter der NSDAP beaufsichtigen die Sammelstellen.

Die Wehrmacht erlässt eine scharfe Warnung vor „Polenfreundlichkeit“. Deutschen wird freundliches Verhalten zu Polen unter Androhung von drastischen Strafen verboten.

Wer sich nicht an den Schikanen gegen die Polen beteiligt, wird der Begünstigung bezichtigt.

„Zu mildes Verhalten bedeutet gleichzeitig die Missachtung der Partei!“, bekundet der Reichsstadthalter.

Meine Arbeit in Posen

Meine neuen Arbeitsstunden dauerten bis in den späten Abend hinein. Daran musste ich mich auch erst wieder gewöhnen. Unter den Kolleginnen herrschte ein harter Überlebenskampf. Genau wie ich mussten viele andere Frauen alleine das Geld für ihren Unterhalt verdienen. Deshalb war ich trotzdem froh um meine Arbeit und durfte mich nicht beschweren. Außerdem waren die Arbeitsstellen, bei denen man mit Essen zu tun hatte, in diesen harten Zeiten heiß begehrt.

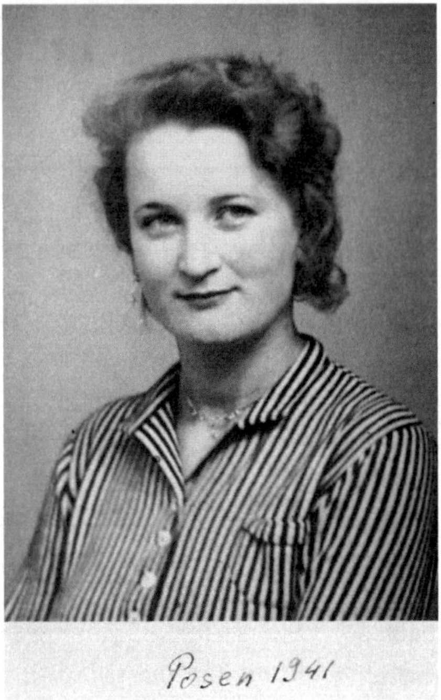

Posen 1941

Wir Angestellte brauchten über mangelnde Gäste nicht zu klagen. Die Versorgung war tatsächlich besser als derzeit im Deutschen Reich. Dafür darbte das einheimische Volk im eigenen Land. Viele deutsche Offiziere und höhere Beamte gingen gerne mit ihren Frauen aus. In den guten Restaurants waren sie meistens unter sich. Hier wurde nur deutsch gesprochen.

Begegnung mit Gustav Thamm

Mehrere Wochen arbeitete ich nun schon in Posen. Eines Abends kam eine Gruppe junger Soldaten ins Restaurant und setzte sich in meinen Arbeitsbereich. Während ich sie bediente, kamen wir miteinander ins Gespräch. Sie erzählten, dass einige von ihnen an die Front abkommandiert worden waren. Nun wollten sie mit ihren Kameraden abends noch Abschied feiern.

Das berührte mich sehr. Alle hatten noch junge, glatte Gesichter. Wie viele Furchen würde der Krieg in sie hineingraben? Ich erinnerte mich in diesem Moment an meinen Stiefvater, der invalid an Leib und Seele aus dem Krieg heimkam.

Unter den feiernden Soldaten fiel mir ein stiller, schwarzhaariger junger Mann mit auffallend feinen, ernsten Gesichtszügen auf. Meistens hörte er nur zu, wenn seine Kameraden munter drauflos erzählten. Seine spärlichen Äußerungen ließ er aber sehr zurückhaltend und mit angenehmer, weicher Stimme wohlüberlegt verlauten. Seine ungewöhnliche Erscheinung beeindruckte mich. An diesem fremden Mann gefiel mir eigenartigerweise alles, was ich bisher wahrnehmen konnte.

Im Laufe des Abends schaute ein gesprächiger Soldat immer wieder zu mir her und beobachtete mich bei meiner Arbeit. Auf einmal sprach er zu dem stillen, sympathischen jungen Mann: „Thamm, das Fräulein dort wäre eine Frau für dich."

Der Angesprochene lächelte nur und gab keine Antwort. Er sah verlegen vor sich hin und nestelte am Tischtuchsaum herum. Das erheiterte mich und ich musste schmunzeln.

„Der hat doch sicher schon eine.", warf ich amüsiert ein.

„Davon weiß ich aber nichts. Mein Kamerad trägt noch keinen Ring.", antwortete der kecke Soldat und begann erneut mit seinen Vermittlungsversuchen.

So ging einige Zeit das Geplänkel hin und her. Ich wiegelte immer wieder die herausfordernden Bemerkungen des Soldaten ab. Die fidelen Kameraden ließen dem zurückhaltenden Mann aber keine Ruhe. Selbst hatte er sich aber noch nicht zur Empfehlung der Kameraden geäußert.

Mir fiel jetzt ein geläufiger Satz ein. Ich flunkerte: „Die Sonne geht im Westen unter!“ Dann fügte ich noch lachend hinzu: „Ja, ja, das weiß unsereins zur Genüge.“

Es folgte zustimmendes Gelächter der Soldaten.

Jeder wusste, was ich damit meinte, denn viele Männer lassen ihren Ehering in ihrer Westentasche verschwinden, wenn sie abends ausgehen.

Schließlich konnte der angeschuldigte, stille Mann diesen Vorwurf nicht auf sich sitzen lassen und erklärte: „Nein, ich bin ledig. Schauen Sie in meinen Ausweis.“

Er reichte ihn mir hoch. Ich nahm das Dokument und las: „Gustav Thamm, geboren am 17.02.1912 in Dreihunken, bei Weißkirchlitz/ Teplitz-Schönau, Sudetenland, besondere Merkmale: Athletenfigur, schwarze Locken, blaue Augen, Familienstand: ledig.“

„Ach, mein Geburtstag ist der 24.02.1912. Das ist aber ein Zufall!“, rief ich erheitert.

Wir lachten über den Zufall, dass wir beide 29 Jahre alt waren. Das Eis war durch diese Gemeinsamkeit gebrochen.

Während ich meinen Dienst versah und die Soldaten feierten, trafen sich unsere Blicke immer wieder verhalten und wie zufällig. Im Laufe des Abends suchten sich unsere Augen schon ohne Scheu. Plötzlich blickten wir uns einen kurzen Augenblick länger als üblich in die Augen. Mein Herz begann schneller zu klopfen. Später konnten wir unseren Blick nicht mehr lange voneinander wenden. Ich fühlte in der kurzen Zeit des Kennenlernens eine ungewöhnliche Vertrautheit zu diesem zurückhaltenden Soldaten. Er schien offensichtlich ähnlich zu fühlen. Es war das Glück der berühmten Liebe auf den ersten Blick, die Gustav und ich erlebten.

Als sich die Soldatengruppe auf den Heimweg begab, blieb Gustav noch am Tisch sitzen und wartete, bis mein Dienst zu Ende war. Er hatte vor, mich noch sicher nach Hause zu begleiten. Ich hatte nach diesem außergewöhnlichen Eindruck, den er auf mich machte, natürlich nichts dagegen. Mein Herz hatte Gustav ja schon seit dem ersten Augenblick unserer Begegnung am Abend erobert!

An diesem Abend erzählte ich Gustav von meiner Scheidung und den zwei Kindern, die noch in Königsberg wohnten.

Ungläubig erwiderte er: „Das ist nicht wahr. Sicher sagst du das nur, damit ich von dir ablasse, nicht wahr?"

„Leider ist das wahr, Gustav, sonst würde ich es nicht sagen.", antwortete ich.

Entschlossen sah er mich an, räusperte sich und sprach leise: „Auch wenn es so ist, wie du sagst, möchte ich dich näher kennen lernen. Du gefällst mir gut. Ich habe noch keine wie dich getroffen. Sonst wäre ich nicht immer noch ein Junggeselle."

„Mir geht es genau so wie dir. Schade, dass ich dich nicht schon früher kennengelernt habe. Dann wäre mir viel erspart geblieben. Aber zum Glück bin ich jetzt nach Posen gekommen!", sprudelte ich lachend heraus.

Ich war erleichtert und froh darüber, dass ich Gustav so ehrlich von Anfang an nichts verheimlicht hatte.

Gustav 1937 als 25-Jähriger

Gustav 1941 in Posen als 29-Jähriger

Spät ist es geworden, als wir glückselig voneinander Abschied nahmen. Wie selbstverständlich verabredeten wir uns bereits für den nächsten Tag. Ich konnte meinen Dienstschluss kaum erwarten. Zu lange dauerten mir die Stunden, bis wir uns wieder umarmen konnten.

Heiratsantrag

Bereits nach ein paar Tagen waren Gustav und ich uns sicher, dass wir uns lieben und immer zusammenbleiben möchten.

„Anni, ich liebe dich. Wenn ich das nötige Geld dafür hätte, würde ich dich gerne heiraten.“, flüsterte mir Gustav eines Abends ins Ohr.

„Aber mein Herzl, das macht doch nichts. Ich habe für diesen Augenblick die ganzen Jahre gespart. Wir haben genug Geld und können heiraten.“, antwortete ich schnell, um Gustavs Bedenken zu zerstreuen.

„Eigentlich müsste aber ich als Mann die Mittel für eine Ehe aufbringen!“, äußerte sich Gustav widerstrebend zu meinem Einwand.

„Die Hauptsache ist doch, dass es einer von uns hat.“, erwiderte ich unbeeindruckt mit meiner ganzen Überzeugungskraft. Es tat mir weh, dass er seine Würde als Mann wegen des fehlenden Geldes in Gefahr sah. Ich wollte ihn nicht beschämt sehen.

„Wenn du das wirklich so siehst, dann könnten wir bald heiraten. Wer weiß, wann ich auch noch an die Front muss, Liebste.“, antwortete Gustav beruhigt.

Dann küssten wir uns, wie es Liebende tun. Voller Hingabe besiegelten wir in diesem Augenblick unsere Entscheidung füreinander.

Schon am nächsten Tag bestellten wir das Aufgebot.

Endlich hatte ich einen guten Mann gefunden, der mich von Herzen liebte. Auf ihn würde ich mich in allen Lebenslagen verlassen können. Meine gequälte Seele jubelte über ihren Schutzengel.

Zwei Menschen schienen offensichtlich nur aufeinander gewartet zu haben. Wir wurden ein unzertrennliches Paar. Von Anfang an konnte einer nicht mehr ohne den anderen sein. Alles trugen wir gemeinsam. Damit hatte jeder nur halb so viel auf seinen Schultern.

Juni 1941 - Wehrmacht greift Russland an, der Partisanenkrieg beginnt

Im Juni 1941 hatte die Wehrmacht bereits auch noch Russland angegriffen. Gustavs Bruder Laurenz bekam den Marschbefehl an die russische Front. Das trübte unser Glück und machte uns traurig. Täglich hörten wir von den vielen gefallenen Soldaten.

Einrichten unserer gemeinsamen Wohnung

Von meinen gesamten Ersparnissen der letzten fünf Arbeitsjahre konnten wir uns nun Möbel für eine Dreizimmerwohnung kaufen. Gustav hatte wenig Bargeld zur Verfügung, da er früher als Schreinermeister für wenig Lohn im elterlichen Betrieb arbeitete. Später hatte er sich für zwölf Jahre als Berufssoldat verpflichtet. Als er beim Arbeitsdienst eingesetzt wurde, verdiente er auch nicht viel. Dafür wurde er aber nicht so schnell an die Front geschickt. Das war wiederum unser Glück.

So konnten wir ohne Angst, getrennt zu werden, die Hochzeit planen. Die Wohnungssuche dauerte nicht lange. In der Margarethenstraße 37, Wohnung Nr. 9, fanden wir eine passende Dreizimmerwohnung. Wir ließen sie nach unseren Vorstellungen renovieren. Wegen der vielen Wanzen benötigten wir einen Kammerjäger. Das tote Ungeziefer kehrte ich nach seiner Prozedur auf eine Schaufel. Es war ein offenes Geheimnis, dass allerlei Getier in den Häusern zu finden war. Nach und nach wurde unser neues Zuhause fertig.

Zugleich warteten wir auf die Heiratspapiere. Die Dokumente meines Urgroßvaters aus Wien mussten noch nachgereicht werden. Die arischen Vorfahren waren bei der Heirat eines Beamten bis drei Generationen zurück nachzuweisen. In den letzten Jahren waren die Vorschriften strenger geworden. Täglich fragten wir nach den sehnlichst erwarteten Papieren.

Meine bisherigen Arbeitsstellen

April 1936 - Sept. 1938	Arbeit in Königsberg
Oktober 1938 - Sept. 1940	Arbeit in Swinemünde
16. Sept. 1940 - 31. Okt.1940	Arbeit in Berlin
Nov. 1940 - April 1941	Arbeit in Deutsch Krone
Mai 1941 - Sept. 1941	Arbeit in Schneidemühl
Okt. 1941 - Dez. 1941	Arbeit in Posen

Hochzeit am 30. 12. 1941

Am 30.12.1941 waren sie endlich da. Der Standesbeamte freute sich mit uns, dass das Warten ein Ende hatte. Er besorgte aus dem Nebenzimmer zwei Trauzeugen. Noch in derselben Stunde heirateten wir. Die Hochzeit war für uns nur noch reine Formsache.

Zur Feier des Tages gingen wir in ein Restaurant zu einem bescheidenen Mahl. Ein großes Hochzeitsfest wollten wir nicht. Wir liebten uns und gehörten für immer zusammen. Zwei Lebenslinien hatten sich getroffen und waren zu einer einzigen geworden. Was brauchten wir mehr?

Wir meinten, die glücklichsten Menschen auf der Erde zu sein. Keiner konnte mehr ohne den anderen sein. Wir waren ein Herz und eine Seele und ergänzten uns. Gustl war sehr ruhig und bedächtig. Dafür agierte ich lebhaft und impulsiv. Ich konnte auf Gustav in jeder Lebenslage zählen und er auf mich. Er war ein rücksichtsvoller, gewissenhafter Mann. Das Schönste aber war, dass er mich mit seiner Liebe als Frau vollkommen glücklich machte. Jetzt erfuhr ich endlich, was echte Liebe bedeutet.

Januar 1942 - Einzug in die Wohnung

Voller Freude konnten wir nach der Hochzeit in eine schön eingerichtete Wohnung einziehen. Gustav schreinerte nach Feierabend noch einen wunderschönen Wohnzimmerschrank mit zierlichem Schnitzwerk. Eines Tages überraschte er mich damit. Jetzt sah ich, wie handwerklich geschickt mein Mann war.

Nun war unser Nest fertig. Es fehlte uns nichts mehr. Mit Hingabe widmete ich mich der Hausarbeit und kochte leidenschaftlich gerne für meinen Mann. So verbrachten wir einfach und bescheiden unsere Flitterwochen in unserem neuen Heim. Einer fühlte sich für den anderen auf seine Weise verantwortlich. Jeder für sich tat sein Möglichstes, das Liebste auf der Welt zufrieden und glücklich zu sehen.

Kinderwunsch

Gustav und ich wünschten uns bald ein Kind. Groß war die Freude, als ich schwanger wurde. Das Glück dauerte aber leider nicht lange. Es stellte sich nach einigen Wochen heraus, dass es eine Bauchhöhlenschwangerschaft war. Ich bekam heftige Bauchschmerzen und musste operiert werden.

Als ich nach 14 Tagen im Krankenhaus Fieber bekam, kündigte sich eine lebensbedrohliche Komplikation an. Ich bekam einen tief liegenden Bauchdeckenabszess.

Acht Wochen lang befand ich mich zwischen Leben und Tod. Gustav kam jeden Tag an mein Krankenbett. Alle bedauerten ihn und mich, weil wir so viel erleiden mussten. Täglich wurde die vereiterte Bauchdecke mit Mullbinden tiefgehend gesäubert. Nach und nach verheilte die Wunde von innen.

„Es gibt wenige, die so eine gefährliche Infektion überlebt haben.“, versicherten uns die Ärzte.

Mein Leben hing wirklich an einem seidenen Faden. Die Liebe zu Gustav und seine Liebe zu mir hat mir die Kraft gegeben, die Krankheit zu überstehen. Diese gemeinsame Erfahrung schweißte uns noch stärker zusammen. Einer war für den anderen das höchste Gut auf der Welt geworden. Wir empfanden eine unsagbar innige Liebe füreinander und waren dankbar, dass der Herrgott uns zusammengeführt hatte.

Mai 1942 - Schwangerschaftsbeginn

Trotz der erlittenen Bauchhöhlenschwangerschaft und der anschließenden Komplikation wünschte ich mir bald wieder ein Kind. In der unsicheren Kriegszeit musste man schon sehr verliebt sein, um sich für ein Kind zu entscheiden. Die Ärzte rieten mir sogar von einer erneuten Schwangerschaft in den nächsten Monaten ganz ab.

Vom medizinischen Standpunkt aus hielten sie es sogar für möglich, dass ich durch die Vernarbungen unfruchtbar sei. Das wäre für mich ein großes Unglück gewesen, Gustav keine Kinder schenken zu können.

Gustav sah das gelassener. Er tröstete mich und sagte: „Wenn wir keine Kinder kriegen können, richten wir unser Leben eben anders ein.“

Mein lieber Mann fühlte sich für mich auch verantwortlich. Er wollte mir ein weiteres Risiko ersparen. Ich beharrte aber unerschütterlich auf meinem Willen und konnte bald auch seine Bedenken zerstreuen. Wir hatten nun beide nichts mehr dagegen, das Wagnis einer erneuten Schwangerschaft einzugehen.

Einige Wochen später bereits konnte ich Gustav freudestrahlend mitteilen: „Liebster, ich habe eine Überraschung für dich. Ich bin schwanger.“

Gustav antwortete mit zurückhaltender Freude: „Das ist wunderbar. Hoffentlich geht alles gut. Sonst würde ich mir Vorwürfe machen, Herzl.“

Dann nahm er mein Gesicht in seine Hände und küsste es zärtlich überall ab.

Wir wollten unseren Bekannten und den Dienststellenleiter an unserer Freude teilhaben lassen. Sie wussten nicht, ob sie sich freuen oder ängstigen sollen.

Gustavs Chef sagte bekümmert: „Jetzt sind Sie wieder mit einem Fuß im Grab, Frau Thamm.“

„Wenn Gott es will, werde ich das auch wieder schaffen.“, entgegnete ich zuversichtlich.

Ich war guter Dinge und fürchtete mich nicht vor dem, was auf mich zukommen würde. Außerdem war es fast ein Wunder, dass ich nach meiner Vorerkrankung doch wieder schwanger geworden bin.

Glücklicherweise verliefen die nächsten Schwangerschaftsmonate problemlos. Ich konnte sie richtig genießen. Wir befanden uns in gesicherten finanziellen Verhältnissen und freuten uns gemeinsam auf unser Kind. Unser Glück war vollkommen.

Schwager Hermanns Tod am 10.08.1942

Eines Tages kam Gustav früher nach Hause. Er war sehr bedrückt und traurig.

„Was ist denn Schlimmes passiert?“, fragte ich ängstlich.

„Mein ..... Bruder .....Hermann ..... ist ..... gefallen.“, brachte er nur stockend heraus.

Erschüttert umarmte ich meinen Mann. Wie versteinert standen wir im Flur und hielten einander fest. Der Schatten des Krieges hatte auch unsere Familie erreicht.

„Eigentlich hätte er Urlaub gehabt, aber er hatte ihn mit seinem Kameraden, der heiraten wollte, getauscht. Sonst wäre er jetzt zu Hause bei seiner Familie!“, schluchzte Gustav vor sich hin.

Der um ein Jahr jüngere Bruder ist am 10.08.1942 als Pilot gefallen. Sein Flugzeug wurde über Stalingrad abgeschossen.

Er war er 29 Jahre alt und hinterließ eine Frau und einen dreijährigen Sohn.

Unsere Freude über das Glück der Schwangerschaft wurde durch das Leid der großen Familie Gustavs getrübt. Fassungslos und hilflos spürten wir hautnah, welch schmerzliche Lücken der Krieg als Tribut in Familien riss.

Der Tod eines Soldaten war nun kein anonymer Vorgang mehr. Durch sein Heranrücken in die Nähe ist er im Schmerz fühlbar geworden.

Herbst 1942 - Sorgerecht für meine 12-jährige Tochter Edeltraut

Eines Tages erhielt ich im Herbst 1942 vom Jugendamt Königsberg einen Brief. Die Vergangenheit hatte mich eingeholt. Gerade zu diesem Zeitpunkt hatte ich am wenigsten daran gedacht. Meine neue Familie füllte jetzt mein Leben aus. Sie war alles für mich geworden. Mehr konnte ich von meinem Schicksal nicht mehr verlangen. Wie in eine andere Welt zurückversetzt öffnete ich mit zitternden Händen das amtliche Schreiben. Was würde darin stehen?

Ich setzte mich an den Küchentisch, öffnete den Brief und begann zu lesen. Ein beklemmendes Gefühl beschlich mich zunächst. Was war geschehen?

Mit Herzklopfen las ich die Zeilen mit dem ungefähren Wortlaut:

Sehr geehrte Frau Thamm!

Ihre Tochter, Edeltraut Lemke, geb. am 15.11.1930 in Königsberg, befindet sich seit drei Monaten auf Grund der Gefährdung des Kindeswohls in einem Kinderheim in Königsberg.

Um weitere Schäden für das Kind abzuwenden, hat sich das Gericht nach Aktenlage und Information vor Ort für die Herausnahme Ihrer Tochter aus der Familie ihres Vaters, Bruno Lemke, und ihrer Stiefmutter entschieden.

Eine Fürsorgerin wird Sie in den nächsten Tagen in Ihrer Wohnung aufsuchen. Sollte die Überprüfung dem Wohl des Kindes entgegenkommen, erwägen wir, Ihnen das Sorgerecht für Ihre Tochter zu übertragen.

Hochachtungsvoll

(Jugendamt Königsberg)

Erst als ich den amtlichen Brief mehrmals gelesen hatte, begriff ich die freudige Nachricht in ihrer Tragweite.

Ich drückte das Papier an meine Brust. Seit Jahren sehnte ich ohne Erfolg diesen Augenblick herbei. Wie konnte diese Wendung so unerwartet geschehen? Über drei Jahre der Trennung lagen hinter uns. Das letzte Mal konnte ich Edeltraut 1939 nach der Schule in Königsberg sehen. Da war sie ein schmächtiges, neunjähriges Mädchen. Nun war sie zwölf Jahre alt geworden.

Vor Aufregung konnte ich kaum erwarten, bis Gustav am Abend heim kam. Was würde er zu dem unverhofften Familienzuwachs sagen?

Kaum war er im Flur der Wohnung angekommen, sprudelte ich die Nachricht heraus. Natürlich war er zunächst genau so überrascht wie ich. Dann gewann aber gleich die Freude über mein Glück die Oberhand. Seit wir uns kannten, teilte er meinen Schmerz über die Trennung von meinen Kindern. Aller Wahrscheinlichkeit nach durften wir Edeltraut nun zu uns holen.

Sofort schrieben wir an das Jugendamt zurück. Ich stellte den Antrag auf die Übertragung des Sorgerechtes für meine Tochter Edeltraut.

Bald bekam ich den Kontrollbesuch der Fürsorgerin. Ich führte sie stolz durch alle Räume. Dann setzten wir uns ins Wohnzimmer. Von der hübschen, gepflegten Wohnung zeigte sich die Dame beeindruckt. Eine große Bedeutung wurde von ihr meiner Heirat beigemessen. Durch die Eheschließung mit einem Beamten konnte sie meine Familienverhältnisse als geordnet bezeichnen. Sie waren ein entscheidender Punkt in der Befragung.

Die Dame dokumentierte alle ihre Erkenntnisse in ihren Akten. Dem folgenden, geschickt geführten Gespräch entnahm sie weitere, aussagekräftige Informationen. Mit leiser Stimme stellte sie ihre Fragen. Durch ihre wohlwollende Aufmerksamkeit gewann sie mein Vertrauen. Nebenbei hakte sie nach, wenn sie tiefer gehende Einzelheiten wissen wollte. Es wäre mir unmöglich gewesen, mich zu verstellen.

Am Schluss der intensiven Begutachtung zog die Dame Bilanz.

Sie sprach jetzt mit fester Stimme: „Ich werde in meinem Bericht an das Jugendamt befürworten, dass Ihnen das Sorgerecht für Ihre Tochter übertragen wird. Meines Erachtens werden Sie bald den Bescheid vom zuständigen Amt erhalten. Das ist ja auch im Interesse Ihrer Tochter, Frau Thamm. “

„Vielen, vielen Dank. Aber sagen Sie mir bitte, warum kam denn meine Tochter überhaupt in ein Kinderheim? Was ist da passiert? Als Mutter möchte ich das wissen, damit ich mit ihr richtig umgehen kann.“, warf ich ein.

Die Fürsorgerin blätterte in ihrem Aktenordner hin und her, und mir schien es, als wolle sie Zeit gewinnen, die richtigen Worte zu finden. Meine vielen, erfolglosen Anträge auf Besuchsrecht der Kinder waren nämlich darin unter anderem enthalten. Die einzige Möglichkeit, etwas über ihre Lebensumstände in Erfahrung zu bringen, wurde jahrelang unterbunden. Mein erster Mann hatte bei amtlichen Angelegenheiten eine erfolgreiche Vorgehensweise an den Tag gelegt. Dadurch gelang es ihm immer wieder, die schlimmen familiären Verhältnisse zu verschleiern. Das Jugendamt ließ wertvolle Zeit verstreichen. Es entschied zu seinen Gunsten jeweils nur nach Aktenlage und nicht nach Überprüfung vor Ort.

Die Beamtin schien beschämt Zeit gewinnen zu wollen. Sie schloss bedächtig den Ordner und räusperte sich. Aus dem vorherigen Gespräch wusste sie von meiner Schwangerschaft. Offenbar versuchte sie, mir mit Bedacht die folgenden Begebenheiten möglichst schonend beizubringen.

Zögernd begann sie zu sprechen:

„Frau Thamm, die Einzelheiten werden Sie sehr erschüttern. Das Kind wurde von seiner Stiefmutter immer wieder schrecklich misshandelt. Wir haben auch erfahren, dass der zwanzigjährige Bruder der Stiefmutter Ihre Tochter vergewaltigte, als er Fronturlaub hatte. Er kann nicht mehr bestraft werden, denn er ist schon gefallen. Immer wenn es für Edeltraut besonders unerträglich wurde, lief sie von zu Hause weg. Besonders schlimm ist, dass das Kind sogar Selbstmordversuche unternommen hatte.“

Die Dame machte betroffen eine Pause. Ich starrte sie schockiert an. Danach fuhr sie fort:

„Nach all diesen Vorkommnissen schritt das Fürsorgeamt ein. Die familiären Verhältnisse wurden überprüft. Daraufhin kam Edeltraut in ein Kinderheim. Für das Mädchen ist es jetzt aber besser, zu seiner leiblichen Mutter zu kommen. Ihren Sohn Bruno lassen wir noch in der Familie seines Vaters.“

Damit hatte die Fürsorgerin mit sichtlicher Erleichterung ihren Bericht beendet.

Laut hörbar atmete sie tief ein und fügte abschließend hinzu:

„Frau Thamm, Sie haben ihre Tochter schon seit drei Jahren nicht mehr gesehen. Es wird für Sie nicht leicht sein, Edeltraut beim Verarbeiten der schlimmen Erlebnisse zu helfen.“

Niedergeschlagen von diesen unglaublichen Vorkommnissen, die meine Tochter erleiden musste, war ich zunächst sprachlos. Erschüttert schlug ich die Hände vor das Gesicht.

Als ich mich gefasst hatte, antwortete ich erzürnt: „Wie können Eltern einem Kind so etwas antun? Es ist unglaublich. Meine arme Edeltraut!“

Stumm vor Entsetzen verharrte ich einige Zeit über den Tisch gebeugt. Schließlich richtete ich mich auf.

Unbeirrt, beinahe trotzig, versicherte ich der Beamtin: „Mit meinem Mann zusammen werde ich es schon schaffen. Wir werden meiner Tochter ein gutes Zuhause bieten. Ich möchte, dass sie so bald wie möglich aus dem Heim zu uns kommt."

„Das werde ich veranlassen, Frau Thamm, das verspreche ich Ihnen.", antwortete die Fürsorgerin und verabschiedete sich gebührlich.

Ungeduldig erwartete ich Gustav nach Dienstschluss. Ich hatte das Bedürfnis, mich so schnell wie möglich bei ihm auszusprechen. Als er abends heimkam, erzählte ich ihm aufgeregt von dem Kontrollbesuch der Beamtin. Mein Mann war bestürzt darüber, was die Fürsorgerin berichtete.

Danach empörte er sich über das späte Eingreifen des Jugendamtes in Königsberg und sagte: „Ja, erst wenn das Kind in den Brunnen gefallen ist, werden die Behörden aktiv."

Sprachlos schüttelte er schließlich nur noch den Kopf.

Edeltrauts Eintreffen mit dem Zug

Nach dem positiv ausgefallenen Bericht der Fürsorgerin bekam ich bald vom Jugendamt eine Nachricht. Es war der erwartete Bescheid. Schwarz auf weiß las ich: „Hiermit wird Ihnen das Sorgerecht für Ihre Tochter Edeltraut zugesprochen."

Weiter wurde mir die Ankunft des Zuges mitgeteilt, in dem Edeltraut aus Königsberg eintreffen wird. Ein Schild mit Namen und Adresse wird ihr um den Hals gehängt. Das Zugpersonal wird angewiesen, dem Mädchen beim Umsteigen zu helfen.

„Es ist wahr geworden! In wenigen Tagen darf ich Edeltraut vom Zug abholen.", dachte ich.

Diese freudige Mitteilung konnte ich kaum fassen. Es verwunderte mich, dass das Jugendamt meine Tochter die über 400 km lange Strecke allein mit dem Zug fahren ließ. Ich dachte mir aber zu meiner Beruhigung, dass die Beamten Erfahrung mit der Verschickung von Kindern haben müssten und die Fahrt mit dem Zugpersonal gut organisieren würden.

Das Mädchenzimmer hatte ich schon nach dem Besuch der Fürsorgerin mit Liebe vorbereitet. Die Zeit bis zur Ankunft meiner Tochter verging mir jetzt viel zu langsam.

In der Nacht zuvor schlief ich unruhig. Die Ungewissheit darüber, was mich erwarten würde, quälte mich auf einmal. Viele Fragen gingen mir durch den Kopf. In welcher Verfassung werde ich Edeltraut vorfinden? Werde ich in der richtigen Weise mit ihr umgehen können? Würde ich Gustav nicht zu sehr mit dem traumatisierten Kind aus der ersten Ehe belasten? Welche Probleme werden im Alltag auftreten?

Als es Tag wurde, sprach ich mit Gustav beim Frühstück über meine nachts aufgekommenen Bedenken.

Gustav nahm mich in die Arme und sprach mit klaren Worten: „Ich kann verstehen, dass du dir Gedanken machst. Du hast deine Tochter so lange nicht gesehen. Sie hat so viel durchmachen müssen. Aber bald ist sie bei uns. Dann wird alles gut. Wie sehr hast du dich auf diesen Tag gefreut! Lasse dich nicht beirren!“

Genau diese Worte habe ich in diesem Augenblick gebraucht. Nach Gustavs verständnisvollem Zuspruch gewannen Freude und Zuversicht wieder die Oberhand.

Gustav küsste mich zärtlich und verabschiedete sich fröhlich mit den Worten: „Ich bin gespannt auf heute Abend. Wenn ich vom Dienst zurückkomme, sind wir schon zu dritt, Herzl.“

Am Nachmittag begab ich mich erwartungsvoll zum Bahnhof in Posen. Im Lautsprecher wurde pünktlich der Zug aus Königsberg angekündigt. Langsam fuhr er in den Bahnhof ein. Er hatte die weite Fahrt von der Ostsee nach Posen hinter sich.

Viele Menschen warteten auf dem Bahnsteig, um zuzusteigen. Als der Zug hielt, gab es durch die aussteigenden und einsteigenden Menschen ein großes Gedränge. Zunächst war es unmöglich, meine Tochter gleich zu finden. Erst als der Zug wegfuhr und sich die angekommenen Leute nach und nach entfernt hatten, wurde der Bahnsteig übersichtlich.

Da sah ich plötzlich ein kleines Mädchen verloren am Bahnsteig stehen. Suchend sah es umher. Es hatte ein Schild um den Hals hängen. Ein kleines Köfferchen stand neben ihm auf dem Steinboden. Das war meine Tochter. Im nächsten Augenblick erspähte mich auch Edeltraut. Wir liefen aufeinander zu.

„Edeltraut, Edeltraut, ich kann es nicht glauben. Endlich bist du da!“, rief ich.

„Mamichen, ich hatte solche Angst, dass du nicht kommen würdest!“, rief Edeltraut weinend.

Jahrelang wurde es mir verwehrt, meine Tochter zu sehen. Nun stand sie vor mir auf dem Bahnsteig. Ich durfte sie mitnehmen! Endlich konnte ich sie in meine Arme schließen und sie immer und immer wieder küssen. Wir weinten und lachten gleichzeitig vor Freude.

Die Zeit nach der Scheidung lief in meiner Erinnerung wie ein Film ab.

Edeltraut war etwa sieben Jahre alt. Sie wünschte sich kleine Ohrringe, wie sie einige Mädchen in ihrer Klasse auch hatten. Eines Tages holte ich sie von der Schule ab. Ich ging mit meiner Tochter in die Stadt, um ihr mit den ersehnten Ohrringen eine Freude zu bereiten. Sie war ganz entzückt und freute sich riesig darüber.

Als Edeltraut später nach Hause kam, wurde sie von der Stiefmutter heftig geschlagen. Außerdem nahm sie ihr die Ohrringe weg und gab sie ihr nicht wieder. Danach sahen wir uns nur noch, um uns kurz zu umarmen.

Einmal hatte sie Fieber. Ihr Vater war mit seiner Frau nach München auf Hochzeitsreise. Edeltraut lag fiebrig im Bett. Die Untermieterin passte auf Edeltraut und Bruno auf. Als sich Edeltrauts Zustand verschlechterte, rief mich die Untermieterin ängstlich an. Ich hatte immer noch Kontakt mit ihr. Sie wollte die Verantwortung für das Kind nicht alleine tragen. Ich ging gleich zur Wohnung. Als ich sah, wie krank meine Tochter war, holte ich sofort den Arzt. Dieser stellte Dyphterie fest. Edeltraut kam sofort ins Krankenhaus.

So rettete ich ihr vielleicht das Leben. Die Stiefmutter hätte meiner Meinung nach keinen Arzt geholt. Ich ging zum Gericht und zeigte die Stiefmutter wegen Vernachlässigung meiner Kinder an. Bei der Vernehmung besann sich aber die Untermieterin leider anders. Sie bezeugte, dass die Stiefmutter wohl doch einen Arzt geholt hätte, wenn sie zu

Hause gewesen wäre. Es änderte sich nichts am Sorgerecht für meine Kinder. Ihr Vater hatte zu dieser Zeit noch die besseren Karten als ich.

An Weihnachten brachte ich in den ersten Jahren immer noch Geschenke vorbei. Die neue Frau ließ mich nicht einmal mehr zu den Kindern.

Ich hörte sie im Kinderzimmer schreien: „Mamichen, Mamichen, bleib da, bleib da!“

Es war 18 Uhr und sie mussten am Hl. Abend schon in ihren Betten liegen. Ihr Vater stand in der Ecke und weinte seltsamerweise wie ich.

Ich fragte: „Was hast du getan, Bruno?“

Er antwortete: „Nun ist es zu spät, Anna.“

Seine zweite Frau verbot mir von da ab jeglichen Kontakt zu meinen Kindern.

Bittere Jahre sind für Edeltraut und mich seit damals vergangen.

Nachdem wir uns genug geherzt hatten, nahm ich Edeltrauts Hand und führte sie zu ihrem neuen Zuhause.

Nun konnte ich wenigstens meine Tochter Edeltraut bei mir haben und ich wollte zuversichtlich nach vorne schauen. Mir war bewusst, dass es nicht leicht sein würde, uns wieder einander anzunähern. Vieles hatten wir in den langen Jahren der Trennung seit 1936 unabhängig von einander durchgemacht. Aber nun hatte ich einen guten Mann, der meine Vergangenheit akzeptierte und ich erwartete ein Kind von ihm. Wir hatten eine schön eingerichtete Wohnung und waren finanziell abgesichert.

Edeltraut entkam dem Schicksal der Heimkinder

Viele Jahre später haben wir vom traurigen Schicksal der Heimkinder bei Kriegsende erfahren. Dieses Los ist Edeltraut erspart geblieben, weil sie zu uns kommen durfte.

Kinder, die nicht mehr in die Familien zurückgeschickt werden konnten und im Heim bleiben mussten, wurden nach dem Krieg nach Russland verschleppt. Viele wurden nie mehr gefunden oder kamen unterwegs um.

Ich war guter Dinge, was die Zukunft betraf. Edeltraut war nun vom Herbst 1942 bis zum Februar 1943 unser einziges, großes Kind. Sie genoss es sehr, unsere ganze Aufmerksamkeit zu erhalten. Mit Gustav, ihrem Stiefvater, verstand sie sich sehr gut. Sein ruhiges und ausgeglichenes Wesen war wohltuend für sie.

Verschleppung von Heimkindern durch Russen 1946/47

Nicht nur Erwachsene, sondern auch Kinder werden 1946/47 von Russen aus den besetzten Gebieten geraubt und deportiert. Die übrigen Siegermächte lassen sie wiederum gewähren.

Kinderheime und Waisenhäuser werden geleert und die Kinder nach Russland verschleppt. Auf alle Heimkinder, auch von Königsberg und Umgebung, wartet ein ungewisses Schicksal. Die Kinder bekommen russische Namen. Das Ziel in Sibirien überleben viele nicht, viele sterben als ausgebeutete Arbeiter an Kälte und Entkräftung. Jene, welche dort ansässig werden, wissen nichts mehr von ihrer Herkunft, vergessen ihre Muttersprache und suchen als Erwachsene vergeblich nach ihrer wahren Identität.

Die Verschleppung von Erwachsenen durch Russen bereits ab 1943/44

Die russische Besatzungsmacht betrachtete in ihren eroberten Gebieten sogar die Bevölkerung als menschliche Kriegsbeute. Die Alliierten sahen zu, wie sie nicht nur Soldaten, sondern auch Zivilisten in die entlegendsten Gebiete des riesigen Sowjetreiches zur Zwangsarbeit verschleppten.

Schon 1943/44 kommen allein aus Oberschlesien 10.000 17- bis 50-jährige Männer und Frauen in das Gefängnis Beuthen. Hier ist der Umschlagplatz der geraubten deutschen Arbeitssklaven. Wochenlang fahren sie in ungeheizten, vollgepferchten Zügen, bis sie das Lager Kandalaksha auf der Halbinsel Kola oder Workuta in den Wäldern Sibiriens erreichen. Die Bedauernswerten werden zur Fronarbeit in Bergwerken und zum Holzfällen bei Eis und Schnee herangezogen, Frauen und halbwüchsige Mädchen zudem massenweise vergewaltigt.

80 Meter unter der Erde müssen von den deutschen Internierten, Männern und Frauen, z. B. auf der Halbinsel Kola Wasserläufe für ein nicht angreifbares Kraftwerk in Granit gehauen werden.

Spurlos verschwinden die Toten, welche den Strapazen während sieben Wintermonaten, in denen die Sonne zeitweise nicht ganz unter- oder aufgeht, bei ungenügender Verpflegung erliegen. Niemand kennt ihr namenloses Grab. Fern der Heimat werden sie nackt in fremder Erde verscharrt. Totgeschwiegen und vergessen sollen die verhassten Deutschen werden, die an den unmenschlichen Arbeitsbedingungen und an der Sehnsucht nach ihren Lieben sterben.

Die überlebenden Frauen und Männer, denen es vergönnt ist, nach Adenauers Intervention 1955 in ihr Heimatland zurückzukehren, sind seelisch und körperlich ihr restliches Leben lang von ihrer erlittenen Drangsal gezeichnet. Wie können sie auch jemals vergessen, was ihnen angetan worden ist?

20.02.43 - Geburt von Annelie

Endlich war die Zeit der Niederkunft da und das Warten sollte bald ein Ende haben. Als ich Wehen bekam, brachte mich mein Mann in die Gaufrauenklinik Posen, Feldstraße 33. Hier lag ich schon im vorigen Jahr. Dem Tode näher als dem Leben wurde ich wochenlang bestens gepflegt. Alle Ärzte und Schwestern kannten uns dort schon.

Wir warteten acht Tage lang im Krankenhaus auf die Geburt. Ich ging fast unentwegt hin und her, aber es ging nichts vorwärts. Der Chefarzt sagte zu meinem Mann, dass er wahrscheinlich einen Kaiserschnitt machen muss. Um 20 Uhr gab er mir eine Spritze. Er setzte eine Frist bis 23 Uhr. Wenn bis dahin nichts vorwärts ginge, würde operiert werden.

Mein Mann war sehr bestürzt darüber. Er befürchtete, dass dieser Eingriff vielleicht zu gefährlich für mich werden könnte. Vor knapp einem Jahr hatte ich erst eine schwere Operation mit lebensbedrohenden Komplikationen überstanden. Wir beteten beide um eine gute Geburt und behielten Gottvertrauen. Um 22 Uhr ging er nach Hause, denn Edeltraut war alleine geblieben.

Nach einer Stunde, kurz vor dem Operationstermin, begannen die Wehen immer stärker zu werden. Nun wurde es Zeit, vom Zimmer in den Kreißsaal zu gehen. Dort musste ich mich auf eine Pritsche legen. Im Saal lagen noch andere Frauen in Wehen.

Als ich vor Schmerzen laut schrie, schubste mich die Hebamme auf einc Bahre und schob mich in ein ungeheiztes Einzelzimmer.

„Die anderen Wöchnerinnen brauchen zwischen den Wehen Ruhe!“, erklärte sie barsch ihr Vorgehen.

Kaum lag ich dort, verlor ich das Fruchtwasser. Dann ging alles auf einmal schnell und ich hörte, wie Hebammen und Schwestern herbeiliefen.

Um 1 Uhr und 50 Minuten, am 20. Februar 1943, kam mein Kind, eine gesunde, hübsche Tochter, zur Welt. Sie hatte eine bemerkenswert hohe, laute Stimme.

Die Hebamme äußerte nebenbei: „Sie schreit wie die Mutter.“

Meine kleine Tochter wurde hinausgetragen und versorgt. Nach der Geburt wurde ich noch eine Stunde in dem eiskalten Zimmer liegen gelassen, bis ich endlich in das Wöchnerinnenzimmer kam. Kurz darauf wurde mir eiskalt und ich bekam heftigen Schüttelfrost. „Mein Gott, ist mir auf einmal elend.“, brachte ich gerade noch heraus, bevor mir schwarz vor Augen wurde und mein Kreislauf kollabierte. Meine Bettnachbarin bemerkte meinen Zustand und rief nach einem Arzt.

Eilig kam der Stationsarzt mit Schwestern herbei. Ein Wärmelichtbogen wurde über mich gestellt und ich bekam Spritzen. Wie aus weiter Ferne hörte ich die Stimmen.

Meine Bettnachbarinnen sprachen aufgeregt durcheinander. Eine rief klagend: „Ach Gott, endlich ist das Kind da und jetzt muss sie sterben.“

Dank der ärztlichen Bemühungen erholte sich mein Kreislauf allmählich, der Schüttelfrost ließ nach und ich erwärmte mich wieder. Müdigkeit übermannte mich und ich schlief vor Erschöpfung bis zum Morgen durch.

Früh wurde mein Mann über die Geburt seiner Tochter informiert. Er kam so schnell er konnte an mein Bett. Wir umarmten und küssten uns vor Freude, dass ich die riskante Geburt glimpflich überstanden hatte. Eine Schwester legte Gustav seine kleine Tochter in den Arm. Der frühere Junggeselle schmolz beim Anblick des süßen Gesichtchens und der winzigen Händchen dahin wie Wachs in der Sonne. Er war überglücklich über seine kleine Tochter und erleichtert über meinen zufrieden stellenden Zustand.

„Nun muss das Kind noch einen Namen bekommen.“, bemerkte er zärtlich.

Nach einigen Überlegungen nannten wir die Kleine Annelie Gusti. Gustav ließ sie im Standesamt der Gauhauptstadt Posen ins Geburtenbuch eintragen. Am 23. Februar 1943 konnte er die Geburtsurkunde abholen.

Verwechslung meiner Tochter

Wie alle jungen Mütter besahen sich meine Bettnachbarinnen neugierig mein Kind und sie stellten die unterschiedlichsten Merkmale fest.

Als ich eines Morgens noch schlaftrunken war, kamen die Schwestern mit den Kindern und legten sie uns Frauen zum Stillen an die Brust.

Auf einmal bemerkte meine Bettnachbarin: „Frau Thamm, heute haben Sie aber ein fremdes Kind an der Brust. Ihr Kind hat gestern anders ausgeschaut.“

Jetzt sah ich das Kind genauer an und ich musste der Bettnachbarin Recht geben. Ich rief: „Um Himmelswillen, die haben ja mein Kind vertauscht!“

Nach der Geburt war ich so geschwächt, dass mir momentan gar nicht auffiel, dass es nicht mein eigenes Kind war. Ich klingelte sofort nach der Schwester.

Als sie hereinkam, rief ich ihr aufgeregt zu: „Schwester, das ist nicht mein Kind! Wo haben Sie es hingebracht?“

„Wir werden es schon wieder finden, seien Sie unbesorgt.“, beschwichtigte sie mich lachend.

Sie trug das fremde Kind aus dem Zimmer. Kurze Zeit später kam sie glücklicherweise mit meinem Kind wieder zurück und legte es mir an die Brust. Erleichtert drückte ich meine kleine Annelie an mich.

„Gott sei Dank! Habe ich mich jetzt erschreckt!“, murmelte ich vor mich hin.

Ich konnte gar nicht fassen, wie es möglich war, dass Annelie an die Brust einer anderen Frau gelegt wurde. Auch sie hatte zunächst die Verwechslung nicht bemerkt!

Familienleben vom Februar 1943 bis zum Kriegsende im Mai 1945

Schon nach etwa vier Tagen wurde ich aus der Gaufrauenklinik entlassen. Es war ja Kriegszeit und in den Krankenhäusern fehlte es an Platz und Personal. Viele Verwundete lagen sogar schon auf den Gängen der Frauenklinik.

Gustav und Edeltraut holten uns froh nach Hause. Scheu betrachtete das große Mädchen sein Schwesterchen. Nun war es nicht mehr das einzige Kind der Familie. Ich bemerkte, dass sie auf Annelie ein wenig eifersüchtig war. Es fiel ihr schwer, dass sie die Aufmerksamkeit der Eltern auf einmal mit ihrer Schwester teilen musste. Um sie zu verstehen, musste ich den Maßstab der Liebe anlegen. Ihre Reaktion war verständlich, da sie mich in den Jahren zuvor entbehren musste.

Hilfe im Haushalt durch die Frau des polnischen Hausmeisters

Zunächst fühlte ich mich meinen Aufgaben im Haushalt und der Versorgung der Kinder schon gewachsen. Nach einigen Tagen jedoch fühlte ich, dass mir die Arbeit über den Kopf wuchs. Das Stillen bei Tag und Nacht strengte mich besonders an. Scheinbar war die Schwangerschaft doch zu rasch auf die komplikationsreiche Operation gefolgt. Ich benötigte dringend Hilfe im Haushalt. Da ich mich mit der Frau unseres Hausmeisters, Herrn R.s, gut verstand, fragte ich sie, ob sie einige Wochen für mich im Haushalt arbeiten wolle. Das tat sie gerne. Nun konnte ich mich in Ruhe zwischen den Stillzeiten ausruhen und Schlaf nachholen.

Es war eine richtige Wohltat, als Frau R. so umsichtig und zuverlässig die anstrengenden Hausarbeiten übernahm. Sie wusch die Wäsche, trug sie auf den Dachboden, hing sie zum Trocknen auf, nahm sie wieder ab und bügelte sie. Im Hof klopfte sie die Teppiche, putzte alle Holzböden, die großen Fenster, Bad und Küche. Auch die Einkäufe konnte ich ihr auftragen. Dazu nahm sie sogar Edeltraut mit. Nebenbei gab sie mir noch manchen Rat als Mutter. Da sie sechs Mädchen und einen Jungen geboren hatte, verfügte sie über viel Erfahrung in allem, was Kinder betraf. Wenn Annelie schrie, war sie gleich zur Stelle und beruhigte sie mit sanftem Gemurmel. Ich fühlte mich geborgen, wenn die rundliche Frau mit dem freundlichen, hübschen Gesicht in meiner Nähe war. Ihr hilfsbereites, warmherziges Wesen war wohltuend. Obwohl sie nur wenig deutsch sprach, verstanden wir uns gut.

Nach sechs Wochen fühlte ich mich schon wieder kräftiger. Nun wollte ich die Dienste Frau R.s nur mehr ab und zu in Anspruch nehmen. Sie hatte ja selbst ihren Haushalt und die große Familie zu versorgen. Trotzdem blieben wir uns freundschaftlich verbunden. Das lag nicht nur an der guten Bezahlung ihrer Arbeit, sondern es war unvoreingenommene Herzlichkeit, die unsere Familien verband.

Leben mit zwei Kindern

Trotz des Krieges war unsere Familie glücklich. Oftmals heulten die Sirenen. Wir mussten Tag und Nacht gewärtig sein, im Keller Zuflucht zu suchen. Mit Edeltraut musste ich über drei Treppen den Kinderwagen befördern. Manchmal hat uns jemand dabei geholfen. Gustav war ja im Einsatz des Arbeitsdienstes. Er musste Ausweichquartiere für die bombardierten Verwaltungsgebäude organisieren.

Gustav kam unregelmäßig zwischen seinen Einsätzen nach Hause, um nach uns zu sehen. Durch meine noch angeschlagene Gesundheit hatte er einen Sonderstatus erhalten und musste noch nicht an die Front. Außerdem gab es für ihn als Arbeitsdienst-Haupttruppführer durch die Luftangriffe auch in der Stadt viele Aufgaben zu erfüllen.

Annelie und ich 1943 in unserer Wohnung

Auf dem Balkon in Posen/Polen

Tod des Schwiegervaters am 31.10.1943

Durch die Erkrankung von Gustavs Vater an Darmkrebs wurde unser Glück überschattet. Aufopfernd wurde er von Gustavs Mutter bis zuletzt gepflegt. Er freute sich, dass er die Geburt und Entwicklung seiner Enkeltochter noch erleben durfte.

Acht Monate nach Annelies Geburt starb Vater am 31.10.1943 in den Armen seiner Frau. Er wurde nur knapp 55 Jahre alt.

Sein ältester Sohn Alfred war 35 Jahre alt. Mit seiner 55-jährigen Mutter musste er den Schreinereibetrieb mit Beerdigungsinstitut alleine weiter führen. Gustav war ja noch als Berufssoldat zum Dienst verpflichtet.

Meine Hilfe für die Nichte Herrn R.s

Trotz dieser bewegenden Tage konnte ich durch meine Vermittlung unserem Hausmeister behilflich sein. Ich war ihm von Herzen dankbar, weil er es befürwortet hatte, dass mir seine Frau nach der Entbindung von Annelie einige Wochen im Haushalt half.

Die Schwester von Herrn R. litt an Brustkrebs. Sie lag bereits in ihrem Zuhause in Posen im Sterben. Gerne hätte sie noch ihre Tochter ein letztes Mal gesehen. Diese musste aber in Leipzig bei einer Lehrerfamilie als Hausgehilfin arbeiten. Etwa 400 km betrug die Entfernung. Das Arbeitsamt gab ihr jedoch trotz des dringenden Anliegens keine Besuchserlaubnis. Herr R. erzählte mir diese unglaublich hartherzige Entscheidung des Amtes im Treppenhaus.

Durch diese Begebenheit war ich ungewöhnlich aufgewühlt. Auch meine Mutter starb, ohne mich nach meinen vielen Jahren in Ostpreußen noch einmal gesehen zu haben. Ich konnte ihr nicht mehr für ihre Liebe danken, ihr nicht mehr sagen, wie sehr sie mir all die Jahre gefehlt hatte und das schlimmste von allem, mich nicht mehr von ihr verabschieden. Wie mag sie wohl zuletzt ausgesehen haben? Ich hatte Mühe, mich an den Ausdruck ihrer dunklen Augen und ihres schmalen Gesichtes zu erinnern. Das verfolgte mich oft nachts in meinen Träumen. Sogar am darauf folgenden Tag fühlte ich noch eine traurige Verstimmung.

Aus diesem Wissen heraus, wie wichtig der Besuch für Mutter und Tochter war, entschloss ich mich, zum Arbeitsamt in Posen zu gehen. Dort bat ich die Angestellte eindringlich um Verständnis für das Mädchen. Es bedurfte einiger Überredungskunst, sie zu überzeugen. Jetzt erlaubte sie auf einmal den Urlaub für das Mädchen. Ohne meine innere Anteilnahme wäre es mir nicht geglückt, die Amtsdame umzustimmen!

Soldaten nahmen das Mädchen auf ihrem Lastwagen die weite Strecke von Leipzig bis Berlin und von dort nach Posen mit. Es kam glücklicherweise gerade noch rechtzeitig an das Sterbebett der Mutter. Dort war schon die übrige Familie zum Abschied versammelt.

Die Tochter hatte das Glück, beim Tod ihrer Mutter dabei sein zu können!

Die Leipziger Lehrerfamilie bekam ein anderes polnisches Mädchen zugewiesen. Herrn R.s Nichte durfte nach der Beerdigung wieder bei ihrem Vater in Posen bleiben und ihm den Haushalt führen.

Zum Dank schenkte mir Herr R. ein Brathähnchen. Ich brachte es aber der Arbeitsamtsleiterin als Anerkennung und zur Beschwichtigung. In der Kriegszeit war Fleisch schon für alle knapp geworden. Schnell ließ sie es unter dem Schreibtisch verschwinden und der Vorfall war vergessen. Es war ja auch nicht ungefährlich gewesen, sich für Polen so vehement einzusetzen.

Schlimmer Traum von der Bombardierung Posens

Eines Morgens wachte ich auf und war ganz benommen von einem schrecklichen Traum. Ich schmiegte mich an Gustav und flüsterte ihm zu: „Mein Herzl, ich habe etwas Furchtbares geträumt. Die Bomben sind auf Posen gefallen und die Häuser rechts und links von unserem Haus wurden getroffen. Die Maschinenfabrik vor dem Haus hatte auch einen Treffer. Bei uns waren nur an den Wänden Risse, sonst hatte unsere Wohnung keinen Schaden genommen.“

Gustav beruhigte mich und meinte: „Ach, das war ja nur ein Traum.“

Ein halbes Jahr später ist es aber so passiert, wie ich es in meinem Traum gesehen hatte. Links und rechts des Hauses schlugen die Bomben ein. Unsere Wohnung blieb tatsächlich bewohnbar, bis ich mit den Kindern 1944 endgültig ins Sudetenland zu Gustavs Familie fliehen musste. Auch danach noch konnte Gustav in der verlassenen Wohnung nachsehen, ob noch alles in Ordnung war.

An Pfingsten 1943 wurde in Posen ein Pavillon bombardiert, in dem sich 300 Soldaten aufhielten. Es gab viele Tote und Verwundete. Die Bombenangriffe gefährdeten unser Leben in der Stadt immer häufiger. Polen und Deutsche waren davon gleichermaßen betroffen. Gustavs Dienststelle musste schon an den Stadtrand von Posen evakuiert werden.

Im Dezember 1943 trotz des Krieges erneuter Kinderwunsch

Annelie war gerade erst zehn Monate alt. Ich dachte mir, dass es für sie schön wäre, mit einem Geschwisterchen aufzuwachsen. Gustav war von meiner Idee nicht so sehr begeistert.

„Vielleicht werde ich doch noch an die Front geschickt. Wenn ich nicht zurückkomme, stehst du mit den Kindern alleine da.“, waren seine Worte. Verantwortungsbewusst wie immer, ließ er sich nicht leichtfertig umstimmen.

„Dann wird für uns auch gesorgt werden. Außerdem glaube ich, dass dir nichts passieren wird.“, meinte ich voller Gottvertrauen.

Trotz der begründeten Bedenken Gustavs ließ ich mich von meinem Kinderwunsch nicht abbringen. Meine Liebe war größer als die Angst. Ich wollte unbedingt von meinem Mann noch ein weiteres Kind haben. Auch wenn der Krieg tobte und sich die Niederlage Deutschlands bereits abzeichnete, behielt ich das Vertrauen, dass Gott auch in der ungewissen Zukunft bei uns sein wird.

Bald spürte ich frühmorgens ein seltsames Schwanken des Fußbodens. Dieses Schwindelgefühl deutete ich instinktiv als Anzeichen neuen Lebens in mir. Meine Zuversicht hatte tatsächlich gesiegt. Ich wurde im Dezember 1943 schwanger.

2. Kriegswirren und Fluchtetappen

Gustavs Versetzung nach Weimar
Meine Zuflucht nach Swinemünde im Januar 1944

Unsere Freude über meine erneute Schwangerschaft konnten wir nur wenige Wochen ungetrübt genießen. Gustav wurde zu meinem großen Kummer zum Einsatz nach Weimar abkommandiert. Traurig und bangend nahm er Abschied vom alltäglichen Familienglück. Jetzt befand ich mich als schwangere Frau mit Edeltraut und Annelie alleine in Posen.

Eine neue Zeitrechnung begann in unserem Denken. Wir hatten das Ziel, getrennt voneinander, füreinander zu überleben.

Die russische Armee kämpfte sich von Osten her Tag für Tag ins Reich vorwärts. Der Aufenthalt in Posen wurde durch die Fliegerangriffe immer gefährlicher. Gustav riet mir, mit den Kindern zu meinen ehemaligen Wirtsleuten nach Swinemünde zu fahren. Die Stadt an der Ostsee war durch ihre Lage im Norden scheinbar zu diesem Zeitpunkt noch nicht in Gefahr.

Mit bangem Herzen bereitete ich alles Notwendige für unsere Flucht vor. Wehmut überkam mich bei dem Gedanken, alles zurücklassen zu müssen. Zärtlich strich ich mehrmals über Gustavs handgeschreinerten Wohnzimmerschrank. Mit wie viel Liebe hatte er die feinen Schnitzereien angefertigt! Ob ich unsere wunderschöne Wohnung je wieder betreten konnte, war ungewiss. Nur drei Jahre war uns das Glück hier vergönnt worden.

Unsere Dokumente, Bescheinigungen, Geld und einige Fotos steckte ich in eine kleine Tasche, die ich am Körper trug. Verpflegung, Kleidung, Wäsche, Windeln und Pflegeartikel stopfte ich in zwei Rucksäcke hinein. Das Silberbesteck der jüdischen Kaufmannsfrau, Stoffe und Mäntel verstaute ich in einem Koffer. Das war alles, was ich mit Edeltraut und dem Kinderwagen transportieren konnte. Es war von jetzt an unsere ganze Habe.

Nach mehreren Stunden anstrengender Fahrt im Zug kamen wir in Swinemünde an. Etwa 300 km lagen hinter uns. Das Ehepaar F. nahm mich mit den Kindern wie eine eigene Tochter auf. Jetzt lernten die guten Leute auch Edeltraut kennen. Vor vier Jahren wohnte ich bei ihnen und habe viel von ihr erzählt.

Jetzt konnte ich ein wenig zur Ruhe kommen. Ich vermisste Gustav sehr. Herr und Frau F. trösteten mich damit, dass der Krieg nicht mehr lange dauern würde.

Die Kämpfe an allen Fronten zu führen, überstiegen die Möglichkeiten der Wehrmacht, meinten sie hinter vorgehaltener Hand.

Im Radio hörten wir, dass Flüchtlingsschiffe in der Ostsee gnadenlos bombardiert wurden und viele sanken. Tausende Frauen und Kinder ertranken im eisigen Wasser. Die Bomber der Kriegsgegner zahlten es den unschuldigen Menschen heim, was Hitler verbrochen hatte.

Ich sah, wie die Überlebenden der Schiffe in Swinemünde notdürftig untergebracht wurden. In allen zur Verfügung stehenden öffentlichen Räumen lagen die Flüchtlinge auf Stroh und Matratzen auf dem Boden.

Vom Roten Kreuz wurde Essen ausgegeben. In den Gesichtern der Geretteten war noch das Entsetzen des überlebten Grauens zu lesen.

Viele mussten mit ansehen, wie ihre Angehörigen in der eisigen See ertranken. Manche schwankten, in eine Decke gehüllt, suchend umher. Das Elend der gestrandeten, verwirrten Menschen erschütterte mich ungemein.

Gustavs Bruder Rudi fiel am 01.02.1944

Wiederum traf unsere Familie großes Leid.

Eines Tages erhielt ich bei F.s von Gustav die traurige Nachricht: „Mein Bruder Rudi ist am 01.02.1944 gefallen."

Rudi wurde nur 25 Jahre alt. Gustavs Mutter hing besonders an ihrem jüngsten Sohn. Das Schicksal von Rudis junger Frau Franzi ging mir besonders nahe. Ich war tief bestürzt, da ihre kleine Tochter erst vier Monate alt war.

Mein Schwager Rudi war in Königsberg als Flieger stationiert. Bei einem Luftkampf wurde sein Flugzeug schon früher einmal getroffen. Verwundet überlebte er damals den Absturz. Mehrere Wochen verbrachte er in einem Lazarett. Nach seiner Genesung meldete er sich freiwillig wieder zum Einsatz als Flieger.

Nun fand er den Tod, als sein Flugzeug bei München beschossen wurde. Auf einem Feld in der Nähe von Straubing prallte es auf.

„Arme Mutter! Nach deiner sechsjährigen Tochter Ida, deinem Sohn Hermann und deinem Mann musst du nun auch noch deinen jüngsten Sohn Rudi beerdigen lassen. Wie wirst du das verkraften?", dachte ich.

Februar 1944 - Flucht von Swinemünde nach Weimar zu Gustavs Einheit

Wir hielten uns etwa drei Wochen in Swinemünde auf. Da Herr F. Schiffsfunker war, konnte er eines frühen Morgens eine wichtige Nachricht für uns abhören.

Er berichtete mir aufgeregt: „Anita, ich habe im Funkbericht gehört, dass um 14 Uhr der letzte Lazarettzug wegfährt. Da wäre noch Platz für einige Flüchtlingsfrauen mit ihren Kindern. Es ist die einzige Gelegenheit für Flüchtlinge, das umkämpfte Küstengebiet an der Ostsee noch zu verlassen.“

Erschrocken rief ich: „Um Gottes Willen! Dann kommen bald die Russen und wir können nicht mehr zu Gustav zurück! Ja, wir müssen mit dem Zug wegfahren. Hoffentlich bekommen wir noch einen Platz.“

Hastig packte ich schon um elf Uhr unsere Sachen, um den Zug nicht zu verpassen. Frau F. gab uns etwas Verpflegung mit auf die Reise. Sie hatte selbst nicht viel.

„Anita, wer weiß, ob wir uns je wieder sehen werden!“, sagte sie weinend zum Abschied.

Herr F. brachte uns mit dem Gepäck zum Bahnhof. Ängstlich warteten wir mit anderen Frauen und Kindern am Bahnsteig. Als der Zug eintraf, verschaffte uns Herr F. einen Platz im Wagon und verstaute unsere Taschen und den Koffer.

Herr F. war Kriegsteilnehmer im Ersten Weltkrieg und hatte damals ein Bein verloren. Er wusste, was der Bevölkerung bevorstand, wenn die russischen Soldaten einmarschieren würden. Er war froh, dass ich mit meinen Kindern aus der unmittelbaren Gefahr fliehen konnte. Durch seine interne Information ergriffen wir rechtzeitig die letzte Möglichkeit, der näher rückenden Front zu entkommen.

„Fahre mit dem Lazarettzug bis nach Berlin. Dann steige nach Weimar und nicht nach Posen um. Dein Mann wird dich dort schon unterbringen können.“, belehrte mich Herr F.

Zum Abschied umarmte er die Kinder und mich und verließ traurig das Abteil. Der Zug setzte sich ruckartig in Bewegung. Herr F. winkte uns mit zusammengepressten Lippen nach. Ich schwenkte mein Taschentuch, bis er nicht mehr zu sehen war.

Das waren meine letzten Erinnerungen an diesen väterlichen Mann. Die Einwohner Swinemündes durften leider nicht mehr aus der Stadt heraus. Sie mussten zur Verteidigung dort bleiben. Die schlimmsten Tage der Kämpfe mit Tod und Zerstörung standen der Stadt noch bevor.

Der Lararettzug fuhr die vielen schwer verletzten Frontsoldaten etwa 160 km nach Berlin. Dort wurden sie in die Krankenhäuser und Lazarette verlegt.

Wir stiegen in Richtung Weimar um. An Gustavs Dienstort fühlte ich mich mit den Kindern sicherer, denn in Posen waren Angriffe noch viel häufiger geworden.

Während der langen Fahrt kam ich kaum zum Denken. Einmal hatten die Kinder Hunger, bald darauf wieder Durst. Nur mit Mühe konnte ich Edeltraut davon abhalten, neugierig in die anderen Lazarettwagons zu lugen. Ich wollte ihr den schrecklichen Anblick der verstümmelten Soldaten ersparen.

Ankunft in Weimar

Als ich mit dem Zug in Weimar ankam, hatten wir eine etwa 500 km lange Strecke von Swinemünde aus bewältigt. Erschöpft von der langen Reise fragte ich mich zur Arbeitsdienststelle Gustavs durch. Dort erkundigte ich mich beim Dienststellenleiter nach meinem Mann. Seine Nachricht schmetterte mich nieder.

Er sagte mir, dass mein Mann um Urlaub ersucht hatte und sich auf dem Weg nach Swinemünde befand. Er hatte erfahren, dass es für Flüchtlinge schwer sei, aus der Stadt herauszukommen. Nun befürchtete er, dass wir den Russen in die Hände fallen würden. Deshalb unternahm er alles, um uns aus der unmittelbaren Gefahrenzone herauszuholen. Vermutlich würden wir es alleine nicht mehr rechtzeitig schaffen.

Weil wir voneinander nichts wussten und sich einer um den anderen bangte, kreuzten sich unsere Wege.

Ich wusste, in welcher Gefahr sich Gustav befand, denn ich hatte ja die chaotischen Zustände der überfüllten Küstenstadt erlebt und war ihnen nur mit Glück entronnen. Das nahe Königsberg ist zwischenzeitlich sogar noch zur Festung erklärt worden und wir hörten im Rundfunk von heftigen Kämpfen um die Stadt.

Jetzt konnte ich nur hoffen und beten, dass Gustav wieder heil nach Weimar zurückkommen würde.

Mit anderen Flüchtlingsfrauen wurde uns von Helfern eine notdürftige Unterkunft bei Bauern besorgt. Hier wartete ich auf Gustav. Die Arbeitsdienststelle wusste unseren Aufenthaltsort und würde ihn meinem Mann übermitteln.

Es vergingen einige Tage der Ungewissheit. Eines Abends stand Gustav im Bauernhof bei Weimar und erkundigte sich beim Bauern nach uns. Der Bauer wies ihm den Weg zur Unterkunft. Wir konnten unser Glück nicht fassen, als wir uns unversehrt in die Arme schließen konnten.

Dann erzählte er mir von seiner abenteuerlichen Hin- und Rückfahrt: „Ich kam doch noch durch bis nach Swinemünde. Von F.s habe ich erfahren, dass ihr mit dem letzten Zug schon nach Weimar gefahren seid. Meinen Urlaubsschein und mein Gewehr musste ich aber in Swinemünde abgeben, denn jeder Soldat und jede Waffe wird an der Front gebraucht. Über eure Abfahrt war ich sehr erleichtert. Sofort machte ich mich wieder auf den gefährlichen Weg zurück nach Weimar auf. Ich hoffte, ohne Kontrolle durchzukommen, denn ich hatte ja keinen Urlaubsschein mehr und wäre sofort zu einer kämpfenden Einheit geschickt worden."

Gustav machte eine Pause. Dann fuhr er müde fort: „Nur mit Mühe schaffte ich es, unbemerkt auf einen Kohlenwagen in Richtung Hamburg aufzuspringen. Hauptsache, ich war weg von der eingeschlossenen Stadt. In Hamburg meldete ich mich beim Chef des Arbeitsdienstes. Ich erzählte ihm, dass mir auf der Suche nach meiner Familie in Swinemünde der Urlaubsschein dort abgenommen worden sei. Er hatte Verständnis für meine Lage und stellte mir einen neuen aus. Damit kam ich glücklicherweise durch die Kontrollen im Zug von Hamburg nach Weimar zurück."

Vor Erleichterung konnte ich nur noch herausbringen: „Mein Gustl, wir beide haben einen großen Schutzengel gehabt. Gott sei Dank sind wir wieder zusammen."

Unser Aufenthalt in Weimar

Ich war nun schon im sechsten Monat schwanger und konnte mit den Kindern nicht mehr längere Zeit auf dem Bauernhof bleiben. Gustav besorgte uns im Wohngebäude der Bürodamen seiner Dienststelle eine Schlafgelegenheit. Leider konnten wir nur ein paar Tage dort bleiben, denn die Bürodamen hatten etwas dagegen, dass Gustav uns besuchen kam. Männer waren im Hause unerwünscht. Er suchte uns deshalb außerhalb der Stadt eine Bleibe. In einem Häuschen am Waldesrand war gerade noch ein Zimmer frei.

Die Hauswirtin war aber eine erbitterte Gegnerin Hitlers. Da mein Mann Haupttruppführer im Reichsarbeitsdienst war, behandelte sie mich auch wie eine Nazifrau. Sie war sehr unfreundlich und barsch zu mir und den Kindern. Ich fühlte mich einerseits nicht sehr wohl in ihrem Haus, andererseits war ich froh über die ruhige Unterkunft. Ich konnte die Frau auch gut verstehen. Der Krieg, der so viele Menschen ins Elend stürzte, Familien auseinander riss, war er nicht Hitlers Werk?

Gustavs Einberufungsbefehl, Wohnen bei der feindseligen Wirtin

Eines Tages bekam Gustav den gefürchteten Befehl, vor dem wir immer Angst hatten: „Sofortige Einberufung an die Front!"

Wir mussten wieder Abschied voneinander nehmen.

Ungewiss war die Zukunft!

Wer kann den Schmerz ermessen, den wir beide spürten? Wer geliebt hat, wird es nachempfinden können!

Jetzt war ich allein in Weimar. Ich wusste nicht, wo es meinen Mann hin verschlagen würde, weinte und war sehr unglücklich.

Darüber erboste sich die Wirtin so sehr, dass sie mich anschrie: „Tun Sie nicht so wehleidig! Tausende andere tragen dasselbe Los wie Sie und viele Soldaten sind schon gefallen."

Wehmütig dachte ich nur: „Ja, es ist richtig, dass ich nicht allein das Kriegsleid erdulden muss. Das Leid der anderen kann aber doch nicht mein eigenes lindern."

Eines Tages erwischte ich die Hauswirtin, wie sie in meinem großen Koffer herumkramte, in welchem ich meine Wertsachen, Kleider und Stoffe verstaut hatte. Anscheinend hatte sie es auf das eine oder andere gute Stück abgesehen.

Deshalb konnte ich ihr nicht mehr trauen und dachte: „Ich muss unbedingt meine Sachen in Sicherheit bringen."

In der Nachbarschaft lernte ich eine gutherzige Frau kennen. Frau S. hieß sie. Leider hatte sie keinen Platz mehr für uns, aber sie war bereit, meinen Koffer bei sich bis zu meiner Weiterfahrt unterzustellen. Als die Hauswirtin zum Einkaufen ging, trug ich ihn schnell zu Frau S. hinüber. Sie nahm den Koffer an sich und versprach mir, darauf aufzupassen, bis ich ihn holen lassen kann. Ich war erleichtert, denn zu der netten Nachbarin hatte ich Vertrauen. Ganz bestimmt würde sie mir meine Sachen nicht durchwühlen oder etwas davon stehlen! Erleichtert ging ich wieder in das andere Haus zurück.

Als meine Hauswirtin vom Einkaufen zurückkam, rief ihr älterer Junge: „Mama, die Frau Thamm hat ihren großen Koffer zu Frau S. hinüber gebracht!"

Darauf fluchte sie und schrie: „Zum Donnerwetter! Wie konntest du das zulassen? Wenn ich da gewesen wäre, hätte sie den Koffer nicht aus dem Haus getragen. Der wäre hier bei mir geblieben und gekriegt hätte sie ihn dann auch nicht mehr!"

Nun war mir erst recht klar, dass mein Misstrauen berechtigt war. Sie wollte sich für unsere Unterbringung überreichlich entschädigen lassen. Es war ihr zuzutrauen, dass sie mich mit der Vermietung des Zimmers an andere Flüchtlinge unter Druck gesetzt hätte. Glücklicherweise kam ich der habgierigen Frau zuvor und konnte unsere kostbarste Habe vor ihr retten. Unter diesen Umständen wollte ich nicht mehr lange unter ihrem Dach bleiben.

Meine im August bevorstehende Geburt beunruhigte mich aber am meisten. Ich wollte nicht im Haus dieser unwirschen Wirtin gebären und im Wochenbett liegen müssen. Schutzlos wäre ich ihr ausgeliefert gewesen.

Deshalb trug ich mich mit dem Gedanken, Weimar bald zu verlassen.

*April 1944 -
Vorbereitung der Flucht von Weimar in das Sudetenland -
Planung meiner Niederkunft bei Gustavs Familie*

Wir hielten uns schon seit Januar 1944 in Weimar auf. Es war bereits Frühjahr geworden. Ohne Gustav hatte ich keinen Grund mehr hier zu bleiben. Über die Rundfunkberichte hörte ich, wo die Kampfhandlungen gerade stattfanden. Ich nahm wahr, dass unsere Soldaten von der

Russischen Armee überall zurückgedrängt wurden. Die Russen kamen bereits von Norden über die Oder und die Front verlagerte sich immer weiter nach Süden.

Jetzt blieb mir nur noch die Fluchtmöglichkeit nach Zuckmantel im Sudetenland als Ausweg übrig. Hier fanden noch keine großen Kampfhandlungen statt.

Sudetenland,
Heimat von Gustavs Familie seit vielen Generationen

Die Deutschen waren im tschechischen Staat autonom, aber sie taten bis vor dem Krieg sogar noch Dienst in der tschechischen Armee. Gustav „diente“ zwei Jahre im etwa 80 km entfernten Prag, wo er auch die tschechische Sprache erlernte.

Die Familie Thamm wohnte schon seit vielen Generationen in verschiedenen Orten in der Nähe der schönen Stadt Teplitz-Schönau. Die Vorfahren meines Mannes waren hier meist als Geschäftsleute und

Grabstätte mit Gedenktafel der Familie Thamm bei Teplitz-Schönau 1944

Hochzeitsfoto von Gustavs Eltern

Handwerker beheimatet. In Pyhanken/Weißkirchlitz befand sich eine große Familiengrabanlage.

Meine Schwiegereltern, deren Söhne Laurenz, Alfred, Anton, Hermann, Rudi und die einzige Tochter Annl wohnten bis zum Beginn des Krieges mit ihren Familien nicht weit voneinander entfernt. An Weihnachten gab es immer ein großes Familientreffen.

Gustavs Vater Laurenz und Mutter Ida waren angesehene Bürger. Mit einem Schreinereibetrieb in Pyhanken und einem Beerdigungsinstitut in Weißkirchlitz, jeweils mit einem Wohnhaus, waren sie selbständig. Die Söhne Alfred und Gustav sollten nach dem Krieg den Betrieb übernehmen.

Der Vater, Laurenz, geb. 08.07.1888, war leider am 31.10.1943 an Darmkrebs gestorben. Glücklicherweise habe ich ihn vor seinem Tod noch kennenlernen dürfen. Er war ein stattlicher Mann und überall im Ort gern gesehen.

Rückseite des Hochzeitsfotos

Bau- und Möbeltischlerei meines Schwiegervaters etwa um 1927 in Pyhanken/Weißkirchlitz

So sah das Haus 1999 aus.

Beerdigungs-Anstalt und Wohnhaus meiner Schwiegereltern in Weißkirchlitz etwa um 1937

Großfamilie Thamm um 1940 in ihrer Heimat bei Teplitz-Schönau
Von l. n. r. vorne: Annl, Großvater (Mutters Vater, Oberförster), Mama, Gustav, Vater, Alfred
Von l. n. r. hinten: Laurenz, Anton, Rudi, Hermann, Tilda (Alfreds Frau)

Die tüchtige Schwiegermutter, Ida, geb. 11.06.1888, gest. 07.02.1964, gebar acht Kinder und arbeitete fleißig im Geschäft mit. Sie war eine äußerst ruhige und besonnene Frau. Sie mischte sich nie in fremde Angelegenheiten ein und verlor kein böses Wort über andere Menschen.

Kinder der Familie Thamm:

1. Der älteste Sohn, Alfred, geb. 17.01.1908, erlernte das Schreinerhandwerk. Er sollte den elterlichen Betrieb übernehmen.

2. Der zweitälteste Sohn, Laurenz, geb. 09.10.1909, wurde Schneidermeister.

Sein Beruf rettete ihm während der russischen Gefangenschaft in Sibirien das Leben. Hier musste er einige Jahre Holz fällen. Als ein Schneider gebraucht wurde, konnte Laurenz in der warmen Schneiderstube die Uniformen der russischen Offiziere in Sibirien in Stand halten.

3. Der dritte Sohn, Gustav, geb. 17.02.1912 in Dreihunken, einem kleinen Ort in der Nähe von Weißkirchlitz, erlernte, wie sein Bruder Alfred, ebenfalls das Schreinerhandwerk.

Mutter erzählte mir, dass er immer still in einer Ecke saß und sich allein mit seinen Büchern beschäftigte. Gustav war und blieb in sich gekehrt und sehr ruhig. Seine Geschwister unterstützte er stets, wenn sie Hilfe benötigten. So half er auch mit, als sich Laurenz in Zinnwald ein wunderschönes Blockhaus baute. Dort wollten die Brüder ihre Freizeit verbringen. Da Mutters Vater Oberförster war, keimte Gustavs Liebe zum Wald, die ihn bis ins hohe Alter begleitete, schon in der Kindheit auf, als er seinen Großvater begleitete.

Gustav besuchte die Bürgerschule (entsprechend der heutigen Realschule) in Teplitz-Turn. Anschließend fing er im elterlichen Betrieb die Schreinerlehre an und besuchte die Berufsschule in Eichwald. Nach der Gesellenprüfung absolvierte er die Meisterschule in Teplitz-Schönau. Sein Traum von einem Studium erfüllte sich leider nicht. Bei acht Kindern waren die finanziellen Mittel für ein Studium leider nicht gegeben. Seine nicht nur ausschließlich praktische Begabung sollte ihm aber viel später dennoch einmal von Nutzen sein.

Von 1926 - 1932 verbrachte Gustav also seine Lehrzeit, die Gesellenjahre und seine Arbeitszeit als Meister im Betrieb seines Vaters.

Danach leistete Gustav von 1932 - 1934 seine Militärzeit in Prag ab.

Von 1934 - 1939 arbeitete er mit seinem Bruder Alfred in der Bau- und Möbeltischlerei seines Vaters als Schreinermeister. Die beiden Brüder sollten den Betrieb einmal gemeinsam weiterführen. Gustav sah aber darin für sich keine Zukunft. Deshalb verpflichtete er sich 1939 für zwölf Jahre als Berufssoldat.

Wegen seiner Genauigkeit in schriftlichen Arbeiten und weil er tschechisch sprechen konnte, erhielt er beim Arbeitsdienst eine Verwaltungstätigkeit.

4. Der vierte Sohn, Hermann, geb. 23.04.1913, fiel im Krieg als Flieger am 10.08.1942, mit 29 Jahren. Hermanns Flugzeug wurde in Stalingrad von den Russen abgeschossen.

Er hatte mit einem Kameraden, der heiraten wollte, den Urlaub getauscht.

Er hinterließ seine Frau und seinen kleinen Sohn Hermann.

5. Der fünfte Sohn, Anton, geb. 29.11.1915, erlernte den Beruf des Kraftfahrzeug-Mechanikermeisters. Er kam als Kriegsversehrter aus dem Krieg zurück.

6. Der sechste Sohn Rudi, geb. 22.10.1919, fiel im Krieg, ebenfalls als Flieger, am 01.02.1944, mit 25 Jahren. Rudis Flugzeug wurde von den Amerikanern bei München beschossen. Bei Straubing stürzte es ab und bohrte sich fünf Meter tief in die Erde hinein.

Der Sarg mit Rudis sterblichen Überresten wurde nach Hause geschickt. Mutter brach mit einem Stemmeisen den Deckel auf. Sie wollte ihren Sohn noch einmal sehen, aber sie erkannte nur noch seine Hand mit dem Ehering. Danach bekam sie immer wieder Schreikrämpfe. „Hätte ich doch den Sarg nicht aufgemacht!“, klagte sie oft.

Rudis Schwester Annl lag gerade im Wochenbett, als die Todesnachricht ihres Bruders eintraf. Sie gebar am 29.01.1944 eine Tochter. Rudi hatte sich gefreut, seine Nichte im nächsten Urlaub zu sehen.

Rudi hinterließ seine Frau Franzi und seine erst vier Monate alte Tochter Brigitte.

7. Das siebte Kind war ein Mädchen. Die kleine Ida, geb. 18.03.1921, starb bereits mit sechs Jahren Ende Oktober 1927.

Eine Dyphterie- und Scharlacherkrankung wirkte sich so fatal auf ihre Beine aus, dass das Mädchen beim Gehen beeinträchtigt war. Mutter fuhr mit ihr nach Karlsbad und Marienbad, aber es half nichts. Sie musste das Mädchen sogar zur Schule tragen. Nach kurzer Schulzeit bekam Ida eine Erkältung. Sie starb an einer Lungenentzündung, die vom Arzt nicht rechtzeitig erkannt wurde. Es ist unvorstellbar, wie groß der Schmerz der Schwiegereltern gewesen sein muss, nach sechs Buben das siebte Kind, ein Mädchen, hilflos sterben sehen zu müssen. All ihre Sachen tat Mutter in einen Koffer und hob sie zur Erinnerung auf. Niemand sollte sie mehr benützen.

Mutter verwand es nie, dass sie nach ihrer geliebten Ida auch noch zwei Söhne durch den Krieg verlieren musste.

8. Das achte und letzte Kind war wieder ein Mädchen. Annl, geb. 01.03.1923, half den Eltern im Haushalt und im Geschäft.

Unterkommen bei Gustavs Angehörigen

Durch Gustav gehörte auch ich zu dieser großen Familie. Dieses Zugehörigkeitsgefühl tat mir gut. Ich hing nicht mehr in der Luft, hatte Halt gefunden.

Gustav hatte bereits die Frau seines Bruders Laurenz auf mein Kommen für diesen äußersten Notfall vorbereitet. Die gutherzige Schwägerin Dora wollte mich gerne mit den Kindern aufnehmen. Sie besaß ein kleineres Haus in Zuckmantel. Dort führte sie mit ihrer Schwester Marie ein Lebensmittelgeschäft.

Bei Dora konnte ich der Geburt getrost entgegensehen und würde danach liebevoll von ihr betreut werden.

Mit dieser Hoffnung im Herzen wartete ich zuversichtlich auf günstige Witterungsverhältnisse. Da ich mit den Kindern wieder mühsam umsteigen musste, wollte ich die Fahrt unbeeinträchtigt durch Regen antreten.

Aus Angst wichtige Dokumente vernichtet

Nach einigen Tagen schien mir der Zeitpunkt günstig. Zuerst prüfte ich noch gründlich meine Dokumente und Papiere. Auf einmal fiel mir das Hakenkreuz auf dem Umschlag meiner Rentenklebekarte auf. Wegen einer Nachricht, die mir im Gedächtnis noch haften geblieben ist, war ich über diesen Aufdruck äußerst beunruhigt. Es hieß, dass der Schauspieler Heinrich George von den eingerückten Russen in Königsberg als Nazi ins Gefängnis geworfen wurde. Hitler ernannte ihn mit einer Urkunde zum Kammersänger. Das aufgedruckte Hakenkreuz wurde dem Künstler zum Verhängnis. Als die Russen ihn noch zu einer Darbietung aufforderten, erwiderte er standhaft: „Für Russen spiele und singe ich nicht!“ Daraufhin blieb er eingesperrt. Er starb sogar im Gefängnis.

Durch diese Begebenheit und das feindselige Verhalten der Hauswirtin war ich psychisch total eingeschüchtert und verunsichert. Meine nervliche Verfassung war auch durch die Schwangerschaft recht angespannt. Aus Angst zerriss ich den Umschlag meiner Rentenklebekarte mit dem aufgedruckten Hakenkreuz. Die Fetzen spülte ich durch die Toilette. Nun besaß ich keine Beweise mehr, dass ich jahrelang gearbeitet hatte.

Wegen der Kinder wollte ich vor allem den befürchteten Schwierigkeiten bei einer Kontrolle durch die Russen entgehen. Die anderen Papiere steckte ich sorgsam wieder in meine Tasche. Alle anderen Sachen verstaute ich in die Rucksäcke. Dann machte ich die Kinder und mich für die Flucht fertig. Als ich das Zimmer aufgeräumt hatte, verließen wir leise das Haus. Ich holte meinen Koffer von Frau S., stellte ihn auf den Kinderwagen, und wir begaben uns zum Bahnhof in Weimar.

April 1944 - Zugfahrt von Weimar nach Zuckmantel

Mit den Kindern stieg ich in den Zug in Richtung Dresden. In Thüringen fuhren wir von Weimar über Jena und Gera. In Sachsen ging es über Glauchau, Chemnitz und Freiberg nach Dresden. Hier mussten wir umsteigen.

Dresden war eine wunderschöne Stadt. Die Elbe floss durch das malerische Tal und die steilen Hänge im Norden waren mit Villen und Schlössern bebaut. Die Silhouette der Stadt mit Schloss, Oper, Frauenkirche, Zwinger usw. war eine der schönsten der Welt. Ich freute mich, „Elbflorenz“, diese Kulturstadt, einmal gesehen zu haben.

Der Bahnhof war voller Flüchtlinge. Es herrschte ein dichtes Gedränge und ein Wirrwarr von Menschen mit großen Rucksäcken und Koffern, Kinderwägen mit Gepäck darauf, Frauen und Kindern aller Altersgruppen. Mit Schreien, Schieben und Zerren bewegte sich die Masse und zwängte sich in den überfüllten Zug. Viele waren wie ich zu ihren Verwandten unterwegs. Ich war froh, mit den Kindern einen Platz gefunden zu haben.

Dann pfiff die Lokomotive und zog fauchend den langen Zug aus dem Bahnhof die Elbe entlang. Deutlich konnte ich am Ufer die vielen Flüchtlinge sehen, die hier in der Stadt Zuflucht gefunden hatten. Die Stadt war überfüllt mit entwurzelten Menschen. Die mitreisenden Frauen unterhielten sich besorgt über die widersprüchlichen Radioberichte, besonders über den aktuellsten Frontverlauf. Sie hofften, dass ihre Männer nach dem Krieg wieder heil nach Hause kommen würden.

Von Dresden ging es über Pirna nach Bad Schandau. Jetzt ging es durch das Elbsandsteingebirge, und wir passierten die Grenze zur Tschechoslowakei. Das Gebiet wurde bereits von der Deutschen Wehrmacht besetzt. Hier waren wir schon im Sudetenland. Wir fuhren nur noch durch die Orte Tetschen und Aussig und bald darauf erreichten wir Teplitz-Schönau. Von dort war es nicht mehr weit in den kleinen Ort Zuckmantel. Hurra, wir waren in der Heimat meines Mannes angekommen!

Die etwa 300 km lange Strecke mit dem Zug von Weimar in das Sudetenland verlief mit Edeltraut und der kleinen Annelie zum Glück ohne Zwischenfälle. Ich hatte die Fahrt gut vorbereitet, damit die Kinder weder Hunger noch Durst zu erleiden hatten. Aber ich selbst fühlte mich von der langen Reise schon sehr mitgenommen.

Müde, aber mit der Vorfreude, Gustavs Familie zu treffen, konnten wir endlich aussteigen. Mit Sack und Pack begaben wir uns zum Haus der Schwägerin Dora und deren Schwester Marie.

Nun war ich in der Heimat Gustavs! Mit meinen Kindern hatte ich eine familiäre Zufluchtstätte gefunden. Die beiden Frauen nahmen uns herzlich in Empfang. Sie brachten uns etwas zu essen und zu trinken. Danach zeigten sie uns das vorbereitete Zimmer.

Dora erzählte mir, dass ihr Mann Laurenz mit seiner Einheit im Einsatz bei Stalingrad sei. Sie war froh über unser Kommen. Besonders die Kinder freuten sie, da sie selbst keine hatte. Dadurch wurde sie von ihren Sorgen abgelenkt.

Nach dem Austausch von Neuigkeiten aus der Familie konnte ich mich nach der anstrengenden Zugfahrt endlich mit den Kindern hinlegen.

April bis Oktober 1944 - Wohnen bei Dora und Marie

Dora fürchtete unentwegt um das Leben ihres Mannes, denn aus Stalingrad kamen schlechte Nachrichten. Ich ängstigte mich um Gustav, der an der Westfront kämpfte. Mutter sorgte sich außerdem noch um Anton, der auch Frontsoldat war. Diese gemeinsame Sorge verband uns.

Anfang August 1944 in Zuckmantel v. l. n. r.: Marie, Dora, ein Nachbarskind, Annelie (1 ½-jährig, in ihren ersten Schühchen) und ich.

Schon im Juni 1941 hatte die Wehrmacht auch noch Russland angegriffen. Der Partisanenkrieg begann. Seit Beginn des Jahres 1944 stand die Wehrmacht schon an allen Fronten unter Druck. Täglich wurde der Briefträger mit ängstlichen Blicken beobachtet. In welches Haus würde er die nächste Todesnachricht bringen?

Anfang August 1944 in Zuckmantel, Annelie und ich, wenige Tage vor Karins Geburt

Gegenwärtige militärische Lage:

Anfang 1944	Die Wehrmacht steht schon an allen Fronten unter Druck
06.06.1944	Invasion der Alliierten in der Normandie
20.07.1944	Misslungenes Attentat auf Hitler
19.08.1944	Aufstand der Resistance in Paris bricht los
25.08.1944	Die Resistance vertreibt die NS-Besatzung (Einmarsch Hitlers im Juni 1940) aus Paris, Stadt im Freudentaumel

20.07.1944 - Attentat auf Hitler durch Oberst Graf Claus Schenk von Stauffenberg

Eines Tages verbreitete sich die Nachricht über das Attentat auf Hitler. Sie hatte uns alle wachgerüttelt. So weit ist es mit Deutschland gekommen, dass es einer solchen Verzweiflungstat bedurfte, um den selbstzerstörerischen Krieg an der Ost-, West-, Nord- und Südfront zu beenden. Das Attentat schlug aber fehl. Hitler entging dem gut vorbereiteten Bombenattentat in der Wolfschanze. Der Widerstand gegen den Nationalsozialismus erreichte sein Ziel nicht. Der Versuch, mit den Alliierten zu verhandeln und ihren reibungslosen Einmarsch vorzubereiten, misslang. Hitler konnte jetzt seinen eingeschlagenen Weg des unfassbaren Wahnsinns weiter bis zum Ende gehen.

Nach dem Attentat fielen noch mehr Soldaten als vorher. Sinnlose Durchhalteparolen Hitlers forderten Millionen von Opfern, Verlust von Heimat, Hab und Gut.

Graf Claus Schenk von Stauffenberg, der die Bombe legte, und andere am gescheiterten Putsch Beteiligte, wurden hingerichtet. Er starb den Heldentod und rettete unsere Ehre vor den Augen der Welt.

Die Gräfin Nina Schenk von Stauffenberg erwartete wie ich gerade ihr fünftes Kind. Sie war zwei Jahre jünger als ich. Wegen dieser Parallelen bewegte mich ihr Schicksal besonders tief.

Erst am Tag nach dem misslungenen Attentat erfuhr die Gräfin von der Tat ihres Mannes. Sie wusste, dass ihr Mann Kontakt zum Widerstand gegen das Regime hatte. Dass ihm die Befreiung Deutschlands so sehr am Herzen lag, dass er selbst die Bombe legen würde, das wusste sie nicht.

Zwei Tage später wurde sie von der Gestapo abgeholt, verhört und im KZ Ravensbrück inhaftiert. Anfangs war die Rede von Blutrache. Davon wurde jedoch abgesehen. Aber die Kinder wurden der Gräfin im Zuge der Sippenhaft weggenommen. Sie erhielten andere Nachnamen und sollten durch regimetreue Deutsche adoptiert werden. Nach Kriegsende fand die Familie wieder zusammen.

Die Gräfin wurde 92 Jahre alt, genau so alt bin ich jetzt.

09.08.1944 - Geburt meiner Tochter Karin in Zuckmantel bei Teplitz-Schönau

Im Sommer 1944 ist es sehr heiß geworden. Dora und Marie versorgten uns rührend und stillten unverdrießlich meine sonderbaren Gelüste. Alles was sie hatten, teilten sie uneigennützig mit uns. Da sie einen Gemischtwarenladen führten, litten wir keine Not.

Die täglichen Kriegsnachrichten beunruhigten mich während der letzten Schwangerschaftsmonate sehr. Die andauernden Niederlagen konnten kaum mehr verschwiegen werden. Die Sorge um meine Kinder und die Gedanken an die bevorstehende Geburt im Hause raubte mir schon die Ruhe.

Am Ende meiner fünften Schwangerschaft hatte mein Körper einen beachtlichen Umfang erreicht. Ich war schon sehr unbeweglich geworden. Als der ersehnte Zeitpunkt der Geburt näher kam, bat ich Dora und Marie, mir bei der Hausgeburt beizustehen und der Hebamme zu helfen. Sie sicherten mir ihren Beistand zu, obwohl sie darin keine Erfahrung hatten.

Endlich begannen die Wehen. Dora erlaubte mir, mich in das Ehebett zu legen. Die Wehen kamen und gingen einige Stunden lang. Zusammen mit Marie ging Dora der Hebamme nach deren Anweisungen zur Hand. Nach der anstrengendsten Phase war das Kind endlich da. Wir atmeten alle auf. Es war wieder ein Mädchen. Die Waage zeigte 10 Pfund und 50 Gramm an! Als die Hebamme das Kind versorgt hatte, legte sie es neben mich in das Bett.

Die Hebamme bemerkte: „Sie schaut ja wie ihr Vater aus."

Dabei sah sie ahnungslos auf das Bild meines Schwagers Laurenz, welches über dem Ehebett hing. Wir Frauen lachten höchst amüsiert über die Verwechslung. Tatsächlich sahen sich die beiden Brüder aber auch besonders ähnlich.

Meine Schwägerin Dora und ihre Schwester Marie waren das erste Mal bei einer Geburt dabei. Sie waren von dem Erlebnis ganz tief beeindruckt.

Ganz ergriffen meinte Dora: „So schwer ist es, bis ein Mensch geboren wird. Das habe ich mir nicht so vorgestellt. Und die vielen jungen

Soldaten, egal von welchem Volk, werden so einfach erschossen. Jetzt ist mir noch bewusster, wie wahnsinnig der Krieg ist."

Dem konnte ich nichts hinzufügen. Mutterglück und Mutterleid waren in diesen Tagen in den Familien nahe beieinander.

Eigentlich hätte ich mir für Gustav so sehr einen Jungen gewünscht. Meine Enttäuschung dauerte gerade einige Minuten.

Schließlich regte sich mein Gewissen und ich dachte mir: „Das kleine Geschöpf kann ja nichts dafür, dass es kein Junge ist. Hauptsache, es ist gesund. Ich darf nicht undankbar sein! Alles ist bei der Geburt gut gegangen. Gott sei Dank!"

Nachdem ich mich etwas von der Geburt erholt hatte, drehte ich mich zu meinem kleinen Mädchen langsam um. Da sah ich entzückt ihr kleines, hübsches Gesichtchen mit den dicken Pausbäckchen, die dunklen Härchen und die zarten Fingerchen, die sie schlafend sachte bewegte. Augenblicklich war meine Verstimmung verflogen. Ich küsste meine herzige Tochter immer wieder. Nun fühlte ich mich glücklich. Mein früherer Wunsch hatte keine Bedeutung mehr für mich.

Ich gab meinem süßen Mädchen den Namen Karin-Maria.

Edeltrauts Liebe zu ihrem Babyschwesterchen

Edeltraut hatte viel Freude an der kleinen Karin. Sie konnte meine Schwangerschaft von Anfang an miterleben. Dadurch hatte sie genügend Zeit, sich an ihr neues Geschwisterchen zu gewöhnen. Auf Annelie war sie eifersüchtig, auf Karin gar nicht. Durch das weitere kleine Kind fühlte sie sich in ihrem familiären Rang nicht bedroht. Große Zärtlichkeit und Liebe zeigte sie im Umgang mit dem Baby. Wie eine kleine Mama fuhr sie es gerne im Kinderwagen aus. Mit Karin hatte sie ein Babyschwesterchen bekommen, mit dem sie wie eine Puppenmutti spielen konnte. Sie wollte alles für sie tun und sie immer beschützen.

Ich freute mich, dass Edeltraut so innige Gefühle für ihre zweite Schwester zeigen konnte.

General Rommel, der „Wüstenfuchs“, stirbt am 14.10.1944 durch Gift

„Rommel ist der verwegenste Panzergeneral, den wir besitzen.“, dröhnte es bei einer Rede Hitlers anmaßend aus dem Radio.

Rommels Siege, die er bis 1942 in Nordafrika errang, wurden in Deutschland euphorisch gefeiert. Sie wurden dazu benutzt, das Volk vom Scheitern an der Ostfront abzulenken. Von der kämpfenden Truppe in Stalingrad unter der Führung von General Paulus kamen bedrückende Meldungen. Als Rommel jedoch seine Mission in Afrika gescheitert sah, weigerte er sich, seine Soldaten im Kampf gegen die übermächtige englische Armee sinnlos zu opfern. Entgegen Hitlers Befehl, bis „zum letzten Mann“ zu kämpfen, ordnete er den Rückzug an. Hitler witterte Verrat. Das hohe Ansehen Rommels schützt ihn vor Hitlers maßloser Wut. Trotzdem versuchte der beherzte General im Juni 1944 Hitler zum Beenden des Krieges zu bewegen. Leider vergebens, obwohl die Invasion der Alliierten an der Atlantikküste schon geglückt war.

Nach dem missglückten Attentat erfuhr Hitler, dass auch sein populärster General Kontakte zum Widerstand hatte. Hitler traute sich aber nicht, den beliebten General öffentlich anzuklagen, beschloss jedoch insgeheim seinen Tod. Am 14.10.1944 wird Rommel von zwei Generälen aufgesucht. Sie nötigen ihn zum Selbstmord durch eine Zyankalikapsel. Sein Mythos als „Wüstenfuchs“ wird aber bei seinem heuchlerischen Staatsbegräbnis noch propagandistisch ausgeschlachtet. Der Bevölkerung soll der Glaube an den „Endsieg“ weiter vorgegaukelt werden. Es war streng verboten, daran Zweifel zu hegen und sie zu äußern! Wer es trotzdem tat, besiegelte damit sein eigenes Todesurteil.

Oktober 1944 – Planung der Fahrt von Zuckmantel zurück nach Posen

Mehrere Monate waren seit unserer Ankunft in Zuckmantel vergangen. Karins Geburt lag nun acht Wochen zurück. Sie hatte sich zu einem properen Baby entwickelt. Auch ich hatte mich von der Geburt wieder gut erholt. Mit den drei Kindern wurde ich von meiner lieben Schwägerin Dora und ihrer Schwester Marie großherzig versorgt. Dafür war ich ihnen stets sehr dankbar.

Nun bekam ich aus Posen die Nachricht, dass unsere Wohnung noch heil war. Die Befürchtung, dass sie bald zerstört sein würde, ist bis jetzt nicht eingetreten. Diese Mitteilung hatte mich unerhört erleichtert. Der Gedanke, dass unsere heimelige Wohnung intakt leer steht, ließ mich jetzt nicht mehr los.

Ich konnte daher die schon so lange gewährte Gastfreundschaft nicht mehr länger guten Gewissens in Anspruch nehmen. In dem kleinen Haus Doras lebten wir alle sehr beengt. Unser monatelanger Aufenthalt war für alle Betroffenen eine große Belastung. Die kleinen Kinder brachten natürlich Unruhe in das Leben der Frauen. Deshalb wollte ich ihnen nicht noch länger zur Last fallen.

Eines Tages fasste ich den Entschluss, doch wieder nach Posen zurückzufahren. Ich fühlte mich den Strapazen einer Reise auch schon wieder gewachsen.

Alle Verwandten wunderten sich über meinen Mut. Die Bombardierungen der Städte und die Frontkämpfe haben an Heftigkeit zugenommen. Es zeichnete sich das unrühmliche Ende des Krieges bereits ab. Aber ich ließ mich trotz der Warnungen nicht von meinem Vorhaben abbringen. Wenn die polnische Bevölkerung noch in der Stadt sein konnte, würde ich das auch können. Ich vertraute darauf, dass uns nichts passieren würde.

Fahrt nach Posen

Es war im Oktober, als ich die Kinder und mich für die Rückfahrt nach Posen vorbereitete.

Wieder packte ich unsere Habe zusammen. Dora und Marie gaben mir für Edeltraut und mich die nötigsten Lebensmittel für die nächsten Tage mit. Annelie und Karin konnte ich glücklicherweise noch stillen und benötigte für sie nichts als saubere Windeln. Dann begleitete mich meine Schwägerin zur Bahnstation in Zuckmantel.

Mit dem Zug fuhren wir über Teplitz-Schönau wieder nach Dresden, so wie wir hergekommen waren.

In Dresden mussten wir Richtung Posen umsteigen. Bei der Auskunft wurde mir geraten, über Breslau nach Posen zu fahren und nicht über Berlin. Die Russen seien bereits weiter vorgerückt und die Kämpfe näherten sich der Stadt.

Also nahm ich den Zug Richtung Osten und nicht nach Norden. Wir kamen nach Bautzen und Görlitz, überquerten die Lausitzer Neisse, passierten Bunzlau und Liegnitz und kamen in der wunderschönen schlesischen Kulturstadt Breslau an. Auch hier waren die Spuren des Krieges schon überall zu sehen.

In Breslau hieß es wieder umzusteigen. Die Fahrt ging nach Lescno, dann fuhren wir über die Warthe und waren schon kurz darauf in Posen.

Die Stadt an der Warthe im Reichsgau Wartheland hatte uns wieder!

Die Strecke von etwa 500 km hatten wir glücklich hinter uns gebracht. Ich war mindestens zehn Stunden mit den drei Kindern unterwegs gewesen. Im Zugabteil musste ich die zwei kleinen Mädchen abwechselnd stillen. Edeltraut nahm Karin auf den Arm, wenn sie zwischendurch unruhig wurde und entlastete mich, so gut sie konnte.

Ankunft in Posen - Letzter Aufenthalt von Oktober bis Dezember 1944

Müde kamen wir in der teilweise zerstörten Stadt an. Trotzdem fühlte ich mich erleichtert und frei. Hier kannte ich mich aus und hier befand sich mein geliebtes Zuhause, das heimelige Nest, das mein Mann und ich mit viel Liebe gebaut hatten.

Da Gustav noch an der Front war, verbrachte ich die Zeit von Oktober bis Weihnachten 1944 mit den Kindern allein in Posen. Wir schrieben uns sehnsüchtige Briefe und konnten den Fronturlaub an Weihnachten kaum erwarten. Mein Mann hatte seine kleine Tochter Karin, die im August geboren war, noch nicht einmal gesehen!

Bombenalarm

Die Stadt Posen konnte täglich Ziel von angreifenden Bombenflugzeugen werden. Wenn die Sirenen bei Tag oder Nacht heulten, musste ich mich mit den Kindern über die Treppen in den Keller flüchten. Vorsichtshalber schliefen wir in der Kleidung, damit wir jederzeit die Wohnung verlassen konnten. Dann herrschte großes Gedränge und Geschrei im Treppenhaus. Edeltraut war mir eine große Hilfe beim Tragen des Kinderwagens mit den beiden Mädchen. Was musste das Mädchen schon alles mitmachen!

Dann saßen wir dicht an dicht an der Wand und hörten, wie die Bomben über uns pfiffen und um uns herum mit furchtbarem Getöse in die Häuser einschlugen. Die nächste Bombe hätte auch unser Haus treffen und uns verschütten können. Mein Herz raste, Schweiß trat mir auf die Stirne. Die Kinder weinten unaufhörlich.

Einmal schlug in der Nähe des Hauses eine Bombe ein. Die Mauern zitterten. Durch das Kellerfenster drang Staub.

Vor Entsetzen schrie ich auf: „Wie konnte Hitler uns das antun?“

Sofort kam ein Soldat auf mich zugestürzt und schnauzte mich an: „Halten Sie den Mund! Wissen Sie, was Sie da gesagt haben? Wenn Sie nicht drei Kinder hätten, würde ich Sie auf der Stelle festnehmen lassen!“

So war das also. Wir durften nicht einmal mehr zaudern oder zweifeln. In Zukunft musste ich still sein und meine Meinung für mich behalten! Ich wollte nicht ins Gefängnis kommen.

Andere Frauen bekamen vor Angst Schreikrämpfe und Schüttelanfälle. Ich versuchte sie zu beruhigen, aber auch meine Kinder schrieen vor Schreck im Getöse der Einschläge. Sie fingen noch mehr zu schreien an, wenn ich aufstehen wollte. Ich versuchte wegen der Kinder ruhig zu bleiben. Das Vaterunser- und Gegrüßt-seist-du-Maria-Gebet wiederholte ich viele, viele Male. Gespannt horchte ich auf das Brummen der Flugzeuge und war erleichtert, wenn es nur mehr aus der Ferne leise zu hören war. Bei eingekehrter Ruhe sehnte ich den Entwarnungston herbei.

So geschah es unvorhergesehen bei Tag und Nacht. Manchmal ertönte die Alarmsirene umsonst, weil Flugzeuge wieder abdrehten, um sich ein anderes Ziel auszusuchen. Wir waren dann erleichtert, weil wir wieder bald den Keller verlassen konnten. Danach versuchten wir den entgangenen Schlaf, so gut es ging, nachzuholen oder schnell etwas einzukaufen.

So verbrachten wir die drei Monate bis Weihnachten. Trotzdem war ich froh, mit den drei Kindern noch in unserer eigenen, unbeschädigten Wohnung leben zu können. Unser Haus war glücklicherweise immer noch vor Bombentreffern oder größeren Beschädigungen durch Splitter verschont geblieben.

Dezember 1944 - Gustavs Fronturlaub

Endlich war der Tag der Ankunft Gustavs da. Ich zählte die Stunden, bis er an der Türe läuten würde. Als ich die schrille Glocke hörte, öffnete ich erwartungsvoll die Türe. Überglücklich lagen wir uns in den Armen und küssten uns immer und immer wieder. Dann fragte Gustav nach den Kindern. Er trat in das Wohnzimmer, nahm seine Kinder hoch und drückte sie wortlos an sich.

Als er sich gefasst hatte, rief er froh: „Wie meine Puppen schon gewachsen sind!“

Die schon fünf Monate alte Karin fing zu weinen an, als sich der fremde Mann über ihr Bettchen beugte. Karin war ihm auch noch ein bisschen fremd und er brauchte einige Zeit, um sich auf sie einzustellen.

Annelies anfängliche Scheu vor ihrem Papa wich schnell. Sie war mit einem Jahr und zehn Monaten aus dem Gröbsten heraus und lief schon selbständig durch die Wohnung. Da sie genau eineinhalb Jahre älter als Karin war, konnte ihr Papa natürlich mehr mit ihr anfangen als mit dem Baby. Laut kreischend rannte Annelie durch die Räume, wenn Gustav nach ihr haschte. Sie war sein erstes Kind und wurde nach meiner lebensbedrohlichen Vorerkrankung sehnsüchtig erwartet und dankbar angenommen. Die politischen Verhältnisse waren noch überschaubar und das Glück schien uns in jeder Hinsicht hold zu sein.

Bei Karin war alles anders. Gustav machte sich von Anfang an große Sorgen darüber, wie ich mit den drei Kindern allein zurechtkommen würde. Ich war aber überglücklich über meine kleine Tochter. Unter keinen Umständen hätte ich sie mehr missen wollen, sollten die Zeiten noch so ungünstig sein!

Edeltraut war froh, dass sie ihren Papa wieder hatte und ihre Mama wieder so fröhlich war. Sie erzählte ihm von der langen Zugfahrt aus dem Sudetenland und dass es so schön bei ihrer Oma und den Tanten war. Sie hatte dort auch eine liebe Freundin gefunden und freue sich, wenn sie wieder hinfahren könne.

Gustav hatte die Kämpfe an der Front glücklicherweise körperlich unversehrt überstanden, aber an seiner Seele war er verwundet. Durch die Erlebnisse im Krieg war er bedrückt und noch ernster geworden. Seine Hoffnung auf ein baldiges Kriegsende war geschwunden. Er ahnte schon die furchtbare Vergeltung für das schreckliche Unrecht, das unser Volk mit seinen Führern auf sich geladen hatte.

24.12.1944 - Letztes Weihnachtsfest in unserem schönen Heim

Nun hieß es, das Weihnachtsfest vorzubereiten. Auf Zuteilungsmarken konnte ich Würstchen kaufen. Dazu machte ich Kartoffelsalat, den besten der Welt, wie ihn Gustav lobte. Er hatte eine Flasche Wein von der Dienststelle bekommen. Nun hatten wir für die gegenwärtigen Verhältnisse alles für das Weihnachtsfest und waren wunschlos glücklich. Hauptsache war, dass wir alle zusammen sein konnten. Die lange Zeit der Trennung hat uns dankbar für jede gemeinsame Minute gemacht.

Als wir am Heiligen Abend die Kerzen am geschmückten Weihnachtsbäumchen anzündeten, flüsterte mir Gustav traurig zu: „Das sind wahrscheinlich unsere letzten Weihnachten, die wir in Posen verbringen können."

„Male den Teufel nicht an die Wand! Ich will die Hoffnung nicht aufgeben, dass doch noch alles gut wird. Aber was auch geschieht, wir nehmen alles, wie es kommt. Auch wenn es unser letztes Weihnachten in unserer schönen Wohnung sein sollte, wollen wir es trotzdem, so gut es geht, genießen.", erwiderte ich.

Damit wollte ich meinem Mann wieder Mut machen.

Nach dem Essen brachten wir die Kinder zu Bett. Dann saßen wir in unserem schönen Wohnzimmer eng umschlungen beieinander, bis die letzte Kerze am Weihnachtsbaum erloschen war. Wir sprachen nicht mehr viel. Ich werde die wehmütige Stimmung nie vergessen. Wir fühlten den baldigen Abschied, den Verlust unseres geliebten Zuhauses und die traurige Wende unseres Glücks, das erst im Herbst 1941 begonnen hatte. Alles schien über uns zusammenzustürzen.

Januar 1945 - Endgültiges Verlassen unserer Wohnung

Schon am 13. Januar 1945 kam Gustav aufgeregt nach Hause und rief: „Herzl, packe zusammen, die Russen stehen vor der Türe!“

Das hieß, dass die Front plötzlich bedrohlich näher rückt. Es war höchste Zeit, unsere Wohnung in der Margarethenstraße 37, in Posen zu verlassen. Wahrscheinlich war es für immer.

Nach eingehenden Überlegungen beschlossen wir, dass ich mit den Kindern einstweilen doch wieder in das Sudetenland zu Gustavs Familie fliehen solle. Die Kämpfe mit den Russen waren hier noch weiter entfernt. Meine Schwiegermutter würde uns dieses Mal aufnehmen. Hier konnte ich so lange bleiben, wie es die politische Lage zuließ oder bis der Krieg zu Ende war.

Der Hass auf die Deutschen wuchs - Höchste Zeit zur Vorbereitung der Flucht

Wir holten die Kiste aus dem Keller, in der meine Aussteuer verstaut war. In den vergangenen Jahren hatte ich sie mir vom ersparten Geld angeschafft. Alle Wertsachen packten wir hinein. Darunter war auch wieder das vergoldete Silberbesteck für zwölf Personen. Es hatte wunderschöne, hellblau bemalte Porzellangriffe.

Dabei musste ich wieder an die jüdische Kaufmannsfrau in Deutschkrone denken. Sie schenkte mir dieses Besteck, weil ich ihr 70 Mark gab, damit sie vor dem Abtransport noch fliehen konnte.

Die Kiste wurde von unserem Hausmeister und meinem Mann nachts zum Bahnhof gebracht. Wir schickten sie vorsichtshalber zu meiner Tante nach Bodenmais, in den Bayerischen Wald. Bis hier hin würde der Krieg bestimmt nicht kommen. Leider ist davon nichts mehr angekommen, weil die Züge von den feindlichen Soldaten schon geplündert wurden

Tod des Sohnes unseres Hausmeisters

Tief traurig erzählte Herr R. meinem Mann auf dem Weg zum Bahnhof, dass sein Sohn kürzlich gestorben sei. Es war der einzige Sohn der Familie. Die anderen sechs Kinder waren Mädchen. Seine Frau und er selbst konnten nichts für ihn tun, als er an Typhus erkrankte. Der deutsche Arzt durfte ihm nichts verschreiben. Er meinte aber, ein Apfel würde ihm vielleicht auch schon geholfen haben. In der Kriegszeit konnten sich Polen aber nicht einmal einen Apfel besorgen.

Als Gustav zurückkam, erzählte er mir voll Mitgefühl von diesem traurigen Ereignis in unserem Haus. Ich war tief erschüttert über das Leid der Familie.

Am anderen Tag besuchte ich die Familie R. und sprach ihr mein Beileid aus. Die Mutter des Jungen weinte unaufhörlich. Ich nahm sie tröstend in meine Arme und weinte von Herzen mit ihr. Wie unsagbar der Tod eines Kindes schmerzt, hatte ich selbst erlebt.

Wenig später fragte ich die Frau des Hausmeisters: „Frau R., warum haben Sie mich denn nicht um Hilfe gebeten? Sie wissen doch, dass ich Ihnen geholfen hätte."

Sie sah mich mit verweinten Augen an und erwiderte fast entschuldigend: „Habe ich mich nicht getraut, Frau Thamm. Ihr Mann trägt jetzt Soldatenuniform."

Ja, Gustav war jetzt nicht mehr beim Arbeitsdienst. Er kämpfte jetzt auch schon an der Front. Diese Tatsache genügte, uns nicht um Hilfe zu bitten. War es Furcht oder Stolz? Beides wäre verständlich. Arme Familie R.!

Es war für mich unbegreiflich, dass durch die Politik Hitlers sogar in unserem Haus zweierlei Menschengattungen entstanden sind. Wir Deutsche gehörten zu jenen, die anderen Lasten aufbürdeten, unsere polnischen Mitbewohner zu jenen, die Lasten zu ertragen hatten. Die schlichte Uniform eines Frontsoldaten trennte uns voneinander. Aber wir blieben doch dieselben Menschen wie vorher, nicht mehr oder weniger.

Daran und an andere beschämende Erlebnisse muss ich oft denken. Das Leid, das Deutsche anderen Völkern angetan haben, kam auf uns alle zurück. Da half es nichts, dass einfache Leute wie wir niemandem etwas zuleide getan und nach Möglichkeit geholfen hatten.

Besorgte Warnung Herrn R.s vor unserer Flucht

Am letzten Tag vor meiner Flucht gab sich Herr R. bei uns als Chef der polnischen Widerstandsgruppe in Posen zu erkennen.

Gustav und ich waren froh, dass wir von ihm auch jetzt, da unsere Karten schlecht standen, nichts zu befürchten hatten. Wir brauchten uns im Umgang mit der polnischen Bevölkerung nichts vorzuwerfen.

Seine freundliche Frau half mir sogar gerne nach der Geburt von Annelie im Haushalt und ich half der Familie, als sie in Not war.

Beide warnten mich inständig, mit den drei Kindern zu fliehen. Sie wussten vom Hass der gedemütigten Menschen, der sich gegen die Deutschen bereits aufgestaut hatte. Das Ehepaar hatte uns sogar angeboten, uns zu verstecken. Wir hätten das Kriegsende bei ihnen im Haus abwarten können.

Mit diesem Gedanken konnten wir uns aber nicht recht anfreunden. Rein gefühlsmäßig zog ich die Vorbereitung der Flucht ins Sudetenland vor.

Mitte Januar 1945 - Abschied von meinem Mann Der Bayerische Wald als Ziel nach Kriegsende

Nun kam die Nacht unseres Abschieds voneinander. Wann und wo werden wir uns je wieder sehen? Die Zukunft war ungewiss. Wir versprachen uns durchzuhalten, damit wir uns nach dem Krieg wieder unversehrt sehen könnten. Sollten die Kriegswirren auch das Sudetenland überrollen und unsere Familien auseinander gerissen werden, so würde ich mit den Kindern nach Bayern, in den Bayerischen Wald, flüchten. Hier waren ja meine Wurzeln und hier war ich daheim. Verwandte lebten auch dort, von denen ich mir Hilfe versprach, obwohl ich seit vielen Jahren keinen Kontakt mehr zu ihnen hatte.

Das war mein Plan für den Notfall. Gustav prägte sich die Zielorte, die in Frage kamen, gut ein. Es waren Regen und Bodenmais.

Wir liebten uns zum letzten Mal für eine lange Zeit und küssten einander unsere Tränen von den Wangen.

Am Morgen prüfte ich, ob ich alles Notwendige, vor allem die Dokumente, eingepackt hatte. Dann schritt ich noch einmal durch die Wohnung und streichelte die von Gustav geschreinerten Möbelstücke. An der Türe drehte ich mich noch um und sah bewegt zurück. Alles war aufgeräumt und lud zum Verweilen ein. Dann nahm mich Gustav an der Schulter, führte mich in den Hausflur und verschloss sorgsam die Türe.

Wir verabschiedeten uns von Herrn und Frau R. und überließen unsere Wohnung ihrer Obhut.

Als letztes sagte ich ihnen: „Falls wir nicht mehr wiederkommen, dürfen Sie sich aus der Wohnung als Erste nehmen, was Sie brauchen können. Nehmen Sie heraus, was Ihnen gefällt. Wenn Sie es haben, dann macht es mir nicht so viel aus."

Dann brachte uns Gustav zum Bahnhof. Er schärfte mir eindringlich ein, wo ich umsteigen müsse, als wir im Zug endlich einen Platz gefunden hatten.

„Passe gut auf unsere Puppen auf, Herzl!", waren seine letzten Worte, als die Zugtüre geschlossen wurde.

Dann winkten wir uns zu, bis der Zug außerhalb des Bahnhofs um eine Biegung fuhr. Eine stumme Leere beschlich meine Seele. Eine Hälfte von mir ist im Bahnhof von Posen geblieben.

Nun fuhr ich mit den Kindern auf demselben Weg wieder zurück, wo wir im Oktober 1944 hergekommen waren. Wiederum hieß es, mit Sack und Pack auf den überfüllten Bahnhöfen in Breslau und Dresden umzusteigen. Dieses Mal hatte ich aber noch mehr mitgenommen, so viel eben möglich war. Das Gepäck lag aufgetürmt in Säcken auf den beiden Kinderwägen von Annelie und Karin. Edeltraut und ich schoben je einen durch das Gedränge. Auf dem Rücken trugen wir noch einen Rucksack.

Ich war in panischer Sorge, Edeltraut aus den Augen zu verlieren und musste aufpassen, in der Hektik nicht auch noch in den falschen Zug einzusteigen. Ich erinnere mich gut daran, wie aufgeregt ich immer nach Edeltraut gerufen habe, wenn ich sie im Gewirr der Menschen nicht mehr dicht hinter mir sah. Dann fingen auch noch meine Kleinen zu schreien an und meine Anspannung stieg bis zum Äußersten. Endlich saßen wir im Zug. Dann beruhigte ich die Kinder, gab ihnen zu essen und zu trinken und stillte Karin. Als die Kinder schliefen, fasste ich langsam wieder klare Gedanken und kam ein wenig zu mir.

Der Abschied von Gustav bewegte mich. In meiner Verlassenheit weinte ich leise vor mich hin, während in jeder Minute der schnellen Zugfahrt die Entfernung zu ihm wuchs.

Januar 1945 - Rückkehr in das Sudetenland

Alfred, der Bruder Gustavs, holte mich mit den drei Kindern und dem ganzen Gepäck vom Bahnhof in Weißkirchlitz bei Teplitz-Schönau ab. Er brachte mich in das Haus der Schwiegermutter, in welchem auch er mit seiner Frau Tilda wohnte. Nun war ich erleichtert, dass wir von Bombenangriffen verschont blieben und nachts wieder in Ruhe schlafen konnten. Meine Nerven hatten schon erheblich gelitten. Die Ruhe der ländlichen Umgebung tat uns gut.

Ab Januar 1945 lebten wir in der Heimat meines Mannes und kamen im Haus seiner Mutter unter.

Große Trauer war im Hause Thamm nach den Verlusten innerhalb weniger Jahre. Sie bedrückte mich in tiefster Seele. Werden Gustav, Laurenz und Anton überleben? Wer würde als nächster im Sarg gebracht werden? Diese Sorgen, das Gefühl der Einsamkeit trotz des engen Zusammenlebens mit der Familie meines Mannes waren für mich schwer zu ertragen. Ich meinte zu spüren, dass ich mit den Kindern eine große Belastung für die schon schwer gebeutelte Familie war.

Ohne Gustav fühlte ich mich schutzlos und schwach, mehr geduldet als gerne aufgenommen.

Mit den Kindern ging ich häufig spazieren, um meine Schwiegermutter zu entlasten. Das Kindergeschrei wollte ich ihr nicht mehr als nötig zumuten.

27. Janauar 1945 - Die Rote Armee befreite das KZ Auschwitz

Kurz nach meiner Abreise befreite die Russische Armee das Konzentrationslager in Auschwitz. Die hier verübten Gräueltaten wurden überall bekannt. Das schlug sich im zunehmenden Hass der Polen gegenüber den Deutschen nieder. Ihre Lage wurde im besetzten Gebiet immer unsicherer.

Gustavs Brief vom Januar 1945
Verfolgung beim Aufsuchen unserer verlassenen Wohnung

Bald nach unserer Ankunft bei meiner Schwiegermutter erhielt ich einen Brief von Gustav. Er teilte mir ausführlich mit, wie knapp er einem Anschlag durch bewaffnete Polen entronnen war.

Posen, 31. Januar 1945

Liebe Anni!

Einige Tage nach Deiner Abreise mit den Kindern zu meiner Mutter ins Sudetenland machte ich mich noch einmal zu unserer verlassenen Wohnung in Posen auf den Weg, um nach dem Rechten zu sehen.

Dabei bemerkte ich, dass schon längere Zeit vier polnische Männer auf der Straße immer schneller hinter mir hergingen. Sie waren mit Gewehren bewaffnet. Ich dachte, wenn ich im Haus verschwinden würde, hätten sie kein Interesse mehr an mir. Aber sie verfolgten mich sogar noch im Haus. Ich hörte sie eine Treppe weiter unten wütend durcheinander schreien, als ich die Stufen zur Wohnung hinaufhastete. Kurz bevor sie mich beim Öffnen der Wohnungstüre eingeholt hatten, sah ich sie mit ihren Fäusten drohend herumfuchteln. Ich dachte schon, meine letzte Stunde hätte jetzt geschlagen.

Die Türe konnte ich gerade noch öffnen, aber es war zu spät. Sie wollten sich gerade auf mich stürzen, als sie im letzten Moment von Herrn R. mit einem lauten, scharfen Schrei zurückgerufen wurden. Augenblicklich hielten sie inne und machten grollend kehrt. Der Hausmeister redete in polnischer Sprache auf sie ein. Anscheinend erklärte er ihnen, wer ich sei. Die Soldaten nickten ihm zu, hoben grüßend die Hand und polterten wieder die Treppen hinunter.

Als sie aus dem Haus waren, kam Herr R. zu mir an die Wohnungstüre und sprach verlegen: „Herr Thamm, Sie waren immer gut zu uns und haben uns oft geholfen. Bitte entschuldigen Sie die Wut meiner Landsleute. Sie mussten durch die Deutschen schon so viel durchmachen. Viele sind zur Zwangsarbeit nach Deutschland verschleppt worden. Andere sind eingesperrt oder umgebracht worden. Das KZ Auschwitz wurde gerade befreit. Bald ist Deutschland besiegt und viele Menschen sinnen nach Vergeltung."

Ich beschwichtigte ihn mit den Worten: „Herr R., ich kann das ja verstehen. Aber ich habe niemandem etwas getan. Da hätten Ihre Landsleute einen Unschuldigen getroffen. Es ist mir zum Glück nichts passiert. Vielen Dank für Ihre Hilfe. "

Durch sein Eingreifen rettete mich der Chef der Widerstandsgruppe vor der Rache der vier Polen.

In der polnischen Bevölkerung hat es sich schon herumgesprochen, dass die Tage der deutschen Besetzung gezählt sind. Die Menschen haben ihre Scheu verloren und beginnen mit Übergriffen auf einzelne deutsche Soldaten oder zivile Personen.

Es war also höchste Zeit gewesen, dass Ihr das Land in diesem Monat schon verlassen habt.

Hoffentlich seid Ihr dort, wo Ihr Euch jetzt aufhaltet, in Sicherheit.

Seid alle ganz herzlich umarmt.

Ich liebe Dich

Dein Gustav

Als ich den Brief zitternd gelesen hatte, dankte ich Gott, dass Gustav heil aus dieser gefährlichen Situation entkommen war. Gut, dass ich mit den Kindern Polen schon verlassen hatte! Im Sudetenland fühlten wir uns noch sicher.

Karins lebensbedrohliche Erkrankung - Als Mutter den Kindstod wieder vor Augen

Im März/April 1945 erkrankte Karin. Gerade sieben Monate alt, bekam sie Fieber und Schnupfen und weigerte sich zu trinken. Der herbeigerufene Arzt nahm die Symptome nicht allzu ernst. Jedoch verschlechterte sich ihr Gesundheitszustand weiter.

Eines Tages schaute meine Schwiegermutter in den Kinderwagen und rief entsetzt: „Das Kind zieht ja nur noch!“

Es ist mir in meiner desolaten psychischen Verfassung offenbar entgangen, dass Karin nur noch schwer Luft bekam.

Meine Schwiegermutter bemerkte zufällig, dass ein jüdischer Arzt in das Nachbarhaus zu einem Krankenbesuch kam. Sie wartete draußen auf ihn. Als er das Haus verließ, bat sie ihn, nach ihrem Enkelkind zu sehen. Er kam gleich mit und horchte Karin ab. Sofort erkannte er, dass sie eine hochgradige Diphtherie hatte. Die als „Stockschnupfen“ von seinem Kollegen erfolglos behandelte Erkrankung war lebensbedrohlich, teilte mir der Arzt mit.

Mutter befürchtete, dass die kleine Ursula von Annl, die am 28.01.1944 geboren und etwa ein halbes Jahr älter als Karin war, sich anstecken könnte. Das erste Kind von Annl war ja jetzt auch erst 14 Monate alt. Deshalb konnte ich die Sorge der beiden Frauen gut verstehen. Wir wohnten ja gemeinsam in einem Haus.

Karin musste sofort ins Krankenhaus gebracht werden. Edeltraut und Annelie blieben in der Obhut von Mutter, ihrer Oma.

Im Krankenhaus nahm mir eine Schwester das fiebernde Kind ab. Nach den Formalitäten im Büro wurde ich nach Hause geschickt.

„Dieses Mal lasse ich mein Kind aber nicht im Krankenhaus allein zurück, komme was wolle!“, nahm ich mir fest vor.

Ich umklammerte die Eingangssäule und schrie vor dem Portal: „Ich will bei meinem Kind bleiben. Lasst es mich selber pflegen. Schon einmal habe ich ein Kind begraben müssen. Ich will nicht noch ein Kind verlieren. Bitte, bitte lasst mich zu ihm!“

Mein Klagen dauerte so lange an, bis man mich endlich hineinließ. Mein Wille, mich von meinem Kind nicht trennen zu lassen, war nicht zu brechen.

„Wenn Sie sich ruhig verhalten, dürfen Sie bleiben.“, entschied die Oberschwester.

Da wegen der vielen Verwundeten Bettenmangel herrschte, lagen wir auf dem Gang. Ich bekam nur einen Liegestuhl und eine Decke zum Schlafen. Das war mir auch genug. Hauptsache, ich konnte bei meinem kranken Kind sein!

Karin wurde in das Bettchen zu einem fünfjährigen Jungen gelegt. Dieser hatte einen Luftröhrenschnitt bekommen und eine Kanüle war eingesetzt worden. Wenn diese durch Schleim verstopft war, begann er, nach Luft ringend, im Bettchen auf und ab zu springen. Ich befürchtete jedes Mal, dass er auf Karin treten würde. Deshalb nahm ich sie dann schnell in meine Arme und rief wegen des gepeinigten Jungen nach einer Schwester.

Außerdem stand das Bettchen neben dem Fenster, das von den Schwestern häufig geöffnet wurde. Hier fand auch die Behandlung Karins mit einem Inhaliergerät statt. Zugluft wäre dabei Gift für sie gewesen.

Ich passte auf, dass das Fenster beim Inhalieren geschlossen war, mein Kind während der Behandlung keine kalte Luft abbekam und auch sonst nichts Unvorhergesehenes passierte.

Damit der ausströmende Dampf ihr Hemdchen auf der Brust nicht befeuchtete, achtete ich auch darauf, dass das Abdecktuch durch ihre Bewegungen nicht verrutschte. War es nach der Behandlung trotzdem nass geworden, zog ich ihr rasch ein trockenes an.

Wer hätte das außer mir denn getan? Die Schwestern waren durch die vielen Verletzten hoffnungslos überlastet.

Da Karin zu schwach war, um an meiner Brust zu saugen, drückte ich meine Milch ab und flößte sie ihr mit einem kleinen Löffel vorsichtig ein. Andere Nahrung behielt sie nicht bei sich. Die Muttermilch war leicht verdaulich. Sie gab ihr wichtige Nährstoffe und stärkte ihre Widerstandskraft gegen die Krankheit.

Wenn Karin und der Junge im Bettchen versorgt waren und fest schliefen, ging ich in die Krankenhauskapelle. Verzweifelt kniete ich mich vor den Altar und betete inständig zu Gott, der Mutter Gottes Maria und allen Heiligen, die mir geläufig waren. Ich flehte sie um Hilfe an, dass mein kleines Mädchen wieder gesund wird.

Der Tod von meinem Annelieschen war mir noch zu schmerzlich im Gedächtnis. Die Trauer über den schrecklichen Verlust meines ersten Kindes saß noch tief in mir. Deshalb schien mir allein schon der Gedanke unerträglich, nochmals ein Kind verlieren zu müssen.

Nach dem Gebet fühlte ich mich getröstet. Ich schöpfte Hoffnung, dass alles gut werden würde. Mit neuer Kraft setzte ich mich gestärkt anschließend wieder an das Bettchen zu den Kindern. Ich beobachtete jede Regung meines Babys, wenn ich nicht gerade vor Übermüdung in meinem Liegestuhl eingenickt war.

Eigentlich hatten die Ärzte mein Kind anfangs schon aufgegeben. Mit Penicillin bekamen sie die schwere Infektion und das hohe Fieber schließlich doch noch in den Griff. Das Unmögliche ist durch meine unablässigen Gebete und meine unerschütterliche Liebe möglich geworden.

Nie konnte ich die Angst vergessen, die ich um Karin hatte. Gott hatte sie mir in diesen Tagen ein zweites Mal geschenkt.

Er wusste, dass ich eines Tages ihre Hilfe genau so nötig hatte wie sie jetzt meine. Alles Mühen sollte belohnt werden.

Als sich der Zustand Karins sichtlich besserte und keine Ansteckungsgefahr mehr bestand, durfte ich nach bangen Wochen das Krankenhaus mit meinem geliebten Kind verlassen. Meine Schwiegermutter konnte es nicht glauben, dass ich mit Karin wieder aus dem Krankenhaus heimkommen würde. Eher glaubte sie, dass es die Kleine nicht schaffen würde. Sie kannte nämlich viele Eltern aus ihrer Umgebung, welche ihre Kinder durch Diphtherie verloren hatten.

Einige Zeit noch behandelte ich die vereiterten Mittelohren Karins mit Wasserstoffperoxyd. Mit Watte tupfte ich dann die brodelnde, gelbliche Flüssigkeit aus dem Ohr heraus. Ich hatte Angst um ihr Gehör, denn ihr Trommelfell hatte durch die Vereiterung ein Loch bekommen. Aber nach der regelmäßigen Behandlung sonderte sich allmählich kein Eiter mehr ab.

Nochmals möchte ich mit Genugtuung feststellen, dass es nur mit Gottes Hilfe, meinem unerschütterlichen, unbeugsamen Willen, mich im Krankenhaus durchzusetzen und Dank meiner Muttermilch mit der Genesung Karins langsam wieder aufwärts ging. Zu Hause musste ich aber immer noch meine Muttermilch abdrücken und sie dem Kind mit einem kleinen Löffel einflößen. Es war zum Saugen immer noch zu schwach. Ich päppelte Karin Tag und Nacht wie ein kleines Vögelchen auf, das aus dem Nest gefallen war. Wie lag mir dieses Kind am Herzen!

Bei jedem Wetter packte ich Karin warm im Kinderwagen ein und fuhr sie im Hof hin und her. Die Leute sagten, ich sei verrückt. Ich wusste aber, was ich tat, denn ich war überzeugt, dass dem Kind der Sauerstoff gut tat.

Währenddessen überstürzten sich die politischen Ereignisse. Durch die schwere Erkrankung Karins liefen sie wie hinter einer Nebelwand vor mir ab. Sie traten mir gar nicht so sehr ins Bewusstsein. Ich konnte nicht mehr ertragen als das, was ich gegenwärtig durchmachen musste.

Um meine Kräfte zu schonen, dachte ich instinktiv: „Sollen die anderen sich darüber aufregen. Hauptsache ist, Karin wird wieder gesund und Annelie und Edeltraut passiert nichts. Alles andere werde ich dann auch noch schaffen."

Angst vor dem Einmarsch der Russen ins Sudetenland

In den ersten Maitagen verbreitete sich die Nachricht, dass die russischen Soldaten bald in das Sudetenland einmarschieren würden. Die Bevölkerung hatte Angst vor den marodierenden Russen. Plündernd und verwüstend drangen sie unaufhaltsam vom Osten herein.

Sie lösten das Versprechen ihrer Befehlshaber ein, dass sie im Falle eines Sieges über Deutschland ihren Trieben in jeder Hinsicht freien Lauf lassen dürften. Ungestraft konnten sie ihren Lohn beanspruchen. Das jahrelange Leben in Schützengräben mit Schmutz und Kälte machte sie hemmungslos und äußerst brutal. Niemand konnte vor der Willkür der außer Kontrolle geratenen, hartgesottenen Männer aus den Weiten Russlands sicher sein. Sie kamen oft sogar aus Sibirien, der Mongolei und vielen anderen Teilen der riesigen Sowjetrepublik. Viele trafen hier auf eine fremde Kultur.

Schreckliche Begebenheiten verbreiteten sich wie Lauffeuer überall. Viele Soldaten fielen über Frauen und Mädchen her wie ausgehungerte, wilde Tiere. Es half auch nichts, sich in den Kellern zu verstecken. Sie wurden aufgespürt und auf roheste Weise vergewaltigt. Ihre entsetzlichen Schreie drangen durch die Häuser. Niemand konnte den Gepeinigten helfen.

Viele überlebten die Torturen der massenhaften Übergriffe nicht. Andere wurden schwanger, trieben ab oder gebaren ein Kind mit asiatischen Gesichtszügen. Der aus der Gefangenschaft heimkehrende Ehemann musste dann nicht nur mit seinen eigenen Kriegserlebnissen fertig werden, sondern auch mit denen seiner Frau.

Viele bewundernswerte Frauen zogen die Kinder auch alleine groß, aus Respekt vor dem Leben.

Geschehnisse seit Januar 1945, als ich aus Posen flüchtete Chronik der letzten Kriegstage - Ende des Deutschen Reiches

11.02.1945: Ende der Jalta-Konferenz über die Koordinierung der letzten Kriegsphase gegen Hitler-Deutschland und über die Neuordnung Europas.

12.02.1945: Hitler befiehlt die Verteidigung der deutschen Städte unter Androhung der Todesstrafe für Kommandanten, die sich widersetzen.

13.02.1945: Angriff der alliierten Luftflotten auf das mit Flüchtlingen überfüllte Dresden. Zerstörung der historischen Stadt im Feuersturm, tausende Menschen finden darin den Tod.

05.03.1945: In Deutschland wird der Jahrgang 1929 zum Wehrdienst einberufen und nach kurzer Grundausbildung an die Fronten geschickt. Todesmutig stürzen sich 16-jährige Buben ins Kampfgetümmel.

12.03.1945: Anne Frank kommt im KZ Bergen-Belsen ums Leben. Ihr Tagebuch wird Millionen von Lesern erschüttern.

19.03.1945: Hitler erlässt den „Nero-Befehl“: Deutsche Truppen sollen beim Rückzug alle für den Feind nutzbaren Industrie- und Versorgungseinrichtungen zerstören! Die Ausführung wird aber unterlaufen.

23.03.1945: Die Alliierte Offensive über den Rhein beginnt. Die Westfront kann trotz des Atlantik-Walles der Deutschen nicht gehalten werden.

29.03.1945: Danzig wird von der Sowjetischen Armee erobert. Das Ostseegebiet fällt in russische Hände.

01.04.1945: Alliierte schließen die deutsche Heeresgruppe B mit 340 000 Mann in einem Kessel von rund 125 Kilometern Durchmesser im Gebiet zwischen Ruhr, Rhein und Sieg ein.

13.04.1945: Wien wird erobert.

17.04.1945: Reste der deutschen Truppen im Ruhrgebiet ergeben sich der 9. US-Armee; insgesamt gehen an zwei Tagen 325 000 Soldaten in Gefangenschaft; ihr Oberbefehlshaber Model begeht Selbstmord. (Unter den Gefangenen befindet sich der 33-jährige Soldat Gustav Thamm aus Posen).

23.04.1945: Hitler enthebt Hermann Göring aller Ämter, nachdem dieser von Berchtesgaden aus die politische Führung hatte übernehmen wollen.

25.04.1945: Treffen und Verbrüderung von US-Soldaten und Rotarmisten an der Elbe bei Torgau. Deutschland befindet sich im Zangengriff der verbündeten Armeen.

30.04.1945: Adolf Hitler begeht im Führerbunker Selbstmord; auf der Ruine des Reichstagsgebäudes hissen Sowjetsoldaten die Rote Fahne.

01.05.1945: Goebbels begeht mit Frau und Kindern in Berlin Selbstmord. Er konnte die Schmach des verlorenen Krieges nicht ertragen.

02.05.1945: Die Verteidiger von Berlin erkennen die Aussichtslosigkeit ihres Kampfes und kapitulieren.

07.05.1945: General Jodl unterzeichnet um 02.14 Uhr bei den westlichen Alliierten in Reims die bedingungslose Kapitulation der deutschen Streitkräfte.

08.05.1945: Im Hauptquartier der Roten Armee in Berlin setzen drei deutsche Befehlshaber im Oberkommando der Wehrmacht ihre Unterschrift unter die Kapitulationsurkunde; die Deutschen stellen die Kampfhandlungen um 23.01 Uhr ein.

09.05.1945: In Europa ist der Zweite Weltkrieg nach 2077 Tagen zu Ende.

Die letzten Kriegsopfer

Januar 1945: 700 Schiffe werden eingesetzt, Flüchtlinge aus Ostpreußen zu evakuieren. Die Transporte sind schlecht organisiert. Bis zuletzt wollte die Wehrmacht das Gebiet halten und sich eine Niederlage nicht eingestehen. Die Leid tragende Bevölkerung wurde auf der Flucht größtenteils sich selbst überlassen.

Am 30.01.1945 läuft das Schiff „Wilhelm Gustloff" mit schätzungsweise 10 000 Flüchtlingen in die Ostsee aus. Auf dem überfüllten Flüchtlingsschiff hoffen Frauen und Kinder, Alte und Invalide vor der Roten Armee in Sicherheit gebracht zu werden. Ein Torpedo bringt das Schiff jedoch in Seenot. Rund 9300 Menschen kommen in der eisigen See um. 1 200 Flüchtlinge werden gerettet und überleben die größte Schiffskatastrophe der Neuzeit.

5. März 1945: In Prag beginnen die Tschechen einen Aufstand gegen die deutschen Besatzer. Dabei trifft es am härtesten die Zivilisten der sudetendeutschen Minderheit in Böhmen. Mit Axtstielen werden hunderte unbewaffneter Menschen bestialisch erschlagen. 1938 war die Wehrmacht in das Sudetenland eingerückt, später auch in Österreich. Das frühere friedliche Nebeneinender der Nationalitäten in Böhmen und Mähren endet durch die erlittene Besatzungszeit im blinden Hass gegen alle Deutschen.

Deutsche werden entrechtet und müssen ab jetzt weiße Armbinden tragen.

Durch das Dekret des tschechischen Regierungsvertreters Benes wird die „Entgermanisierung" der Tschechoslowakei besiegelt.

Im Beschluss ihrer Vertreibung finden Hass und das Streben nach Rache und Vergeltung ihren vorläufigen Höhepunkt. Er wird von den Vertretern der Siegermächte unterstützt und die Enteignung und Vertreibung der Deutschen aus den Gebieten Ostpreußen, Pommern, Schlesien, Sudetenland, Böhmen und Mähren vorangetrieben.

Einem Flüchtling werden höchstens 1 000 Reichsmark und 50 kg Gepäck zugestanden. Willkürliche Plünderungen der mitgeführten Habe und häufig Misshandlungen und Tötungen auf der Flucht sind gegenüber den entrechteten Deutschen überall an der Tagesordnung.

Im KZ Theresienstadt wird die Exhumierung der NS-Opfer durch die deutschen Einwohner von Polen angeordnet. Englische Zeitungen schreiben, dass die Essensrationen für die zu diesen Arbeiten Gezwungenen niedriger als damals im KZ seien.

Anfang April 1945: In der ostpreußischen Stadt Königsberg kapitulieren die letzten Soldaten vor der feindlichen Übermacht. Die russischen Soldaten, die sich drei bis vier Jahre im Krieg befanden, verüben Gräueltaten an der eingeschlossenen Zivilbevölkerung, besonders an Frauen aller Altersgruppen.

Mai 1945: Die schlesische Stadt Breslau kapituliert als eine der letzten Städte noch nach Berlin. Bei den Kampfhandlungen gab es 13 000 Tote unter den Deutschen.

Frühjahr 1945: In der mährischen Stadt Brünn werden 20 000 deutsche Einwohner von Partisanen, bewaffneten Zivilisten mit Peitschen zusammengetrieben und gezwungen, an die 50 km entfernte österreichische Grenze zu laufen. Nach 27 km kommt es in Pohorlic zum Massensterben alter Menschen, die entkräftet in Straßengräben liegen bleiben.

Die Grenze Russlands wird von Osten nach Westen in polnische Gebiete, die Grenze Polens wiederum nach Westen in ehemals deutsche Gebiete verschoben. Die Polen wurden vor dem Krieg von den Deutschen enteignet und dann nach dem Krieg von den Russen. Polen werden in ehemals deutsche, „entgermanisierte“ Gebiete umgesiedelt. Russen ziehen in die von Polen geräumten Gebiete nach.

Das alte, ostpreußische Kulturland um Königsberg mit seinem Ostseehafen Pillau gehört jetzt zu Russland. Für viele junge Russen wurde es zur neuen Heimat.

Herbst 1946: Aus den schlesischen Gebieten um Breslau wird die Aussiedlung der Deutschen mit Viehwaggons vorangetrieben.

Millionen Menschen verlieren durch Flucht und Vertreibung ihre Heimat. Jede vierte Familie Deutschlands wird irgendwie davon betroffen sein.

Bis alle Wunden des Krieges endgültig verheilt sind, wird es noch lange dauern. Viele Generationen werden aber bleibende Narben auf die eine oder andere Weise davontragen.

Ende des Krieges am 09.05. 1945 – Erinnerung an diesen Tag

Eines Tages wurde ich aus der unentwegten Sorge um mein genesendes Kind wachgerüttelt.

Ich konnte mich jetzt den Ereignissen um mich herum nicht mehr ganz verschließen und nahm die Vorgänge außerhalb der Familie wieder wahr.

Ich wusch mir gerade am Ausguss im Flur des Hauses die Hände. Mutter kam von draußen. Leise und behutsam, um mich nicht zu erschrecken, sagte sie zu mir: „Annl, der Krieg ist aus."

„Was? Der Krieg ist aus, ganz aus?", rief ich außer mir.

Ich konnte nicht gleich fassen, dass wir den Krieg überstanden hatten. Erst langsam begriff ich die Tragweite dieser ersehnten Nachricht. Nur allmählich spürte ich Erleichterung in mir aufsteigen.

Ich schöpfte wieder neuen Mut und dachte: „Schlimmer kann das, was jetzt noch kommt, nicht mehr werden."

Gustav ist noch am Leben. Dessen war ich mir ganz sicher. Ich hatte die feste Hoffnung, dass wir bald wieder beisammen sein werden.

Gedanken zum Kriegsende

Zwar werden in der Nacht vom 08. auf den 09.Mai 1945 die Kämpfe eingestellt, jedoch das Maß des Leides der Millionen von Menschen ist noch nicht voll. Sie müssen noch Hunger, Entbehrungen an Körper und Seele, den Verlust geliebter Menschen, Vertreibung und Flucht aus der angestammten Heimat erdulden.

Hunderttausende ehemaliger Soldaten geraten in Gefangenschaft, werden deportiert und noch nach Kriegsende getötet. Tausende büßen noch weitere Jahre ihre Freiheit und auch ihr Leben fern der Heimat ein.

In vielen Stuben wird ein Trauerflor an das Bild eines Soldaten geheftet. Darauf sieht der junge Mann in Uniform noch siegesgewiss auf den Betrachter!

Anfang Mai 1945 - Einmarsch der Russen in Mittel- und Ostböhmen

Anfang Mai 1945 erreichten die Russen das Gebiet in Mittel- und Ostböhmen. Obwohl es nur noch vereinzelt zu Kämpfen mit deutschen Soldaten kam, war ich sehr beunruhigt. Wir hörten von den fürchterlichsten Gräueltaten gegenüber den entwaffneten deutschen Soldaten. Auch Übergriffe auf die deutsche Bevölkerung Böhmens waren an der Tagesordnung. Russen und Tschechen waren daran beteiligt.

An 34 Orten Mittel- und Ostböhmens wurden mindestens 4290 Morde verübt. Unter den Opfern waren entwaffnete Soldaten und ein Drittel Zivilisten. Erst im Juli 1945 endeten die Massaker.

Es wurde immer gefährlicher, diese Tatsachen zu ignorieren. Die Heimat so vieler Menschen ist jetzt zum Feindesland geworden. Tschechische Nachbarn konnten in ihrem angestauten Hass unberechenbar werden. Allein die deutsche Volkszugehörigkeit konnte einem schon das Leben kosten.

Mutters begründete Angst vor den russischen Soldaten

Durch die schrecklichen Ereignisse sorgte sich Mutter sehr um die jungen Frauen in ihrer Familie. Dora, Marie, Tilda, Annl, Franzi und mir gab sie den guten Rat, uns wie alte Frauen, mit Kopftuch und langen, schwarzen Kleidern anzuziehen. Mit Ruß auf der Stirn, unter den Augen, in den Mundwinkeln und auf den Händen müssten wir uns dann auch noch Striche zeichnen, die wie Falten aussehen sollten. Das befolgten wir, als bald die ersten Abteilungen der russischen Soldaten gesichtet wurden.

Dora und Marie, die alleine im Haus in Zuckmantel waren, nützte leider ihre Verkleidung nichts. Sie wurden von mehreren Soldaten überrannt und mussten ihnen, mit der Waffe bedroht, zu Willen sein. Dann wurden sie ihrer Wertsachen beraubt.

Wie es damals üblich war, wurde später in unseren Familien nicht viel darüber gesprochen. Schweres wurde verdrängt. Es schien leichter zu sein, diese tiefe Verletzung der Menschenwürde aus dem Gedächtnis zu verbannen als sie bewusst zu verarbeiten.

Durchzug der Russen durch den Ort Weißkirchlitz

Bald sahen wir lange Kolonnen von Soldaten zu Fuß und auf Pferdewagen in den Ort Weißkirchlitz einziehen. Einige blieben da, andere zogen weiter nach Teplitz-Schönau.

Verwundete und Tote lagen im Stroh auf Leiterwagen. Ein Russe forderte Särge für die Toten. Ein junger Tscheche, der früher Lehrbub bei meinem Schwiegervater war und sich im Anwesen auskannte, zeigte ihm den Weg zu der Schreinerei Thamm, die auch Särge herstellte.

Dann kamen einige Russen zu meiner Schwiegermutter und verlangten die Särge. Meine 57-jährige Schwiegermutter, die sich auch wie eine alte Frau vermummt hatte, führte sie in das Lager, wo die fertigen Särge standen.

Die Soldaten luden alle Särge und auch noch viele lose Bretter auf ihre Wagen auf. Der junge Tscheche half beflissen mit.

Verhalten eines jungen Tschechen

Beim Wegbringen der Särge sah der junge Tscheche wohl das wunderschöne, rote Sportmotorrad, welches Gustavs ganzer Stolz war, im Lager stehen. Sicher hat er Gustav schon damit fahren gesehen und es hatte schon lange seine Begierde geweckt. Als die Russen weiter gezogen waren, kam er zurück. Er ging zielsicher ins Lager hinein. Unverfroren nahm er das Motorrad, schob es wortlos in unseren Hof und brauste davon.

Trotz dieses beschämenden Verhaltens des jungen Tschechen waren wir froh, dass uns weiter nichts durch die Russen passiert ist. Offensichtlich hatten wir es mit einer Art Sanitätsabteilung zu tun. Die Männer waren damit beschäftigt, den Befehl des Kommandanten, die Kameraden zu beerdigen, auszuführen. Sie hatten von uns alles bekommen, was sie dazu benötigten.

Wir waren froh, dass wir Frauen im Haus vor Schlimmerem verschont geblieben sind.

Vorbereitung meiner Schwägerinnen Dora und Marie zur Flucht

Meine Schwägerin Dora und ihre Schwester Marie, in deren Haus in Zuckmantel Karin geboren wurde, ließen uns eines Tages wissen, dass sie für die Flucht schon das Nötigste packen würden.

Laurenz kämpfte vielleicht noch an der Ostfront in Stalingrad. Die Verbindung zu ihm war auch schon abgebrochen. Ob er noch lebte, wusste Dora nicht. So wollte sie mit ihrer Schwester zur Flucht in Richtung Westen aufbrechen, da im Rheinland Verwandte von ihnen wohnten.

Da ich aber Gustav versprochen hatte, nach Bayern zu flüchten, konnte ich mich den beiden Frauen nicht anschließen.

3. Vertreibung der Sudetendeutschen aus ihrer Heimat Unsere Flucht nach Bayern im Mai 1945

Benesdekret - Folgenschweres politisches Abkommen

Das Sudetenland wurde der Tschechoslowakei zugesprochen. Nun wurden Kraft der Benesdekrete alle dort lebenden Deutschen enteignet. Sie wurden von den Tschechen aus ihrer Heimat ausgewiesen und vertrieben.

Viele Tschechen rächten sich auch an einfachen, unschuldigen Deutschen für die erlittene Schmach während der Besetzung durch Hitlers Soldaten. Noch nach Kriegsende wurden viele ehemalige deutsche Mitbürger grausam ermordet. Die Lage für Deutsche wurde jetzt auch hier, wie im Januar in Polen, für uns gefährlich.

Wer vorausschauend war, wartete nicht erst auf die Ausweisung, sondern floh vorher in das Deutsche Reich. Vermögende Leute brachten ihre Wertsachen in Sicherheit, wenn sie über motorisierte Transportmittel verfügten.

Wir blieben so lange es irgendwie ging im Sudetenland. Hier waren wir durch Gustav zu Hause. Nirgends wird es so schön sein wie hier.

Ende Mai kam ein tschechischer Mann ins Haus und kündigte meiner Schwiegermutter an: „Frau Thammova, Sie müssen in drei Tagen das Haus räumen. Ihr ganzer Besitz gehört jetzt der Tschechei."

Sie konnte nicht glauben, was um sie herum geschah. Kann es sein, dass jemand über ihren Besitz verfügen durfte? Seit vielen Generationen lebten ihre und ihres Mannes Vorfahren im Sudetenland. Sie haben es im Schweiße ihres Angesichtes aufgebaut, Wohlstand und Kultur geschaffen.

Wir alle hatten uns in das unvermeidliche Schicksal zu fügen. Nun gab es über den Zeitpunkt der Flucht keine Überlegungen mehr. Wir mussten dieses feindselige Land, die schöne Heimat der Familie, in den nächsten Tagen für immer verlassen.

Abmeldeformalitäten bei der Gemeinde Weißkirchlitz Stiller Zuhörer und sein seltsamer Besuch

Damit ich ein tschechisches Schreiben aufweisen konnte, auf dem mein letzter Wohnort eingetragen war, ging ich mit den Kindern zum Gemeindeamt in Weißkirchlitz. Ich fragte einen jungen Mann im Flur nach dem zuständigen Beamten für unsere Abmeldung. Er verwies mich in die betreffende Schreibstube. Als ich klopfte und mit den Kindern grüßend eintrat, saß ein Beamter am Schreibtisch. Unverwandt las er jedoch in einem Schriftstück weiter. Er zeigte keinerlei Reaktion auf unsere Anwesenheit.

Ich wartete fast eine halbe Stunde, bis ich mich an den Beamten mit den Worten wandte: „Entschuldigen Sie, Herr Sekretär, ich bin hier nur zu Besuch gewesen und möchte in den nächsten Tagen nach Bayern abfahren. Bitte stellen Sie uns dafür eine Abmeldebescheinigung aus, damit wir unseren Herkunftsort nachweisen können."

Er beachtete mich aber wiederum längere Zeit einfach nicht und ließ mich weiter stehen. Die Kinder fingen schon an zu weinen, weshalb ich den tschechischen Schreiber nochmals bat: „Bitte füllen Sie mein Formular aus, denn die Kinder werden schon unruhig."

Übel gelaunt zischte er hervor, ohne den Kopf zu heben: „Scheiß auf dein Kind, Mensch!"

Ich erschrak über diese respektlose Antwort, tat aber so, als ob ich sie nicht gehört hätte. Nach weiterem, geduldigem Ausharren, ließ sich der Beamte herbei, meine Abmeldung auszustellen und amtlich korrekt mit einem Stempel zu versehen. Ohne mich anzublicken, legte er das Schriftstück an die Tischecke. Ich nahm es dankend in Empfang und verabschiedete mich leise und eingeschüchtert. Erleichtert verließ ich mit den quengelnden Kindern im Kinderwagen das Büro.

Während der ganzen Zeit des Wartens saß in einem angrenzenden Raum ein Kommissar. Mir fiel auf, dass er öfter zu mir hersah. Er war etwa 36 Jahre alt. Als ich den Abmeldeschein genommen hatte und mit den Kindern langsam hinausging, kam er zu dem Schreiber.

Ich hörte ihn durch die noch offene Türe mit weicher, melodischer Stimme fragen: „Wo wohnt die Frau und wo will sie hin?“

Durch den Türspalt sah ich gerade noch, wie der Sekretär an eine Wandkarte ging und ihm den Wohnort zeigte, von dem ich mich soeben abgemeldet hatte. Nun bekam ich Angst. Mir wird hoffentlich nicht noch vor der Abfahrt etwas Unvorhergesehenes passieren? Könnte mein Gepäck nicht auch noch geplündert werden?

Als ich heimkam, saß ich mit Mutter und den anderen Hausbewohnern noch einige Zeit in der Küche und erzählte ihnen von dem Vorfall. Auch sie hatten keine Erklärung für dieses Verhalten. Auf einmal klingelte es.

„Hoffentlich ist es nicht der Tscheche vom Abmeldeamt. Der weiß, dass ich abfahre und meine Sachen gepackt habe. Was wird er vorhaben?“, dachte ich.

Mutter ging an die Türe und es stand tatsächlich der tschechische Kommissar draußen. Ich hörte, wie er nach mir fragte.

„Ja, die wohnt hier.“, antwortete Mutter leise.

Dann führte sie ihn in die Küche, in der wir um den Tisch herum saßen.

Er neigte sich kaum sichtbar zu den Kindern in den Kinderwägen hinunter und bemerkte sanft: „Schöne Kinder, liebe Kinder.“

„Sie haben wohl keine Kinder?“, fragte ich ihn.

„Nein, eine liebe Frau, aber keine Kinder.“, antwortete er leise.

Dann fragte er noch beiläufig, wohin ich ausreisen werde.

Ich antwortete wahrheitsgemäß: „Ich werde nach Bayern fahren.“

„Ich muss jetzt wieder gehen.“, sagte er plötzlich gefasst, wie aus einem Traum erwacht.

Er ging langsam hinaus. Höflich begleitete ich ihn zur Haustüre.

Plötzlich nahm er meine beiden Hände und sagte: „Kommen sie mit mir."

„Herr Kommissar, ich habe schon einen Mann. Der ist jetzt in Gefangenschaft und er liebt mich und ich liebe ihn. Er wird zurückkommen, das habe ich im Gefühl.", antwortete ich ihm freundlich, denn ich wollte ihn nicht erzürnen.

„Wenn du nicht haben Mann und Kind, du müssen mit mir gehen!", stieß er leidenschaftlich hervor. Dann küsste er meine Hand.

Ich wollte ihn ablenken und fragte: „Ob ich Glück haben werde, meine Sachen durch die Grenze zu bekommen?"

„Können Sie Glück haben, können Sie auch nicht Glück haben.", antwortete er, drehte sich um und ging traurig fort.

Auch solche Tschechen gab es. Sie vergaßen nicht, dass wir Menschen waren, wie sie.

Vorbereitungen für den Aufbruch mit meinen drei Kindern

In den nächsten beiden Tagen herrschte überall Aufbruchstimmung um uns herum. Jeder eilte und sorgte nur für sich und seine Angehörigen, um die Flucht vorzubereiten. Ich war wie geschockt. Wie soll ich es mit meinen drei Kindern schaffen? Edeltraut war 14 ½ Jahre, Annelie zwei Jahre und drei Monate, Karin neun Monate alt und hatte erst eine schwere Krankheit überstanden.

Ein Lebensmittelvorratslager wurde von den panischen Menschen aufgebrochen. Jeder nahm mit, so viel er tragen konnte. In dem Durcheinander stiegen die Menschen über die Lebensmittelsäcke, rissen sie auf und füllten ihre Tüten. Die verschiedenen Lebensmittel vermischten sich am Boden. Auch ich holte für die Kinder Mehl, Zucker, Grieß und Haferflocken für die Fläschchen von dort. Beruhigt trug ich den willkommenen Vorrat für die Flucht nach Hause. Mehl musste ich erst noch durchsieben, um es vom Zucker zu trennen. Dann packte ich noch alles an Kleidung zusammen, was ich verstauen konnte. Ich überprüfte genau unsere Urkunden und versteckte sie unter der Babymatratze.

Verabschiedung von Dora und Marie

Vor der Flucht wollte ich mich noch von meiner Schwägerin Dora und ihrer Schwester Marie verabschieden. Ich machte mich mit den Kindern auf den Weg nach Zuckmantel.

Als ich dort eintraf, erzählte mir Dora ganz aufgeregt: „Stell dir vor, Annl, unser Nachbar hatte früher einmal einen Streit mit einem Tschechen gehabt. Jetzt, wo der Krieg zu Ende ist, kam er zu ihm in die Wohnung. Er hielt ihm wütend sein damaliges Verhalten vor. Es entstand ein Wortwechsel. Plötzlich warf der Tscheche den Nachbarn aus dem Fenster des zweiten Stocks. Er war sofort tot. Jetzt haben wir in unserem Ort schon den ersten Toten nach dem Krieg. Wehe, wer jetzt einen Feind hat! Der kann Rache nehmen, ohne dass er dafür belangt wird."

Beim Auseinandergehen wünschten wir einander eine gute Ankunft in unserem jeweiligen Zielort. Wir hofften, uns bald wieder zu treffen, wenn unsere Männer aus der Gefangenschaft zurück waren. Dann umarmten wir uns herzlich. Marie gab mir noch ein großes Brot als Wegzehrung mit. Ich steckte es in den Kinderwagen.

Deutsche Soldaten in Gefangenschaft

Auf dem Retourweg zur Schwiegermutter kürzte ich meinen Weg ab. Ich ging mit den Kinderwägen über einen Feldweg. Als ich von diesem auf die Hauptstraße kam, sah ich einen Trupp gefangener, deutscher Soldaten vorüberziehen. Sie wurden von russischen Soldaten bewacht.

Ein etwa 16-jähriger Junge, der auch Uniform anhatte, marschierte mit seinem Vater im Trupp mit.

Auf einmal fiel der Vater vor Erschöpfung um, und der Junge schrie: „Papa, Papa, steh auf!"

Der stand aber nicht auf und rührte sich auch nicht. Mir tat das in der Seele weh. Obwohl ich das Brot selber für die Flucht gebraucht hätte, nahm ich es aus dem Kinderwagen und reichte es dem Jungen hin.

„Gib dem Vater ein Stück Brot, dann wird er wieder zu Kräften kommen.", sprach ich hastig zu dem Jungen.

Erstaunt und mit großen Augen sah mich der verzweifelte Junge an. Er wusste zunächst nicht, was ihm geschah. Dann nahm er doch das ihm hingereichte Brot im Gehen mit.

Die Russen schrieen unterdessen: „Schneller, schneller!“

Dabei peitschten sie auf die Gefangenen, die schon nicht mehr weiter konnten, unaufhörlich ein. Den zusammengebrochenen Soldaten warfen sie auf einen Wagen zu den anderen Entkräfteten und Verwundeten. Der Junge lief hinter ihm her. Ein Russe wollte ihn zurückhalten, aber ein anderer ließ ihn weiter zu seinem Vater laufen. Dieser zeigte ein Herz! Er erlaubte ihm sogar, sich auf die Wagenstange zu setzen. Da konnte er bei seinem Vater sein. Den Laib Brot steckte er unter seine viel zu weite Jacke.

Fassungslos und entsetzt schaute ich am Wegrand dem Zug der verelendeten, geschlagenen und gedemütigten deutschen Männer nach. Wie ein Rudel wilder Tiere wurden sie von ihren siegreichen Feinden fortgetrieben.

„Wie wird es meinem Gustav und seinem Bruder Laurenz wohl ergehen? Würde sie dasselbe Schicksal ereilen?“, dachte ich mit Schrecken.

Als die deutschen Soldaten vorbei getrieben wurden, kamen mir Bilder einer Wochenschau in den Sinn, in der gefangene, russische Soldaten zu sehen waren. Verdreckt, nur mit Lumpen um die Füße gewickelt, humpelten viele daher. Andere trugen notdürftige, schmutzige Verbände um Kopf, Hände und Füße. Nach langen Kämpfen in Erdlöchern boten sie einen erbärmlichen Anblick. Hitler bezeichnete die verlausten und verkommenen Gefangenen anmaßend als Untermenschen.

Ich konnte mir damals nicht vorstellen, dass einmal unsere eigenen Soldaten genauso daherkommen würden.

Wie hatte sich das Blatt der Geschichte wieder einmal gewendet! Das Unrecht, das von unserem Volke ausging, kam wieder auf uns zurück. In den Filmen zeigte man uns immer wieder das Heer unserer strammen Soldaten. Unsere Wehrmacht wurde als unbesiegbar hingestellt!

Und nun wankten die geschlagenen Männer, halbe Kinder waren darunter, entkräftet im Staub daher, von ihren Bewachern mit Waffen bedroht und erbarmungslos mit Peitschen angetrieben.

Traurig sah ich dem Zug der elenden Gefangenen nach. Dann ging ich zum Haus meiner Schwiegermutter zurück.

Mitleid der Schwiegermutter mit ihrer Schwiegertochter Franzi

Als ich aus Zuckmantel zurückkam, war Mutter noch nicht da. Sie begleitete Franzi, die junge Witwe ihres Sohnes Rudi. Mit ihrer kleinen Brigitte, die ein Jahr und drei Monate alt war, musste sie zum Sportplatz, der Sammelstelle für Ausgewiesene. Mutter wollte beim Tragen des Gepäcks helfen und sich dann von Schwiegertochter und Enkelin verabschieden.

Nach der Abfahrt Franzis kam Mutter ganz verstört nach Hause zurück.

In ihrem Schmerz beugte sie sich über den Schreibtisch und schrie wie verrückt: „Das darf nicht wahr sein! Sie wurde mit dem Baby auf ein Lastauto verladen! Alles haben sie ihr vorher weggenommen. Sogar das Linnen für das Kind haben sie ihr genommen, das Linnen, sogar das Linnen! Nein, das darf man doch einer Frau mit Kind nicht antun!"

Als sich Mutter beruhigt hatte, erzählte sie weiter. Bevor sie sich von ihrer Schwiegertochter und der kleinen Enkelin verabschiedete, wurde sie Zeugin der Durchsuchung und Plünderung der Gepäckstücke aller Flüchtlinge. Die Ausgewiesenen mussten in einem Unterstand ihre Habseligkeiten durchsuchen lassen. Alles was von Wert war, wurde ihnen genommen. Franzi hatte neue Windeln, Babywäsche und Lebensmittel in ihrem Gepäck. Meine Schwiegermutter musste zusehen, wie ihr tschechische Männer und Frauen alles wegnahmen.

Sogar der Haarschopf der Frauen wurde vor dem Abtransport auf den Lastwagen noch durchsucht. Sie hätten darin ja etwas versteckt haben können!

Untröstlich über das Elend, das ihrer lieben Schwiegertochter und den anderen Mitbewohnern des Ortes zugestoßen war, weinte Mutter den ganzen Abend lang. Wie würde Franzi mit ihrem Baby auf der Flucht zurechtkommen? Sie hatte nichts mehr von ihren Vorräten bei sich!

Dieses Ereignis beunruhigte mich sehr, da ich die Flucht noch vor mir hatte! Mit viel Mühe habe ich unsere Lebensmittel zusammengetragen. Ich mochte gar nicht daran denken, wie ich ohne die Vorräte meine drei Kinder durchbringen würde.

Letzte Vorkehrungen zur Flucht

Als ich am nächsten Tag ganz früh aufstand, war nur noch Mutter im Haus anzutreffen. Die übrige Familie hatte leise in der Nacht das Haus verlassen und ist auf die Flucht gegangen. Es sollte ihnen nicht auch so gehen wie der armen Franzi! Deshalb machten sie sich heimlich und ohne organisierten Transport auf den Weg. Das hatte ich auch vorgehabt.

Ihre Ziele hatten sich die Verwandten vorher genau überlegt und auch mit uns besprochen. Da ich nach Bayern wollte, trennten sich unsere Wege.

Mutter und mich hielt nun auch nichts mehr länger im Haus. Wir wollten es am nächsten Tag früh verlassen und bereiteten uns darauf vor.

Mutter hatte ein Federbett, Kleider und nötige Habseligkeiten zusammengeschnürt und auf dem Boden im Flur abgestellt. Sie selbst war nicht zu sehen. Um etwas mit ihr zu bereden, suchte ich sie. Ich fand sie in der Werkstatt. Da sah ich, wie sie sich über die Räder des umgedrehten Handwagens beugte. Als ich näher kam, sah ich, dass sie mit einem großen Handbohrer von unten Löcher in den Wagenboden bohrte. Es waren schon mehrere zu sehen.

„Mutter, was machst du da?", fragte ich sie erstaunt.

„Sei leise, dass uns niemand hört. Da lege ich jetzt meine Goldstücke rein. Wenn die Kinder einen Zahn reparieren lassen müssen, können sie dem Zahnarzt Gold geben. Jedes Kind bekommt nach dem Krieg ein Stück.", flüsterte sie mir hinter vorgehaltener Hand erklärend zu.

Tatsächlich steckte Mutter ihre Goldstücke in die Bohrlöcher. Dann nagelte sie anschließend eine schmale Holzleiste über die Bohrlochreihe der Wagenunterseite. Gemeinsam drehten wir den Handwagen um. Niemand hätte ein Versteck an ihm vermutet. Die Schreinermeistersfrau ging sehr geschickt vor. Sie hatte sich bestimmt schon lange diese Vorgehensweise überlegt, um für ihre Kinder vorzusorgen. Ihre Tatkraft und Voraussicht, die stets das Wohl der Familie im Blickfeld hatte, beeindruckte mich sehr. Tatsächlich blieb Mutters Goldschatz auf der Flucht trotz mehrerer Kontrollen unentdeckt.

Mutters Fürsorge

Nach der Präparierung des Handwagens überreichte mir Mutter ein wertvolles Erbstück der Familie, eine goldene Taschenuhr. Ihr Mann hatte sie von seinem Vater geerbt. Auf dem Sterbebett bestimmte mein Schwiegervater, dass Gustav sie als Entschädigung bekommen sollte. Er hatte in seiner Jugendzeit für wenig Geld und ohne Rentenbeiträge im Betrieb mitgearbeitet. Das war so üblich, wenn die Kinder den Betrieb erben sollten. Ich freute mich für Gustav über die Anerkennung seiner Leistung. Die wertvolle Uhr versteckte ich in den Rosshaaren von Karins Kopfkissen.

„Ich passe gut auf die Uhr von Gustav auf. Er wird sie auch einmal vererben und das Andenken an seinen Vater hochhalten!“, versprach ich Mutter.

Sie nickte nur und fragte mich noch: „Möchtest du für Gustl den feinen, schwarzen Sonntagsmantel seines Vaters und noch vier Anzugsstoffe mitnehmen?“

„Natürlich, die Sachen kann er bestimmt nach dem Krieg gut gebrauchen. Er hat ja sonst nichts. Ich danke dir für alles, Mutter.“, erwiderte ich.

Ich umnähte den schweren Wollmantel und die Anzugsstoffe jeweils mit Wäschestoff. Das Mantelbündel legte ich in Annelies Sportwagen, das andere mit den Stoffen, in Karins Kinderwagen als Matratze. Da hatten sie es schön warm und niemand würde die wertvollen Textilien hier vermuten. Das war meine Überlegung.

Zuletzt überreichte mir die gute Mutter noch einen Umschlag mit zwei tausend Mark. Das Geld sollte mir die Flucht erleichtern.

„Für diesen Tag habe ich schon lange gespart, Anni. Ohne Geld ist es unmöglich, in dieser schweren Zeit durchzukommen.“, erklärte sie mir.

Ich war ihr sehr dankbar für diese großzügige Zuwendung. Ihre Fürsorge für mich genau wie für die anderen Familienmitglieder tat mir wohl. Dieses Geld und mein gespartes versteckte ich in den Windeln der Kinder. Das schien mir auch noch ein sicheres Versteck zu sein.

Schließlich nahm Mutter noch ihr Hochzeitsfoto und andere Bilder von der Wand, nahm sie aus dem Rahmen und verstaute sie zum Andenken im Gepäck. Viel mehr als die Erinnerung blieb von den einstigen glücklichen Tagen nicht übrig.

Ich erinnere mich noch gut an den letzten Abend in Weißkirchlitz. Unser Gepäck stand schon im Flur bereit. In dieser letzten Nacht fanden wir nur einen unruhigen Schlaf. Als der Morgen graute, bereiteten wir uns ein reichhaltiges Frühstück zu und richteten einige Wurstbrote für unterwegs her. Wir wussten nicht, wann wir das nächste Mal etwas essen konnten.

Dann schickten wir uns an, das Haus zu verlassen. Mutter sah nach, ob draußen im Hof nichts herumlag. Sie prüfte noch, ob alle Fenster und Türen geschlossen und die Lampen überall ausgeschaltet waren. Dann drehte sich der lange Schlüssel mit dem vertrauten Schnarren ein letztes Mal im Schloss.

Bedächtig verwahrte ihn Mutter in ihrer Tasche. Es war so, als ob sie nur kurz weggehen würde. In Wirklichkeit sperrte sie nie wieder ihr Zuhause mit diesem Schlüssel auf. Er behielt nur noch Erinnerungswert für sie.

Abschied von meiner Schwiegermutter

Wir begaben uns vom Haus in Weißkirchlitz zur Straßenbahn nach Teplitz-Schönau. Meine große Tochter Edeltraut schob einen Kinderwagen und ich den anderen, jeweils mit Gepäck darauf. Mutter zog ihre ganze Habe in ihrem Handwagen hinterher. Wir fünf weiblichen Wesen boten einen traurigen Anblick.

Nur ein kurzes Stück fuhren wir von Weißkirchlitz bis Teplitz-Schönau gemeinsam in der Straßenbahn. Dort stiegen wir aus und gingen zum Bahnhof. Traurig setzten wir Schritt vor Schritt. Es war unser letzter Weg, den wir zusammen gehen konnten. Ich wäre gerne bei Mutter geblieben und sie wollte lieber bei uns sein, als alleine weiter zu müssen. Doch wir hatten nicht die gleichen Ziele bei unserer Flucht. Die Züge fuhren sogar in entgegengesetzte Richtungen. Mutter wollte nach Sachsen, weil sie dort ihre Tochter Annl bei ihren Schwiegereltern vermutete. Ich wollte auf dem schnellsten Wege nach Bayern, weil mich dort Gustav suchen würde. Deshalb mussten wir uns am Bahnhof verabschieden, um uns bei den entsprechenden Bahnsteigen in die Warteschlangen der Flüchtlinge einzureihen.

Mutter bückte sich zu den Kinderwägen und streichelte wehmütig die Wangen ihrer Enkelkinder. Sie flüsterte: „Ihr Kleinen, wann seh ich euch wieder? Dann seid ihr wohl schon große Mädls, nicht wahr?“

Zu Edeltraut und mir gewandt sagte sie gefasst: „Kommt gut durch. Anni, hoffentlich findet euch Gustl bald in Bayern.“

Mit einem zarten Lächeln, das ich bei ihr so liebte, weil es mich an Gustav erinnerte, fügte sie hinzu: „Dann besuche ich euch.“

Ich antwortete schluchzend: „Komm du auch gut durch, Muttl. Ach, wie traurig, dass du allein fortmachen musst. Schließ dich guten Leuten an, die dir helfen. Und ich dank dir für alles. Behüt dich Gott, Muttl.“

„Auf Wiedersehen, Anni.“

„Auf Wiedersehen, Muttl.“

Weinend umarmten wir uns und begaben uns zu den jeweiligen Bahnsteigen.

Mutter wartete auf den Zug, der östlich nach Aussig fuhr. Schon hinter Tetschen, der zweiten Haltestation, passierte er die tschechische Grenze und kam nach Sachsen. Dann fuhr er nördlich nach Dresden weiter. Das war von Vorteil, denn da mussten die Flüchtlinge nur mit den Russen rechnen. In der Tschechei kamen die nach Vergeltung trachtenden Tschechen noch hinzu.

Nach gut einer Stunde fuhr Mutters Zug, voll besetzt mit Flüchtlingen, in den Bahnhof ein. Viele Menschen wollten noch zusteigen. Besorgt beobachtete ich, wie sich Mutter im Gedränge zur Zugtüre hin bewegte. Mit Mühe konnte die kleine Frau mit ihrem Handwagen allein in das Abteil gelangen. Jeder sah zu, wie er selbst zurechtkam. Als sich der überfüllte Zug in Bewegung setzte, winkten wir uns zu. Ich sah ihr Taschentuch noch lange aus dem Fenster flattern.

Auf der Flucht allein mit den Kindern - Fahrt in Richtung Karlsbad

Ich wartete auf den Zug, der nach Westen fuhr. Bis ich Bayern erreichte, musste ich durch die ganze Tschechei reisen. Die Stationen Dux, Brüx, Komotau, Schlackenwerth, Karlsbad, Chodau, Falkenau, Franzensbad und Asch waren alle auf tschechischem Gebiet.

Das war eine folgenschwere Entscheidung.

Aber beim Abschied in Posen hatte ich Gustav eingeschärft: „Sollten wir auseinander gerissen werden, dann suche mich in Bayern, im Kreis Regen. In Regen oder Bodenmais findest du mich bestimmt. Da kann ich anfangs bei meinen Verwandten unterkommen."

An diesen Plan musste ich mich unbedingt halten. Sonst hätte ich auch mit Mutter nach Sachsen fahren können. Ich wollte aber nach den kriegsbedingten Wirren sobald wie möglich wieder mit Gustav beisammen sein.

Wir waren die letzten Mitglieder der großen Familie Thamm, die sich noch im feindlich gesinnten Land, der alten Heimat, befanden.

Nun musste ich stark sein. Mich mit den Kindern und den übrig gebliebenen Habseligkeiten durch die tschechischen, russischen und schließlich die amerikanischen Kontrollen nach Bayern durchzuschlagen, wird mir alles abverlangen. Wie alle Soldatenfrauen war auch ich im Besitz eines Fahrausweises. Damit konnte ich überallhin kostenlos reisen. Auf seine Gültigkeit vertraute ich, als ich auf den Zug wartete.

Da die Züge nach Westen nur noch unregelmäßig und in stundenlangen Abständen verkehrten, war Mutters Zug schon lange abgefahren, als endlich unserer in Richtung Karlsbad einfuhr. Ich sah, dass auch er bereits schon mit Flüchtlingen gefüllt war. Auf dem Bahnsteig gab es jetzt ein haltloses Gedränge. Jeder wollte in die vordere Reihe gelangen. Da ich schon einige Stunden mit den Kindern vorne am Bahnsteig wartete, musste ich Acht geben, nicht auf die Gleise vor den Zug geschoben zu werden. Ich stellte die Kinderwägen quer zum Bahnsteig und legte das Gepäck davor. Hinter unserer „Wagenburg" konnten wir unseren Platz einigermaßen behaupten, bis der Zug hielt. Zum Glück kam er so günstig zum Stehen, dass eine der Waggontüren leicht erreichbar war.

Edeltraut stieg zuerst ein und ich reichte ihr das Gepäck. Zuletzt hoben wir die Kinderwägen mit dem Handgriff voran in den Zug.

Nun zwängten wir uns in das nächste Zugabteil. Hier schien alles voll besetzt zu sein. Erschrocken dachte ich, wir müssten während der ganzen Fahrt stehen bleiben. Unbeirrt legte ich das Gepäck über die Kinderwägen. Ich schob den Wagen Karins voran, Edeltraut folgte mir mit Annelies Wagen. So passierten wir suchend langsam Reihe für Reihe. Als wir schon am Ende des Abteils angelangt waren, entdeckte ich in der Ecke eine kleine Lücke. Sofort besetzte ich diesen freien Platz. Nun bat ich die Nachbarn so weit zusammen zu rücken, dass auch Edeltraut noch Platz fand. Sie taten es schweigend. Wie gut, dass wir beide schlank waren und nicht viel Platz benötigten. Verängstigt saßen wir jetzt eingepfercht zwischen den fremden Menschen. Die Kinderwägen konnten wir vorerst am Ende des Ganges stehen lassen. Wir hatten es geschafft!

Langsam fuhr der überfüllte Zug an und kam allmählich westwärts in Fahrt.

Ausplünderung im Zug nach Karlsbad

An der Haltestelle in Brüx stiegen tschechische und russische Soldaten zu. Ein Raunen ging durch das Zugabteil. Ich ahnte nichts Gutes dabei. Die vielen Mitreisenden im Zug gaben mir aber ein wenig Sicherheit, denn ich war nicht allein mit meinem Schicksal.

Die bewaffneten Soldaten gingen mit finsterem Gesicht durch die Züge und kontrollierten übellaunig die Pässe. Dann durchwühlten Russen das Gepäck der Flüchtlinge und nahmen heraus, was ihnen gefiel. Keiner der Flüchtlinge getraute sich, eine Regung zu zeigen.

Als sie zu uns kamen, bemächtigten sie sich auch unserer Habe. Sie leerten unsere Säcke mit den Kleidern, die auf den Kinderwägen lagen. Dann zogen sie auch noch unsere Taschen hervor. Wir hatten sie unter dem Sitz verstaut, doch sie waren hinter unseren Beinen zu sehen.

Die Soldaten plünderten unsere sämtlichen Kleider. Die gute Garderobe, die ich mir während meiner Berufstätigkeit zu meiner einzigen Freude angeschafft hatte, wurde mir geraubt. Nur was wir am Leib trugen, blieb uns noch.

Edeltraut weinte, als sie sah, dass ihre Kleider weggenommen wurden und sie nun nichts mehr zum Anziehen hatte.

Ein Russe fragte: „Warum du weinen?"

„Weil wir jetzt nichts mehr zum Anziehen haben.", antwortete meine Tochter.

Daraufhin gab er ihr eines ihrer Sommerkleider zurück.

Da auch ich meine Tränen nicht zurückhalten konnte, wandte er sich zu mir her und herrschte mich zornig an: „Meine Schwester Junge, drei Jahre alt, von deutschen Granaten in Stücke gerissen. Und du SS-Frau weinen über Kleider! Du bekommst kein Kleid mehr!"

Wieso er mich als eine SS-Frau bezeichnete, kann ich nur vermuten. Meine Kleider waren von guter Qualität.

Ich bekam Angst um Annelie und Karin, die in ihren Wägen lagen. Deshalb erwiderte ich, dass ich Bauchschmerzen habe und deshalb weine. Niemand durfte demnach irgendeine Reaktion nach der Plünderung zeigen.

Die Kinder rührten die Plünderer jedoch zum Glück nicht an. Ein tschechischer Soldat wollte mir aber noch die beiden Regenschirme aus Karins Wagen nehmen.

Da deutete der Russe auf die Kinder und murrte: „Niet!"

Die Kleinen sahen krank und elend aus und weinten. Scheinbar hatte er Mitleid mit ihnen. Da huschte ein Lächeln über mein Gesicht. Ein Sonnenstrahl hatte im eisigen Wind mein Herz erwärmt.

Der Soldat fragte: „Warum du dich freuen?"

„Weil Russen gut zu Kindern sind.", antwortete ich, um ihn wohlwollend zu stimmen.

Es half aber nichts. Ungerührt nahm er mir noch alle Vorräte weg. Ich hatte sie mühsam vor der Flucht für die Kinder organisiert. Nur den Puderzucker, den er für Soda hielt, ließ er mir. Damit konnte ich für die Kinder wenigstens das Süppchen aus meiner Muttermilch süßen.

Nun sind auch wir der Plünderung nicht entkommen. Viel war es nicht mehr, was von den Habseligkeiten übrig geblieben ist.

Als nach weiterem Zusteigen von Flüchtlingen das Zugabteil überfüllt war, ordnete der Schaffner an, dass die Kinderwägen in das Gepäckabteil müssen. Da nahm ich beide Kinder in die Arme. Edeltraut schob die beiden Wägen ins Gepäckabteil und passte dort auf sie auf. Schließlich hatte ich einige Wertsachen in den Gefährten versteckt. Meine große Tochter war schon 14 ½ Jahre alt und war mir auf der Reise eine unentbehrliche Hilfe.

In Karlsbad ging es mit dem Zug nicht mehr weiter. Wir mussten aussteigen. Wieder wurden wir kontrolliert. Dieses Mal suchte man besonders nach Waffen.

Mit Schrecken sah ich, dass der ganze Bahnhof mit Flüchtlingen überfüllt war. Es wurde bekannt, dass sie schon tagelang auf die Erlaubnisscheine zum Weiterfahren und Verlassen der Tschechei warteten. Die Menschen hausten in kaputten Eisenbahnwägen. Auf den Bahnsteigen kochten sich alte Leute auf Ziegelsteinen notdürftig eine Suppe. Der Anblick dieser gestrandeten Menschen entsetzte mich. Ein Drama spielte sich vor meinen Augen ab. Wer sich jetzt nicht selbst helfen konnte, war verloren.

Ich dachte mir, dass ich mit meinen drei Kindern auf diese Weise nicht tagelang auf die Weiterfahrt warten könne. Annelie fing bereits an krank zu werden. Sie hatte schrecklichen Durchfall. Das beunruhigte mich auf das Äußerste. Die Windeln reichten knapp aus. Karin war kaum genesen, und nun musste ich mich auch noch um Annelie sorgen! Ich fühlte in meiner verzweifelten Lage Panik aufsteigen.

„Lieber Gott, wir dürfen jetzt nicht krank werden. In diesem Chaos sind wir sonst verloren. Hilf uns, ich bitte dich!“, betete ich inständig.

Unterkunft in einer Fabrik außerhalb Karlsbads - Hilfe zur Weiterfahrt nach Falkenau, Richtung Selb

Auf dem Bahnhof halfen vier Arbeiter den Flüchtlingen die schlimme Lage, so gut sie konnten, zu erleichtern. Ich ging auf einen von ihnen zu und fragte, ob er für uns ein Quartier wisse, denn mit den Kindern könne ich unmöglich im Freien übernachten. Annelie hatte bereits Fieber.

Er fragte, ob wir schon Reiseausweise haben. Ich antwortete wahrheitsgemäß mit „Nein“. Da zuckte der Mann bedauernd mit den Schultern. Ohne Ausweise, die nur am Bahnhof zu erhalten sind, könne er mir nicht helfen. Auf jeden Fall müsse ich warten, bis sie ausgestellt werden. Daraufhin ging ich jedoch zum nächsten Arbeiter und fragte wiederum um eine Adresse für ein Quartier. Auch er stellte mir dieselbe Frage.

Dieses Mal sagte ich aber „Ja, ich habe einen Schein."

Dieser Arbeiter flüsterte mir zu: „Ungefähr eine halbe Stunde zu Fuß von hier ist eine Fabrik. Der Besitzer hilft mit seinem Lastwagen Flüchtlingen ein Stück zur Grenze nach Bayern zu kommen.

Ich bat den Mann, uns dorthin zu bringen und versprach ihm 100 Mark dafür. Er half uns, abends mit den Kinderwägen über Feld- und Wiesenwege zur Fabrik zu gelangen. Am Fabriktor stand ein feiner Herr, der Chef der Fabrik. Ich ging zu ihm hin und bat ihn, uns zu helfen, nach Bayern zu kommen.

Er sagte: „Gehen Sie leise ins Büro, sagen Sie nichts. Da liegen schon zehn Flüchtlinge. Die ärgern sich sonst, dass ich Sie so kurzfristig mitnehme. Morgen früh um sechs Uhr kommt ein Lastwagen, der Sie alle über die Grenze bringt. Halten Sie ihren Ausreiseschein bereit."

Wie ein Blitz durchfuhr es mich bei diesem Wort. Ich ließ aber innerlich keinen Zweifel aufkommen und blieb bei meinem Entschluss.

„Als Ausreiseschein werde ich den Abmeldeschein von den Tschechen verwenden. Damit kommen wir auch durch.", war meine einzige Hoffnung.

Wir übernachteten auf dem Fußboden des Büros mit den übrigen Leuten. Früh verrichtete ich die Kinder, stillte sie und packte alles zusammen, damit ich rechtzeitig um sechs Uhr fertig war, wenn der Laster kommt.

Pünktlich kam tatsächlich der Lastwagen. Ich wartete mit den Kindern schon im Hof. Die anderen Flüchtlinge waren nicht so früh fertig wie ich mit den drei Kindern. Wir stiegen als erste auf die Ladefläche und hockten uns auf den Boden. Wieder hatte ich es geschafft.

Als alle auf dem Lastwagen saßen, ging es auf der Landstraße von Karlsbad weg in Richtung bayerische Heimat nach Falkenau.

Es war brütend heiß im Frühsommer 1945. Wir hockten auf dem Lastwagen und Hunger und Durst plagten uns. Die beiden Kleinen konnte ich zum Glück noch stillen. Das tat ich auf dem rumpelnden Lastwagen auch. Einige junge Leute schauten entrüstet zu mir her, als ob ich etwas Unanständiges tun würde.

Edeltraut und ich teilten uns das Wenige, das wir hatten. Flugzeuge brausten über uns hinweg und wir hatten furchtbare Angst, beschossen zu werden. Mit schmerzenden Gliedern, staubig und verschwitzt kamen wir in Falkenau an und stiegen mit den anderen Flüchtlingen aus.

Der Lastwagen wurde mit Getreide und Kohlen beladen und fuhr wieder zurück nach Karlsbad in die Fabrik.

Wir standen ohne Quartier, ohne zu wissen wohin, unter Alleebäumen am Straßenrand. Nach einem Gewitter goss es nun in Strömen. Da war ich dankbar, dass mir die zwei Russen die Schirme nicht weggenommen hatten aus Rücksicht auf die Babys. Die Schirme spannte ich über die Kinderwägen. Edeltraut und ich stellten uns unter die tropfenden Bäume. Ich war froh darüber, dass es regnete, denn ich hoffte, dass die Russen bei diesem Wetter die Papiere nicht so genau lesen würden. Mit meinem tschechischen Abmeldeschein und dem Stempel darauf kam ich mir nicht sicher genug vor. Was wäre, wenn mir ein nötiges Dokument fehlen würde?

Ich schaute zum Himmel und bat um Hilfe. Da kam ein Eisenbahner in Uniform vorbei. Den bat ich, mir ein Quartier zu vermitteln. Ich bot an, am Tag 100 Mark zu zahlen. Es dauerte eine Stunde, bis er zurückkam.

Erfreut berichtete er: „Der Mann einer Frau ist vor einem Jahr bei der Eisenbahn tödlich verunglückt. Dieser Frau haben die Tschechen das Sparkonto gesperrt. Sie hat mit ihrer 16-jährigen Tochter kein Geld mehr zum Leben. Die nimmt Sie mit den Kindern auf."

Der Eisenbahner führte uns zu der Zimmerwirtin, die in der Nähe des Bahnhofes wohnte.

Dort blieben wir eine knappe Woche. Ich trocknete unsere Kleidung, bemühte mich um Lebensmittelvorräte für die Kinder und machte uns wieder reisefertig.

In der Nähe hatten sich amerikanische Soldaten postiert. Edeltraut bettelte mit einer Blechbüchse um Suppe für uns.

Bevor ihr aber etwas zu essen gegeben wurde, musste sie sich die grauenvollen Fotos aus dem KZ ansehen. Entsetzt kam sie mit der gefüllten Blechbüchse in den Händen in unser Quartier. Sie weinte besonders über die ausgemergelten, toten Kinder, deren Bilder ihr vor die Augen gehalten wurden. Sie brachte von der Suppe keinen Löffel hinunter. Immer wieder fing sie an zu weinen. Ich tröstete sie so gut ich konnte damit, dass wir unschuldig an den Verbrechen waren.

Bei der Bahn erkundigte ich mich, wann der nächste Zug nach Bayern fährt. Der Schaffner machte mir die freudige Mitteilung, dass ein Zug bis an die bayerische Grenze nach Asch schon am anderen Tag fährt. Überglücklich kehrte ich zu meinen Kindern zurück und berichtete der Zimmerwirtin, dass wir am Morgen des nächsten Tages weiterfahren können. Ich bezahlte für die Unterkunft 700 Mark, und der Frau war auch geholfen.

Schon frühmorgens machten wir uns auf den Weg zum Bahnhof. Ich löste eine Fahrkarte. Ab jetzt musste ich bezahlen. Dann stiegen wir in den Zug ein.

Er fuhr von Falkenau über Königsberg, Franzensbad, zum Grenzübergang Asch, dem Kontrollpunkt nach Bayern.

Formalitäten beim Grenzübertritt nach Bayern

Jetzt hieß es, die Erlaubnis für den Grenzübertritt zu bekommen! Zwei Stellen musste ich passieren, um nach Bayern einreisen zu dürfen.

Möglichst schnell wollte ich mit meinen drei Kindern das tschechische Gebiet verlassen und meinen Fuß endlich auf bayerischen Boden, meine Heimat, setzen! Mit ihnen hatte ich doch schon die wochenlange, gefährliche Flucht durch feindliches Gebiet hinter mir und fühlte mich am Ende meiner Kräfte. Nun befiel mich auch wieder große Angst, nicht die erforderlichen Papiere vorweisen zu können und noch abgewiesen zu werden. Es schien mir zu mühsam, mich mit den Kinderwägen zwischen den verschiedenen Grenzposten in der Menschenmenge hin und her bewegen zu müssen. Allein würde ich ungehindert laufen und die Formalitäten regeln können, dachte ich. So entschloss ich mich, den Grenzübertritt erst einmal ohne die Kinder abzuklären. Ich zog mit Edeltraut die Kinderwägen an den Wegrand und schärfte ihr ein: „Bleibe hier und warte auf mich. Geh nicht weg von hier und passe gut auf die Kleinen auf. Du bist ihre große Schwester!“

Mit Herzklopfen habe ich meiner 14-jährigen Tochter die Verantwortung für ihre kleinen Geschwister vor der Grenze bei Asch übertragen. Das erhoffte Ziel unmittelbar vor Augen, ging ich das Risiko ein, sie zurückzulassen. Bangen Herzens hastete ich allein zu den Grenzposten.

Am ersten Schlagbaum standen tschechische Soldaten. Als ich ihnen unsere gesamten Papiere zeigte, meinten sie: „Wenn Sie die Amerikaner hinüber lassen, lassen wir Sie auch gehen."

Ich war froh, wenigstens schon die eine Hürde zum Verlassen des feindseligen Landes genommen zu haben. Dann lief ich weiter zu den Amerikanern. Ich beschrieb auch ihnen meine verzweifelte Lage mit zwei kranken Kindern, dass ich in meine Heimat nach Bayern und zu Verwandten wolle. Sie wiesen nur ungerührt mit dem Kopf in die Richtung nach Bayern hinüber. Ich verstand, dass ich passieren dürfe. Vertrauensvoll nahm ich eilends den Weg zurück zu meinen Kindern.

„Nun müssen wir in Bayern nur noch eine Fahrgelegenheit finden, um weiter zu kommen. Das ist nicht mehr so schlimm.", dachte ich dabei hoffnungsvoll.

Tragödie kurz vor der Grenze

Als ich von den Grenzstellen zurückkam, sah ich in einiger Entfernung die Kinderwägen verlassen am Wegrand dastehen. Panik überkam mich. „Meine drei Kinder sind geraubt worden!", schoss es mir in den Kopf. Ich hetzte dorthin. Da lagen die beiden kleinen Kinder, Gott sei Dank, noch in ihren Wägen. Mit jeder Hand erfasste ich einen Griff. Dann blickte ich angstvoll um mich. Von Edeltraut war keine Spur zu sehen. Eine böse Ahnung stieg heiß in mir hoch, die mein Entsetzen noch steigerte: Sie ist kurz vor dem sicheren bayerischen Ziel, im Durcheinander von Flüchtlingen und Soldaten, noch auf tschechischem Gebiet verschleppt worden! Verzweifelt schrie ich gellend ihren Namen, unaufhörlich, aber umsonst.

An der Grenze flehte ich eine Flüchtlingsfrau an, auf meine Kinder aufzupassen, um meine verlorene Tochter suchen zu können. Ich lief zwischen den Grenzstellen hin und her. Es war umsonst. Dass die Gefahr bestand, nicht mehr zu meinen Kindern hinter dem Schlagbaum zurückzudürfen, bedachte ich in diesem Moment gar nicht. Fassungslos schreiend hastete ich herum, bis ich einsah, dass meine Suche sinnlos war. Wie eine Irre ließen mich die Soldaten aber Gott sei Dank gewähren.

Erschöpft schleppte ich mich zu meinen Kleinen zurück. Die Flüchtlingsfrau umarmte mich und sprach tröstend: „Sie finden Ihre Tochter ganz sicher in Bayern wieder." Dann nahm sie ihre Habe auf und eilte ihrer Gruppe über die Grenze nach.

Fassungslos blieb ich noch eine Weile alleine mit den Kindern stehen. In meiner Not betete ich um Gottes Schutz für Edeltraut. Das half mir, bei Verstand zu bleiben, denn ich war nahe daran, verrückt zu werden.

Schließlich besann ich mich auf meine beiden kleinen Mädchen, die in den Wägen lagen. Sie brauchten mich ja noch! Also musste ich mich zusammennehmen. Sie waren jetzt das Wertvollste, was mir geblieben war.

„Edeltraut, wo bist du?"

Kann eine Mutter hilfloser sein, als wie ich es damals war? Die geraubte Tochter, wo war sie nur? Was würde man ihr antun? Wann und wie werde ich sie wiederfinden? Warum nur habe ich so blind darauf vertraut, dass kurz vor der heimatlichen Grenze keine Gefahr mehr für sie bestehen würde?

Doch! Es geschah unzählige Male, dass die Zivilbevölkerung während des Krieges und danach als menschliche Kriegsbeute angesehen worden war. Sie war der Willkür der Sieger hilflos ausgesetzt. Viele Soldaten der siegreichen Armeen verhielten sich skrupellos gegenüber wehrlosen Menschen, die sie verschleppten, misshandelten und töteten. Besonders jungen Frauen und Mädchen, derer sie habhaft werden konnten, vor allem wenn sie auf der Flucht waren, erlebten unbeschreibliche Gewalt.

Jahrelang wurde ich von Selbstvorwürfen zermürbt. Die quälende Ungewissheit über Edeltrauts Schicksal trug ich wie eine schwere Bürde mit mir herum. In vielen Träumen hatte ich immer dasselbe Bild vor Augen: Mitten in einer wogenden, dunklen Menschenmenge, gleich einem tobenden Meer, sehe ich, wie Edeltraut mit ausgestreckten Armen schreiend von mir fortgezogen wird, hin und wieder auftaucht und dann ganz verschwindet. Mit panischer Angst wachte ich auf und fühlte, dass mein Kissen nass geweint war. Trotz meines Kummers musste ich weiterleben.

Grenzübertritt nach Bayern - Fahrt von Asch nach Selb

Eine junge Flüchtlingsfamilie nahm sich meiner an und ging mit mir und meinen Kindern bei Asch über die Grenze nach Bayern. Die Frau besorgte auch ein Nachtquartier für uns alle. Sie tröstete mich und machte mir auch wieder Hoffnung, dass ich Edeltraut bestimmt wieder finden würde.

Am anderen Tag fanden die guten Leute für uns alle eine Fahrgelegenheit auf einem Lastwagen, der nach Selb fuhr. Ich war froh, dass sie noch eine Weile bei mir waren. Ihre Zuwendung tat mir in meiner Sorge und Trauer um meine verlorene Tochter unglaublich gut. Engel waren sie damals für mich!

In Selb fragte ich mich zur Polizeidienststelle durch und gab eine Vermisstenanzeige wegen Edeltraut auf. Dann bat ich um ein Nachtquartier. Da Annelie Typhus hatte und Karin immer noch sehr schwach war, hoffte ich, dass wir gut untergebracht würden.

Übernachtung im Lager

Wir bekamen eine Unterkunft in einem ehemaligen Kriegsgefangenenlager zugewiesen. Als wir nach der ersten Nacht erwachten, juckte uns überall die Haut. Am ganzen Körper waren wir durch die Wanzenbisse gerötet. Ein fremder Soldat, der auf der Suche nach seiner Frau in Bayern war, legte sich schon in der Nacht mit seiner Decke auf einen Tisch in der Gaststube, weil er die Wanzen nicht ertragen konnte.

Nach dieser schlimmen Nacht ging ich mit meinen zwei Kindern auf das Polizeirevier zurück. Ich wollte mich bei den Beamten über diese unzumutbare Unterbringung beschweren. Was hatte ich schon zu verlieren? Ich legte Karin auf den Schreibtisch und zog sie aus. Ihr kleiner Körper war mit Wanzenstichen übersät.

„Sehen Sie selbst, in welch unzumutbarem Zustand ihre Unterkünfte sind! Wissen Sie denn nicht, wo wir herkommen und was wir hinter uns haben? Ist das alles, was Sie für uns übrig haben?“, herrschte ich außer mir die Beamten an.

Wir Flüchtlinge mussten die Kriegsfolgen der Vertreibung erleiden und wurden dann so behandelt! Freilich litt jeder Deutsche am verlorenen Krieg auf irgendeine Weise. Wir Heimatvertriebenen saßen aber dennoch in einem anderen Boot. Dass Frauen mit kleinen Kindern so schlecht untergebracht wurden, empfand ich als Schmach.

Als ich meinem Zorn Luft gemacht hatte, bat ich die beschämten Beamten um einen Passierschein für Bayern. Dieser wurde mir auch ausgestellt, weil ich hier geboren war und Verwandte hatte. Ich wollte nicht noch eine Nacht in dem verwanzten, früheren Gefangenenlager schlafen.

Weiterfahrt nach Regensburg - Station in einem Altersheim Annelie schwer krank

Im Polizeibüro in Selb wartete ich, bis wieder ein Lastauto kam und uns nach Regensburg mitnahm.

Es war schon neun Uhr abends, als wir dort ankamen. Wir brauchten wieder eine Herberge für die Nacht.

In der Stadt traf ich auf zwei Soldaten. Einer hatte einen Arm und der andere ein Bein im Krieg verloren. Ich fragte sie, ob sie mir suchen helfen, ein Nachtquartier zu finden. Sie erkundigten sich und fanden in einem Altersheim ein Zimmer für uns.

Bis dort hin begleiteten sie uns.

Die Frau Oberin stellte mir einen Spirituskocher zur Verfügung. Da konnte ich für Annelie endlich eine Suppe kochen.

Wir durften bleiben, bis Annelie den Typhus überstanden hatte. Beide Kinder bekamen meine Muttermilch. Für Annelie drückte ich sie ab.

Weiterfahrt über Deggendorf nach Regen

Nach etwa acht Tagen erholten wir uns so weit, dass ich wieder weiterziehen konnte. Die Frau Oberin gab mir zwei Männer mit, die mir tragen halfen und mich zum Zug in Richtung Deggendorf begleiteten. Sie sagte beim Abschied: „Wir dachten nicht, dass Sie die kleine Annelie durchbringen würden, so krank wie sie war.“

In Plattling mussten wir umsteigen. Hier fiel ich als Flüchtlingsfrau mit den beiden Kinderwägen am Bahnsteig schon auf. Der Flüchtlingsstrom war bis zum Tor des Bayerischen Waldes erheblich versiegt.

Der Schaffner half mir, mit den Kinderwägen in den Zug nach Deggendorf und Richtung Regen umzusteigen.

Ich musste an die Zeit denken, als ich das letzte Mal vor meinem Umzug nach Königsberg im August 1930 in dieser vertrauten Gegend war. Welch 15 leidvolle, aber zuletzt auch noch glückliche Jahre waren seitdem verstrichen.

In Regen stieg ich aus dem Zug. Mit meinen Kindern in ihren Kinderwägen machte ich mich langsam auf den Weg zu meinem älteren Bruder Georg. Einen Wagen zog ich, den anderen schob ich. Darüber lagen die wenigen Habseligkeiten.

Schorsch, wie ich ihn nannte, bewirtschaftete dort eine kleine Landwirtschaft, in die er eingeheiratet hatte. Er brachte uns notdürftig unter. Wir konnten eine Woche bleiben. Das war viel für ihn und seine Familie, denn es ging ihnen selbst nicht so besonders gut. Danach musste ich wieder weiterziehen.

4. Ankunft in Bodenmais im Juni 1945

Herbergssuche Anfang Juni 1945

Ich habe mich bewusst keinem organisierten Flüchtlingstreck angeschlossen. Irgendwo hingebracht zu werden, das wollte ich nicht. Seit ich auf eigene Faust auf die Flucht gegangen war, hatte ich mein Ziel immer selbst bestimmt. Das war meine Heimat im Bayerischen Wald. Hier hatte ich mich für die Zeit nach dem Krieg mit Gustav verabredet!

Ganz alleine musste ich sehen, wie ich weiterkomme und eine Unterkunft finde.

Nachdem ich meinem Bruder in Regen nicht länger zur Last fallen konnte, packte ich wieder unsere Sachen zusammen und fuhr mit dem Bus nach Bodenmais. Dort hoffte ich, bei meiner Tante, der Schwester meiner Mutter, einstweilen bleiben zu können.

Sie konnte mich aber mit den Kindern auch nicht aufnehmen, weil ihr Sohn geheiratet hatte und für seine junge Familie selbst eine Wohnung benötigte.

Ich war verzweifelt. Wo sollte ich jetzt hin? Meine Schwester in Zwiesel brauchte ich gar nicht zu fragen. Sie wohnte so beengt, dass sie uns auf keinen Fall aufnehmen konnte.

Als einzige Möglichkeit schien mir, beim Bürgermeister um Hilfe zu bitten. Dieser schickte mich zu einem Gasthof. Da gab es ein Zimmer für Reisende, die meist nur eine Nacht blieben.

Im Gasthof bat ich um eine Bleibe. Die Gastwirtin musterte mich und meine Kinder, drehte sich um und murmelte beim Weggehen: „Das Zimmer brauche ich für Vorüberziehende. Für Flüchtlinge habe ich keinen Platz.“

Da stand ich nun mit meinen kleinen Kindern und fühlte mich wie eine Aussätzige.

War es nicht schon genug, was ich bisher erdulden musste?

Mir fiel jetzt nur noch der Pfarrhof als Anlaufstelle ein. Ich trug dem Pfarrer mein Anliegen vor. Er konnte mir aber auch nicht helfen. Für die Flüchtlingsunterbringung sei er nicht zuständig, sagte er.

Gegenüber dem Pfarrhof, bei dem ehemaligen Cafe G., befand sich die amerikanische Kommandantur. Mit dem Mut der Verzweiflung ging ich hinein und schilderte dem Kommandanten meine schlimme Lage. Ein paar Brocken Englisch konnte ich ja noch. Er schickte uns wieder zum Bürgermeister und gab mir zur Begleitung einen Soldaten mit geschultertem Gewehr mit.

„Frau muss Zimmer haben!“, herrschte er den Bürgermeister an. „Ich habe die Frau schon zum Gasthof geschickt. Wenn dort kein Platz ist, kann ich auch nichts machen!“, gab er zur Antwort.

Der Soldat hatte aber einen Befehl zu erfüllen und ging mit mir zum Gasthof. Beim Anblick des bewaffneten amerikanischen Soldaten konnte mich die Wirtin nicht mehr abweisen. Sie führte uns über eine Treppe hinauf in ein kleines Zimmer. In diesem befanden sich ein eisernes Bett mit einer Seegrasmatratze, ein Stuhl, ein kleines Tischchen und ein Gestell mit eingehängter Waschschüssel und Seifenschale. 50,-- Mark sollte es im Monat kosten. Ich bedankte mich bei der Wirtin und dem Soldaten und beide verließen wortlos das Zimmer.

Meine Not war so groß, dass ich über diese einfache Bleibe zunächst unsagbar froh war!

Die erste Juniwoche war schon vorüber, als wir in diesem Zimmer angelangt waren!

Gleich öffnete ich das Fenster und atmete erst einmal tief ein. Dann nahm ich meine weinenden Kinder aus den Wägen, legte sie auf das Bett, zog sie aus, wickelte und stillte sie nacheinander. Meine Muttermilch ernährte sie beide.

Mitte Mai haben wir das Sudetenland verlassen. Fast vier Wochen voller Strapazen lagen hinter uns. Ich wusste nicht, ob und wo mein Mann lebte. Edeltraut war verschollen. Meine kleinen Kinder befanden sich in einem kläglichen Zustand. Welch lebensbedrohliche Krankheiten und Ängste haben diese kleinen Kinder bisher schon durchmachen müssen! Annelie war zwei Jahre und vier Monate, Karin erst zehn Monate alt.

Kurze Nachschau

Ein paar Tage später kam der amerikanische Soldat in das Gasthaus, um nach mir und den kleinen Kindern zu sehen. Ob ein Befehl der Grund war, weiß ich nicht. Er blieb nur kurze Zeit im Zimmer stehen und wir wechselten ein paar Worte. Als er wieder hinausging, brummte er: „The window up!“. Nun, die Windeln hingen eben gerade zum Trocknen im Zimmerchen herum. Sofort öffnete ich das Fenster. Er schaute über seine Schulter zu mir zurück und schien ganz verwundert darüber zu sein, dass ich seine Worte verstanden habe.

Er kam nicht wieder.

Wochen des Hungerns

Wir hatten ein Dach über dem Kopf! Woher bekommen wir aber Nahrung? Es gab nur auf Lebensmittelmarken etwas zu kaufen. Die Bezugsscheine reichten aber nicht zum Leben und nicht zum Sterben.

Mein Glück war, dass neben meinem Zimmer eine schlesische Kaminkehrerfrau wohnte. Deren 14 und 16 Jahre alten Söhne arbeiteten in der Küche der amerikanischen Besatzungssoldaten. Sie hatten sich in einem Gasthaus einquartiert. Die Buben brachten in Blechbüchsen ab und zu eine Suppe mit und ich bekam manchmal einen Teller ab. Diese Hilfsbereitschaft hat mich vor dem ärgsten Hunger gerettet.

Wenn ich tagelang kein Essen hatte und meine Kinder trotzdem meine Muttermilch von mir bekamen, hatte ich schon Schwächeanfälle und Todesahnungen. Meine Vorräte an Mehl, Grieß und Zucker nahmen mir ja schon die Russen auf der Zugfahrt nach Karlsbad mit den Kleidern weg. Nur ein wenig Puderzucker war mir noch geblieben. Den hielten die Plünderer für Soda!

Gerne hätte ich bei Bauern um Essbares gebeten, aber ich wollte meine beiden kleinen Mädchen nicht alleine lassen. Mit zwei Kinderwägen wäre ich in meiner schlechten Verfassung und auf den holprigen Straßen nicht weit gekommen. „Wenn nur mein Mann bald kommen würde!“, dachte ich voll Sehnsucht in meiner Not.

Trost nach verzweifeltem Flehen zu Maria in der Pfarrkirche

Nach der kräftezehrenden Flucht und dem etwa zwei Monate dauernden Elend war ich körperlich und seelisch am Ende. In meiner Verzweiflung lief ich in die Kirche und kniete mich vor dem Bildnis der Mutter Gottes nieder. Ich bat sie inständig um Hilfe, denn als letzter

Ausweg schien mir fast nur noch der Tod meiner Kinder und mir. In Gedanken sah ich uns schon im Blut liegen.

Als ich schrecklich weinend und im flehentlichen Gebet in mich versunken in der Kirchenbank kauerte, war mir, als ob ich eine leise Stimme an meinem Ohr sprechen hörte: „Kind sei ruhig, dein Mann ist unterwegs.“ Dann sah ich wie in einer Vision meinen Mann auf einer Landstraße marschieren.

Nach dem Weinkrampf fühlte ich mich vollends erschöpft. Wie betäubt kehrte ich in meine Unterkunft zurück. Ich vermochte kaum zu glauben, was mir die leise Stimme zuflüsterte. Zu wunderbar schien mir der Gedanke, dass Gustav nicht mehr weit sei. „Das wäre unsere einzige Rettung!“, dachte ich mit einem fahlen Hoffnungsschimmer im Herzen.

Teil IV: Neue Heimat unserer Familie in Bodenmais

1. Ankunft Gustavs Ende Juli 1945

26. Juli 1945 – Erstes Wiedersehen nach dem Krieg

Am Tag nach meinem Gebet in der Kirche stillte ich Karin und saß dabei im Bett.

Da klopfte jemand an die Türe. Ich rief durch die verschlossene Türe: „Wer ist da?“ Der Junge von nebenan erwiderte: „Frau Thamm, Ihr Mann ist da.“

Ich konnte es nicht glauben und gab keine Antwort. Da klopfte er noch energischer. „Wer ist da?“, rief ich schon ungehalten, da ich beim Stillen nicht gern gestört wurde.

„Ich!“, hörte ich jemanden ernst sagen. Mein Herz raste vor Freude. Ich erkannte an dem einzigen Wort sofort die Stimme meines geliebten, so sehnlich erwarteten Mannes. Jetzt sprang ich, mit Karin an der Brust, sofort auf, legte sie zurück aufs Bett, rannte zur Türe und sperrte sie zitternd auf.

Da stand mein Gustav, mit einer Tüte in der Hand, vor der Türe! Mein Schutzengel war da!

Wir umarmten uns schluchzend im Flur.

Als wir uns gefasst hatten, zog ich Gustav in das Zimmer. Ich nahm seine Tüte entgegen und stellte sie auf den Boden.

Wir küssten uns gegenseitig immer und immer wieder die ausgemergelten Gesichter. Gustav streichelte meine Wangen und murmelte: „Herzl,...wie..... siehst.....du.....aus!“.

Später erzählte er mir, dass er aus der Gefangenschaft geflohen war. Mit viel Glück konnte er dem Weitertransport nach Frankreich in einem Kohlenwagen entkommen. Er musste uns doch suchen! Wir brauchten ihn ja so dringend! Sonst wäre er jetzt nicht hier.

In seinen ernsten Zügen konnte ich die schlimmen Erlebnisse des Kriegsendes erahnen. Wochenlang befand er sich in amerikanischer Gefangenschaft. Zehntausende Soldaten wurden auf freiem Feld zusammengepfercht. Die Männer gruben sich Erdlöcher, um vor der Witterung geschützt zu sein. Manche Bewacher schossen über den Kopf hinweg, sobald sich jemand daraus vorsichtig erhob.

Aber Gustav hatte den Krieg unversehrt, mit heilen Gliedern, überstanden! Nur das zählte für mich! Was haben wir seit unserer Trennung am 13. Januar alles durchmachen müssen!

Wie ein Landstreicher trug mein Mann seine ganze Habe nur in einer Tüte. Seine Kleidung war durchgeschwitzt, schmutzig und abgenutzt, sein schönes Gesicht verunstaltete eine Bartflechte. Unwichtig war, wie bettelarm und elend er ankam. Bettelarm und elend, genau so war ja auch ich.

Das Gefühl des Verlassenseins aber hatte für uns Liebende ein Ende. Nun konnten wir gemeinsam weiterkämpfen und einer für den anderen sorgen.

Gustav nahm unsere kleinen Töchter in die Arme. Er hatte sie seit der Wegfahrt aus Posen nicht mehr gesehen. Das war jetzt fünf Monate her. Wortlos, innig und fast ehrfürchtig drückte er sie an sich, wie er es später auch immer bei Begrüßungen und Abschieden tat. Dann legte er sie ergriffen und behutsam wieder ins Bett zurück.

Auch für Gustav war das Wichtigste, dass unsere Kinder und ich die zurückliegende Odyssee heil überstanden hatten. Durchgekommen zu sein, nur das zählte jetzt noch.

Die Sorge um meine vermisste Tochter Edeltraut beeinträchtigte aber unsere Freude unendlich.

Wir hofften aber gemeinsam, dass auch sie Gott beschützen würde.

Gustav setzte sich, müde vom langen Marsch bei brütender Sommerhitze auf der staubigen Landstraße, auf den einzigen Stuhl und nahm mich auf seinen Schoß. Eng umschlungen sprudelte es aus uns heraus, was uns in den vergangenen Monaten widerfahren war und wie wir uns durchgeschlagen haben.

Unfassbar schien uns das geglückte Wiedersehen in meiner bayerischen Heimat.

Bei den Gemeindeämtern in Regen und Bodenmais, die meine erste Anlaufstelle waren, bekam er meine Adresse genannt.

Mein Mann hatte in meiner allergrößten Not, als ich am Ende meiner Kräfte schon nicht mehr weiter wusste, an meine Zimmertüre geklopft!

Der Krieg und die Flucht, die mich seit dem 15. Mai 1945 von Weißkirchlitz aus über Karlsbad, Falkenau, Asch, Selb, Regensburg, Deggendorf und Regen nach Bodenmais führte, waren durch Gustavs Ankunft zu Ende. Er hatte mich in meiner Heimat gesucht, wie wir es vereinbart hatten.

Am 26. Juli 1945 durften wir unser gemeinsames Leben durch Gottes Hilfe wieder fortsetzten. Diesen Tag haben wir nie vergessen.

Gemeinsames Essen nach langer Trennungszeit

Nun entsann sich mein Mann, dass er in seiner Tüte etwas mitgebracht hatte. Es waren zwei Kochwürste. Durch einen seltenen Zufall hat er sie geschenkt bekommen. Gustl erzählte mir, wie er auf der Wanderschaft hierher durch Deggendorf ging, schrecklichen Hunger hatte und nach etwas zu essen suchte.

Da kam er an einem Gasthaus vorbei. Vor dessen Eingangstüre stand ein Mann mit einer weißen Jacke und Schürze. „Das könnte ein Metzger sein!“, dachte er und ging auf ihn zu. Beide sahen sich an. Plötzlich erkannten sie sich. Sie stellten verblüfft fest, dass sie in der einstigen Heimat im Sudetenland Nachbarn waren. Sie umarmten sich und waren überrascht über das ungeahnte Zusammentreffen.

Der Nachbar hatte eine Arbeitsstelle als Metzger im Gasthof gefunden und sagte: „Komm rein! Du hast sicher Hunger! Ich habe zwei Würste. Die kann ich nicht mehr verkaufen, weil sie geplatzt sind. Du kannst gleich davon essen und den Rest mitnehmen.“

Gustav ließ sich das nicht zweimal sagen, denn er hatte großen Hunger. Nach der Brotzeit konnte er nun gestärkt und mit kostbarem Proviant in der Tüte die Suche nach uns fortsetzen.

Lange hatte ich so etwas köstlich Duftendes nicht gegessen! Da saßen wir, knapp dem schrecklichen Griff des Schicksals entronnen, mit einem Stück Wurst in der einen Hand und einem Kanten Brot in der anderen, auf der harten Bettkante. Das kleine Tischchen mit einer Blechdose Wasser darauf, stand vor uns. Als Geschenk des Himmels kauten wir andächtig ein kleines Stück Wurst. Morgen, übermorgen und vielleicht noch einen Tag länger würden wir mit den Würsten auskommen und zu essen haben! Welche Seligkeit!

Ende Juli 1945 – Gustavs Anmeldung bei der Gemeinde

Gustav erledigte bald die Anmeldeformalitäten auf dem Gemeindeamt. Seit Juli 1945 sind wir also in Bodenmais als Einwohner gemeldet.

Als nächstes sorgte mein Mann dafür, dass wir eine Kochgelegenheit bekamen.

Er ging zum Herrn Bergrat K. vom Bergamt und schilderte ihm unsere trostlose Lage in dem kleinen Gastzimmerchen, in dem wir uns nichts kochen konnten. Dieser hatte Mitgefühl und stellte Gustav einen Bezugsschein für einen Kanonenofen aus. Den Ofen musste er aus Straubing mit einem Fuhrunternehmen holen.

Nun bestand aber das Problem, dass unser Zimmer keinen Kaminanschluss hatte.

*Ende August 1945 - Neue Bleibe -
Ende der allergrößten Not*

Wir lebten jetzt zu viert in einem kleinen Zimmer, schliefen nur in einem einzigen zur Verfügung stehenden Bett und hatten keine Heizgelegenheit. Da kam uns wieder der Zufall zu Hilfe.

Gustav streifte durch den Wald und suchte Beeren. Dabei traf er einen alten Mann. Er kam mit ihm ins Gespräch und erzählte ihm unsere missliche Lage. „So könnt ihr nicht länger leben!“, war seine mitfühlende Antwort. „Ich rede mit meiner Frau. Wir haben in unserem kleinen Haus eine Rumpelkammer unter dem Dach. Die machen wir für euch zurecht. Ein Kamin ist auch darin. Da könnt ihr zunächst einmal leben.“

Mein Mann kam mit der frohen Nachricht aus dem Wald. Ich konnte es kaum glauben, dass ein Mensch uns so einfach helfen will.

Der alte Mann hatte seiner Frau von unserer Not erzählt. Auch sie war einverstanden, uns ihre Kammer zur Verfügung zu stellen. Gustav half, sie auszuräumen und herzurichten.

Es waren ein Schrank, zwei alte Matratzen, ein Tisch, zwei Stühle, ein kleines Regal und eine große Waschschüssel vorhanden. Die mildtätige Hausfrau lieh uns sogar noch eine Zudecke.

Bei meiner Tante fragte ich nach, ob sie uns Bettwäsche für den Anfang geben könnte. Sie suchte in ihren großen Schränken zwei Bezüge heraus und gab sie uns mit.

Am anderen Tag konnten wir einziehen und auch unser Öfchen anschließen!

Endlich war ich in der Lage, uns wenigstens eine Suppe zu kochen. Gustl sammelte im Wald Beeren und Pilze, brachte mit Lebensmittelmarken etwas zum Essen. Was fehlte, erbettelte er sich von einigen Bauern. Unermüdlich nahm er weite Fußmärsche in Kauf, um für seine Familie das Überleben zu sichern.

Die allergrößte Not hatte ein Ende!

Neubeginn nach dem Krieg - Ab 1945 immer wieder Arbeitslosigkeit

Gustav war nach seiner Ankunft in Bodenmais arbeitslos. Da er Schreinermeister war, beschaffte er sich nach und nach bei Handwerkern in der Nähe gebrauchte Werkzeuge. Die fehlenden fertigte er sich selbst an, z. B. Schraubzwingen und alle möglichen Griffe und Halterungen für Sägen. Er war handwerklich sehr geschickt und phantasievoll. So konnte er wenigstens kleinere private Aufträge und Reparaturen für ein wenig Geld übernehmen und sich eine kleine Existenz aufbauen. Dazu musste er allerdings auch oft weiter weg fahren und ich war mit den Kindern ein paar Tage allein. Auf diese Weise hielten wir uns aber notdürftig über Wasser.

So sah unser Neubeginn nach dem Krieg aus!

Ausblick in das Arbeitsleben Gustavs ab 1947

Erst ab 01.01.1947 bekam Gustav Arbeit bei der Firma „Bayerwaldkunst Zwiesel“. Dabei schreinerte er für eine Glasschleiferei, deren Besitzer ebenfalls Heimatvertriebener war, Rahmen für Bilder, Spiegel und Tabletts. Die Anstellung dauerte leider nur bis zum 31.01.1948, also genau ein Jahr.

Nun folgte eine noch längere Zeit ohne feste Anstellung. Wir lebten vier Jahre lang durch den schmalen Erlös kleiner Schreineraufträge nur von der Hand in den Mund. Am 26.11.1951 erhielt Gustav Arbeit bei der Schreinerei L. in Zwiesel. Sie fand jedoch am 28.06.1952, nach nur sieben Monaten, ein bestürzendes Ende. Beim Holzhacken erlitt Gustav einen Unfall und büßte die Sehkraft seines rechten Auges ein. Er konnte seinen erlernten Beruf nicht mehr ausüben und verlor seine bisherige Verdienstmöglichkeit.

Durch glückliche Umstände erhielt Gustav ab dem 09.02.1953 eine Festanstellung bei der Allianz Versicherung München, bei der er bis zu seiner Pensionierung 1977 verdienstvoll arbeitete.

September 1945 - Ein Schuppen zum Schreinern

Da ich die Kinder jeden Tag spazieren fuhr, kam ich oft mit Frauen ins Gespräch. Eines Tages traf ich Frau R. und fragte sie: „Können Sie mir sagen, wer einen Platz hat, in dem mein Mann etwas schreinern kann? Dann könnte er etwas Geld verdienen. Er würde auch eine Miete dafür bezahlen.“

„Ja, meine Mutter hat einen schönen, großen Schuppen. Da ist sogar ein Brunnen drin.“, gab sie mir zur Antwort.

Gustav ging zu Frau R.s Mutter und sprach mit ihr. Frau M., eine gute, alte Frau, war einverstanden mit der Benutzung des Schuppens durch Gustav, wenn er ihrem Sohn, der heiraten wollte, ein Schlafzimmer machen würde. Gustav schreinerte ihm ein schönes Bauernschlafzimmer.

Nun konnte mein Mann auch für uns ein eigenes Schlafzimmer anfertigen. Das geliehene kam wieder auf den Speicher von der guten Familie Sch. zurück. Nach und nach tauschte Gustav die Einrichtung des Zimmers mit seinen handgeschreinerten Möbeln aus. Wie freuten wir uns über jedes einzelne Kästchen!

Jetzt brauchten wir noch eigene Federbetten.

Inzwischen hat Annelie das Laufen gelernt. Ich konnte sie schon an die Hand nehmen und mit Karin im Sportwagen spazieren gehen. Da lernte ich eine Frau kennen, die ein Kind erwartete und noch keinen

Kinderwagen hatte. Annelies Kinderwägelchen brauchte ich nun nicht mehr dringend und ich tauschte es für ein Oberbett mit der Frau aus.

Nun fehlte mir noch ein zweites Oberbett. Ich fuhr nach Zwiesel zu meiner Stiefschwester und fragte sie, ob sie mir ein solches besorgen könnte. Sie sagte, dass sie ein Bett übrig hätte. Dafür solle ihr mein Mann Gustav einen Küchenschrank schreinern. Damit waren wir einverstanden und es war uns allen geholfen.

Wir waren stolz, schon ein komplettes Schlafzimmer zu haben.

Als die Schlafzimmer fertig waren, machte Gustav hübsche, ausziehbare Nähkästchen. Per Anhalter fuhr er aufs Land und tauschte für ein Kästchen, wofür er ein paar Tage hingearbeitet hatte, Lebensmittel ein. So kamen wir über die Runden.

Eines Tages hielten ihn Schwarzhandel-Kontrolleure auf. Außer Ware auf Lebensmittelmarken durfte man nichts haben. Zwei Polizisten trafen Gustav mit etwas Speck, Eiern und Butter an. Sie wollten ihm seinen Tausch abnehmen. Gustav war aber so wild entschlossen, die so schwer erarbeiteten Lebensmittel, auf die seine hungernde Familie daheim so angewiesen war, zu verteidigen, dass sie ihr Vorhaben aufgaben und ihn ziehen ließen.

Er erzählte mir daheim, dass er gedroht hatte, einen von den beiden Polizisten totzuschlagen, wenn sie ihm etwas wegnehmen würden. Da hatte er wohl ein wenig übertrieben. Allerdings konnte mein guter, sanfter Gustav aber auch sehr kämpferisch und energisch sein, wenn er eine Bosheit nicht hinnehmen wollte.

Ein anderer Mann hatte nicht so viel Glück. Beim Spaziergang sprach ich mit Frau E.. Sie stammte aus Bodenmais, heiratete in München einen Rumänen und kam in ihren Heimatort zurück. Sie hoffte, hier für ihre Familie mit den fünf Kindern mehr zum Essen vorzufinden als in der Stadt. Ihr Mann wurde von den Polizisten mit acht Eiern, einem Pfund Butter, etwas Speck angetroffen und festgenommen. Er hatte Flaschen, Büchsen, Alteisen und sonstigen Abfall gesammelt und für Lebensmittel eingetauscht, damit er seine Kinder satt bekam. Die Lebensmittel wurden ihm weggenommen, er wurde angezeigt und bekam eine sechsmonatige Gefängnisstrafe. Ich war über das Geschehene so entsetzt, dass ich mir überlegte, wie ich der Familie helfen könnte.

Am anderen Tag entschloss ich mich, nach Zwiesel zur amerikanischen Kommandantur zu fahren. Dort fragte ich nach dem Kommandanten. Diesem erzählte ich die Geschichte von der Familie E. und bat ihn, sich von ihrer Not an Ort und Stelle zu überzeugen. Das tat er auch. Der Vater wurde freigelassen, und die Familie bekam die konfiszierten Lebensmittel wieder zurück.

2. Ein eigenes Dach über dem Kopf 1946

Angebot und Kauf eines unfertigen Häuschens

Wir lebten in dem einen Stübchen bei Familie Sch. vom Juli 1945 bis November 1946, also ein Jahr und vier Monate lang. Annelie war nun drei Jahre und neun Monate, Karin zwei Jahre und drei Monate alt geworden.

Das einzige Zimmer war doch zu klein für uns und die größer gewordenen Mädchen. Eines Tages nahm ich mir vor, nach Zwiesel zum amerikanischen Kommissar zu fahren. Alle Behörden waren noch in amerikanischer Hand. Dort wollte ich um eine andere Wohnung bitten. Als ich gerade die Treppe hinuntergehen wollte, rief mir Gustav vom Hauseingang unten entgegen: „Bleibe oben, ich komme mit jemandem zu dir hinauf."

Herr M., so hieß unser Besuch, machte uns das Angebot, sein Häuschen zu kaufen. Es war erst im Rohbau fertig.

Ich habe gedacht, mich trifft der Schlag vor Freude!

„Das darf ja nicht wahr sein! Jeden Tag sehe ich von meinem Fenster hinüber und verfolge, wie Sie das Häuschen bauen. Gerade so eins hatte ich mir gewünscht, denn das würde uns genügen. Und auf einmal stehen Sie da und bieten uns ihr Häuschen zum Kauf an. Es ist nicht zu fassen!"

Ich musste mich erst einmal hinsetzen und mich beruhigen.

Wir erfuhren nun, dass Herrn M. das Geld zum Weiterbauen ausgegangen war. Er schaffte es nur, einen kleinen Keller aus Granitsteinen und zwei Räume aus Holz bis zum Rohbau zu bauen. Das Grundstück sei 500 qm groß, steinig und felsig. Ein lebensnotwendiger Brunnen in der Nähe des Hauses gehöre auch dazu.

Dann fragten wir nach dem Preis. Fünftausend Mark wollte der Mann haben.

Gustav nahm mich beiseite und flüsterte mir zu: „Willst du so viel Geld hergeben?“

Meine prompte Antwort war: „Vier Wände, die uns gehören, die machen uns reich. Da können wir nicht mehr vertrieben werden. Eine Inflation kommt sowieso. Es gibt nur noch etwas auf Marken. Was sollen wir mit dem Geld sonst anfangen? Schau, ein Pfund Butter kostet schon 300, ein kleines Stück Speck 150 und eine einzige Zigarette 10 Reichsmark. Dabei musst du noch Glück haben, überhaupt etwas dafür zu bekommen. Mit dem Haus ist unser Geld jedenfalls gut angelegt.“

Das überzeugte Gustav schließlich.

Gemeinsam machten wir uns auf und nahmen das Haus eingehend in Augenschein. Es gefiel uns, obwohl es erst im Rohbau dastand.

Nach einigem Hin und Her einigten wir uns auf viertausend Mark. Wir waren alle zufrieden. Herr M. war froh, mit dem Geld eine Weile leben zu können.

Zum Glück konnten wir auf mein früher Erspartes und das Geld von Muttl, das sie mir vor der Flucht noch zusteckte, zurückgreifen. Für dieses Geld, das ich durch das Verstecken in den Windeln der Kinder vor Plünderungen retten konnte, bekamen wir in dieser Zeit ohnehin nicht viel zum Leben. Wir lebten nur von Lebensmittelkarten und von kleinen Schreinerarbeiten Gustavs, die er gegen Essbares eintauschte.

Einen meiner vier Anzugsstoffe und einen Mantel Gustavs gab ich Herrn M. noch dazu. Er sollte mit dem Handel zufrieden sein. Diese Stoffe ersetzten auf der Flucht die Kinderwagenmatratze. So konnte ich sie retten.

Gustav hatte die Stoffe von seinem Bruder Laurenz, der Schneidermeister war, bekommen. Dafür half er ihm beim Bau des Wochenendhauses in Zinnwald. Ein Jahr lang haben die Brüder in jeder freien Minute daran gearbeitet. Nicht weit von Teplitz-Schönau entfernt wäre es ideal zur Erholung gewesen.

(Laurenz war jahrelang als Kriegsgefangener in Sibirien. Als er einige Zeit nach seiner Entlassung den Ort in der Tschechei aufsuchte, fand er nur noch verkohlte Reste vor. Darüber war er sehr traurig.)

Weiterbau des eigenen Häuschens

Also brauchte ich nicht mehr nach Zwiesel zu fahren, um nach einer anderen Bleibe zu fragen! Wir waren glücklich! Unser Traum wurde wahr!

Gustav fing umgehend an, das halbfertige Häuschen beziehbar auszubauen. Alle Holzarbeiten konnte er glücklicherweise selbst ausführen. Er schreinerte die kleinen Fenster, die Innen- und Außentüre, legte Bretterfußböden und Stufen ins Freie. Neben dem Haus grub er eine Sickergrube und zimmerte das Klohäuschen mit Herz darüber.

Herr M. kam öfter wie zufällig am Grundstück vorbei und beobachtete, wie Gustav arbeitete. Er war neugierig zu sehen, was aus dem Haus wurde. Wir dachten uns nichts dabei.

Im Wald durften wir unentgeltlich trockenes Astholz zusammenlesen. Mit einem Handwagen holten wir es zum Haus, wo Gustav es nach und nach zu Brennholz zersägte oder es nur in Stücke hackte, je nach Astdicke.

Einmal rief ein Holzhauer Gustav im Wald gutmütig zu: „Miak aaf, dass da da Krah net nochi dout. Du zahst eam ja s Nest a no davo!"

So dünn schien ihm, der andere Maße gewohnt war, das gesammelte Holz Gustavs zu sein. Stammholz konnten wir uns aber wegen des teuren Transportes und Sägens mit der Bandsäge nicht leisten.

Bis zu unserem Einzug gab es also noch eine Menge zu erledigen. Gustav arbeitete sehr hart und schreckte vor keiner Arbeit zurück, um seiner Familie ein eigenes Dach über dem Kopf bieten zu können. Zum Glück war er körperlich dazu in der Lage und wusste sich in allem so gut zu helfen! Er konnte sein ganzes praktisches Können äußerst geschickt und kreativ beim Ausbau anwenden.

Wir brauchten keinen anderen Handwerker. Nur zum Setzen des Schornsteines benötigten wir noch einen Maurer!

Von Natur aus lag meinem Mann zwar mehr die Arbeit am Schreibtisch, aber er überwand sich uns zuliebe. In unserer Situation ging es nicht anders. Wir mussten uns selbst irgendwie helfen und hatten das Glück, es entsprechend unseren damaligen Bedürfnissen auch zu können.

Umzug in unser Häuschen - Beziehen zweier Räume 1946

Bei Familie Sch. wohnten wir ein Jahr und vier Monate lang in einem einzigen, kleinen Dachzimmer. Wir waren immer dankbar für die großherzige Aufnahme in unserer größten Not und blieben weiterhin in gutem Kontakt.

Nun aber hatte uns das Schicksal zu eigenen vier Wänden verholfen, einem Häuschen mit nur zwei Zimmerchen. So klein es war, ermöglichte es uns aber persönliche Freiheit und Unabhängigkeit, die wir für unsere individuelle Lebensführung so sehr benötigten. Darüber waren wir unendlich glücklich.

Am 15. November 1946 zogen wir bereits aus dem Dachzimmerchen in das kleine Häuschen um, obwohl wir es erst im August zuvor halb fertig gekauft hatten.

Unsere wenigen Habseligkeiten waren schnell auf den Leiterwagen aufgeladen und zu unserer neuen Heimat gebracht.

Mit frohem Herzen räumten wir sie bei spätherbstlich niedrigen Temperaturen in unser neues Zuhause ein. Das tat aber unserer Freude keinen Abbruch. Unseren eisernen Kanonenofen fütterten wir mit Astholz und unser kleines Stübchen wurde heimelig warm.

Nun konnten wir nach und nach vor Ort alles Fehlende ohne Eile herrichten.

Unser Grundstück mit dem Häuschen aus Holz, seinem kleinen Steinkeller darunter und dem dazugehörenden Brunnen daneben war für uns ein großer Reichtum. Nach dem schrecklichen Krieg, wo so viele Menschen kein eigenes Dach mehr über dem Kopf hatten, war es besonders beglückend, so etwas geschafft zu haben! Wir fühlten uns herausgehoben aus dem Heer der in irgendwelchen Lagern Gestrandeten und der frierenden Obdachlosen in den zerbombten Städten.

Unsere selbst geschreinerten Doppelbetten hat Gustav geteilt und Etagenbetten daraus gemacht. Auch die Kinderbetten stellte er übereinander und befestigte sie mit Latten. Wir stellten sie im hinteren Zimmerchen jeweils an eine Wand und fanden darin somit alle Platz zum Schlafen. An eine Hakenleiste neben der Türe hängten wir unsere Kleidung auf.

Das andere Zimmer diente als Wohnküche. Hier standen das Kanonenöfchen, ein Tisch, vier Stühle und ein Schrank.

Als Waschgelegenheit schreinerte Gustav ein schmales Gestell, in das er eine Schüssel einhängte. Darunter hatte ein Eimer für das Schmutzwasser Platz. Der körperlichen Hygiene konnte somit notdürftig aber ausreichend Genüge getan werden. Später kam ein Holztrog hinzu, in welchem wir hin und wieder baden konnten. Hierfür holten wir das Brunnenwasser eimerweise und erwärmten das notwendigste in einem Topf auf unserem Kanonenofen.

Diese zwei ärmlichen Räumchen waren unser neues Zuhause. Wir fühlten uns trotzdem glücklich. Unsere Kinder konnten auf eigenem Grund und Boden spielen und behütet aufwachsen.

Der Grundstein für ein unabhängiges Leben war für unsere Familie gelegt!

1946/47 - Der Hungerwinter in Deutschland

Das Land lag nach Kriegsende im Mai 1945 in Trümmern. Die Sieger teilten es in Zonen auf. Russland nahm den Osten, England den Westen, Amerika den Süden Deutschlands. Die Einflussbereiche unterstanden der Verwaltung durch die entsprechenden militärischen Behörden.

Es herrschte überall auf allen Gebieten des täglichen Bedarfes großer Mangel. Der Wert des Geldes sank auf niedriges Niveau. Tauschhandel, obgleich unter Strafe verboten, war an der Tagesordnung, denn für Geld gab es nur wenig. Ein Brot kostete z. B. auf dem Schwarzmarkt 100 Reichsmark.

Bei ihrer täglichen Versorgung war die Bevölkerung auf Lebensmittelkarten angewiesen, die nicht einmal die Grundbedürfnisse abdeckten. Auf Zuteilung gab es lediglich 3 g Fett und drei Scheiben Brot täglich. Die durchschnittliche Kalorienzuteilung wurde auf der schlechtesten Lebensmittelkarte für eine Person von 1 500 auf 800 kcal pro Tag herabgesetzt. Man nannte sie die „Sterbekarte“, da sie für das Überleben über einen längeren Zeitraum keineswegs ausreichte.

In der Ostzone mussten die wenigen vorhandenen Lebensmitteln auch noch mit den dort stationierten 500 000 russischen Soldaten geteilt werden. Aus Russland kam für ihre Versorgung keine Nahrungslieferung!

Im Gegenteil. ½ Million Tonnen Lebensmittel wurden aus dem daniederliegenden Land nach Russland geschafft, denn Stalin verlangte von der Ostzone Wiedergutmachung für die Kriegsschäden in Russland.

Weiter wurden Betriebe demontiert und tausende arbeitsfähige Männer und Frauen aus den besetzten Gebieten als Kriegsbeute nach Sibirien in Arbeitslager verschleppt. Pferde wurden beschlagnahmt, sogar die wertvollen Zuchtpferde aus den berühmten Trakehnergestüten Ostpreußens. Sie wurden als Fleischlieferanten nach Russland transportiert. Nur wer mit seinem Pferd in den Westen floh, konnte es für die Weiterzucht retten.

Deutschland sollte wirtschaftlich ausgeblutet werden. Sogar die mit den Russen paktierende SED-Regierung verlangte Erleichterung für die Ostzone, denn die Rationen reichten zum Überleben der Bevölkerung nicht aus. Es war unmöglich, sie weiter unter solch niedrigen Normen zu halten.

In die Westzone, das britisch besetzte Ruhrgebiet, kamen keine Lebensmittellieferungen mehr aus Mecklenburg-Vorpommern wie vor dem Krieg. Das Gebiet lag nun leider in der Ostzone. Die Ernährung der Bevölkerung stellte die Besatzungsmacht vor eine schwere Aufgabe.

Nur die Amerikaner verfügten in ihrer Zone noch über eine hinlängliche Menge von Getreide. Im November 1946 stand allerdings nur die Hälfte der sonst üblichen deutschen Getreideernte wegen der Kriegsauswirkungen zur Verfügung.

Auch in der Westzone mussten die Menschen mit 800 kcal täglich auskommen. Die Städter fuhren in Scharen zum „Hamstern“ aufs Land und bettelten bei den Bauern. Manche hatten aber den Spruch auf den Lippen: „Wir nehmen nichts, wir geben nichts.“, und verschlossen auch die Türe vor den Tauschwilligen. Bei anderen häuften sich jedoch auf den Speichern durch die Notgeschäfte wertvolle Antiquitäten und Teppiche. Kostbare Schmuckstücke wechselten oft schon wegen einem Stückchen Speck ihren Besitzer. Wohl dem, der wenigstens etwas Wertvolles als Gegenleistung anbieten konnte und noch gut zu Fuß war! Das war für unzählige Menschen überlebenswichtig.

Schon im Herbst 1946 kündigte sich ein harter Winter an. Im Dezember 1946 kam der Kälteeinbruch und es folgte ein strenger Winter. Die

Temperaturen sanken auf -20°C. Die Menschen hausten in den zerbombten Häusern, deren Heizungen nicht funktionierten.

In Leipzig war jeder fünfte Einwohner ohne Wohnung, im Ruhrgebiet waren sogar 80% der Häuser zerstört.

1946 feierten Millionen frierende und hungernde Menschen ein kärgliches Weihnachtsfest. Darunter befanden sich 500 000 Waisenkinder. Es galt nur, irgendwie zu überleben.

In seiner Silvesteransprache 1946/47 beklagte Kardinal Frings die schlechte Versorgung der Menschen. Er solidarisierte sich mit ihnen, indem er Verständnis für die Menschen zeigte, die sich aus dem Selbsterhaltungstrieb heraus illegal mit Heizmaterial versorgten, denn in den Wohnungen gab es nichts zum Heizen. Das Kohlenklauen von den Zügen herunter wurde nun spaßhaft als „Fringsen" bezeichnet. Im Osten war es besonders gefährlich, denn russische Soldaten bewachten die Züge.

In Leipzig mussten Betriebe bei -20°C wegen Kohlenmangels schließen.

In den Städten wurden Wärmestuben eingerichtet. Wer nicht zu schwach, zu krank oder zu alt war, um hier Zuflucht suchen zu können, hatte noch eine Chance und konnte sich glücklich schätzen. Viele Hilflose erfroren jedoch in ihren eiskalten Verschlägen. Nicht einmal in Krankenhäusern konnte geheizt werden. Die Sterberate war sehr hoch. 400 000 Menschen überlebten den Winter in Deutschland durch Hunger und Kälte nicht. Außerdem rafften Typhus, Ruhr und Tuberkulose viele Geschwächte dahin. Die vielen Gräber mussten in den gefrorenen Boden gesprengt werden. Selbstmorde waren an der Tagesordnung. Eine große Zahl Verzweifelter erhängte sich oder warf sich vor die Straßenbahn.

Die Kälte dauerte von Dezember 1946 bis Januar und Februar 1947 an. Der Verkehr brach durch den Frost zusammen. Der zugefrorene Rhein war für die Lastschiffe nicht mehr zu befahren. Sie saßen mit der Getreideladung fest. Deshalb gab es auch kein Brot mehr. Die Arbeiter in den Industriebetrieben streikten. Wie konnten sie etwas leisten, wenn sie hungerten? Sie forderten ausreichende Ernährung für alle. Die Briten fürchteten die Unruhen der Arbeiter im Ruhrgebiet, des wirtschaftlich bedeutenden Ballungszentrums.

Gustav Heinemann ordnete an, Kartoffelschnitzel freizugeben und mit Lastwägen das Getreide von den Schiffen zu holen. Tag und Nacht waren die Transporter nun unterwegs.

Der ehemalige amerikanische Handelsminister und Präsident Herbert Clark Hoover ließ verlauten, dass Deutschland nach dem Krieg wirtschaftlich beim schlechtesten Niveau seit 100 Jahren angelangt war. Das konnte nicht im Sinn der Siegermacht sein. Die so genannte Hoover-Speisung für Millionen unterernährter Kinder, besonders auch in Deutschland, wurde von ihm organisiert.

Der amtierende Präsident Harry Truman startete ein Hilfsprogramm für Westdeutschland.

„Carepakete" kamen für die Not leidende Bevölkerung aus England und Amerika.

Die amerikanische Besatzung beteiligte sich am Wiederaufbau ihrer Zone mit 200 und die britische mit 400 Millionen Dollar.

Die beiden Besatzungsmächte legten ihre beiden Zonen zusammen und gründeten die Bizone.

Das forderte den Protest der Russen heraus. Stalin wollte die Bizone auflösen.

Die Uneinigkeit in Bezug auf das Verfahren mit dem besiegten Land spaltete die drei Siegermächte. Der Kalte Krieg nahm seinen Anfang. Er spaltete Europa fast ein halbes Jahrhundert durch den Eisernen Vorhang in den kommunistischen Osten und den demokratischen Westen.

Im März 1947 setzte endlich Tauwetter ein. Die Temperaturen stiegen auf +12°C. Die Menschen atmeten auf. Sie hatten überlebt. Nur das zählte jetzt. Der Wiederaufbau begann unter großen Anstrengungen der Bevölkerung in Ost und West.

Strenger Winter 1946/47, erster Winter in unserem Häuschen

Während ganz Deutschland unter dem strengen Winter litt, viele Menschen verhungert und erfroren sind, verbrachten wir unseren ersten Winter in unserem kleinen Häuschen ganz allein auf uns gestellt.

Im Bayerischen Wald gab es viel Schnee und die Temperaturen sanken unter -20° C. Ich kann mich noch entsinnen, dass an der Türklinke der Außentüre innen ein Eisbart hing und ich mit der feuchten Hand daran festfror. An den Zimmerwänden glitzerten die Eiskristalle des Raureifs. Den ersten Siedlern in Kanadas Wildnis konnte nicht viel anders zumute gewesen sein, wenn sie überwintern mussten!

Wir sparten an Brennholz, denn das gesammelte Kleinholz verbrannte sehr schnell und es gab nur wenig Glut. In den beiden kleinen Räumen wurde es klamm. Alles, was wir an Kleidung hatten, zogen wir übereinander.

In der winterlichen Kälte blühten die bizarrsten Eisblumen an den Fenstern. Man konnte nicht hinaus- und nicht hereinschauen. Wir mussten uns ein kleines Guckloch hineinhauchen, um zu sehen, wie das Wetter war. Es dauerte aber nicht lange, und den Ausguck bedeckte wieder eine Eisschicht.

Bei einem dringenden Bedürfnis huschten wir trotz der Kälte hinaus in das Klohäuschen. Nachts liefen wir sogar nur barfuß in Pantoffeln durch den Schnee. Der angereifte Holzsitz lud nicht ein, länger als notwendig zu verweilen. An einem Nagel hing in Stücke gerissenes Zeitungspapier. Wenn der Mond durch das Herz in der Brettertür leuchtete, war es hell genug, es zu finden. Bei klarer Nacht musste ich mich auf dem Weg hinaus auch nicht zu sehr fürchten.

Mit der selbst gemachten Holzschaufel mussten wir mindestens fünfzehn Meter zum Brunnen hin einen Weg schaufeln und eimerweise das Wasser ins Haus holen. Es dauerte eine Weile, bis der Eimer voll war, denn das Quellwasser lief nur als fingerdicker Strahl aus einem Rohr. Also stellte ich den Eimer auf dem Brett darunter ab und ging wieder ins Haus, bis ich dachte, der Eimer sei voll.

Das Wasserholen vom Brunnen vor unserem Haus war mir nicht fremd, da ich als armes Bauernkind aufgewachsen war. Fließendes Wasser im

Haus kannten wir nicht. Die Hauptsache war, eine Wasserstelle in der Nähe des Hauses zu besitzen. Daher war ich so abgehärtet, dass mir Wind und Wetter so schnell nichts anhaben konnten. Nur so konnte ich alle Widrigkeiten durchstehen, die mir unser Leben abverlangte.

Gustav schreinerte einen schönen, großen Schlitten. Darauf hatten die beiden kleinen Töchter gut Platz. Ich packte sie in eine Decke warm ein, wenn wir uns auf den Weg machten. Zum Einkaufen und auch sonst fuhr ich sie fast jeden Tag abwärts in den Ort, denn unser Häuschen lag an der abschüssigen Straße zum Silberberg hin. Auch zog ich den Schlitten gerne auf dem größten Teil des ansteigenden Nachhauseweges hinauf. Manchmal schoben die Kinder den Schlitten mit der Einkaufstasche darauf alleine hoch und ich ging hinterher.

Durch die Holzzugschlitten der Holzhauer entstand eine schöne Schlittenbahn auf der sonst holprigen, steinigen Straße. Sie wurde erst einige Jahre später, zu Beginn des Fremdenverkehrs, geteert. Auf den breiten Kufenspuren, die oft vereist und schneebedeckt waren, rutschten wir abwärts gehend so manches Mal aus und fielen rücklings auf die Straße. Dann war ich heilfroh, wenn wir nur auf den Hintern und nicht auf den Hinterkopf gefallen waren.

Abends hörten wir, wie die Jugendlichen von Bodenmais bei Vollmond in klirrender Kälte von der damaligen Zwieseler Straße herunterrodelten. Mit Poltern und Grollen sausten die Schlitten knirschend auf der eisigen Bahn an unserem Häuschen vorbei. Das übermütige Lachen und Gekreische aus kräftigen Kehlen begleitete die rasanten Fahrten. Unten im Ort lief die Bahn bequem aus und dort machten die Jugendlichen wieder kehrt. Schwatzend zogen sie mit ihren Schlitten an unserem Haus vorbei, um sich oben im Wald erneut auf das Gefährt zu schwingen und bei freier Bahn johlend in den Ort zu rasen. Manchmal gingen wir vor die Türe und sahen den aus dem Dunkel schemenhaft hervorkommenden und rasant an uns vorbeiflitzenden jungen Leuten lachend nach. Ihre Lebensfreude war ansteckend.

Die kleine Holzschar vor dem Haus, welche Gustav im Herbst ofenfertig aufgerichtet hatte, war verschneit. Die einzelnen Holzstücke musste ich unter dem Schnee hervorziehen und gegeneinander klopfen. Auf dem Arm oder in der Schürze trug ich das schnee- und eisverkrustete Holz neben den Ofen und schlichtete es zum Abtauen zur Wand hin auf. Später beschafften wir uns eine Spanschwinge, in der es bis zum Verbrennen abtrocknen konnte.

Wenn das Holz im Kanonenöfchen knisterte, betete ich oft aus Dankbarkeit: „Lieber Gott, ich Danke Dir für die Kraft, die Du uns für unsere Aufgaben schenkst. Erhalte unsere Gesundheit, damit wir für uns sorgen können."

Als Karin im Februar 1947 zweieinhalb Jahre alt wurde, habe ich sie noch gestillt, für Annelie drückte ich die noch vorhandene Milch ab. Jetzt bekamen beide Kinder die mit Wasser verdünnte Milch. Ich kochte daraus für sie morgens Mehlmus und abends Grießmus. Auf diese Weise ernährte ich sie den Winter hindurch.

Zum Anziehen hatten wir im Winter nur, was mir auf der Flucht nicht geraubt wurde. Für diese frostigen Temperaturen waren die Kleidungsstücke nicht ausreichend. Gustav hatte werktags seine alte Uniform an, bis ihm ein Schneider einen Anzug aus dem grauen Stoff anfertigte, den ich im Kinderwagen während der Flucht versteckt hatte.

Gustav, Annelie und Karin 1948 nach dem Kirchgang

Als es wärmer wurde, trug Gustav diesen Anzug immer zum Kirchgang. Als die Töchter noch klein waren, nahm er sie links und rechts an die Hand und ging mit ihnen zur Messe. Bis ins hohe Alter gehörte bei ihm der Gottesdienst zum Sonntag dazu. Mein Mann sprach nicht viel darüber, er tat es einfach aus Dankbarkeit.

Eine herzensgute Frau

Auf unserem Weg in den Ort kamen wir immer am Häuschen von M. und ihrem Mann vorbei. Es lag auf halber Höhe der ansteigenden Schotterstraße. Hier machten wir gerne Rast und plauderten über den Gartenzaun ein wenig miteinander. Manchmal durften wir uns sogar in ihrer kleinen, gemütlichen Stube bei einem Teller Suppe aufwärmen und die Kinder spielten miteinander. Bei diesen gutherzigen, mitfühlenden Menschen, die selbst nicht gerade reich waren, fühlte ich mich verstanden.

Zum ersten Weihnachtsfest in unserem Häuschen hatte ich nichts, um unser Zimmer festlich zu schmücken. Am Hl. Abend klopfte es an unsere Küchentüre. Als wir zaghaft öffneten, stand M. draußen im Schneetreiben. Mit den Worten: „I bring eich a Bamal, weil ihr gar so arm seids.“, kam sie zu unserer Küchentüre herein. Sie übergab uns ein kleines, mit Kugeln, Kerzen und Lametta geschmücktes Fichtenbäumchen mit Holzständer. Wir waren gerührt über diese mitmenschliche Geste, die doch noch weihnachtlichen Glanz in unsere „Hütte“ brachte.

Das großherzige Wesen von M. und unsere Zuneigung zueinander begründete eine über Jahrzehnte andauernde Freundschaft. Wenn mir gerade vor den Festtagen das Herz schwer wurde, weil ich dann Edeltraut und Bruno besonders vermisste, hörte sie mir geduldig zu und weinte manchmal auch mit mir. Viele Jahre teilten wir Freud und Leid miteinander.

Januar 1947 Arbeit für Gustav

Am 01. Januar 1947 fuhr Gustav zum ersten Mal mit dem Zug zur Arbeit bei „Bayerwaldkunst" nach Zwiesel. Obwohl der Verdienst als Schreiner sehr mager war, waren wir froh um das regelmäßige Einkommen, mit dem wir rechnen konnten.

Mehrere Flüchtlinge, die einen Handwerksberuf für Glas, Keramik oder Holz erlernt hatten, fanden hier Arbeit. Gustav fertigte Rahmen für geschliffene Glastabletts und Spiegel an. Die erste Ausstellung für die Nachkriegserzeugnisse zur Zeit der amerikanischen Besatzung fand am 01.Nov. 1947 statt.

Gustav 1950 in seinem grauen Anzug

Herr M. will unser Häuschen zurückkaufen

Endlich war die schlimmste Kälte vorüber. Mit dem anbrechenden Frühjahr schmolz der Schnee und allmählich wurde es wärmer. In dieser Zeit, also nur einige Monate nach unserem Einzug in unser Heim, kam Herr M. zu uns. Er machte uns den Vorschlag, das Häuschen wieder zurückzukaufen, da er nur notdürftig mit seiner alten Mutter in der Wohnung leben müsse. Wir baten um Bedenkzeit.

Auf dem Weg zum Einkaufen kam ich mit einem alten Mann ins Gespräch, der auf dem Bachgeländer im Ort saß und erzählte ihm von dem Ansinnen des Herrn M..

Der Alte erwiderte aufgebracht: "Es werds do net so deppert sei und ihm enka Haus zruckgebn. Lassts enk des net gfoin. Kaft is kaft und es habts scho so schee hergricht. Des kannt der enk eh net zoin."

Als Herr M. kam, teilten wir ihm unseren Entschluss, das Haus zu behalten, mit. Um ihn zufrieden zu stellen, gab ich ihm noch einmal etwas Geld als Abfindung. Dann hörten wir nichts mehr von ihm.

Von nun an waren wir auch fest entschlossen, an unserer neuen Heimat festzuhalten, ganz einerlei, welche Schwierigkeiten noch auf uns zukommen würden. Nach den schrecklichen Erfahrungen, die hinter uns lagen und genügsam wie wir im Grunde unseres Herzens waren, spürten wir, dass wir hier unsere Befriedigung finden würden. In den eigenen vier Wänden vereint zu sein, nur das haben wir uns gewünscht.

Juni 1947 - Erster Sommer im Häuschen - Kartoffeln als Versuchung

Ich erinnere mich, dass wir uns nach dem eisigen Winter von 1947 über den schönen Sommer dieses Jahres besonders freuten. Tagsüber hielten wir uns meistens draußen auf. Die Sonne tat unserem nur mangelhaft ernährten Körper gut. Den Kindern konnte ich nur Milchbrei kochen. Gustav und ich aßen vorwiegend Suppen und Eintopf von den Lebensmitteln, die es auf Marken gab. Mit Knochen und Kleinfleisch wertete ich die Brühen auf. Wenn ein paar Fettaugen darauf schwammen, waren wir schon froh.

Sogar Kartoffeln waren eine Kostbarkeit für uns. Einmal stand ich beim Pilzesuchen vor einem großen Kartoffelfeld am Waldrand und spürte die Versuchung, ein paar Kartoffeln herauszuziehen, um damit daheim für meine Familie etwas Nahrhaftes zu kochen. Ich war im Inneren hin und her gerissen und rang mit mir, das Richtige zu tun. Mit geballten Fäusten stand ich vor dem Kartoffelacker und malte mir aus, was ich damit Leckeres zubereiten könnte: Pilze und Kartoffeln, Kartoffelsuppe, Kartoffelpuffer, Kartoffelnudeln, Kartoffeln und Ei, Kartoffelbrei und so weiter. Dieser Versuchung habe ich jedoch widerstanden. Ich hatte Angst, jemand würde mich beim Kartoffelklauen beobachten. Mit Ehrlichkeit wollte ich unser Leben bestehen. Dieser Entschluss machte es mir leichter, den Hunger in Kauf zu nehmen.

Herbst 1947 - Kartoffelernte auf dem Hof meines Stiefbruders Schorsch

Im Herbst fuhr ich einige Male zu meinem Stiefbruder Schorsch nach Regen, um ihm bei der Kartoffelernte zu helfen. Dafür gab er mir jeweils Kartoffeln mit nachhause, so viel ich tragen konnte. Damit konnten wir ohne Hunger über den Winter kommen. Wir waren froh um alles, was dazu angetan war, uns zu sättigen und Kartoffeln gehörten hauptsächlich dazu.

Da ich die Bauernarbeit von Kindesbeinen an kannte, machte sie mir weniger aus als meinem Mann. Er ist in einem florierenden Handwerksbetrieb aufgewachsen und er fühlte sich eigentlich immer mehr zu geistigen Arbeiten hingezogen. Ich war froh, auf diese Weise zum Familienunterhalt beitragen zu können. Gustav tat es auf seine Weise mit seinem erlernten Schreinerhandwerk. So arbeiteten wir Hand in Hand für unser bescheidenes Auskommen zusammen und waren schon glücklich über einen Teller mit dampfender Kartoffelsuppe.

Kultivierung unseres steinigen, lehmigen Bodens zum eigenen Kartoffelanbau

Bald nach der Kartoffelernte bei Schorsch fing ich an, mit der Schaufel Stück für Stück unseres vorderen Grundstückes umzugraben. Die rötliche, humusarme Erde war aber so steinig, dass ich zuerst mit dem Pickel vorarbeiten musste. Zentimeter für Zentimeter kam ich nur voran, um ein Fleckchen Erde für den eigenen Kartoffelanbau zu gewinnen. In Gedanken sah ich aber schon meine Kartoffeln zunächst blühen und später dick und rund unter dem verdorrten Laub hervorlugen. Die vielen ausgebuddelten Steine radelte ich in der Schubkarre an den Rand unserer Schotterstraße und lud sie dort ab. Einige Jahre später wurden sie bei der Asphaltierung der Straße zur Untergrundbefestigung mit verwendet.

Ein Stück Unabhängigkeit, eine Glückseligkeit war die kleine, gerodete Fläche für mich. Sie war mehr wert als Gold und Edelsteine. Diese hätten auch nur kurzfristig etwas genützt. Einmal tauschte Gustav für einen wertvollen Ring ein Stück Speck ein. Das war in kurzer Zeit aufgegessen. Dagegen konnte ich uns durch den Ertrag meines eigenen Bodens längerfristig selbst mit dem Nötigsten versorgen.

Januar 1948 - Erneute Arbeitslosigkeit

Seit 01. Januar 1948 war Gustav bereits wieder arbeitslos. Es gab in seinem Betrieb für einen Schreiner nicht genügend Aufträge. Nur Glasveredler für Kristallglas, Schleifer und Graveure, wurden benötigt. Es folgten vier dürftige Jahre bis zur nächsten Anstellung Gustavs am 26. Nov. 1951.

Frühjahr 1948 - Einstecken der Saatkartoffeln - Anlegen meines Gartens

Im Frühjahr 1948 tauschte Gustav für ein selbst geschreinertes Nähkästchen ein Säckchen Saatkartoffeln ein. Diese steckte ich in die Erde, die ich im Herbst vorbereitet hatte. Im Mai blühte das Kraut schon. Ich begutachtete es täglich und war unsagbar stolz über meine ersten, eigenen Kartoffelpflanzen.

Mit viel Freude und Energie habe ich neben dem Kartoffelfeld weitere Stücke unseres steinigen Bodens gerodet und umgegraben. Ich legte ein kleines Gärtchen an, damit ich für unsere heranwachsenden Kinder künftig Gemüse und Salat anbauen konnte. Nach und nach pflanzte ich Johannis- und Stachelbeersträucher, Apfel- und Sauerkirschbäumchen in den Garten.

Durch die kleinen Erträge aus dem eigenen Garten konnte ich in unsere einfache Kost ein wenig Abwechslung bringen und sie mit den notwendigen Vitaminen aufwerten.

Gustavs Tätigkeiten

Gustav trug auf seine Weise zur Ernährung seiner Familie bei. Emsig bastelte er an seinen Kästchen, Rahmen, Tabletts und anderen kleinen, nützlichen Haushaltsdingen aus Holz. Er verstaute sie in seinen Rucksack und tauschte sie auf dem Land gegen Lebensmittel ein. In seiner alten Uniform kam er zwar arm und schäbig daher, aber sein feines, ernstes Gesicht rührte das Herz so mancher Bauersfrau zum Tausch des Gebastelten gegen Eier, Schmalz und Mehl.

Sehnsüchtig warteten wir zuhause auf die Rückkehr unseres umherziehenden Papas. Wenn wir ihn von Ferne kommen sahen, liefen wir ihm entgegen und begrüßten ihn überschwänglich mit vielen Küssen. Gustav nahm an jede Hand ein Kind, und ich trug den Rucksack. So gingen wir erwartungsvoll zum Haus. In der Stube nahmen wir den Inhalt aus Papas Rucksack vorsichtig heraus und legten ihn zur Begutachtung auf den Tisch. Wenn die Zutaten für herrlich duftende Pfannkuchen enthalten waren, nahmen wir uns an den Händen und tanzten vor Freude um den Tisch herum.

Einzäunung des Grundstückes - Eigene Kartoffelernte im Herbst 1948

Im Frühsommer zäunte Gustav unser Grundstück mit Pfählen und Brettern zum Schutz vor weidenden Tieren ein. Die Zeilen meines kleinen Kartoffelfeldes grenzten ja an eine Wiese und hätten leicht von ihnen zertrampelt werden können.

Unsere ersten Kartoffeln ernteten wir schon 1948. Die zunächst nur kleinen Knollen erfüllten uns trotzdem mit großer Dankbarkeit. Wir konnten zwar keine große Menge ausbuddeln, aber sie waren trotzdem etwas Besonderes für uns. Sie sind auf unserem eigenen Boden gewachsen!

Es war erst unser zweiter Sommer, den wir im Häuschen verlebten. Deshalb hofften wir, durch eine Vergrößerung des Feldes in den nächsten Jahren etwas mehr ernten zu können.

Beginn unserer Kleintierhaltung im Frühjahr 1948 Eigene Hühner

Im Frühjahr 1948 holte Gustav mehrere Hühner vom Land. Vorher zimmerte er einen Hühnerstall, den er vor dem Haus aufstellte. Darin konnten die Tiere ihre Nester bauen und Eier hinein legen. Das erste Ei einer Henne war eine Sensation für uns. Nun hatten wir sogar eigene Eier! Wie selig waren wir über unsere Errungenschaft! Irgendwann würden wir auch eine kräftige Hühnersuppe zu essen haben! Zunächst freuten wir uns aber erst einmal, dass unsere Hühner unermüdlich um das Haus herum scharrten und fleißig ihre Eier ins Stroh legten.

Einen Hahn hatten wir nicht. Deshalb stellte meine dreijährige Tochter Karin bei einer netten Nachbarin, die einen prächtig gefiederten Hahn besaß, fest: „Du, wir haben keinen solchen Gockelhahn. Wir haben nur Gaga.“ Diese Äußerung aus Kindermund fand sie so lustig, dass sie es noch erzählte, als Karin schon erwachsen war.

Gerne stolzierten unsere Hühner auf Gustavs Holzbrettern, die er zum Trocknen luftig übereinander geschichtet hatte, auf und ab. Dabei beschmutzten sie natürlich Gustavs wertvolles Arbeitsmaterial. Hin und wieder wurde Gustav ärgerlich über das Federvieh und scheuchte es zischend und klatschend von seinem Vorrat weg. Dann hörte ich während meiner Hausarbeit plötzlich das erschreckte, wilde Schreien und Gackern der Hennen und dachte, leise vor mich hin schmunzelnd: „Jetzt hat mein guter Gustav aber wieder einen wilden Mann markiert.“

Eigene Hasen

Auch an unsere Fleischversorgung dachten wir. Dafür baute Gustav einige Hasenställe. Vier bis fünf junge Hasen fütterten wir einige Monate lang mit allerlei Küchenabfällen, bis sie schlachtreif waren.

An einem schönen Herbsttag nahm sich Gustav vor, das erste Mal einen Hasen zu schlachten. Er öffnete den Stall, nahm den Hasen bei den Hinterläufen heraus und hielt ihn mit dem Kopf nach unten mit seiner linken Hand fest. Mit der rechten Hand nahm er einen Prügel und schlug damit auf den Hinterkopf des Tieres. Er tat es gerade so kräftig, wie er es als feinfühliger Mensch konnte. Das Hasenmännchen kämpfte aber selbst nach weiteren Schlägen zappelnd um sein Leben und wollte nicht sterben. Nun musste Gustav aber das verletzte Tier doch noch erlösen. Aus Barmherzigkeit holte Gustav zu einem letzten kräftigen Schlag aus und tötete das Tier schließlich. Das war der erste und letzte von Gustav getötete Hase. Dieses Erlebnis setzte meinem guten Gustav so sehr zu, dass er es künftig vermieden hatte, ein weiteres Tier zu töten.

Glücklicherweise gab es einen Menschen in der Nähe, dem es nicht so viel ausmachte, Stallhasen ihrer eigentlichen Bestimmung zuzuführen. Herr S., ein hilfsbereiter Rentner aus unserer Straße, nahm sich unseres Anliegens an und schlachtete nach und nach für ein Paar Mark die Tiere. Er hängte sie zum Ausbluten an den Hinterläufen am Gartenhäuschen auf, zog ihnen das Fell ab und weidete sie aus. Das Fell spannte er zum Trocknen mit Nägeln auf ein Brett. Nach einigen Tagen konnten wir das steife Fell abnehmen und zum Gerben bringen.

Mit der Zeit wurde uns die Prozedur mit den Hasen zuviel und wir schafften sie ganz ab. Wir hatten nicht die Nerven dafür, die Tiere, die wir so lange Zeit liebevoll aufgezogen und bei denen sich die Kinder so gerne verweilt hatten, zu schlachten und zu essen. Obwohl ich den Hasenbraten jeweils nach allen Regeln der bäuerlichen Kochkunst zubereitet hatte, wollte er uns allen aber doch nicht so recht schmecken.

Ein Kätzchen zum Spielen

Gustav brachte ein kleines Kätzchen von einem Bauernhof mit, als die Kinder vernünftig genug waren. Sie freuten sich sehr über das niedliche Streicheltier, das sie hingebungsvoll mit einem kleinen Puppenfläschchen aufziehen und heimlich mit in ihr Bett nehmen konnten. Die Fläschchen, die mit bunten Zuckerperlen gefüllt und mit einem winzigen Schnuller verschlossenen waren, gab es auf dem Jahrmarkt für ein paar Pfennige zu kaufen.

Ein beeindruckendes Ereignis erlebten die Kinder später, als ihre Mieze eines Tages Junge bekam. Sie konnten jetzt die spannende Entwicklung der noch blinden, winzigen Geschöpfe und die Fürsorglichkeit ihrer Mutter von Geburt an beobachten. Einmal versteckte Mieze ihre Jungen. Dann suchten die Mädchen unablässig danach. Wo konnten diese hilflosen, kleinen Geschöpfe nur sein? In einem Heustadel, ganz in der Nähe unseres Hauses, war eines Morgens ein leises Miauen zu hören! Groß war unsere Erleichterung. Nach wenigen Wochen führte Mieze ihre süßen, verschiedenfarbigen Jungen zu uns nach Hause. Nun strichen sie, zur Freude der Kinder, in Haus und Garten herum. Als die Kätzchen größer wurden, jagten sie im Garten und auf den angrenzenden Feldern und Wiesen fleißig nach den zahlreichen Mäusen. Ach, wie freute ich mich, wenn sie Wühlmäuse anbrachten! Mehrmals schon hatte ich nämlich junge Bäumchen nach dem Wurzelfraß der Nager wie einen Besenstiel aus dem Boden ziehen und sie durch neue ersetzen müssen.

Unser kluger Hund Maxl

Im Frühsommer 1948 brachte Gustav eines Tages als Überraschung für die Kinder auch noch einen süßen Welpen mit nach Hause. Die Kinder nannten ihren weiteren Spielkameraden einmütig „Maxl". Dieser quirlige, weiße Wollknäuel wuchs zu einem sehr klugen großen Spitzmischling und äußerst treuen Wachhund heran. Er sah fast wie ein weißhaariger Schlittenhund aus. Sein besonderes Zeichen war das geknickte linke Ohr. Seine langen Fellhaare, die besonders von Bauch und Hinterbeinen hingen, wedelten beim Laufen lustig hin und her. Auch bei Wind und Wetter, Eis und Schnee saß er am liebsten vor der Haustüre und hielt Ausschau. Nachts heulte er zusammen mit weit entfernten Hunden wie ein Wolf. Die schöne Hundehütte, die Gustav für ihn zimmerte, ignorierte er. Dafür buddelte er sich lieber in den Schnee vor dem Haus ein. Unser neues Familienmitglied war ein zäher Bursche, den jeder wegen seiner zuverlässigen Friedfertigkeit schnell in sein Herz geschlossen hatte.

Wir gewannen oft den Eindruck, als würde Maxl jedes Wort verstehen. Unsere jeweilige Gemütslage übertrug sich auf sein Verhalten und seine Mimik. Waren wir traurig, sah er selbst wie ein geschlagener Hund drein. Waren wir froh, hob er pfiffig den Kopf und wedelte fidel mit dem Schwanz, als habe er einen Leckerbissen erhalten. Wenn er ins Haus durfte, verzog er sich sofort unter den Tisch. Er lugte wachsam hervor, jederzeit bereit, auf besondere Vorkommnisse blitzschnell zu reagieren. Freiheitsliebend wie er war, trug er nie ein Halsband oder ging je an einer Leine. Trotzdem begleitete er uns überall hin. Manchmal unternahm er tagelange, geheime Streifzüge. Stets kam er aber von alleine wieder zurück.

Einmal stahlen Gäste unseren Maxl und nahmen ihn mit nach Hamburg. Wir erkundigten uns nach ihrer Adresse und verlangten schriftlich sofort unseren Hund zurück. Bald darauf erhielten wir die Nachricht, vom Güterbahnhof eine Kiste abzuholen. Wir machten uns sofort auf den Weg und befreiten unseren winselnden Maxl noch auf der Laderampe des Bahnhofs aus seinem Gefängnis. Gierig schlabberte der durstige, arme Hund aus unserer mitgebrachten Wasserflasche. Während des Heimweges lief er vor Freude wie toll um uns herum, wobei er zwischendurch unvermutet hochsprang und versuchte, unsere Gesichter abzulecken. Lachend wehrten wir ihn dabei ab, waren aber glücklich, unseren treuen Kameraden wieder bei uns zu haben.

Unser Hund Maxl 1954, als er sechs Jahre alt war

Maxl war 14 Jahre lang, bis 1963, unser ständiger Begleiter bei unseren Tätigkeiten im Wald und überaus wachsamer Hüter des Hauses bei Tag und Nacht. Er überstand einige ernsthafte Verletzungen, die er sich durch aufgestellte Fallen und bei Kämpfen mit anderen Tieren zugezogen hatte. Dank meiner Pflege kam er trotz schlimmer Wunden immer wieder auf die Beine. Aber als er im Sommer 1963, direkt vor unserem Haus, kläffend vor die „Isetta“ eines Feriengastes lief und von dem Kleinwagen überfahren wurde, konnte ich ihm leider nicht mehr helfen. Wir trugen das äußerlich unverletzte Tier ins Haus, flößten ihm Melissengeist ein und streichelten ihn, bis er nach einiger Zeit seine Glieder von sich streckte und seinen letzten Atem röchelnd langsam aushauchte.

Wir weinten herzzerreißend und waren untröstlich. Als wir noch schliefen, begrub Gustav unseren toten Maxl frühmorgens im Garten. Wir trösteten uns damit, unseren treuen Hund und langjährigen Gefährten irgendwann im Himmel wieder zu sehen. So sehr hatten wir ihn für immer in unser Herz geschlossen, dass wir uns nicht vorstellen konnten, dass er so einfach ganz weg sein konnte.

Kein Püppchen

Unsere Kinder hielten sich oft draußen auf und spielten gemeinsam mit ihren Tieren. Spielsachen konnten wir den Kindern leider keine kaufen. Dazu fehlte einfach das Geld. Beim Fotografen durften sie einmal nur kurz für eine Aufnahme ihr erstes Püppchen in Händen halten. Annelie kann sich heute noch daran erinnern, dass auf dem lädierten Köpfchen ein Heftpflaster klebte.

Püppchen blieben für die kleinen Mädchen lange Zeit ein unerfüllbarer Traum. Weiterhin blieb ein Holzscheit, das sie mit Stoff umwickelten, mit Kletten vom Wegrand verzierten und zärtlich im Arm wiegten, ihr phantasievoller Ersatz dafür.

Später verweilten sie sich einige Zeit mit Papierpuppen, als ich billige, aus Karton ausgestanzte Puppen mit verschiedenen bunten Papierkleidern und -hüten, kaufen konnte. Mit Laschen konnten sie an den Puppen befestigt werden.

Mit meinen Mädchen 1948 beim Fotografen

Annelie und Karin 1948 mit dem geliehenen Püppchen

Als ich ihnen erst einige Jahre später zu Weihnachten zwei Wickelkissen nähen und richtige Puppen kaufen konnte, waren die Mädchen schon fast zu groß dafür.

Erinnerungen an die Wald- und Feldarbeit bei Franz Xaver in Weißenstein/Regen

Begegnung mit einem Schriftsteller

Um Lebensmittel zu bekommen, fuhr ich auch mehrmals zur Arbeit auf den ehemaligen Hof meines Vaters nach Weißenstein/Regen. Franz Xaver Graf war schon fast zwanzig Jahre Herr auf dem schönen Hof.

Gustav war oft tagelang mit den Töchtern alleine, wenn ich auf den Bauernhöfen meiner Stiefbrüder Georg und Franz-Xaver arbeitete.

Einmal blieb ich sogar während des Winters für eine Woche auf dem Hof, um bei der Waldarbeit zu helfen. Mit aller Kraft zog ich tagelang im Schnee die vereisten Fichtenäste zur Waldlichtung, damit sie auf dem Holzzugschlitten mit den starken Rössern abtransportiert werden konnten. Für diese schwere Arbeit war so leicht keine andere Frau zu bekommen! Als Lohn erhielt ich dafür eine Kanne Milch, einen Brotlaib und ein Stück Geselchtes. Darüber war ich sehr dankbar.

Jeweils zur Erntezeit ließ mein Stiefbruder mehrere Frauen aus der Umgebung mit ihren größeren Kindern auf den Feldern mithelfen. Er entlohnte sie üblicherweise auch mit Naturalien. Einmal belustigten sich die Helferinnen darüber, dass ich als gebürtige Niederbayerin sogar bei der Arbeit noch „nach der Schrift" sprach und scherzten: „He, muaßt du jiatz a no bei da Arbat preissisch redn?" Ich konnte aber nicht mehr anders sprechen. Solange war ich in der Fremde gewesen, dass mir der hiesige Dialekt verloren gegangen ist und mir nicht mehr geläufig war!

Während der Arbeit auf dem Hof Franz Xavers lernte ich zufällig einen ungewöhnlichen „Fremden" kennen. Es war der Balte Siegfried von Vegesack, ein Schriftsteller, der im Turm bei der Burgruine Weißenstein, wohnte. Vom nahen „Grafenhof" bezog er regelmäßig verschiedene Lebensmittel. Zufällig kam ich eines Tages hinzu, als er in der Stube meines Stiefbruders gerade seinen Rucksack mit Brot, Butterschmalz und Eiern bepackte. Mein Bruder stellte ihn mir vor und sagte respektvoll: „Anna, des is da Herr von Vegesack. Des is fei a bekannta Dichta.“ Ich lachte auf, als hätte er einen Scherz gemacht und antwortete: „Aber geh, Franz Xaver, das glaube ich dir nicht. Wie kommst du denn darauf? Warum soll denn ein bekannter Dichter ausgerechnet bei uns hier im Bayerischen Wald leben?“

Herr von Vegesack sah mich kurz und eindringlich an und erwiderte dann langsam, mit besonders deutlich artikulierten Worten und tiefer Stimme: „Na, - aber - Sie leben - ja - auch - ausgerechnet - hier. Mir gefällt es im Bayerischen Wald. – Was ist - daran - auszusetzen?“ Seine Worte verblüfften mich. Ich wurde ernst und schwieg, bis er seinen Rucksack schulterte und sich höflich von uns verabschiedete.

Viele Jahre später las ich seinen Roman „Das fressende Haus“. Darin beschreibt er das kräftezehrende Abmühen und augenscheinliche Scheitern eines verarmten Barons, der in einem Bauerndorf einen maroden Burgturm als Wohnsitz erwarb und für sich und seine Familie trotz mannigfacher Widrigkeiten hier eine sichere Existenz schaffen wollte. Die ergreifende Handlung, ausgedrückt in einer wunderschönen Sprache, konnte ich aus verständlichen Gründen gut nachempfinden.

An die markanten Gesichtszüge, die klugen Augen und die stolze Haltung des damals 60-jährigen Schriftstellers kann ich mich heute noch recht gut erinnern. Der feinsinnige, gebildete Mann lebte abgeschieden, still und bescheiden. Er wollte ebenso beerdigt werden. Auf seinen ausdrücklichen Wunsch hin fand er am Waldrand nahe der Burgruine Weißenstein in einem Freigrab seine letzte Ruhestätte.

3. Leben im Häuschen ohne Wasser 1948

Ohne Quellwasser auf unserem Grundstück

Wir kauften das Häuschen unter der Annahme, dass der im Garten fließende Brunnen immer sprudeln würde. Das Wasser lief ungefähr zwei Jahre. Dann versiegte das Wasser plötzlich.

Auf uns allein gestellt, mussten wir den Kampf ums Überleben aufnehmen und taten dies mit der uns zur Verfügung stehenden Möglichkeit, nämlich mit Zähigkeit. Wir wollten trotzdem auf unserem Grund bleiben.

Mit Bachwasser irgendwie überleben müssen

So holte ich ab diesem denkwürdigen Tag mit zwei Eimern das Wasser aus dem Bach, der unterhalb der Wiesenböschung floss. Dazu musste ich erst die Straße überqueren, über einen ca. 30 m breiten Wiesenstreifen und einen steilen, ca. 20 m hohen Abhang auf einem oft glitschigen Trampelpfad hinuntergehen. Am steinigen Bachufer füllte ich knieend die Eimer und schleppte sie schwappend den steilen Hang hinauf über Wiese und Straße zurück. Dabei strauchelte ich oftmals und verschüttete einen Teil wieder.

Am schlimmsten war es im Winter. Da gluckste das kostbare Nass schemenhaft unter dem Eis dahin und ich musste vor dem Schöpfen erst ein Loch hineinschlagen. Oft musste ich beim Wasserholen bis zum Bauch im Schnee waten. Oben an der Straße angelangt, waren die Eimer häufig nicht einmal mehr zur Hälfte mit Wasser gefüllt.

Ein besonders anstrengendes Unterfangen war das Wäschewaschen. Erst musste ich das Wasser für den Waschkessel holen. Wenn ich die Wäsche in der Lauge gekocht hatte, bürstete ich sie auf dem Tisch vor dem Haus sauber. Dann wand ich sie aus und trug sie in zwei Eimern zum Spülen zum Bach hinunter. Dort schwenkte ich Stück für Stück, auf einem großen Stein kniend, im kalten Bachwasser hin und her. Besonders im Winter litt ich während des Spülens sehr. Beim Auswringen der Wäsche im eisigen Wasser des größtenteils zugefrorenen Baches wurden meine Finger schnell gefühllos. Wenn ich fertig war, trug ich die Eimer mit der nassen, schweren Wäsche bibbernd vor Kälte mit letzter Kraft ins Haus und führte, kaum dort angelangt, einen verzweifelten Tanz auf. Ich sprang von einem Bein auf das andere und schlug dabei mit meinen knallroten Händen um mich herum, bis ich sie wieder spürte. Ganz allmählich begannen sie zu kribbeln, dann zu brennen und schließlich meinte ich, von tausenden Nadelstichen gepeinigt zu werden. Dabei stieß ich immer wieder, halb von Sinnen, dieselben dumpfen Wehlaute aus: „Oje, oje, oje! Oje, oje, oje! O Gott, o Gott, o Gott!“

Wenn ich meine Hände wieder ohne Schmerzen bewegen konnte, hängte ich die nasse Wäsche draußen an die Wäscheleine, wo sie zunächst nur brettsteif fror aber trotzdem allmählich trocknete. Beim Abnehmen warf ich die Stücke über die Schulter und trug mit ihnen den herrlichen Duft der frischen Waldluft ins Haus, in der sie tagsüber flatterten. Dann war ich glücklich, wieder eine Waschprozedur geschafft zu haben. Über fünf lange Jahre hielt ich die Strapazen aus. Das Wasser vom Brunnen holen zu müssen, war schon schwer genug, aber das Wasser bei jeder Jahreszeit vom Bach heraufholen zu müssen, das war die Hölle!

Hilfegesuche bei der Gemeinde

Ich überlegte hin und her, wer uns aus unserer Not helfen könnte. Jetzt stellten wir bei der Gemeinderatsitzung den Antrag auf den Bau einer Wasserleitung. Der erste Bürgermeister lehnte den Antrag ab, weil die Gemeinde dafür kein Geld habe.

Bei der nächsten Sitzung erklärte der 2. Bürgermeister, Herr F., dass die Gemeinde für die Flüchtlingsfamilie mit zwei kleinen Kindern verantwortlich sei. Das Bachwasser sei nicht zum Trinken geeignet, da die Bevölkerung tote Tiere und Abfälle hineinwerfe. Er versuchte die Mitglieder zu bewegen, dem Bau einer Wasserleitung zuzustimmen. Es wurde leider wieder dagegen gestimmt, da die Gemeinde dafür kein Geld hatte. Das war verständlich, denn es hätte ein langes Stück der Straße bis zum nächsten Anschluss aufgerissen werden müssen.

Ein anderes Mal wurde auf meinen wiederholten Vorstoß hin von der Gemeinde zur Bedingung gemacht, dass sechs Anlieger in unserer Nachbarschaft unterschreiben müssen, dass sie das Wasser auch bräuchten. Es unterschrieb aber niemand außer uns, denn die Nachbarn um uns herum hatten ihre eigenen Brunnen. So blieb es wieder bei der alten Not.

Unwiederbringlicher Verlust

Im Herbst 1949 bestätigte mein Arzt meine Vermutung, dass ich schwanger war. Wir alle freuten uns auf das Kind. Dass wir noch kein eigenes Wasser im Haus hatten, ignorierte ich in dieser neuen Situation. Ich beruhigte mich selbst, indem ich dachte, dass früher viele Frauen meiner kleinbäuerlichen Vorfahren trotz ihres „Zustandes“ weiterhin schwere Arbeiten bis zur Niederkunft verrichtet hatten. Warum sollte ich dazu nicht auch in der Lage sein? Also achtete ich nicht weiter darauf und fuhr mit meinen täglichen Aufgaben wie gewohnt fort.

Eines Tages fand meine Unbekümmertheit nach dem Wasserholen ein jähes Ende. Ich bekam Blutungen. In meinem Bauch setzte ein bedrohliches Ziehen ein, das sich zu einem heftigen Dauerschmerz steigerte.

Mit dem Krankenwagen wurde ich in die Frauenklinik nach Kötzting gebracht. Der Hausarzt telefonierte mit Dr. G., dem dortigen Chefarzt und erläuterte ihm meine schwierige häusliche Situation.

Nach der Untersuchung stellte der väterliche Arzt fest: „Frau Thamm, wenn wir das Kind jetzt überhaupt noch halten können, müssen sie sich während der ganzen Schwangerschaft streng schonen. Wie wollen sie das anstellen, wo sie doch zwei Kinder zu versorgen haben und noch dazu ihr Wasser ins Haus schleppen müssen? Dabei können sie doch kein Kind austragen. Aber vorerst bleiben sie erst noch ein paar Tage im Krankenhaus. Dann sehen wir weiter."

Wie benommen hörte ich diese Worte. Sie drangen nicht richtig in mein Bewusstsein. Ich wollte die bedingungslose Konsequenz nicht bis zum Ende denken, sie nicht wahrhaben. Konnte mir ungeachtet meines erschwerten Umstandes denn nicht erspart bleiben, ein ungeborenes, mit Freude erwartetes Kind zu verlieren?

Alle ärztlichen Bemühungen waren umsonst. Es kam doch nach wenigen Tagen im Krankenhaus zu einer Fehlgeburt.

Die beim Wasserholen erlittenen Strapazen waren zu viel für mich. Sie haben mein Kind getötet und mir dadurch unauslöschliche seelische Schmerzen zugefügt. Ich weinte darüber, dass ich es nie in meine Arme nehmen, nie seine Stimme hören, es nicht lachen und aufwachsen sehen durfte. Große Trauer befiel mich über all das Schöne, das ich niemals mit meinem verlorenen Nesthäkchen erleben durfte. Vielleicht wäre es sogar der heiß ersehnte Junge gewesen? Ob er Gustav oder mir ähnlich gewesen wäre? Wie sehr hatten wir uns schon über ein Geschwisterchen, egal ob Junge oder Mädchen, für unsere beiden Töchter gefreut! Viele solcher Gedanken kreisten unentwegt in meinem Kopf herum, wenn ich aus den Nachbarzimmern das Geschrei der Babys hörte. Von jeher liebte ich kleine Kinder zärtlich und innig. Darum schmerzte es mich, wenn den jungen Wöchnerinnen auf der Station ihre Kinder zum Stillen gebracht wurden und die Schwestern an mir vorbei gingen.

Heute denke ich noch wehmütig an das Kind, das ich vor vielen Jahren verloren habe.

Es wird immer einen Platz in meinem Herzen haben.

Foto von 1950

Pflege durch eine Gemeindeschwester

Nach einigen Tagen wurde ich aus dem Krankenhaus entlassen. Ich fühlte mich körperlich geschwächt und seelisch niedergedrückt. Der Arzt veranlasste die häusliche Pflege durch eine Gemeindeschwester. Aufopferungsvoll fuhr sie mit dem Rad jeweils zu denjenigen Familien, die gerade in großer Not waren und keine andere Hilfe bekommen konnten.

Bereits schon wenige Wochen nach der Fehlgeburt erkrankte ich an einer schweren Grippe. Es kamen noch bedrohliche Herzbeschwerden hinzu. Auch dieses Mal pflegte mich die Gemeindekrankenschwester, bis ich mich einigermaßen erholt hatte.

Als die fromme Frau Einblick in unsere Situation bekam, bemerkte sie mitfühlend: „Frau Thamm, Sie sind wirklich arm. Sie haben nicht einmal Wasser auf dem Grundstück. Wie halten Sie das nur aus? Jetzt muss ich auch noch Wasser für Sie vom Bach holen. Das ist mir bis jetzt noch bei niemandem passiert."

Ich erwiderte unbeirrt: „Schwester, was bleibt mir anderes übrig? Hier ist doch unser Zuhause. Wo sollen wir sonst hin? Eines Tages werden wir bestimmt Wasser bekommen. Unser Herrgott wird uns schon beistehen, glauben Sie nicht auch?"

Erschüttert blickte die Schwester zurück, als sie uns nach ihrem letzten Besuch verließ.

Hausanbauten - Gartencafe und Flaschenbierhandlung im Juni 1949 - Gustavs Arbeit 1951

Im Laufe der Jahre haben wir trotz unserer geringen Mittel das Häuschen um ein paar Zimmer vergrößert. Zuerst verlängerten wir 1947 das Gebäude um die Küche. Hier spielte sich jetzt samstags auch die Badezeremonie im hereingeholten Holztrog ab. Dann bauten wir 1948 nach hinten einen größeren Wohnraum für uns an.

Aus der Not der Arbeitslosigkeit Gustavs heraus meldete ich am 07.06.1949 bei Bürgermeister F. nun ein Gartencafe und eine Flaschenbierhandlung an. Im Gastgewerbe war ich ja nicht unerfahren und sah darin eine Verdienstmöglichkeit. Eine Brauerei aus Zwiesel belieferte mich mit Bier- und Limonadenkästen und brachte ihr Werbeschild an unserer Küchentüre an.

Mit unserem Handwagen fuhr ich vor allem Flaschenbier von Haus zu Haus aus, weil der Verkauf „über die Straße“ zu gering war. Nachmittags halfen die Kinder mit beim Schieben oder Ziehen des Wagens. So verdiente ich für uns mühsam ein paar Mark zum Leben hinzu und konnte nebenbei die Kinder beaufsichtigen. Gustav fertigte Tische und Stühle für den Garten und ich bewirtete sonntags Gäste mit Kaffee und selbstgebackenem Kuchen. Das Geschäft ging erfreulich gut.

Nun kam ich auf die Idee, zu meinem Straßengetränkehandel noch eine kleine Gastwirtschaft zu eröffnen. Mit äußerster Anstrengung bauten wir 1949 an den Wohnraum noch einmal einen weiteren großen Raum mit zwei Toiletten an. Durch diesen Anbau erhielt nun unser Haus eine L-Form mit einer kleinen Terrasse zur Straße hin. Das Baumaterial kauften wir jeweils vom Baugeschäft W., dessen Besitzer auch Flüchtling war. Die Betonsteine wurden damals noch mit der Hand gepresst. Beim Bauen halfen uns jeweils einige Rentner, die sich ein paar Mark dazuverdienen wollten.

Nun beantragte ich die Konzession für den Ausschank von Getränken. Ich bekam die Erlaubnis, in dem neuen Raum eine kleine Schankwirtschaft zu eröffnen. Das Geschäft lief durch meine humoristische Art der Unterhaltung gut an und mir gefiel die Arbeit als Wirtin. Wir mussten aber viel Zeit bei den Gästen am Biertisch verbringen. Gustav war darüber nicht glücklich, denn unser Familienleben litt darunter sehr.

Im November 1951 erhielt Gustav eine neue Anstellung in einem Schreinereinbetrieb in Zwiesel. So konnte ich Ende 1951 zur Freude Gustavs meine Gastwirtschaft wieder schließen.

Abschluss einer Unfallversicherung 1951

Eines Tages kam ein Versicherungsvertreter ins Haus und warb für den Abschluss einer Versicherung.

Ich hatte Mitleid mit dem Mann und schloss Anfang des Jahres für 60 Pfennige pro Monat eine Unfallversicherung für Gustav ab. Seit dem 26.11.1951 arbeitete er in der Schreinerei L. in Zwiesel. Mein Mann war zwar gegen den Versicherungsabschluss, aber ich fand ihn notwendig. Wer sollte denn für uns sorgen, wenn er nicht mehr arbeiten konnte?

Das Mitgefühl für den Vertreter, der auch einmal bessere Zeiten gesehen hatte, zahlte sich schon wenige Monate später aus.

Folgenschwerer Unglücksfall beim Holzhacken - Krankheit Weitere Arbeitslosigkeit ab 28.06.1952, Einbüßen der Zähne

Gustav sorgte für Brennholz, indem er Astholz sammelte, das die Holzarbeiter liegen ließen. Mit einem langen Hackeisen haute er das Reisig von den Ästen, häufte sie auf seinen kleinen Handwagen, fuhr sie heim und schlug sie mit der Axt in ofengerechte Stücke.

Eines Tages ging ich mit Annelie und Karin zur Post, um einen Brief aufzugeben. Gustav hackte vor dem Haus die Äste.

Als wir auf dem Rückweg vom Marktplatz heruntergingen, kam ein Mann die steile Straße herauf und rief uns entgegen: „Frau Thamm, der Doktor schickt mich. Sie müssen sofort in die Praxis, denn Ihr Mann ist verunglückt und liegt dort."

Ängstlich fragte ich: „Wo hat er sich verletzt?"

„Das weiß ich nicht, aber Sie müssen Nachtzeug mitbringen, weil Ihr Mann ins Krankenhaus muss. Der Krankenwagen kommt gleich."

Wir sind so schnell wir konnten zum Arzt gelaufen.

Ich vermutete zu Recht, dass der Unfall beim Holzhacken passiert war und fragte aufgeregt: „Wo ist es hingegangen?"

Der Arzt antwortete kurz: „Ins Auge!"

„Ist das Auge kaputt?", schrie ich.

„Das weiß ich noch nicht.", antwortete der Arzt.

Mein Mann lag im Sprechzimmer des Arztes und hatte die Augen verbunden. Wir konnten nicht viel sagen, so geschockt waren wir beide von dem Unfall. Kurz darauf lief ich mit den Kindern nachhause, um die nötigsten Sachen einzupacken.

Der Krankenwagen brachte Gustav nach Deggendorf in die Augenklinik, wo Dr. J. Chefarzt war.

Dort war anscheinend so viel Betrieb, dass mein Mann erst um 23 Uhr operiert wurde. Der Hausarzt, Dr. K., rief abends im Krankenhaus an, um sich über den Zustand meines Mannes zu erkundigen. Er bekam lediglich die Auskunft, dass er noch nicht an der Reihe war. Es schien mir so, als hätten sie den Verunglückten vergessen oder wollten ihn erst am anderen Tag behandeln.

Am anderen Morgen fuhr ich per Anhalter nach Deggendorf. Im Krankenhaus teilte man mir mit, dass Gustavs Auge nicht mehr zu retten war. Es wurde lediglich der Splitter entfernt, der im Auge steckte. Gustav hatte große Schmerzen und war verärgert über die vielleicht zu späte Versorgung.

Mein Mann lag zehn Tage im Krankenhaus, als sich das verletzte Auge entzündete und vereiterte. Nun sollte es sogar entfernt werden.

Als mir beim Besuch der Arzt dies eröffnete, erschrak ich sehr. Ich dachte an die Leiden, die mit einem Glasauge auf ihn zukommen würden.

Da bat ich den Arzt, es mich zuhause versuchen zu lassen, die Entzündung wegzubringen und das Auge zu erhalten. Auf eigenen Wunsch wurde Gustav entlassen. Gemeinsam fuhren wir mit dem Krankenwagen nachhause.

Endlich waren wenigstens die Besuche per Anhalter zu Ende. Dabei bin ich mehrmals nur mit viel Glück zudringlichen Autofahrern entkommen.

Mit viel Einfühlungsvermögen und natürlichen Hausmitteln habe ich mein Bestes gegeben, um Gustavs entzündete Auge zu heilen. Ich machte viele Kamillenteeumschläge, bestrich Leintücher mit Borsalbe und legte sie über das geschwollene Augenlid. Tag und Nacht wiederholte ich mehrmals diese Prozedur. Allmählich ließen die Schmerzen am Auge nach und wir schöpften Hoffnung, dass das erblindete Auge wenigstens erhalten werden konnte. Gustav lag auf dem Sofa in der Wohnstube und fühlte sich bei mir gut aufgehoben. Die Rötung und die Vereiterung im Auge ließen nach. Das Auge heilte entgegen aller ärztlicher Vorhersage.

Sein ganzes Leben lang hatte Gustav seine beiden Augen behalten. Leider war das Augenlicht des verletzten Auges unwiederbringlich zerstört und die Pupille blieb nur noch ein grauer Fleck.

Mein Mann hat sein Schicksal klaglos ertragen. Aus dem Krieg ist er unverletzt heimgekommen, aber jetzt musste er das kostenlose Heizmaterial teuer bezahlen.

Dieses Erlebnis war für die beiden Töchter und mich etwas vom Schmerzlichsten, was wir erlebt haben.

Mein schwerkranker Mann konnte jetzt wochenlang nichts verdienen. Ohne Geld die Familie zu versorgen, war für mich eine unerhörte Herausforderung. Mit den Mädchen ging ich zum Pilze- und Beerensuchen in den Wald. Manchmal kauerten wir uns auf den Boden und weinten herzzerreißend über unser Elend.

Dank meines Improvisationstalentes brachte ich immer irgendwie etwas zum Essen auf den Tisch. Beim Bäcker, dem Metzger und im Milchgeschäft bekam ich Kredit. Für das Vertrauen, das mir diese guten Leute in meiner schweren Situation entgegengebracht haben, bin ich heute noch dankbar.

In der Folgezeit begannen sich meine Zähne zu lockern. Schließlich mussten sie gezogen werden. Ich bekam mit vierzig Jahren schon ein künstliches Gebiss.

Zehn Jahre später war es auch mit Gustavs Zahnsubstanz vorbei. Die jahrelange Not machte sich bemerkbar. Sie zehrte schon merklich an unserer Gesundheit!

4. Beginn des Fremdenverkehrs 1952

Willkommene Einkommensverbesserung

Als Gustav durch den tragischen Unfall im Frühjahr 1952 wieder arbeitslos wurde, fehlte uns mein Zuverdienst als Gastwirtin. Zum Glück begann zu dieser Zeit in Bodenmais allmählich der Fremdenverkehr. Von Jahr zu Jahr verbrachten immer mehr Städter ihren Urlaub im schön gelegenen Markt Bodenmais. Wie die arbeitsamen Einheimischen ergriff auch ich begeistert die günstige Gelegenheit, durch Vermietung einer Unterkunft in den Sommerferien das karge Einkommen aufzubessern. Es gab ja sonst nicht viele Verdienstmöglichkeiten in unserer Gegend. Da lohnte es sich schon, das eigene Schlafzimmer für zahlende Gäste herzurichten.

Gustav teilte deshalb die frühere Gaststube mit einer Zwischenwand aus Holz ab und es entstanden daraus ein Doppelzimmer zur Vermietung und für uns ein kleineres Wohnzimmer. Der große Wohnraum nebenan wurde als Mehrbettzimmer für eine Familie hergerichtet.

Obwohl ich immer noch das Wasser vom Bach holen musste, reihte auch ich mich in die Schar der ersten Vermieter ein. Diese Chance musste ich wahrnehmen, denn Gustav war durch seinen Unfall schwer angeschlagen. Die Sorge um die Zukunft nagte an ihm. Der Verlust seines Auges machte seine bisherigen Verdienstmöglichkeiten von heute auf morgen zunichte. Was sollte er jetzt nur anfangen?

Da ich immer schon gerne Umgang mit Menschen hatte, kam mir die Vermietung wie gerufen.

Im Juli 1952 hing ein Anschlag am Rathaus. Darauf stand, dass die Anzahl der Gästebetten gemeldet werden könnte. Ich entschloss mich, zwei Betten anzugeben.

Die Ankunft des Busses aus Berlin wurde ebenso mit einem Anschlag bekannt gegeben. Ich wartete mit dem Handwagen gemeinsam mit den Kindern, die schon Ferien hatten, stundenlang am Rathaus auf den Bus. Durch die Grenzformalitäten hatte er Verspätung. Als der Bus vor dem Rathaus ankam, drängten die Vermieter ins Verkehrsbüro, um bei der Verteilung der Gäste unter den ersten zu sein und nicht leer auszugehen.

Anfangs schaute ich mir an, wie die Verteilung vor sich ging. Schließlich waren alle Gäste ausgestiegen und verteilt. Nur zwei Damen zwischen fünfzig und sechzig Jahren waren noch im Verkehrsbüro. Sie waren ganz ungehalten, weil sie in ein Hotel verwiesen wurden. Sie wollten aber wegen des günstigeren Preises zu privaten Vermietern. Doch es gab privat kein Quartier mehr.

Als ich das hörte, trat ich hinzu und sagte: „Entschuldigen Sie, ich habe ein Zweibettzimmer zum Vermieten hergerichtet, habe einen schönen Garten und Liegestühle. Bei mir könnten die Damen Urlaub machen.“

Die Damen waren erleichtert.

„Wir gehen mit Ihnen und schauen uns Ihr Zimmer an. Wenn es uns gefällt, können Sie unsere Koffer holen. Wenn nicht, können wir immer noch ins Hotel gehen."

Sie gingen mit mir nachhause. Das Zimmer gefiel ihnen und sie legten sich in die Liegestühle im Garten, während ich ihr Gepäck mit dem Handwagen holte.

Die Damen, unsere ersten Gäste, verbrachten 14 Tage in unserem Haus und waren sehr zufrieden.

Es folgten noch viele weitere Busse voller Urlauber aus den großen Städten, vor allem aus Berlin. Ich wechselte mich mit den Kindern beim stundenlangen Warten ab, um die Ankunft und Verteilung der Gäste nicht zu verpassen.

Da unser Haus eine günstige Lage an der Straße hatte, kamen später die motorisierten Gäste von selbst vorbei und fragten nach einem günstigen Zimmer. Auf diese Weise konnte ich in den Sommermonaten ein wenig Geld dazuverdienen und lernte viele nette Leute aus ganz Deutschland kennen. Etliche wurden Stammgäste, weil sie meine herzliche Art der Betreuung schätzten und sich bei uns wie zuhause fühlten.

Dadurch war ich in den Sommerwochen meistens ausgebucht. Nie hätte ich damals geahnt, dass die Beherbergung von Gästen über vierzig Jahre lang meine unverzichtbare Passion werden würde. Drei dicke Gästebücher voller dankbarer Abschiedszeilen der Urlauber mit ihren Adressen erinnern daran.

Gustav zimmert einige Gartenhäuschen als praktische Nebengebäude

Gustav baute nach und nach einige kleine Holzhäuschen im Garten. Alles, was im Haus nicht Platz hatte, verstauten wir darin. In einem Gartenhäuschen hatte sich Gustav seine Werkstatt eingerichtet, in zwei anderen konnten wir übernachten, wenn all unsere Betten vermietet waren. Viele Bodenmaiser machten es damals wie wir und nützten die wenigen Wochen der Sommersaison, sich durch die Vermietung aller zur Verfügung stehenden Räume Geld zu verdienen. Erst einige Jahre später lohnte sich durch die Zunahme des Wintersportes der Einbau von

Zentralheizungen. Nun stieg der Fremdenverkehr in allen Ferienzeiten des Jahres beständig an. Der Markt Bodenmais entwickelte sich zum bekanntesten Fremdenverkehrsort des Bayerischen Waldes und darf sich heute sogar „Heilklimatischer Kurort“ nennen.

Annelies 1. Hl. Kommunion 1952

Karins 1. Hl. Kommunion 1953

Durch den Fremdenverkehr 1952 Anschaffung einer Nähmaschine möglich

Im Kinderheim in Oberbayern erlernte ich den Umgang mit der Nähmaschine. Die Schwestern brachten mir als wissbegierigem Mädel vom Lande gerne allerlei Techniken bei. Es lag also nahe, dass ich mich nach einer Nähmaschine umsah, als ich durch Vermietung mit meinem eigenen Geld rechnen konnte. Da kam mir ein Hausierer aus Regen gerade recht. Auf Abzahlung brachte er mir eine neue Pfaff-Schranknähmaschine. Nun konnte ich viele Ausbesserungsarbeiten selbst ausführen. Wäsche und Kleidung stopfte ich, so lange es überhaupt noch möglich war. So ersparte ich uns neue Anschaffungen oder zögerte sie hinaus.

Karins Schreck beim Nähversuch

Auch die Mädchen übten sich schon gerne im Treten des Schwungrades. Das durften sie aber nur, wenn ich anwesend war. Eines Tages setzte sich meine neunjährige Tochter Karin verbotenerweise an die Maschine, als ich beim Einkaufen war. Sie vergaß den Nähfuß vor dem Nähen herunterzulassen und rutschte mit dem Mittelfinger unter die Nähnadel. Diese durchstach im Schwung Fingernagel und Knochen und trat unter der Kuppe heraus. Durch den großen Schreck zog Karin ihre Hand ruckartig zurück, wobei die Nadel in der Maschinenhalterung abbrach. Da niemand im Hause war, lief sie schreiend zu unserer Nachbarin, Frau E.. Sie und ihr Mann waren gutherzige, hilfsbereite Menschen. Ihr Mann erkannte sofort die Situation. Er holte eine Zange, klemmte Karins Arm unter seiner Achsel fest und zog die abgebrochene Nadel aus dem kleinen Fingernagel. Karin schrie unterdessen wie am Spieß. Frau E. beruhigte sie und holte die Flasche mit Arnikaspiritus. Mit einem Lappen betupfte sie damit den durchstochenen Finger zur Desinfektion. Zuletzt klebte sie ein Pflaster um den Finger der Kleinen und bot ihr an, sich auf das Sofa in der Küche zu legen. Nach einer Weile entließ sie Karin nachhause.

Als ich vom Einkaufen zurückkam, fand ich Karin bedrückt vor. Ganz verstört erzählte sie mir von ihrem Missgeschick. Da sie selbst einsah, dass sie ihre Schmerzen durch ihre Unfolgsamkeit selbst verschuldet hatte, brauchte ich sie nicht mehr zu belehren oder zu schimpfen. Ich war froh, dass während meiner Abwesenheit nicht mehr passiert war und ging zu den Nachbarn hinüber, um mich für ihre Hilfe zu bedanken.

Diese Begebenheit vergaß Karin ihr Leben lang nicht mehr.

Auch Akkordeonunterricht für unsere Mädchen schon 1952 möglich

Ich wollte früher als Kind so gerne ein Musikinstrument erlernen.

„Mama, eine Zither hätte ich gern!“, flehte ich meine Mutter immer wieder an.

„Annerl, wir haben kein Geld für so etwas!“, war ihre traurige Antwort.

Als einziges Instrument hatte ich also nur meine eigene Stimme.

Wo ich konnte, habe ich gesungen und gepfiffen. Auf dem Kirschbaum habe ich beim Pflücken die Vogelstimmen so gut nachgemacht, dass mir die Vögel sogar antworteten.

Annelie war neun, Karin acht Jahre alt. Ich erinnerte mich daran, dass ich in ihrem Alter war, als ich den Wunsch an meine Mutter richtete, ein Musikinstrument erlernen zu dürfen. Meinen unerfüllten Wunsch habe ich nicht vergessen. Es war für mich jetzt ein Trost, dass ich meinen musikalischen Mädchen die Möglichkeit bieten konnte, die ich nicht hatte. Das Vermietungsgeld machte mir dies möglich.

In Bodenmais kannte ich nur einen Musiklehrer. Das war der Chorleiter und Organist Herr H.. Mit ihm sprach ich und meldete beide Töchter für das nächste Schuljahr zum Akkordeonunterricht an.

Für die Probezeit besorgte ich zunächst in einem Zwieseler Musikgeschäft ein 42-bässiges Instrument. Als nach den ersten Wochen des Unterrichts der Musiklehrer feststellte, dass beide Mädchen sehr begabt seien, kaufte ich ein größeres mit 72 Bässen. Darauf spielten sie abwechselnd.

Das schwere Instrument trug ich zum Unterricht durch den Ort in die Wohnung des Lehrers. In der Küche durfte ich zwei Stunden warten, bis beide Mädchen ihren Unterricht hintereinander bekommen hatten. Unterdessen unterhielt ich mich mit Frau H. und ihren Kindern. Meinen Kindern gefiel vor allem das vornehme, schöne Musikzimmer mit den verschiedenen, funkelnden Instrumenten. Herr H. war eine zurückhaltende

Annelie und Karin 1954 mit dem neuen Akkordeon im Garten

Respektsperson und erteilte sehr guten Unterricht. Die Stunde kostete 2,50 DM.

Drei Jahre lang dauerte der Unterricht einmal pro Woche. Dann bemerkte Herr H., er könne den Töchtern nichts Neues mehr beibringen, denn er habe mit ihnen die drei Schulhefte durchgearbeitet.

Als die Töchter wenige Jahre später ins Klosterinternat kamen, erhielten sie Klavierunterricht. Da sie schon ein Tasteninstrument beherrschten, lernten sie sehr schnell, die klassischen Stücke zu spielen. Nebenbei konnten sie zur Freude der Schwestern und Mitschülerinnen im Fasching, an Festtagen und im Turnunterricht zu Volkstänzen als Einzige auf dem Akkordeon spielen. Die beiden Töchter machten uns glücklich und stolz. Unsere Mühen sahen wir vielfach belohnt.

5. Gustavs Anstellung bei der Allianz Versicherung Anfang 1953

Zufälliges Gespräch mit einem Versicherungsvertreter

Da Gustav noch arbeitslos war, fuhr ich wieder per Anhalter nach Regen, um auf dem Bauernhof meines Halbbruders in Weißenstein zu arbeiten. Dort half ich bei der Futterrübenernte mit. Für meine Arbeit konnte ich Milch, Mehl und Schmalz mit nach Hause nehmen.

Beim Nachhausefahren kam ich per Anhalter nur bis zum Böhmhof, kurz vor Bodenmais. Da traf ich an der Haltestelle vor dem Gasthof einen älteren Herrn, der auch auf den Postbus wartete. Ich kam mit ihm ins Gespräch und erfuhr, dass er Versicherungsvertreter war. Das interessierte mich und ich horchte auf. Im Krieg war er Hauptmann und hatte jetzt keine andere Verdienstmöglichkeit. Ich erzählte, dass mein Mann auch Berufssoldat war und jetzt durch einen Unfall in seinem erlernten Beruf als Schreinermeister nicht mehr arbeiten kann. Herr H. antwortete, dass er mit seinem Direktor sprechen werde, denn es wäre Bedarf an einem guten Vertreter in unserer Gegend. Ich war überglücklich, denn ich wusste, dass mein Mann in Schreibsachen und Rechnen zuverlässig, gewissenhaft und genau war und dieser Posten geeignet für ihn sein könnte.

Zuhause erzählte ich Gustav von dem Gespräch mit dem sympathischen Herren. Leise Hoffnung auf neue Arbeit keimte in uns auf.

Etwa vier Wochen waren vergangen und wir warteten immer noch auf ein Zeichen von Herrn H.. Gustav und ich zweifelten schon, ob wir je noch etwas von dem Versicherungsagenten hören würden.

Es war gegen Mittag eines kalten Wintertages im schneereichen Januar 1953, als Gustav während des Schneesschaufelns rief: „Da kommen zwei Herren mit einer Aktentasche die Straße herauf. Das könnte der Direktor mit Herrn H. sein."

Tatsächlich hatte er Recht. Die Herren begrüßten uns und kamen ins Haus. Sie erläuterten Gustav die Versicherungstätigkeit in seinem Arbeitsbezirk um Passau herum. Durch die verhältnismäßig weite Entfernung von etwa hundert Kilometern müsse er die ganze Woche über fort sein.

Dabei wurde mir bewusst, wie sehr sich mein Leben durch den Außendienst Gustavs verändern würde. Die Woche konnte lang sein, wenn es um das Haus herum stürmte, der viele Schnee allein zu schaufeln war, das Holz ins Haus getragen werden musste und die Kinder tagelang keinen Papa hatten.

Gustav fragte mich besorgt, ob ich es schaffen könne, wochentags mit den Kindern im Haus allein zu sein. Fest entschlossen versicherte ich: „Die Hauptsache ist doch, dass du Arbeit hast. Mache dir um mich keine Sorgen. Ich werde mit der neuen Situation schon fertig werden."

Die beiden Herren schauten mich respektvoll an. Nun waren sie endgültig von den guten Voraussetzungen meines Mannes für den Versicherungsdienst überzeugt. Hatte er doch eine selbstsichere Frau, die seine Abwesenheit verkraften konnte. Gustavs Anstellung wurde gleich in allen Punkten vertraglich festgelegt.

Februar 1953 - Antritt der neuen Stelle mit einem Fahrrad

Am 09.02. 1953 begann Gustavs kurze Einarbeitungszeit für seinen Dienst. Er wurde Außendienstmitarbeiter der Allianz. Als Beförderungsmittel besaß er nur ein altes Fahrrad, mit dem er von den Bahnhöfen aus die Versicherungsnehmer besuchte. Deren Dateien wurden ihm auf Lochkarten von der Firma zugeschickt. Das Gebiet meines Mannes war der Bereich Passau – Landshut.

Die Fahrten mit dem Fahrrad hielt er gut ein halbes Jahr, etwa bis August 1953, durch. Es war eine enorme Leistung, jeder Witterung vom Winter bis zum Sommer zu trotzen.

Eines Tages überstiegen die monatelangen Strapazen das Durchhaltevermögen Gustavs und er offenbarte mir seine Probleme, die er Tag für Tag bewältigen musste. Bis jetzt waren sie mir noch gar nicht so bewusst.

Zaghaft erzählte er mir Abläufe bei seiner Tätigkeit und sprach: „Häufig muss ich das Rad über die Berge hinaufschieben. Da verliere ich kostbare Zeit. Wenn ich mich aber mit dem Rad abstrample, komme ich ganz kaputt und nass geschwitzt bei den Kunden an. Jetzt im Sommer ist es in der Mittagshitze besonders schlimm. Dann muss ich aber mit nassem Hemd alle Gebäude abmessen, um ihren Wert abschätzen zu können. Dabei stehe ich oft in der Zugluft und die Gänsehaut läuft mir über den feuchten Rücken. Womöglich hole ich mir auf diese Weise einmal eine Lungenentzündung."

Das tat mir in der Seele weh. Ich hatte Angst um meinen Mann. Er war doch weit und breit der einzige Mensch den wir hatten, der uns liebte und für uns sorgte. Unentwegt dachte ich nach, wie ich ihm helfen könnte.

August 1953 - Neues Motorrad für Gustav

Wie so oft, ging ich mit den Kindern in Richtung Böhmhof spazieren und kam an einer Autoschlosserei vorbei.

Aus einer Eingebung heraus ging ich hinein und fragte nach, ob es ein Fahrzeug, vielleicht ein Motorrad, zu kaufen gäbe.

Der Schlossermeister erwiderte: „Ach, da kommen Sie gerade recht! Ich habe heute das erste nagelneue Motorrad bekommen!"

Er zeigte es mir. Es war kein allzu schweres, sondern ein leichteres Modell. Dies kam mir recht passend vor. Es kostete rund 800,-- DM. Ich entschloss mich, dieses Fahrzeug für Gustav erst reservieren zu lassen, denn es musste in erster Linie ja ihm gefallen.

Anschließend ging ich den Berg zur Sparkasse gegenüber der Kirche hinauf und nahm vorsorglich einen Kredit auf. Im Vertrauen auf meine Glaubwürdigkeit versprach mir der Sparkassenbeamte das Geld. Für die monatliche Rückzahlung vereinbarten wir einen Betrag von 80,-- DM.

Als Gustav am Freitag wie immer nachhause kam, überraschte ich ihn mit den Worten: „Du, ich habe ein Motorrad für dich."

„Geh, mach keine Witze! Woher hättest du denn das Geld?", war seine ungläubige Antwort.

Ich lächelte und beruhigte ihn: „Mache dir darüber keine Sorgen. Wenn du einverstanden bist, bekommen wir das Geld von der Sparkasse. Ich habe schon alles geregelt. So geht es ja mit dir auch nicht weiter. Im nächsten Winter kannst du sowieso nicht mehr überall hinradeln."

„Ja, das ist wahr.", pflichtete er mir bei.

Ich nahm Gustav bei der Hand und ermunterte ihn: „Komm, wir schauen uns das Fahrzeug an."

Nun hatte ich Gustav überzeugt und wir machten uns gleich auf den Weg zur Schlosserei.

Gustav und ich 1957 mit unserem Motorrad

Da stand das blitzende, schwarze Motorrad fahrbereit im Hof. Gustav hatte schon als junger Mann selbst ein wunderschönes rotes Motorrad besessen und kannte sich mit den verschiedenen Fahrzeugtypen aus.

Er sah sich nun das Motorrad an und inspizierte es eingehend. Er fand es passend für seine Fahrten zu den Kunden und es gefiel ihm auch gut. Dem Kauf stand nun nichts mehr im Wege. Gustav wandte sich an den Schlosser und gab ihm die Hand. Der Handel war besiegelt.

Mit dem Geld von der Sparkasse konnten wir noch am selben Tag das Motorrad bezahlen.

Am Montag erledigte mein Mann die Formalitäten mit Anmeldung, Steuer und Versicherung. Dann fuhr er, regenfest mit Gummimantel, Haube und Handschuhen von mir eingekleidet, zu seinen Kunden.

Am Freitag kam mein Mann glücklich nach Hause. Er konnte viel mehr Kundenbesuche als vorher schaffen. Jetzt machte ihm die Arbeit erst so richtig Freude!

6. Im Spätsommer 1953 endlich Wasserleitung zum Haus

Versicherungsabfindung für das erblindete Auge

Da ich wenige Monate vor dem Unglück für Gustav eine Unfallversicherung abgeschlossen hatte, meldete ich das Geschehene der Versicherung. Der Hausarzt verfasste ein Gutachten und bestätigte, dass Gustavs Auge erblindet sei und er deshalb seinen Beruf als Schreinermeister nicht mehr ausüben könne.

Nach einiger Zeit bekamen wir den Bescheid über die monatliche Rente Gustavs. Die fiel jedoch sehr gering aus. Sie hätte uns auch nicht wesentlich geholfen. Nachdem Gustav eine feste Anstellung hatte, schien es uns vorteilhafter, uns für die angebotene einmalige Abfindungssumme von 700 DM zu entscheiden. Bald darauf kam der Postbote und händigte mir die Summe als Entschädigung für das verloren gegangene Augenlicht Gustavs aus. Für uns war das ein unverhoffter Geldsegen und wir hätten nicht im Traum daran gedacht, plötzlich einmal zu so viel Geld zu kommen.

In unserem Fall bewahrheitete sich nun der Spruch: „Es gibt selten einen Schaden, wo nicht auch ein Nutzen dabei ist.“

Leider war der Grund unseres Nutzens der Unfall Gustavs. Wir hätten aber gerne auf das Geld verzichtet, wenn er auf beiden Augen unversehrt geblieben wäre. Nun war aber nichts mehr daran zu ändern und wir mussten das Beste aus unserer Lage machen.

Legen der Wasserleitung in Eigenregie

Da wir immer noch kein eigenes Wasser hatten, entschlossen wir uns, mit dem Versicherungsgeld eine eigene Wasserleitung legen zu lassen. Wir stellten einen Antrag, am gemeindlichen Wassernetz anschließen zu dürfen. Dies wurde uns erlaubt, falls wir für alle Kosten aufkommen könnten. Die nächste Anschlussmöglichkeit befand sich vor dem Anwesen der Familie F.. Bis dahin waren etwa zweihundert Meter entlang der Straße zu graben.

Ich fuhr nach Regen und kaufte die Wasserleitungsrohre. Eine Bodenmaiser Baufirma beauftragte ich mit den Erdarbeiten. Nun ging es Schlag auf Schlag. Arbeiter gruben eine lange, tiefe Rinne für die Leitung bis zum Haus. Das dauerte einige Tage. Zum Glück regnete es nicht, aber die Sonne brannte bei wolkenlosem Himmel auf die Baustelle hernieder. Die Arbeiter schaufelten sich Meter für Meter mit nacktem Oberkörper vorwärts. Im schmutzigen Graben lief der Schweiß in braunen Strömen über ihren Körper und sie plagten sich sehr.

Ich war ihnen unglaublich dankbar, dass sie sich wegen unserer Wasserleitung so abmühten. Sicher waren sie sich auch der Tragweite ihrer Arbeit bewusst. Es hatte sich ja herumgesprochen, woher ich fünf Jahre lang das Wasser für meine Familie geholt hatte.

Um ihnen meine Anerkennung zu zeigen und sie trotz der Schinderei bei Laune zu halten, versorgte ich sie reichlich mit Bier und Brotzeiten. Mit unserem Handwagen holte ich die Einkäufe und Getränkekästen vom Ort herauf. Die Freude über das begonnene Vorhaben beflügelte mich so sehr, dass ich außer zum Einkaufen kaum von der Baustelle wich. Ich wollte da sein, wenn ein Arbeiter etwas brauchte. So brauchte er nicht aus dem tiefen Graben zu steigen.

Inzwischen begann der Installateur und Wasserwart, an den Innenwänden des Hauses die Wasserrohre zu befestigen. Über die bereits vorhandenen Waschbecken in Küche, Schlafzimmer, Toilette und Badeecke montierte er Wasserhähne. Schließlich führte er die nötigen Abwasserrohre im Haus zu einem großen Rohr zusammen und verlegte es im Boden bis zum Straßengraben hinaus. Von dort konnte das Abwasser oberflächlich bis zum nächsten Kanaleinlass im Ort fließen. Damals gab es in vielen Straßen noch keinen direkten Kanalanschluss zu jedem Haus.

Als die Arbeiter mit dem Graben fertig waren, schaufelten sie eine Schicht des angelieferten Sandes in die Rinne hinunter und legten die Wasserleitungsrohre darauf. Der Installateur schraubte eins nach dem anderen mit Werg zusammen.

„Wir haben Wasser!"

Bis Dutzende Rohre im schmalen Graben dicht verbunden waren, dauerte es einige Zeit. Unterdessen konnten die Arbeiter eine verlängerte Mittagspause machen und sich bei einer kräftigen Brotzeit stärken.

Zum Schluss konnte der Installateur mit dem letzten Rohr die Verbindung zur Hausleitung herstellen. Alle hatten ausgereicht!

Nun wurde zur Probe die Zuleitung zum Gemeindenetz mit dem Schieber geöffnet und die Rohre unter Druck gesetzt. Alle einzelnen Rohrverbindungen mussten nun auf ihre Dichtigkeit hin überprüft werden. Der Installateur tat das sehr gründlich, denn ein Leck in der Leitung wäre der Gemeinde teuer zu stehen gekommen. Aber der Sand unter den Rohren blieb überall trocken.

Endlich öffnete der Wasserwart vorsichtig den Wasserhahn in der Küche! Gurgelnd und fauchend kam zunächst schmutzig braunes Wasser in Schüben heraus. Erst allmählich wurde es klarer und es perlte als gleichmäßiger Strahl frisch in die untergestellten Tassen der Kinder.

Ich werde nie vergessen, wie ergriffen und dankbar ich zum Kreuz blickte. Endlich hatten wir eigenes, fließendes Wasser im Haus! Kein Wasserschleppen, keine halberfrorenen Hände beim Wäschespülen mehr! Nein, dieses Glück konnte ich so schnell gar nicht fassen. Zu unglaublich schien es mir.

Die Kinder jauchzten und sprangen vor Freude in der Küche herum.

„Wir haben Wasser, wir haben Wasser!“, schrien sie außer sich vor Freude.

Einander abwechselnd ließen sie immer wieder in kurzen Abständen das kostbare Nass herunterlaufen und lachten hinterher ausgelassen, wenn es dabei spritzte. Auch sie konnten es gar nicht glauben, dass tatsächlich immer wieder Wasser aus dem Hahn sprudelte.

Ich denke, dass sie, neun und elf Jahre alt, sich für alle Zeit bewusst sein werden, welch unermesslicher Reichtum es ist, immer sauberes Wasser zur Verfügung zu haben!

Als nach einiger Zeit sicher war, dass die Rohre wirklich dicht waren, wurden sie von den Arbeitern mit Sand bedeckt und der Leitungsgraben mit Erde aufgefüllt.

Es ist unglaublich, aber das ganze Geld hat für unsere gesamte Baumaßnahme genau ausgereicht. Sogar noch für ein gutes Trinkgeld!

Nach dem Bau der Wasserleitung installierten wir in vier Räumen Waschbecken mit „fließendem Wasser“, im hinteren kleinen Raum zusätzlich eine Badewanne mit Badeofen. Die beiden Außentoiletten erhielten Spülklosetts. Wir hatten damit unseren Komfort im Haus entscheidend verbessert.

Nachricht über den Aufenthalt von Gustavs Mutter und seinen Geschwistern

Das Rote Kreuz kümmerte sich um die durch den Krieg auseinander gerissenen Familien. Viele konnten wieder zusammengeführt werden.

Auf diese Weise haben auch wir erfahren, dass Gustavs Mutter und alle seine Geschwister, die den Krieg überlebt hatten, gegenwärtig in der russisch besetzten Ostzone lebten. Leider trennte der Eiserne Vorhang in den folgenden Jahren Gustav von seiner übrigen Familie. Häufigere Besuche der Verwandten blieben wegen der rigorosen Grenzformalitäten an der DDR-Grenze aus. Sie fielen erst 1989 weg, als die Wiedervereinigung Deutschlands durch den Freiheitswillen der Menschen im Osten, begünstigt durch die politische Lage und mit Zustimmung Gorbatschows möglich wurde. Die vielen vergangenen Jahre der Trennung konnten aber leider wegen Alter und Tod nicht mehr nachgeholt werden. Deshalb blieb die unstillbare Sehnsucht nach verwandtschaftlicher Nähe und dem Netzwerk unterstützender Beziehungen unerfüllt. Die Auswirkungen des Krieges wurden uns auf diese Weise immer wieder bewusst.

Ausblick über den Verbleib der Großfamilie Thamm

Mutter fand im Vogtland, in der sog. Ostzone und bzw. DDR, eine neue Bleibe. Hier wohnte sie unweit der Familie ihrer Tochter Annl. Mutter war für ihre fünf Kinder eine liebevolle Oma. Sie konnte geschickt nähen und stricken. Das half ihr auch, um ihren kargen Unterhalt und später ihre kleine Rente ein wenig aufzubessern. Etwa dreizehn Jahre lebte sie dort. Als meine Schwiegermutter siebzig Jahre alt war, durfte sie 1958 in den Westen übersiedeln. Nun wohnte sie in der Wohnung ihres Sohnes Alfred und seiner Frau Tilda in Frankfurt a. Main.

Leider verkraftete sie die Umstände des Wohnungswechsels nicht mehr gut. Nur was sie tragen konnte und in ihren Koffer passte, durfte sie aus der DDR mitnehmen. Sie musste all das zurücklassen, was sie sich nach der Vertreibung dort angeschafft hatte.

Das war der Preis dafür, dass sie in ihren letzten Lebensjahren den Söhnen Alfred, Laurenz und Gustav im anderen Teil Deutschlands näher sein konnte.

Erst hatte sie 1945 alles durch die Flucht vor den Russen verloren, dann verarmte sie 1958 durch ihre Ausreise in den Westen.

Mutter starb sechs Jahre später am 07.02.1964 mit 76 Jahren.

Ihre letzte Ruhestätte fand sie, fern des einstigen Familiengrabes, in Frankfurt a. M..

Alfred übersiedelte in den 50er Jahren mit seiner Frau in den Westen, als dies noch leichter möglich war. Das kinderlose Paar lebte in Frankfurt a. M..

Annl lebte mit ihrem Mann und den fünf Kindern in Plauen/DDR.

Anton wohnte mit seiner Frau und zwei Kindern in der Nähe von Potsdam/DDR.

Rudis Witwe fand mit ihrer kleinen Tochter ein neues Zuhause in Dessau/DDR.

Hermanns Witwe zog ihren kleinen Sohn in Bad Homburg groß.

Laurenz ging mit Dora und deren Schwester Marie ebenfalls in den Westen. Das kinderlose Paar wohnte in Wolfsburg.

Gustav fand mit mir und seinen beiden Töchtern Annelie und Karin in Bodenmais eine neue Heimat. Der Bayerische Wald war dem Böhmerwald ähnlich. Gustav liebte den Wald und ich meine Heimat. Deshalb waren wir hier glücklich.

Erster Besuch von Gustavs Mutter im Herbst 1954
Unser Koffer aus Weimar

Eines Tage schrieb uns Gustavs Mutter einen Brief. Sie teilte uns mit, dass sie uns besuchen komme. Die Freude war groß, sie nach der Flucht und den zehn schweren Nachkriegsjahren das erste Mal wieder zu sehen.

Als uns meine Schwiegermutter ihren Besuch ankündigte, bat ich sie brieflich, einen Umweg über Weimar zu machen. Dort könnte sie bei Familie Schulz, die oben am Berghäusel wohnte, nach meinem Koffer sehen. Falls er noch vorhanden war, könnte sie ihn uns mit der Bahn schicken lassen.

Die ganze Familie erwartete Mutter zur Ankunftszeit des Zuges im loggiaähnlichen Vorbau des Bodenmaiser Bahnhofs.

Die Lokomotive pfiff, dampfte heran und hielt mit durchdringendem Kreischen. Die Abteiltüren öffneten sich geräuschvoll. Gespannt beobachteten wir, wer herauskam. Obwohl nur wenige Fahrgäste ausstiegen, konnten wir Mutter entlang der Zugwaggons nirgends erspähen. Doch plötzlich löste sich Gustav von meinem Arm und fing so schnell zu laufen an, wie ich es nie zuvor gesehen hatte. Die Kinder und ich sahen, dass er einer kleinen älteren Frau mit dunklem Kopftuch, die einen zu langen Mantel und zu große Schuhe anhatte und ein Köfferchen trug, entgegenlief. Dann war nur noch ein sich umarmendes, ungleiches

Paar zu erkennen. Gustav beugte sich zu der kleinen Frau hinunter, sie streckte sich auf Zehenspitzen zu ihm hinauf. So blieben sie, sich innig wiegend, eine Weile stehen. Mutter schlang ihre Arme um Gustavs Hals und küsste ihren Sohn immer wieder auf Stirn und Wangen. Dann nahm Gustav ihre Hände und presste sie immer wieder an den Mund. Seine Schultern zuckten heftig.

„Zehn Jahre haben sie sich nicht mehr gesehen.", erklärte ich leise meinen Kindern, die sich über diese überschwängliche Begrüßung wunderten. Sie hatten ihren zurückhaltenden Vater nämlich noch nie so ergriffen erlebt.

Langsam lösten sich Mutter und Sohn voneinander und Gustav nahm das Köfferchen an sich. Hand in Hand, verhalten lächelnd und leise zueinander sprechend gingen sie nun bedächtig auf das Bahnhofsgebäude zu, wo wir in respektvoller Entfernung auf sie warteten.

Dann folgte die Begrüßung der übrigen Familie. Mutter und ich umarmten uns und Tränen flossen über unsere Wangen. Das letzte Mal hatten wir uns gesehen, als wir im Sudetenland das Haus gemeinsam verließen und uns voneinander auf der Flucht in unterschiedliche Richtungen trennten. Wie gut hatte sie mich mit den Kindern vorher mit ihren Ersparnissen versorgt! Nun stand sie als gealterte, gebeugte Frau vor mir. Das wollene Kopftuch gab ihre dünnen, ergrauten Haare über der Stirn frei. Ein kleiner Knoten zeichnete sich am Hinterkopf ab. Das einst glatte, schöne Gesicht war faltig und verhärmt geworden. Ihre dunklen, immer noch ausdrucksvollen Augen blickten uns aus ihren knittrigen Höhlen forschend an.

Wie sah sie wohl Gustav und mich nach all den Elendsjahren vor sich? Sie sagte nichts und wich meinen Blicken aus!

Die Kinder waren noch scheu, als Oma sie begrüßte. Sie strich jedem behutsam über das Haar und sprach mit leiser, weicher Stimme: „Das ist die Annelie und das ist die Karin, gell? - Wie seid ihr doch groß geworden, seit ich euch als Babys das letzte Mal gesehen habe!"

„Ja, Mutter, sie sind jetzt elfeinhalb und zehn Jahre alt und schon große Schulmädchen.", erklärte ich stolz.

Nun begaben wir uns auf den Heimweg.

Als ob wir die glücklichen Momente des Wiedersehens verlängern wollten, bewegten wir uns in der anbrechenden Dämmerung langsam hin zu unserem Heim am Ortsrand. Zwischendurch blieben wir immer wieder auf der Straße stehen, um unser Gespräch gestenreich zu veranschaulichen.

Aus den Fenstern wurde unsere kleine Prozession von den Anwohnern anteilnehmend beobachtet. Die Mutter des Herrn Thamm war zu Besuch gekommen! Sie war noch nie da! Konnten sie erahnen, was uns alle im Herzen bewegte?

Bis spät in die Nacht hinein erzählten wir uns die Geschehnisse der letzten Jahre.

Tatsächlich fand Mutter die Familie Schulz in Weimar. Noch nach zehn Jahren hatte sie meinen Koffer unversehrt und verschlossen aufbewahrt! Frau Schulz erzählte meiner Schwiegermutter, dass die Amerikaner den Koffer kontrollieren wollten. Sie erklärte ihnen aber, dass er einer Flüchtlingsfrau mit kleinen Kindern gehöre und diese die Schlüssel mitgenommen habe. Die Soldaten ließen dann respektvoll von dem Koffer ab.

Mutter ließ meinen schweren Koffer mit dem Zug zu uns nach Bodenmais schicken und Gustav holte ihn mit dem Handwagen ab. Jetzt hatten Gustav und ich wenigstens unsere guten Wintermäntel wieder. Ich freute mich über ein paar meiner geretteten Kleider, vier Paar Seidenstrümpfe und die geblümten Gardinen aus unserer schönen Wohnung. Aus dem mit großen Blumen bedruckten, beigen Gardinenstoff nähte eine gute Schneiderin, die selbst eine Flüchtlingsfrau war, für die Töchter und mich dirndlähnliche Sommerkleider.

Wie schön war es, die vertraute Schwiegermutter bei uns zu haben. Gustav durfte wieder für kurze Zeit der fürsorgliche Sohn sein, der er seit dem Befehl an die Front nicht mehr sein konnte.

Beide gingen gerne miteinander in den Wald. Gustav brachte Pilze und Beeren mit, Mutter zog stets noch einen dicken Ast hinter sich her nachhause. Gustav hackte ihn für Brennholz in Stücke, Mutter schlichtete sie auf der Holzschar auf und fegte zuletzt Gustavs Arbeitsplatz. Dabei sprachen sie kaum etwas. Es war ihre gemeinsame Art, mit Worten sparsam umzugehen. Aber wenn sie miteinander werkelten, konnte ich ihre innere Übereinstimmung ganz deutlich spüren.

In jeder freien Minute nahm Mutter ihre Stricksachen zur Hand. Flink und nebenher sogar noch die Zeitung lesend, strickte sie für uns während ihres Besuches wollene Pullover und Jacken mit komplizierten Mustern. Wir hatten daran einige Jahre Freude. Immer wieder besserte ich die abgenützten Stellen aus.

Nach vier Wochen ging Mutters Besuch leider wieder zu Ende und sie musste nach Plauen/DDR zurückfahren. Dort lebte sie in einer kleinen Wohnung, die sie sich mit ihrer kleinen Rente nur leisten konnte.

Es dauerte drei Jahre, bis Mutter uns wieder besuchte. Dies sollte das letzte Mal sein.

Unsere Familie 1956 bei Mutters zweitem Besuch

1964 starb Mutter 76-jährig. Das Leid über den frühen Tod ihrer kleinen Tochter Ida und ihres Mannes, den Verlust zweier Söhne im Krieg, die Enteignung ihres Besitzes und die Vertreibung aus der Heimat hatte sie nie mehr richtig verwunden.

Wetterfeste Motorradausrüstung

Als Muttl uns besuchen kam, brachte sie ja den Koffer aus Weimar mit. In diesem waren unter anderem noch vier Paar Seidenstrümpfe. Die nahm ich und tauschte sie bei meinen Verwandten in Weißenstein für Schafwolle ein. Im Ort wohnte eine Flüchtlingsfrau aus Schlesien, die ein Spinnrad besaß und sich ein paar Mark mit dem Spinnen verdiente. Nachdem ich meine Wolle gründlich gewaschen hatte, bat ich die Frau, meine Wolle zu spinnen.

Aus dieser Wolle strickte ich mit ausgeliehenen dicken Nadeln meinem Mann eine fast knielange Jacke. Die Ärmel reichten bis an die Finger. Dazu strickte ich noch Fäustlinge. Aus Zeltstoff nähte ich auf der Nähmaschine noch eine Regenjacke, große Überhandschuhe und einen Knieschurz.

Mit dieser Ausrüstung konnte Gustav die nächsten Winter auf seinem Motorrad einigermaßen überstehen.

Familienleben am Wochenende

Nach einer langen Woche, in der ich mit den Kindern allein lebte, erwartete ich Gustav immer am Freitagabend. Wenn wir das Motorrad in der Dunkelheit heranbrausen hörten, stürmten wir hinaus und begrüßten unseren Papa überschwänglich noch bevor er vom Fahrzeug absteigen konnte. Er hielt uns einmal links und einmal rechts davon seine Wangen hin. Wenn sich der Ansturm gelegt hatte, stieg er bedächtig vom Motorrad herunter, nahm sein Gepäck ab und überreichte es uns. Beflissen marschierten wir damit ins Haus, während Gustav das Fahrzeug unter dem Hausdach abstellte und mit einer Plane abdeckte.

Mittlerweile richtete ich die heiße Suppe her, die meinen durchgefrorenen Mann von innen erwärmen sollte. Beim Essen tauschten wir die wichtigsten Neuigkeiten aus. Ich hatte meistens mehr zu erzählen als

Gustav. Die Ereignisse mit meinen beiden Töchtern während der Woche waren ein unerschöpfliches Thema. Mein Mann hörte schweigend zu. Er war kein Freund von vielen Worten. Die meisten Probleme, mit denen er sich während der Woche herumschlagen musste, machte er mit sich selbst aus oder brachte sie erst vor, wenn es nicht mehr anders ging. Wenn dieser Zeitpunkt erreicht war, musste aber meistens rasch gehandelt werden, so wie es mit dem Kauf des Motorrades war.

Nach dem Essen schien mein Mann erst richtig zuhause angekommen zu sein und die Kinder

Annelie und Karin 1954 beim Blumenpflücken

Karin 1956 mit Miezi und Maxl

und ich hatten uns wieder an seine Anwesenheit gewöhnt. Die Trennung während der Woche entfremdete uns jedes Mal ein wenig. Aber beim gemeinsamen Essen kam die gewohnte Vertrautheit wieder auf. Unsere unterschiedlichen Erlebnisse vergangener Tage traten langsam im Bewusstsein zurück und machten dem Leben in der Gegenwart Platz. Die Familie war nun wieder für ein Wochenende glücklich vereint.

Baderitual

Zum Wochenendritual gehörte das Bad für die ganze Familie. Die Art und Weise des Badens veranschaulicht, wie sich unser Leben langsam verbesserte.

Baden im Holztrog mit Brunnen- bzw. Bachwasser:

In den Anfangsjahren mussten wir zum Baden den hölzernen, selbst geschreinerten Holztrog in die Küche holen. Der lehnte sonst die ganze Woche über an der Hausmauer. Als das Quellwasser ausblieb, holte ich das Wasser vom Bach herauf und erhitzte es im großen Wäschetopf auf dem Holzherd. Dann schüttete ich das brühheiße Wasser in den Trog und vermischte es mit kaltem Wasser.

Gustav badete zuerst. Er zog sich aus und legte sich bedächtig in das warme Wasser. Es sollte ja nichts auf den Holzboden herausschwappen. Zuerst ließ ich ihn nach der anstrengenden Fahrt eine Weile die Wärme genießen und sich entspannen. Derweilen hängte ich seine Arbeitskleidung auf und suchte frische Unterwäsche heraus.

Nach geraumer Weile beugte ich mich zu Gustav hinunter und wusch ihn ab. Sich ganz still haltend, ließ er sich mein fürsorgliches Tun im wohligen Wasser gerne gefallen. Er wusste, dass es nach seiner langen Abwesenheit für mich ein Bedürfnis war. Das war beispielhaft für den gegenseitigen Ausdruck unserer Liebe. Ich war glücklich, ihm meine Gefühle zeigen zu können und Gustav nahm sie dankbar entgegen. Das genügte mir, denn mein Mann zeigte mir seine Liebe vor allem dadurch, dass ich mich in allen Lebenslagen auf ihn verlassen konnte.

Wir badeten alle nacheinander und zogen saubere Wäsche an. Ich kam als Letzte an die Reihe.

Nach dem Baden musste ich das Schmutzwasser eimerweise nach draußen tragen und in den Straßengraben schütten! Erhitzt vom mühsamen Baden der ganzen Familie holte ich mir beim mehrmaligen Gang vor die Türe so manche schlimme Erkältung.

Im Winter blieb deshalb das Wasser bis zum anderen Tag im Trog.

Baden mit eigenem fließendem Wasser:

Wie hatte ich es im Vergleich zu früher jetzt schon gut! Seit dem Sommer 1953 hatten wir das Wasser im Haus. Leider war die Verbesserung erst durch Gustavs Erblindung auf einem Auge und der folgenden Abfindung durch die Versicherung zustande gekommen!

Zum Holen und Wegbringen des Badewassers brauchte ich keinen Schritt mehr nach draußen zu gehen. Nun musste ich nur noch den Hahn aufdrehen und den Eimer darunter halten. Nachdem wir alle gebadet hatten, konnte ich gleich das schmutzige Badewasser aus dem Trog schöpfen und es in den Küchenausguss schütten.

Baden in der Badewanne:

Im Herbst 1954 waren wir imstande, in einem unserer kleinen Zimmer eine Emaillebadewanne an das Abflussrohr und die Wasserleitung anzuschließen. Ein Badeofen, in welchem das Wasser mit ein wenig Holz erhitzt werden konnte, wurde ebenfalls installiert. Der Auslaufhahn und der Brauseschlauch gehörten beim Kauf schon zu seinem hohen, emaillierten Aufsatz dazu.

Diese Neuerung empfand ich neben dem eigenen Wasseranschluss ein Jahr zuvor als die zweite wesentliche Verbesserung der Einrichtung in unserem Hauses.

Wir empfanden es als Luxus pur, wenn wir nach dem Einheizen mit ein paar Holzstücken den Hahn des Ofenaufsatzes öffneten und das heiße Wasser dampfend in die Wanne sprudelte. Mit kaltem Wasser aus dem Hahn über der Wanne

Annelie und Karin 1956 mit ihrem Akkordeon

gemischt, konnten wir nun ohne große Mühe das wöchentliche Wannenbad genießen und uns mit der Brause die Haare waschen.

Nach dem Baden konnte das Familienleben für zwei Tage beginnen.

Lebensgrundlage durch auswärtige Arbeitsstelle

Ausgeruht ging Gustav von Montag früh bis zum nächsten Freitag erneut wieder auf Reisen. Sein Gebiet lag zwischen Passau, Pfarrkirchen und Eggenfelden. Bei den damaligen Straßenverhältnissen war die Entfernung nachhause so weit, dass er unterwegs in verschiedenen Gasthäusern übernachten und essen musste.

So sah unser bescheidenes Familienleben aus. Es hatte keinen Sinn zu klagen. Wir waren froh, auf diese Weise eine Möglichkeit zum Überleben gefunden zu haben, denn viele Menschen fanden nach dem Krieg für sich und ihre Familie gar keine Lebensgrundlage und wanderten aus.

Nicht wenige deutsche Frauen verließen ihre Heimat an der Seite eines Besatzungssoldaten. In dessen Land konnten sie meistens ein besseres Leben erwarten, als es in ihrer Heimat möglich gewesen wäre. Auch meine jüngste Stiefschwester Katharina ging auf diese Weise fort von hier. Sie lernte einen amerikanischen Soldaten während seiner Stationierung in Deutschland kennen und lieben. Nach dem Ende seines Dienstes nahm er sie 1954 mit in die Staaten und heiratete sie dort. Da war sie 24 Jahre alt. Bis heute leben sie glücklich in Kansas City zusammen.

Gustavs erfolgreiche Tätigkeit bei der Allianz

Zum Glück arbeitete Gustav gerne bei der Versicherung. Nach wiederholten Schulungen wurde er Inspektor und Spezialist für die Versicherung von großen Objekten. Damit besaß er eine große Verantwortung. Die Arbeit lag ihm. Er führte sie ruhig und gewissenhaft aus. Bei seinen Kunden genoss er wegen seiner Ehrlichkeit großes Vertrauen. Seine Chefs schätzten ihn außerordentlich wegen der zahlreichen Abschlüsse und bedachten ihn regelmäßig mit Auszeichnungen. Mein

Mann war bis zu seiner Pensionierung einer der erfolgreichsten Mitarbeiter in der aufstrebenden Allianz Versicherung.

Gustav mit Annelie und Karin im März 1956

Gustav konnte seinen Schreinerberuf nicht mehr ausüben. Trotzdem verbesserte sich in der Folgezeit seine berufliche Position. Merkwürdig! Erst nach dem Verlust der Sehkraft eines Auges ist eine bessere Wendung des Schicksals eingetreten!

Das Arbeiten mit Holz blieb aber Gustavs geliebtes Hobby. Er konnte auch mit einem Auge mit viel Ideenreichtum und Improvisationstalent im Haus und drum herum alles reparieren und verschönern. Bis zuletzt blieb seine kleine Werkstatt im Gartenhäuschen sein vertrautes Reich. Seinen Rückzugsort, wo er ungestört seinen Gedanken nachhängen und sich ausruhen konnte, fand er im Häuschen nebenan. Dort, unter den mittlerweile hoch gewachsenen Apfelbäumen, war seine kleine Welt in Ordnung. Hier lag er oft auf seiner Liege und genoss die frische Luft inmitten des naturnahen Gartens.

Annelie und Karin im Mai 1956 in unserem Garten

Teil V: Letzten Endes Grund zur Dankbarkeit

1. Höhere Schule für unsere Kinder ab 1956
Neuer Lebensabschnitt für uns alle

Annelies Aufnahmeprüfung

Gustav kam im Außendienst der Allianz Versicherung viel herum. Da er als Inspektor nur noch die großen Objekte betreute, lernte er auf diese Weise auch das „Institut Damenstift" bei Osterhofen, kennen. Der Orden der Englischen Fräulein unterhielt dort eine höhere Schule für Mädchen.

Papa fragte die Frau Oberin so nebenbei, ob auch eine seiner Töchter in das Internat aufgenommen werden könnte. Die Frau Oberin sagte erfreut, dem stünde nichts entgegen, wenn sie die Aufnahmeprüfung bestehen würde. Gustav meldete Annelie sofort an. Als er am Wochenende heimkam, war er ganz heiter und erzählte mir, dass er Annelie in einem feinen Internat zur Aufnahmeprüfung angemeldet hat. Zufällig hatte er den Versicherungsauftrag im Kloster gerade zur Anmeldezeit für das neue Schuljahr erhalten.

Mit dem Zug fuhren wir zur Aufnahmeprüfung nach Osterhofen und übernachteten in einem Gasthaus. Früh um acht Uhr begann ja schon die Prüfung. Karin stellte ich bei dieser Gelegenheit auch gleich den Klosterfrauen vor, denn sie war ja nur ein Schuljahr hinter Annelie. Wir hatten vor, auch sie im nächsten Jahr im Internat anzumelden.

Den Brief mit dem Prüfungsergebnis aus dem Internat erwarteten wir mit großer Spannung.

Wir öffneten ihn und da stand: „Sehr geehrter Herr Thamm! Ihre Tochter Annelie hat die Aufnahmeprüfung bestanden. Bitte entnehmen Sie aus beiliegender Liste die notwendigen Dinge, die Ihre Tochter für den Aufenthalt in unserem Internat benötigt."

Wir waren überglücklich.

Annelie kommt in ein Internat

Annelie als Internatsschülerin

In den Ferien besorgte ich für das Internat all die Dinge, welche auf der Liste aufgeführt waren. Das meiste musste ich neu kaufen: Unterwäsche, Kleidung, Mantel, Mütze, Schuhe, Koffer, Federbett, Bettwäsche, Nähzeug, Toilettenartikel, -tasche, Schulzeug usw.. Es war eine ganze Menge, für die ich viel Geld bezahlen musste. Für den Sonntag brauchte sie außerdem ein schwarzes Kleid mit einem weißen Kragen. Das ließ ich von Frau W. schneidern, da in den Geschäften so ein Kleid nicht zu finden war.

Zum Schulbeginn Anfang September brachten wir Annelie mit dem Zug in das Internat nach Osterhofen. In zwei großen Koffern verstauten wir die vielen Dinge, die sie für die auswärtige Unterbringung fern vom Elternhaus benötigte.

Bis Weihnachten musste sie im Internat bleiben. Als Wahlfach durfte sie mit unserer Erlaubnis Klavierunterricht nehmen.

Gustav kam auf seinen Fahrten zu Kunden öfter nach Osterhofen und konnte Annelie besuchen. Er erkundigte sich dann auch nach ihr. Am Wochenende berichtete er mir von der Belobigung unserer Tochter.

Wer könnte unsere Freude und unseren Stolz als Eltern nicht nachempfinden?

Karin kommt auch in ein Internat

Inzwischen bereitete sich auch Karin auf die Aufnahmeprüfung im nächsten Schuljahr vor. Im Frühjahr fuhr ich auch mit ihr nach Osterhofen in das Internat zur Aufnahmeprüfung.

Karin als Internatsschülerin

Das Ergebnis erwarteten wir wieder sehr gespannt. Welches Glück, dass wir auch für sie die Zusage bekamen.

Gustav und ich waren sehr froh darüber, dass wir beiden Kindern dieselben Chancen bieten konnten.

Wir wollten es ihnen ermöglichen, auch ohne finanzielle Hilfen des Staates.

Veränderung des Familienlebens durch den Schulwechsel unserer Töchter

Mit dem Schulwechsel veränderte sich das Leben von uns allen. Die Töchter mussten aus dem Elternhaus fort und sich an die strengen Regeln des Klosterinternates gewöhnen. Das bedeutete das Ende ihrer unbekümmerten Kindheit. Wie unsere eigenen Augäpfel hatten wir unsere Mädchen bis zu ihrem 13. Lebensjahr gehütet. Es schmerzte uns als Eltern sehr, von den Kindern so lange getrennt zu sein. Es war aber die einzige Möglichkeit, ihnen die bestmögliche Schulbildung angedeihen zu lassen. Unabhängig von unserer gesellschaftlichen Stellung und unserer eigenen Schulbildung konnte auf diese Weise ihre Begabung gefördert werden. Leicht war es für keinen von uns, sich für diese Lösung zu entscheiden!

Die Klosterschülerinnen durften während der insgesamt sechsjährigen Schulzeit, drei Jahre im Institut „Damenstift" in Osterhofen und drei Jahre im Institut „Marienhöhe" in Simbach/Inn, nur in den Weihnachts-, Oster- und Pfingstferien nachhause. In der Zwischenzeit war ich alleine im Haus und sah sie oft monatelang nicht. Die Besuchszeit einmal im Monat konnte ich auch nicht wahrnehmen. Gustav hätte mich eigens dafür am Sonntag hin- und zurückfahren müssen. Das wollte ich ihm nicht zumuten. Er brauchte das Wochenende, um sich zu erholen.

Gustav war in der guten Lage, die Mädchen im Internat ausnahmsweise auch während der Woche besuchen zu können. Wenn er in der Nähe zu tun hatte, nahm er die Gelegenheit wahr, nach seinen Töchtern zu sehen. Nachmittags, während der Lernstunde, wurden sie dann von der Pförtnerin Schwester Amalie ins Sprechzimmer gerufen. Dort durfte er sich eine Weile mit seinen Töchtern unterhalten. Meistens brachte er ihnen den nötigen Proviant für ihre Vormittags- und Nachmittagspause und ein Paket mit frischer Wäsche, die ich ihnen hergerichtet hatte, von zuhause mit.

Nach stets erfreulichen Auskünften der Matres konnte Gustav getrost seine Fahrt fortsetzen. Am Wochenende musste er mir die Neuigkeiten ausführlich erzählen. Die daraus geschöpfte Freude gab uns immer wieder neue Kraft.

All diese Opfer habe ich gerne für meine Töchter in Kauf genommen. Ich wusste ja, was es bedeutete, wenn einem jungen Menschen Förderung versagt blieb.

Meine Arbeit für die Kinder

In den Sommermonaten vermietete ich vier Zimmer und konnte in der Hochsaison acht Urlauber unterbringen. Auf Wunsch kochte ich auch für sie. In diesen Wochen hatte ich viel zu tun. Da die monatlichen Internats- und Schulkosten für die zwei Mädchen Gustavs finanzielle Möglichkeiten überstiegen, war ich froh, durch meine Arbeit selber meinen Anteil beisteuern zu können.

Mit dem verdienten Geld konnte ich die Mädchen für das neue Schuljahr im Internat einkleiden. Ich achtete vor allem darauf, dass sie warme Kleidung und Unterwäsche im Schrank hatten, da es in der Klosterkirche empfindlich kalt war.

In den schneereichen Wintermonaten, als es in Bodenmais noch wenig Urlauber gab, lebte ich wochentags allein. Da war Schneeschaufeln meine Hauptbeschäftigung. Mit Sehnsucht wartete ich auf Gustav. Er kam erst Freitag- oder manchmal auch erst am Samstagabend heim.

1958 - Anschaffung eines Klaviers

Im Herbst 1956 kam Annelie ins Internat und durfte Klavierunterricht nehmen. Karin folgte ihr 1957 und erlernte ebenfalls das Klavierspielen. Ich fand es schade, dass ich nicht hören konnte, welche Fortschritte die Töchter gemacht hatten. Außerdem wollte ich, dass die Kinder in den Ferien üben konnten.

Annelie und Karin 1961/62 am Klavier in unserem Wohnzimmer

Nach und nach reifte in mir der Entschluss, ein Klavier zu kaufen. Ich wusste, dass es viel Geld kosten würde. Das gebrauchte Klavier im Musikgeschäft in Zwiesel gefiel mir nicht und ich kaufte 1958 auf Abzahlung ein neues um 4 000,-- DM.

Der Bankbeamte streckte mir das Geld wieder vor. Er tat das immer, wenn ich größere Anschaffungen vorhatte. Einmal sagte er, als ich die letzte Rate zahlte: „Sie wagen etwas und Sie schaffen es aber auch."

Als die Kinder zum Schuljahresende nachhause kamen, überraschte ich sie mit dem neuen Instrument. Die Musiklehrerinnen brachten ihnen vierhändige Stücke bei, die sie mir zuhause vorspielten. Das schenkte meiner Seele tausende von Streicheleinheiten.

Genugtuung durch die guten Schulerfolge unserer Kinder

Natürlich war es für uns alle immer schwer, nach den Ferien voneinander Abschied zu nehmen. Dann pflegte Gustav zu den Töchtern zu sagen: „Was ihr im Kopf habt, kann euch niemand mehr nehmen.

Gustav und ich 1959/60

Schaut eure Eltern an, wie sie sich plagen müssen. Also lernt, was ihr könnt. Ihr werdet es dann einmal besser haben."

Was Gustav und mir das Schicksal nicht vergönnte, ist durch die Internatserziehung unseren tüchtigen Töchtern zuteil geworden.

Die gute Entwicklung unserer Kinder verschaffte Gustav und mir so große Genugtuung und Zufriedenheit, dass wir auf so manche Wünsche verzichten konnten. Nur die gute Ausbildung unserer Töchter hatten wir uns zum erstrebenswerten Ziel gesetzt. Sie war die beste Mitgift, die wir ihnen geben konnten.

Wir hatten ein Dach über dem Kopf, Essen und Trinken genügten uns auch. Was wollten wir noch mehr?

Meine Einsamkeit – ein wenig Frohsinn

Da ich während der Woche allein lebte, fühlte ich mich oft sehr einsam. Nur der Hund Maxl leistete mir anhänglich und still Gesellschaft. Er bewachte treu das Haus und ich konnte beruhigt schlafen.

Vor allem die langen Winterabende schlugen mir auf das Gemüt. Deshalb schrieb ich oft bis in die Nacht hinein ausführliche Briefe an meine Töchter. Ich teilte ihnen alles mit was mich bewegte und konnte ihnen auf diese Weise ein wenig nahe sein. Maxl lag unterdessen oft unter dem Tisch vor meinen Füßen. Er liebte es, wenn ich ihn mit meinen Zehen kraulte. Meistens schlief er und träumte, ab und zu leise knurrend, vor sich hin.

Wochentags hatte ich wenig Ansprache. An manchen Tagen konnte ich oftmals nur mit dem Briefträger einige Worte wechseln. Dabei erinnere ich mich an einen fidelen jungen Studenten aus Bodenmais, der jeweils in den Semesterferien aushilfsweise bei der Post Dienst tat. Wenn er mir einen Brief meiner Töchter überreichte, scherzte er: „Frau Thamm, heit hob i wieda amoi an Liebesbrief füa Sie!" „So, so, einen Liebesbrief haben Sie? Wer wird denn da an mich gedacht haben?", erwiderte ich. Dann lachten wir beide herzlich. Oft fiel uns noch der eine oder andere Witz ein. Beim Weitergehen flachste er meistens noch ein wenig zu mir her und ich ihm zurück. Jeder konterte schlagfertiger als der andere.

Diese kurze Abwechslung tat mir in meiner Einsamkeit gut. Manch aufkommender Trübsinn war dann für einige Zeit verflogen. Ich habe erfahren, wie viel ein wenig mitmenschliche Zuwendung bewirken kann!

Dieser fröhliche junge Mann wurde Jurist, dann Bürgermeister und später ein führender Kommunalpolitiker.

Beängstigender Mitesser - Doch wieder ein Kätzchen im Haus notwendig

Wir hielten schon kurz nach unserem Einzug ins Haus Katzen. Da wir von Wiesen und Feldern umgeben waren, erwiesen sie sich nicht nur als anschmiegsame Hausgenossen und spaßige Spielgefährten für unsere Kinder, sondern auch als unermüdliche Mäusejäger.

Leider wurden aber unsere letzten Katzen überfahren. Mein Herz hing so sehr an den Haustieren, dass mir ihr Tod immer sehr nahe ging. Deshalb wollte ich keine mehr haben.

Eines Abends hörte ich während des Schreibens ein Schaben und Kratzen unter dem Küchenschrank. Später vernahm ich noch Fressgeräusche am Hundenapf, den ich unter den Küchenschrank geschoben hatte. Unter dem Dielenboden der Küche befand sich ein Kohlen- und Holzkeller. Durch eine Klappe konnten wir hinuntersteigen. Ich vermutete nun, dass sich eine große Maus ein Loch in den Boden genagt hatte, um an die Futterreste des Hundes zu gelangen.

Als es wieder still war, holte ich den Fressnapf hervor. Darin waren von Kohlenstaub geschwärzte Krallenspuren zu erkennen. Also war doch ein Tier aus dem Keller heraufgekommen! Aber konnte eine kleine Maus so große Spuren hinterlassen? Mir wurde klar, dass es sich um ein größeres Tier handeln musste.

Mein Mann war noch die ganze Woche über im Außendienst beschäftigt. Ich musste mich also bis Ende der Woche gedulden, um mein Erlebnis los zu werden. Als er endlich heimkam, erzählte ich ihm gleich von dem abendlichen Erlebnis und meiner Angst vor dem unbekannten Tier.

Gustav meinte daraufhin, dass nun doch wieder eine Katze ins Haus sollte. Er kenne einen Großbauern, auf dessen Gehöft viele Katzen herumlaufen. Der würde ihm bestimmt eine schenken.

Wie versprochen, brachte mir Gustav am nächsten Wochenende tatsächlich eine Katze mit. Als ich die Schachtel öffnete, hüpfte ein schwarzweißes Kätzchen heraus und verkroch sich scheu unter dem Küchenschrank.

Überrascht rief ich: „Ach, ist die aber noch klein!"

„Es ist ein Maikätzchen und erst sieben Monate alt. Eine Maus wird sie aber schon fangen können!", beruhigte mich Gustav.

Ich stellte ein Schälchen Milch auf den Boden. Langsam kam das verschreckte Tierchen aus seinem Versteck heraus. Mit Freude beobachtete ich, wie es mit seiner kleinen Zunge die Milch aufleckte. Als es satt war, blieb es sitzen und leckte sich sein Schnäuzchen. Ich beugte mich langsam hinunter und strich behutsam über sein seidiges Fell. Das Kätzchen hielt eine Weile still. Schließlich schmiegte es sich schnurrend an meine Waden. Nach dieser ersten Annäherung war das Eis gebrochen. Ich war glücklich, einsame Abende wieder mit einem zärtlichen Schmusetier verbringen zu können.

Erster Fangversuch meines Kätzchens

Montag früh fuhr Gustav wieder zum Dienst. Abends schrieb ich wie üblich einen langen Brief an meine Töchter. Meinen Stubentiger hatte ich vorsorglich mit einer Schnur am Tischbein angebunden. Es sollte mir nicht entwischen, wenn ich die Türe öffnen musste. Da es noch nicht eingewöhnt war, befürchtete ich, es könnte sich verlaufen und nicht mehr zurückfinden.

Während des Schreibens fing wieder das geheimnisvolle Kratzen im Napf unter dem Küchenschrank an. Das Kätzchen hörte das Scharren des Tieres und wurde ganz unruhig. Ich verlängerte die Schnur, damit das Kätzchen mehr Bewegungsfreiheit hatte. Auf einmal lugte eine große Ratte unter dem Küchenschrank hervor. Mein Herz klopfte vor Schreck und Grausen. Ratten waren mir doch als gefürchtete Nager bekannt! Viele Schauergeschichten hatte ich schon über sie gehört. Sie sollen sogar schon Menschen angegriffen haben! Jetzt konnte ich nur auf die Hilfe meines Kätzchens zählen.

Plötzlich sprang es auf die Ratte zu und packte sie am Hals. Sie war aber kräftig und riss sich aus der Umklammerung des Kätzchens los. Sie verschwand unter dem Küchenschrank und huschte wahrscheinlich durch das Loch wieder in den Keller zurück. Ein paar Blutstropfen auf dem Boden erinnerten nur mehr an den schaurigen Besuch des Nagers und der missglückten Attacke meines Kätzchens.

Geglückter Fang!

Einige Tage lang hörte ich keine Laute mehr von der Ratte und ich hoffte, dass es so bliebe. Das Kätzchen war nun auch schon eingewöhnt und ich brauchte es nicht mehr anzubinden. Nach seinen Streifzügen in der Umgebung miaute es draußen vor der Türe. Wenn ich ihm einen kleinen Spalt öffnete, schlüpfte es flink in die warme Stube herein. Dann hob ich es hoch, streichelte und liebkoste es. Ich war froh, dass mein kleiner, furchtloser Jäger wieder im Hause war.

Eines späten Abends kam die Ratte doch wieder an den Fressnapf meines Hundes. Der Hunger schien sie erneut herauszutreiben. Es störte sie nicht, dass ich ihr beim Fressen zusah. Starr vor Angst und mit klopfendem Herzen blickte ich auf das Tier aus dem Kohlenkeller. Blitzschnell sprang mein Kätzchen mit einem Satz auf die Ratte zu und packte sie am Hals. Sie wand sich unter dem Angreifer und verteidigte sich verzweifelt. Das Kätzchen ließ aber nicht mehr locker. Es raufte wie ein Löwe um seine Beute. Vor meinen Augen entbrannte ein Kampf auf Leben und Tod. Ich zitterte vor Aufregung. Die zwei Tiere rangen unglaublich heftig miteinander. Der Jagdinstinkt des Kätzchens war geweckt und mobilisierte all seine Kräfte. Es hielt erst inne, als die Ratte leblos auf dem Rücken lag. Dann setzte es sich neben seine erlegte Beute und leckte sich ruhig die Pfoten. Es genoss sichtlich seinen ersten großen Erfolg. Erleichtert streichelte ich mein Kätzchen und lobte es wegen seiner Tapferkeit.

Andererseits tat mir die Ratte auch wiederum Leid, denn sie hatte sich so heftig bis zum Tod gewehrt. Als sie mit durchbissener Kehle vor mir auf dem Küchenboden lag, fühlte ich sogar ein wenig Respekt vor ihr in mir aufkeimen. Mit der Kohlenschaufel hob ich das tote Tier vom Boden auf und warf es in das Herdfeuer, wo es zu einem Klumpen verkohlte.

Nun war mir schon viel leichter ums Herz. Allmählich beruhigte ich mich wieder und konnte in der abendlichen Stille wie gewohnt zur Zeitung greifen.

Opfer des Straßenverkehrs

Das anschmiegsame Kätzchen wuchs zu einer schönen, großen Katze heran und bereitete mir viel Freude. Zwei Jahre hatte ich das Vergnügen, eine angenehme und nützliche Hausgenossin zu besitzen.

Eines Tages kam ein Nachbar zu mir und fragte, ob mir die tote Katze auf der Straße oberhalb unseres Grundstückes gehören würde. Sofort stürzte ich hinaus um nachzusehen. Zu meinem großen Entsetzen erkannte ich in dem lang dahingestreckten Körper meine geliebte Katze. Trotz des blutbefleckten Felles konnte ich ihre schwarzweiße Zeichnung erkennen. Erschüttert hob ich sie auf und trug sie ins Haus. Jetzt konnte ich meine Tränen fließen lassen und das tote Haustier betrauern. Ich musste daran denken, wie sie schon als kleines Kätzchen ihrem Instinkt folgend eine Ratte tötete und wie erleichtert ich mich danach fühlte. Daher setzte mir der Verlust dieser Katze besonders zu.

Allmählich fühlte ich Zorn über den Verlust in mir aufsteigen. Ein weiteres Haustier, das ich mit Liebe aufgezogen und an das ich mich gewöhnt hatte, war Opfer des Straßenverkehrs geworden! Wieder musste ich das traurige Ende einer Katze erleben und verschmerzen.

Es sollte das allerletzte Mal sein, das ich ein totgefahrenes Tier beweinen musste! Deshalb wollte ich nie mehr eine Katze großziehen.

Ich hatte eingesehen, dass ihre Haltung unmöglich geworden ist. Unser Haus stand zu nahe an der Straße zum Arbersee. Mit dem aufstrebenden Fremdenverkehr wurde diese Straße immer belebter. Auch weiteren Haustieren wäre nur ein kurzes Leben beschieden gewesen.

Eine bissige Abfuhr!

Wenn meine Kinder im Internat waren und mein Mann während der Woche auswärts arbeitete, war ich oft sehr traurig. Dann ging ich zur

Ablenkung gerne spazieren. Unterwegs traf ich manchmal Bekannte und freute mich darauf, Neuigkeiten zu erfahren. Einmal zog es mich in den hoch über Bodenmais liegenden Ortsteil Scherau hinauf. Im zeitigen Frühjahr trug ich noch meinen Wintermantel. Deshalb kam ich nach dem steilen Anstieg auf der Anhöhe erhitzt an. Um ein wenig zu verschnaufen, rastete ich an einer umzäunten Wiese. In deren Mitte stand ein Esel, der meine Aufmerksamkeit auf sich zog. Sein Verhalten kam mir seltsam vor, denn er verharrte unbeweglich auf einem Fleck.

Es reizte mich, das Verhalten des Esels auszuloten. „Eselchen, Eselchen, komm doch her, komm her!", rief ich ihm aufmunternd zu. Der Esel rührte sich aber nicht. Meine weiteren Versuche, ihn mit Klatschen, Pfeifen und Klopfen auf die Umzäunung zu einer Regung zu veranlassen, schlugen fehl. Dann kam mir die Idee, es mit Futter, einem bewährten Lockmittel, zu probieren. Ich suchte ein paar grüne Halme zwischen den trockenen Gräsern zusammen. Mit meiner kargen Ausbeute in den Händen, begann ich herumzufuchteln. Weit und breit war niemand zu sehen. Ungeniert tat ich alles, was mir einfiel, um die Aufmerksamkeit des Tieres zu erzielen. Der Esel blieb aber davon unbeeindruckt.

Schon wollte ich meine ergebnislosen Bemühungen einstellen, als ich auf einmal eine schwache Regung des stoischen Esels wahrnehmen konnte. Im nächsten Augenblick drehte er sogar seinen struppigen Kopf zu mir her! Als er seine dünnen Beine in Gang setzte, triumphierte ich innerlich. Ich sah meine Anstrengungen belohnt! Nun lockte ich das Tier weiter und sprach sanft: „Ja, so ist es recht! Komm her! Schau, ich hab was Feines für dich!"

Der Esel kam nun gemächlich in meine Richtung. In Gedanken stellte ich mir schon vor, wie ich das Tier kraulen und über sein zerzaustes Fell klopfen würde. Streicheleinheiten hat das Tier sicher gern, dachte ich. Wenige Meter vor mir hielt es inne und blickte mich ausdruckslos an. Es war noch nicht nahe genug an meine ausgestreckte Hand herangekommen. Deshalb stieg ich auf den unteren Balken des Gatters und beugte mich ihm entgegen. Mein Oberkörper ragte über die Absperrung. Nun schnalzte ich mit der Zunge und murmelte beruhigend: „Na, trau dich schon, du Guter. Geh, komm nur!" Plötzlich machte der Esel einen Satz zu mir her. Bevor ich zurückweichen konnte, schnappte er nach mir und biss mich in die Brust. Mein Grasbüschel flog durch die Luft. Ich sprang vor Schreck vom Balken herunter und taumelte wie benommen ein paar Schritte vom Gatter weg. Schlimmes ahnend, griff ich unter den Mantel und strich vorsichtig über meine linke Brust. Schneidend schmerzte die gezwickte Stelle unter dem festen Lodentuch! Durch meinen Wintermantel konnte der Esel nicht noch heftiger zupacken. Nur gut, dass ich ihn anhatte! Nach und nach fasste ich mich wieder. In mir stieg Zorn auf das hinterhältige Tier auf. „Du hinterfotziges Luder, du Miststück!", zischte ich und machte dadurch meiner Wut über seine Attacke Luft. Unbeeindruckt davon trottete der Esel an seinen alten Platz zurück, und ich ging betroffen heim.

Der Schock steckte mir noch in den Gliedern, als ich zerknirscht zu Hause ankam. Gleich zog ich mich aus und besah mir die Bissstelle im Spiegel. Die Vorderzähne des Esels hatten tiefrote, empfindliche Kneifspuren auf meiner Brust hinterlassen. Mit kühlen Essenzumschlägen linderte ich die pochenden Schmerzen. Durch das beklemmende Erlebnis auf meinem Spaziergang fühlte ich mich für den Rest des Tages niedergeschlagen. Nachts fand ich nur wenig Schlaf. Immer wieder sah ich im Geist den schoflen Esel mit seinem rotzigen Maul vor mir, der mein Wohlwollen so schlecht belohnt hatte.

Anderntags begab ich mich zu meinem Hausarzt, da die betroffene Brust blau angelaufen und entzündet war. Als er mich nach der Ursache meiner außergewöhnlichen Verletzung fragte, antwortete ich verlegen: „Herr Doktor, gestern wollte ich einen Esel streicheln. Plötzlich hat mich das Vieh in die Brust gebissen." Der Arzt, für seinen Frohsinn bekannt, lachte daraufhin amüsiert auf. Jetzt konnte ich sogar über mein Pech entspannt mitlachen. Während der Doktor meine verletzte Brust sachte abtastete, lag ein verschmitztes Schmunzeln auf seinen Lippen. Abschließend stellte er beruhigend fest: „Das sieht schlimmer aus, als es ist, Frau Thamm. Sie haben nur einen riesigen Bluterguss durch die starke Quetschung der Brust bekommen. Ein paar Tage wird sie noch wehtun. Machen Sie Umschläge."

Bei der Verabschiedung entließ er mich mit dem launigen Rat: „Und nehmen Sie sich in Zukunft in der Nähe von Eseln in Acht! Man sieht es ihnen nicht an, ob sie lammfromm oder hundsgemein sind."

„Ja, ja, wer den Schaden hat, braucht für den Spott nicht zu sorgen.“, konterte ich heiter und ging erleichtert heim.

Stoff von einem Hausierer – Neuer Anzug für Gustav

Eines Tages klopfte jemand an die Türe. Als ich öffnete, stand ein Hausierer davor.

Ich fragte argwöhnisch, was er wolle.

„Frau, ich habe schöne Anzugstoffe für ihren Mann. Sie müssen sie anschauen.“, erwiderte er.

„Ich habe aber kein Geld.“, sagte ich.

„Schauen Sie sie trotzdem an.“, meinte er.

Nun prüfte ich die Stoffe. Ein wunderschöner, grüner Lodenstoff gefiel mir so gut, dass ich fragte: „Was kostet dieser Lodenstoff? Mein Mann hat keinen Anzug für täglich.“

„Dreißig Mark, Frau.“, antwortete er.

„Aber ich habe nur fünfzehn Mark. Das ist mein Geld für die ganze Woche!“, erwiderte ich wahrheitsgemäß.

Der Hausierer blickte zu Boden und murmelte einige Worte in einer fremden Sprache vor sich hin.

Nun sah er mich an und sprach ärgerlich: „Da hast du Anzugstoff für fünfzehn Mark, kostete aber dreißig Mark.“

Ich bezahlte die Summe und nahm den Anzugstoff entgegen. Wir konnten beide über das Geschäft zufrieden sein. Schließlich kam ich mit dem Händler noch kurz ins Gespräch. Leise erzählte er mir, dass er im KZ gewesen war. Auch er kannte Not und Armut aus eigener Erfahrung. Wie Gustav musste er fern der Familie reisend sein Geld verdienen.

Ich war glücklich, dass ich für meinen Mann einen schönen Anzug schneidern lassen konnte. Im Geiste sah ich schon, wie gut er in dem neuen Anzug aussehen würde. Dass ich nun kein Geld zum Einkaufen hatte, war in diesem Moment nicht wichtig. Irgendwie würde ich schon über die Runden kommen. Zur Not musste ich eben bei meinen Kaufleuten anschreiben lassen, bis ich wieder neues Haushaltsgeld hatte.

Als Gustav nachhause kam, zeigte ich ihm stolz den Anzugstoff. Er war sehr erfreut über meinen günstigen Kauf.

„Immer wieder bringst du es fertig, mich zu überraschen.“, meinte er anerkennend.

Gemeinsam gingen wir zu Herrn W., einem Herrenschneider. Er nahm für den Anzug Maß. Nach 14 Tagen war er fertig. Genau, wie ich es mir vorstellte, stand er Gustav wirklich sehr gut. Wegen der grünen Stofffarbe sah er fast wie ein Förster aus. Aber das war ihm egal. Wir konnten es uns in der damaligen Zeit nicht leisten, wählerisch zu sein.

1957 - Vier Dienstjahre lang per Motorrad unterwegs - Anschaffung eines Autos

Mittlerweile fuhr Papa schon fast vier Jahre mit dem Motorrad zum Dienst. Im Sommer machten ihm die Hitze und der Regen zu schaffen, im Winter Eis und tiefer Schnee. Bei Kälte vermummte er sich mit Zeltstoffen, die ich ihm zurechtgeschneidert hatte. Er kam wie ein Ritter im Eispanzer dahergefahren. An Augenbrauen und Bart hingen kleine Eiszapfen. Was war das für eine Freude, wenn ich das Motorrad meines Mannes in der Stille des Winterabends heranrattern hörte! Gleich ließ ich heißes Wasser in die Badewanne laufen, damit er sich aufwärmen konnte. Bevor Gustav ins Haus kam, verstaute er das Motorrad im Schuppen. Dann schüttelte und klopfte er erst seine ganze Montur von Schnee und Eis ab, bevor er mit seiner Tasche in die warme Stube trat und sich an den Tisch setzte.

Eines Tages klagte mein Mann über Schmerzen im Unterleib. Er vermutete, dass sie Folgen des Motorradfahrens bei frostigen Temperaturen seien. Ich befürchtete schon lange, dass Gustav die Strapazen nicht mehr lange durchstehen könne. Wiederholt ermunterte ich ihn deshalb, sich ein Auto zu kaufen.

Ermutigt durch mein langes Zureden entschloss sich Gustav endlich zum Kauf eines gebrauchten Autos. Er informierte sich zuerst bei verschiedenen Händlern. Seine Wahl fiel auf einen mehrere Jahre alten grünen VW. Das Motorrad gab er in Zahlung, die Restsumme stotterte er in monatlichen Raten ab.

Mit seiner neuen Errungenschaft stand Gustav am Freitagabend draußen auf der Straße und hupte. Ich hörte im Haus das seltsam tutende

Gustav und Karin 1959/60

Geräusch. Um nachzusehen, ging ich hinaus und blieb verdutzt in der Türe stehen. Da stand dieses grüne Auto vor der Gartentüre. Drinnen saß, mit breitem Mund aus dem Autofenster heraus verschmitzt grinsend, mein Gustav. Ich stieß einen Freudenschrei aus und klatschte in die Hände. Gustav stieg stolz aus. Rasch eilte ich ihm über die Treppe entgegen. Wie immer begrüßten wir uns nach der tagelangen Trennung mit einer innigen Umarmung und zärtlichen Küssen.

Nun zeigte mir Gustav das erworbene Auto. Es hatte ein geteiltes Heckfenster und Winker, die tatsächlich auf Knopfdruck noch seitlich herausklappten. Jetzt durfte ich mich hineinsetzen. Alles drum herum gefiel mir. Ich lobte Gustavs Wahl. Der erste vierrädrige Untersatz war für uns etwas ganz Kostbares, denn die Arbeitsbedingungen verbesserten sich für meinen Mann damit entscheidend. Vier Jahre dauerten seine gesundheitlichen Belastungen auf dem Motorrad schon an. Nun war es höchste Zeit, dass dies ein Ende hatte. Geschützt vor den Unbilden der Witterung konnte er jetzt zu seinen Kunden fahren oder sich im Auto auch einmal ausruhen und etwas essen.

Nach dem Abendessen unternahmen wir eine Probefahrt zum Arbersee. Nie werde ich diese erste Fahrt und das erhebende Gefühl, das ich empfand, vergessen. Wir waren glücklich wie Kinder an Weihnachten. Mein Gustav, unser Papa, hatte es endlich geschafft! Gott sei Dank!

Auch die Mädchen waren glücklich über die neue Errungenschaft ihres Vaters, denn sie litten mit ihm während seiner strapaziösen Fahrten auf dem Motorrad. Zum Schul- und Ferienbeginn brauchten sie jetzt nicht mehr mit ihrem ganzen Gepäck mit dem Zug zu fahren.

Sogar die Klosterfrauen freuten sich, als Gustav die Töchter mit dem Auto abholte.

Das gebrauchte Auto tat Gustav noch sechs Jahre seinen Dienst. Als Karin nach dem I. Staatsexamen 1964 an eine Schule abgeordnet wurde, gab er es ihr und kaufte für sich ein anderes gebrauchtes Auto. Karin fuhr das etwa 13 Jahre alte grüne Auto noch zwei Jahre.

Durch das große Glück, gesund und leistungsfähig zu sein und unserer gemeinsamen emsigen Arbeit und zähen Sparsamkeit konnten wir auch am allmählichen wirtschaftlichen Aufschwung Deutschlands teilnehmen. Die Allianz bot meinem einsatzfreudigen Gustav einen sicheren Arbeitsplatz und der aufblühende Fremdenverkehr brachte mir, die ich wochentags allein im Haus war, einen willkommenen Zusatzverdienst und auch unterhaltsamen Zeitvertreib ein.

Weitere drei Internatsjahre - Annelie von 1959 bis 1962; Karin von 1960 bis 1963 Wege zu einer guten Berufsausbildung

Gustav lernte durch seinen Beruf als Versicherungsoberinspektor der Allianz auch die „Marienhöhe“, das Institut der Englischen Fräulein in Simbach, kennen.

Hier erkundigte er sich über Möglichkeiten zur weiteren Ausbildung seiner Töchter. Er erfuhr, dass sie bei einem guten Zeugnis der Mittleren Reife hier die dreijährige Frauenfachschule besuchen könnten. Nach dem Fachstudium an der Pädagogischen Hochschule in München und dem zweijährigen Vorbereitungsdienst an einer Schule würden sie als Handarbeits- und Hauswirtschaftslehrerinnen zunächst auf Zeit, später auf Lebenszeit verbeamtet werden können. Was für eine großartige Möglichkeit tat sich damit für unsere Mädchen auf!

Die Aufnahme in die weiterführende Schule war nun das nächste Ziel, das wir alle gemeinsam ansteuerten. Wieder schaffte Annelie die Voraussetzungen zur Aufnahme im Institut „Marienhöhe“ in Simbach und ein Jahr später auch Karin.

Wieder gingen drei erfolgreiche Jahre vorüber und die Töchter setzten alles daran, unsere Erwartungen nicht zu enttäuschen.

Den letzten Teil ihrer Ausbildung absolvierten meine Töchter anschließend in München an der Pädagogischen Hochschule und legten ihre I. Lehramtsprüfung ab. Nach der II. Lehramtsprüfung bekamen sie Anstellungen im Schuldienst.

Gustav und ich hatten erreicht, was uns wichtig war!

2. Erster Brief von Edeltraut aus Amerika 1958

Die ganzen Jahre über trug ich den Schmerz um meine vermissten Kinder Edeltraut und Bruno in meinem Herzen. An Geburts- und Festtagen, besonders an Weihnachten, konnte ich meine aufkommenden Gefühle kaum ertragen. Sie verfolgten mich bis in den Schlaf hinein.

Oft hatte ich Alpträume von Edeltraut. Da sah ich beispielsweise meine Tochter in einer Straßenbahn. Sie stand vorne. Das Abteil war voll. Ich wollte zu ihr und kam wegen der Leute nicht vom Fleck. Panik überkam mich. Weinend wachte ich auf. Ich faltete die Hände und betete inbrünstig. Trost empfand ich darüber, dass Edeltraut im Traum lebte. Es war quälend, sie trotz aller Bemühungen des Suchdienstes bis jetzt nicht wieder gefunden zu haben.

Im selben Jahr, als Gustav sein erstes Auto kaufte, hatten die Bemühungen des Pfarrers nach der Suche meiner verlorenen Tochter endlich Erfolg. Er bekam 1958 über den Suchdienst die Adresse Edeltrauts heraus. Sie war in Amerika!

Diese erlösende Nachricht konnte ich kaum fassen. Eine große Last fiel von mir. Ich weinte vor Glück. Endlich wusste ich, dass meine Tochter am Leben war und dass es ihr gut ging!

Sofort schrieb ich ihr einen langen Brief und legte Fotos von uns allen bei. Es dauerte nicht lange, bis ich ihren ersten Brief bekam.

Viele dicke Luftpostbriefe, gefüllt mit mehreren Seiten voller Mitteilungen und Fotos, wurden in der Folgezeit über den Ozean hin und her geschickt. Wir mussten so vieles nachholen. Edeltraut schrieb, dass auch sie seit unserer Trennung öfters ähnliche Alpträume wie ich gehabt hatte.

Edeltrauts Schicksal nach 1945

Edeltraut hat mir von der Verschleppung durch Soldaten nur andeutungsweise erzählt. Genaue Vorkommnisse behielt sie für sich. Ich musste es mir denken und durfte nicht daran rühren. Meine Tochter war so sehr von den Gewalterlebnissen traumatisiert, dass sie sich nicht mehr daran erinnern oder darüber sprechen wollte. Bruchstückhaft erfuhr ich nur, dass es einige Wochen dauerte, bis sie mit anderen Mädchen, denen dasselbe passiert ist, über die tschechische Grenze gelangte und in Flüchtlingslagern einquartiert wurde. Im besiegten Deutschland ging es drunter und drüber. Die Menschen kämpften oft nur noch ums nackte Überleben. Millionen Familien waren auseinander gerissen. Die Besatzungsmächte hatten die Führung übernommen. Hilfsorganisationen waren mit den vielen Einzelschicksalen hoffnungslos überfordert. Wen wundert es, dass wir nicht zueinander finden konnten?

In Wiesbaden fand Edeltraut bei der Familie eines amerikanischen Besatzungssoldaten aus Texas Arbeit und Unterkunft als Haus- und Kindermädchen. Das gutherzige Ehepaar gewann Edeltraut lieb. Bald wurde der Familienvater jedoch nach Amerika zurückversetzt. Um Edeltraut nicht ihrem ungewissen Schicksal zu überlassen, übernahm das Ehepaar die erforderliche Bürgschaft für ihre Auswanderung. Auf diese Weise fand meine Tochter eine neue Heimat im sonnigen Texas und begann dort ein neues Leben.

In Amerika heiratete Edeltraut einen ebenfalls ausgewanderten jungen Deutschen. Wegen der Sprachprobleme war das junge Paar zunächst auf allerlei einfache Jobs angewiesen. Nach und nach verbesserten sich die bescheidenen Verhältnisse hin zu einem erfreulichen Wohlstand. Edeltraut war ihrem Mann eine gute Ehefrau und ihren beiden Söhnen eine liebevolle Mutter. In ihrem Mann fand sie einen verständnisvollen, treu sorgenden Ehemann, der sie aufrichtig liebte.

3. Nach 25 Jahren erstes Wiedersehen mit meiner Tochter Edeltraut in Amerika

1970 - Flug nach Amerika zu Edeltraut

Seit unserer Trennung 1945 auf der Flucht traf ich Edeltraut erst am 15. September 1970 in Amerika wieder, als ich nach Texas flog. Davor hatten wir jahrelang nur brieflichen Kontakt.

Bei der Abfertigung am Flughafen in Houston war ich von meiner Tochter nur noch durch eine Glasscheibe getrennt. Als wir uns sahen, klopften wir dagegen und schrien wie verrückt. Kurze Zeit später konnten wir uns nach 25 Jahren das erste Mal in die Arme schließen. Was lag alles dazwischen!

Ich kann die Gefühle in diesem Moment nicht in Worte fassen! Mutter und Tochter haben sich wieder gefunden!

Ich lernte nun auch meinen Schwiegersohn und meine Enkelsöhne kennen. Ich blieb vier Wochen bei ihnen. Es war für mich eine märchenhaft schöne Zeit.

In den folgenden Jahren bekamen wir mehrmals Besuch aus Amerika und es war, als ob wir nie getrennt gewesen wären.

4. Letzte Vergrößerung unseres Hauses 1976/77

1976/77 vergrößerten wir das Haus ein letztes Mal und bauten eine Zentralheizung ein. Dazu beauftragten wir eine hiesige Baufirma. Wir gruben, betonierten und mauerten entlang der Straßenseite und dann im rechten Winkel zum Haus hin. Nun verschwand die frühere L-Form des Hauses und es entstand sein heutiger, rechteckiger Grundriss. Karins Mann Karsten half uns beim Ausgraben der Fundamente für die neuen Mauern und beim Erdaushub für die Betonbodenplatte im Neubau und im angrenzenden Altbau. Die vielen Steine, die wir dabei herausbuddelten, kamen wieder in den Boden zurück und die Erde ließen wir mit dem Lastwagen der Baufirma weggefahren.

Die Zwischenwand, die unsere frühere Gaststube abteilte, wurde zu Gunsten eines größeren Wohnzimmers abgebaut.

Wir entfernten einen Teil des alten, flachen Holzdaches so weit, wie es für eine durchgehende Betonzwischendecke für Neu- und Altbau notwendig war.

Es sah seltsam aus, als über unserem Wohnzimmer und den beiden Toiletten kein Dach mehr war! Wir hatten Glück mit dem Wetter. Es regnete nicht, bis die Betonzwischendecke fertig war.

Der Dachboden wurde vorsorglich mit einem Kniestock so hoch ausgeführt, dass wir später ausbauen konnten. So hat unser Haus mit dem neuen Giebeldach und dem alten Flachdach seine unterschiedlichen Dachformen bekommen.

Den Kohlenkeller unter der Küche bauten wir zum neuen Heizkeller aus. Um ihn erreichen zu können, musste noch eine überdachte Außentreppe angelegt werden.

Durch die Vergrößerung unseres Hauses hatten wir nun Platz für ein Esszimmer, in dem meine Urlaubsgäste frühstücken konnten, ein neues Bad für uns, einen kleinen Flur mit Türe zum Garten hin und daneben den Zugang zu den beiden Toiletten.

Damit der Dachboden erreichbar war, fertigte der Zimmerer noch eine Außentreppe an. So konnte ich nach dem Rohbau schon Wäsche unter dem Dach aufhängen.

Im nächsten Jahr bauten wir das Dachgeschoß mit drei kleinen Gästezimmern und einem weiteren Bad aus. Gustav brachte die Holzdecken an.

Als letzte Baumaßnahme musste noch der alte Holzfußboden im großen Schlafzimmer herausgerissen werden. Wieder bereiteten wir den Untergrund in der nötigen Tiefe in Eigenregie vor. Darauf ließen wir einen Betonboden mit Isolierungsestrich und einen Teppichboden legen.

Unser Haus bekam nur langsam sein heutiges Aussehen. Jedoch waren wir in jeder Phase seines Entstehens immer froh und stolz darüber, ein eigenes Heim zu besitzen!

5. Nachricht von meinem Sohn Bruno

Im Mai 1984 erhielt ich den ersten Brief von meinem Sohn Bruno aus Dresden. Ich war 72 Jahre alt und froh, dass ich diese Freude noch erleben durfte. Immer war es mein sehnlicher Wunsch, mit meinem Sohn in Kontakt zu kommen.

Sofort schrieb ich Bruno zurück. Ich wollte doch so vieles von ihm wissen. Bald darauf bekam ich Antwort und ein reger Briefwechsel begann.

Nach und nach konnte ich meine Wissenslücken über das Leben meines Sohnes füllen, das durch das Zusammenwirken der politischen, gesellschaftlichen und wirtschaftlichen Einflüsse geprägt wurde.

Durch die Kriegsereignisse, welche die Zerstörung Königsbergs und anderer Städte, die Vertreibung und Flucht der Deutschen und den Einmarsch der Russen in Ostpreußen mit sich brachten, verschlug es meinen geschiedenen Mann und seine Familie, in welcher Bruno lebte, von Königsberg nach Mühlhausen, in die russisch besetzte Ostzone Nachkriegsdeutschlands.

Mein Sohn Bruno wuchs im DDR-Regime auf. Er lebte mit seiner Familie in Dresden. Bis 1979 war er als Oberstleutnant im aktiven Dienst.

Sogar noch einige Jahre nach seinem Ausscheiden aus der Armee durfte er keine Westkontakte aufnehmen. Obwohl wir durch den Suchdienst voneinander wussten, waren wir bis 1984 füreinander unerreichbar.

6. Nach 46 Jahren - 1984 - erstes Wiedersehen mit meinem Sohn Bruno in Böhmisch Eisenstein

1987 - Mein Besuch bei Bruno in Dresden - Politische Wende 1989

Eine Besuchserlaubnis zu mir bekam Bruno noch nicht. Deshalb vereinbarten wir brieflich unser erstes persönliches Treffen in einem Lokal in Böhmisch Eisenstein. Es fand im August 1984 statt. Karin, ihr Mann Karsten mit Sohn Uli und Annelie waren dabei. Beim Grenzübertritt in die damalige Tschechoslowakei mussten wir noch die eingehenden Kontrollen über uns ergehen lassen.

Ich sah nach 46 Jahren meinen Sohn wieder, meine Töchter hatten ihren Bruder noch nie gesehen.

Die Momente des Wiedersehens und des Kennenlernens werden wir alle nicht mehr vergessen. Wir weinten und lachten im gleichen Augenblick.

Es folgten weitere Verabredungen in Böhmisch Eisenstein.

Als uns Edeltraut mit ihrem Mann 1985 besuchte, trafen wir uns sogar gemeinsam in Böhmisch Eisenstein mit Bruno wieder.

1987, noch zwei Jahre vor dem Ende des DDR-Regimes, besuchte ich Bruno in Dresden. Ich verbrachte zwei wunderschöne Wochen mit ihm. Er zeigte mir die Sehenswürdigkeiten der historischen Stadt und der herrlichen Umgebung.

Nach so vielen Jahren der Trennung und Ungewissheit habe ich meine beiden Kinder aus erster Ehe doch noch gefunden. Gott sei Dank!

vorgsorgt

i schau
aufn gartn
es wiad langsam koit
kurz san scho de dog

mei apfebamal hob i pflanzt
s rosnstreichal gsetzt
tuipnzwiebal vograbn in da erd
macht nix, wenns iatz winta werd

7. Rückbesinnung am Lebensabend

Mein lieber Gustav ist mir schon in die Ewigkeit vorausgegangen. Am 9. Mai jährte sich zum siebten Male sein Todestag. Seither vermisse ich ihn sehr. Das Alter spüre ich als große Last und dennoch lebe ich bis heute gerne. Wenn Gott aber das große Amen sprechen will, dann werde ich ihm nicht mehr widersprechen. Er hat mich in meinem Leben so reich beschenkt, dass ich nicht klagen will, wenn der Becher allmählich zur Neige geht. Fünf Kinder, 10 Enkelkinder, 14 Urenkel, 2 Ururenkel sind meine große Freude.

Die Liebe zu meinem Gustl war das Beste, was mir geschehen konnte. Er war mein Engel, der mich auf meinem Erdenweg begleitet hat. Zwei Menschen, die sich so lieben wie wir zwei es taten, haben den Himmel auf Erden. Ich danke Gott, dass er uns gestärkt und geleitet hat, ein geradliniges Leben zu führen.

Gustl war still und besonnen, ich war lebhaft und träumerisch, strebte nach Schönem und Erbaulichem. Gustl war für das einfache Leben und

An unserem gemeinsamen 80. Geburtstag

sehr genügsam. Ich konnte nicht immer auf einer Stelle stehen bleiben und wollte immer weiter marschieren.

Gemeinsam konnten wir alle Not ertragen und haben alle Hürden geschafft. Nichts mussten wir einander verschweigen und konnten uns alles sagen, ohne dass einer dem anderen böse war. Wenn einer von uns etwas nicht gut geheißen hat, ließ er den anderen trotzdem gewähren.

So fanden wir trotz unserer Gegensätze am Ende immer wieder einen gemeinsamen Nenner und waren uns einig.

Es war nicht immer leicht mit mir, das weiß ich heute. Meine vorliegende Lebensgeschichte möge dazu beitragen, Verständnis für mich aufzubringen. Ich bitte um Nachsicht mit dem Wildpferd, das insgeheim in mir schlummerte. Es hatte sich im Zirkus des Lebens nicht dressieren, sondern nur liebevoll ein wenig zähmen lassen. Im Grunde meines Herzens fühlte ich mich aber immer von Gutem angezogen und von Schlechtem abgestoßen. Meine Kinder habe ich in diesem Sinne erzogen.

An unserem gemeinsamen 85. Geburtstag, drei Monate vor Gustavs Tod

Alles, was Gustav und ich an materiellen Dingen geschaffen haben, geben wir gerne an unsere Kinder weiter. Auch wenn es keine großen Reichtümer sind, werden sie in irgendeiner Weise für sie von Nutzen sein.

Absolut erstrebenswert war für uns nur, dass wir unseren Kindern durch eine gute Erziehung und Ausbildung eine tragfähige Grundlage für ihre Zukunft geben konnten. Wir haben sie in die erfreuliche Lage versetzt, dass sie ihr Leben entsprechend ihrer Begabung und Vorstellung frei gestalten können. Fremdbestimmung und Abhängigkeit von widrigen Umständen, wie ich sie erlebt habe, brauchen sie nicht zu erdulden. Meine Gene habe ich meinen zahlreichen Nachkommen weitergegeben. Ich würde mir für die Zukunft wünschen, dass sie alle ihre Anlagen zur Entfaltung bringen und ihre Ziele verwirklichen können!

Ich habe mich bis heute über jeden Tag, der mir geschenkt wurde, gefreut. Jetzt bin ich 92 Jahre alt und mir wird immer bewusster, dass bald mein letzter Tag bevorsteht. Bald werde ich die Reise zu einem Ziel antreten, das mein geliebter Gustav schon erreicht hat.

Meine Karin fragte mich vor kurzem: „Mamale, was machst du, wenn du unseren Papa im Himmel wieder siehst?“

Ohne zu überlegen antwortete ich, dass ich ihm um den Hals fallen und ins Ohr flüstern werde: „Jetzt gebe ich dich nicht mehr her, mein Gustl!“

Darauf freue ich mich, obgleich ich schweren Herzens von meinen Lieben weggehe. Mein Trost ist, dass ich sie ohne Sorge zurücklassen kann. Sie werden mich wahrscheinlich vermissen, doch ihr Leben wird weitergehen. Wenn es nicht so wäre, hätte ich wohl etwas falsch gemacht.

Alle Aufgaben sind erfüllt und es steht nun nichts mehr an.

Ich bin bereit für den Abend meines letzten Tages, an dem ich beten möchte:

„Mein lieber Gott, zu Dir kehr ich zurück. Dir sei Dank! Den Anfang und das Ende leg ich in Deine Hände.“

Psalm 72

**Nun aber will ich allezeit bei Dir sein,
denn Du hast meine Rechte erfasst.**

**Nach Deinem Ratschluss geleitest Du mich,
und am Ende nimmst Du mich auf in die Herrlichkeit.**

**Wen hab ich im Himmel, wenn nicht Dich?
Und bin ich bei Dir, dann freut mich die Erde nicht.**

**Mein Leib und mein Herz vergehen,
Gott aber ist meines Herzens Fels, mein Anteil in Ewigkeit.**

**Siehe, die von Dir weichen, gehen zu Grund;
welche die Treue Dir brechen, vernichtest Du.**

**Meines Herzens Gut aber ist`s, in Gottes Nähe zu weilen,
in Gott dem Herrn meine Zuflucht zu haben.**

**All Deine Taten will ich erzählen
an den Toren der Sionsstadt.**

Nachwort der Tochter

1. Beenden der Aufzeichnungen im Juli 2004

Frohes Abschlussritual

Mama und ich haben im März 2004 mit dem Aufschreiben der Lebenserinnerungen begonnen und setzten es im April, Mai und Juni fort. Anfang Juli beendeten wir die letzten Zeilen mit einem kleinen Ritual.

Ich legte die Diskette mit dem gespeicherten Lebensbericht in die Mitte des Tisches und sagte: „Mama, schau in diesem kleinen schwarzen Ding, da ist alles drinnen, was du mir in den letzten Monaten erzählt hast. Lege deine Hand darauf."

Sie legte verwundert und fast ehrfürchtig ihre kleine, alte Hand auf die Diskette und ich die meine auf ihre, sie ihre andere auf meine und ich meine zweite auf ihre. Mehrmals und immer heftiger werdend, bis wir vor Lachen nicht mehr weitermachen konnten, wiederholten wir das Spiel mit unseren Händen. Die ganze Wut über die bitteren Seiten ihres Lebens entlud sich klatschend über der Diskette und endete mit einem befreienden Lachen.

Große Genugtuung erfüllte uns beide. Wir waren erschöpft von den wochenlangen Sitzungen aber überglücklich, dass wir unser Vorhaben in die Tat umgesetzt hatten. Mit der Unterstützung meines Mannes Karsten haben wir es geschafft! Alle drei haben wir durchgehalten!

Ende Juli endlich den Text in Händen – Mehr Ruhe und Gelassenheit

Die Diskette nahm zum Glück keinen Schaden durch das heftige Ritual, dem sie standhalten musste. Zu Hause konnte ich zum ersten Mal nach der vorläufigen Korrektur die fast 150 Seiten ausdrucken. Ich lochte das Papier und heftete es in einem roten Ordner ein.

Ende Juli brachte ich meiner Mutter das umfangreiche Manuskript mit, damit sie die Arbeit sehen, fühlen und stolz bestaunen könne.

„Eine Diskette ist ja nicht so anschaulich.", dachte ich mir.

Ich überreichte ihr den Ordner und hoffte, dass sie mit Befriedigung und Freude in den nächsten Tagen lesen würde, was wir in den vergangenen Monaten zu Papier gebracht hatten.

Sie nahm den Ordner in die Hände und ihr Blick erhellte sich kurz angesichts seines Umfanges. Dann blickte sie mich ernst an und reichte ihn mir mit leisen Worten zurück: „Mein Karinlein, ich brauche es nicht mehr zu lesen. Ich weiß ja eh, was drinnen steht. Es ist gut, dass wir noch fertig geworden sind.“

Mir schien, als interessiere sie sich nicht mehr für das, wovon sie einmal so stark ergriffen war.

Zunächst wollte ich es nicht akzeptieren, dass meine Mama ihre eigenen Erzählungen nicht mehr nachlesen wollte. Darin war doch ihr Leben, das sie uns in all den Jahren in allen Facetten immer und immer wieder begreiflich machen wollte. Deshalb konnte ich nicht umhin, ihr selbst noch einige herausragende Episoden vorzulesen. Zuletzt fügte ich den Schlussgedanken und den Psalm hinzu.

Sie hörte versonnen zu, damit ich meinen Willen hatte. Als ich fertig war, meinte sie zärtlich: „Das hast du schön geschrieben, Liebes. Genau so ist es gewesen. Und der Schluss mit dem Psalm, der ist sehr treffend und gefällt mir gut.“

„Mamale, ich habe das nur für dich festgehalten. Geschrieben hat es dein Leben.“, erwiderte ich.

Nun sprach Mama nicht mehr über die Vergangenheit.

Beim Aufzeichnen konnten die Erinnerungen nach und nach in einer kleinen Diskette verschwinden. Mama wurde ausgeglichener und ruhiger. Endlich konnte sie loslassen und einen Schlussstrich ziehen!

Die Erlebnisse waren zu Papier gebracht worden und lagen nun gut verwahrt im Ordner.

Schade, dass wir so spät mit der Arbeit begonnen haben!

2. Zunahme der Leiden im August 2004 – Kostbare Augenblicke

Mit Wehmut fühlte ich schon seit dem letzten Weihnachtsfest 2003 und dem Jahreswechsel, dass die Festtage des Jahres 2004 die letzten sein könnten, die wir zusammen mit Mama begehen durften.

Meinen sechzigsten Geburtstag konnte ich im August 2004 noch gemeinsam mit Mama und Karsten feiern. Mir war nach einem größeren Fest, wie es diesem besonderen Tag zukäme, gar nicht mehr zumute. Ich war nach den anstrengenden und berührenden Aufzeichnungen müde.

Wir feierten, wie an meinen anderen Geburtstagen auch, nachmittags mit Mama bei Kaffee und Kuchen.

Freude und Trost schenkten mir nur sechzig prächtigen Sonnenblumen, die im Garten blühten. Für jedes Jahr meines Lebens, das ich von Mama geschenkt bekommen habe, setzte ich im Frühjahr ein selbstgezogenes Pflänzchen ein. Nun schwirrten viele Vögel lustig zwischen den gut gediehenen hohen Blumen herum und pickten die ersten reifen

Mama und Karsten an unserem letzten Weihnachtsfest 2003

Kerne heraus. Das war ein tröstliches Bild, das mich trotz der Traurigkeit wiederum dankbar stimmte.

Allmählich verschlechterte sich Mamas Zustand. Sie bekam immer häufigere Fantasien, die sich sogar als Todesahnungen deuten lassen.

Sie meinte, Flüchtlingsfrauen mit ihren Kindern auf der Straße herumstehen zu sehen. Oft dachte sie, das Klingeln des Telefons gehört zu haben und bemühte sich vergebens um ein Gespräch. Nachts weckte sie das Rauschen eines Baches oder das Brummen von Militärlastwägen. Auf den Hausdächern ringsum sah sie Soldaten mit Gewehren oder große schwarze Vögel sitzen. An den Zimmerwänden entdeckte sie verwirrende Landkarten.

Alles, was sie in ihrem Leben erlebt hatte und was sie im Voraus ahnte, war wie ein Kaleidoskop in ihrem Kopf vermischt.

Je nach Stimmung und körperlicher Verfassung entstanden oft jeden Tag neue Bilder oder sie wiederholten sich. Mama versuchte, uns von ihren Beobachtungen, die sie für wahr hielt, zu überzeugen. Unsere Einwände konnten sie aber nicht oft beruhigen.

Manchmal ließ sie aber bei unseren Besuchen von alledem nichts verlauten und wir konnten uns angeregt mit ihr unterhalten. Dann blitzten ihre Gedanken mit bestechender Klarheit auf und wir meinten, sie habe alle bedrohlichen Wahrnehmungen vergessen. Es war so, als wenn das Licht der Sonne durch eine Wolkenlücke kurz auf die Erde strahlen würde.

Das war dann wieder meine frühere Mama, mit ihren umwerfend witzigen Bemerkungen und ihrem ansteckenden Lachen. Dann konnten wir ohne Sorge nach Hause fahren.

Anfang September weinte Mama fast täglich. Sie zeigte kein Interesse mehr an Fernsehen und Zeitungslesen und nickte sogar schon häufig am Tisch ein. Ihr Appetit, der seit Januar schon merklich abgenommen hatte, wurde noch schwächer und spezieller. Ich wusste schon nicht mehr, was ich für sie kochen sollte. Frühmorgens hatte sie z. B. noch Lust auf Fleischsuppe. Als ich sie ihr frisch gekocht brachte, empfand sie plötzlich eine Abneigung dagegen. Entsprechend schwierig gestalteten sich für meinen Mann auch die Einkäufe. Die nach ihren Gelüs-

Mama und ich beim Kaffeetrinken an meinem Geburtstag.

ten gekauften Lebensmittel und gekochten Gerichte mussten wir selbst essen oder nach einigen Tagen entsorgen.

Wenn Mama keine Lust zum Essen hatte, nahmen auch ihre Fantasien zu. An solchen Tagen fiel es uns besonders schwer, nach Hause zu fahren. Einmal weinte sie beim Abschied so sehr, dass ich sie besorgt fragte: „Was ist denn los, Mama? Soll ich noch da bleiben?“

Aber sie schüttelte den Kopf und sagte nur leise: „Nein, nein, fahre nur heim. Es ist nur, dass ich halt so schwer von euch weggehe.“

Wir wussten beide, dass unser letzter Abschied in der nächsten Zeit bevorstand, und wir weinten schon im Voraus ganz heftig mit- und umeinander.

Nach einer Weile stieg ich beklommen ins Auto und fuhr in der Gewissheit nach Hause, dass die Fahrten gezählt sind, wo mich meine Mama in Bodenmais erwartet.

Unsere Fahrt ins Krankenhaus

Am 6. September saß Mama bei unserem Besuch mit gefalteten Händen auf der Couch. Bevor wir etwas sagen konnten, fing sie mit leisen, aber klaren Worten zu sprechen an: „Meine Lieben, jetzt ist es so weit. Ich kann nicht mehr. Ich muss ins Krankenhaus. Es hat keinen Sinn mehr. Bitte, holt mir meine Tasche. Meine Karin, du hast eh schon alles hergerichtet.“

Mama hat diesen Zeitpunkt schon lange befürchtet und immer wieder hinausgeschoben. Aber jetzt war nichts mehr daran zu ändern.

Karsten und ich setzten uns zu ihr. Wir sagten nichts. Der Ernst der Lage war uns bewusst.

„Wenn du meinst, Mama. Wir warten auf den Arzt, der heute sowieso kommt. Der veranlasst die Einweisung.“

Der Arzt kam, stellte den Überweisungsschein aus und fragte uns, ob er den Sanka holen solle. „Nein, wir bringen Mama selber hin.“, antworteten wir leise.

Diesen Dienst wollten wir Mama noch tun. Das ließen wir uns nicht nehmen. Unübersehbar kündigte sich eine ernste Wende in Mamas Leben an.

Dann riefen wir im Krankenhaus an, um Mama anzumelden. Zum Glück erreichte ich den Chefarzt. Mein ehemaliger Schulkamerad aus Bodenmais kannte unsere Situation von früheren Krankenhausaufenthalten Mamas bereits.

Er sagte beruhigend: „Bring deine Mama her, Karin. Ich werde sie heute noch untersuchen. Mach dir keine Sorgen.“

Ich fühlte mich erleichtert und benachrichtigte meine Schwester in Linkenheim. Sie sollte erfahren, dass wir Mama demnächst in das Krankenhaus bringen.

Karsten und ich packten zusätzlich noch ein paar Dinge in die Tasche hinein. Wir gingen durch das Haus, schlossen alle Fenster, drehten die Heizkörper auf die kleinste Stufe und nahmen verderbliche Nahrungsmittel aus dem Kühlschrank. Am späten Nachmittag waren wir so weit, dass wir ins Auto einsteigen konnten. Karsten und ich halfen Mama dabei.

„Jetzt muss ich mein Häusl alleine lassen, omei, omei.“, sagte sie wehmütig, als wir im Hof wendeten und ihn durch das Tor verließen.

Wir schwiegen, denn das war Mamas eigener Abschied von einem Ort, der ihr alles im Leben bedeutete. Er war ihre kleine Welt. Mehr brauchte sie nicht. Kein Wort wäre angemessen genug gewesen, diesen Augenblick zu stören.

Langsam fuhren wir die Arberseestraße hinunter, kamen über die Kuhbrücke zur Regener Straße, fuhren an den schönen Häusern links und rechts neben der Straße vorbei und entfernten uns vom Ort.

Weiß strahlten in der Nachmittagssonne die Siedlungsflecken, die sich unter der Kuppe des Arbers an grüne Hänge schmiegten und über kleine Täler ausdehnten. Deutlich ragte die vertraute Kirche aus dem Ortskern am Berg.

Als Bodenmais hinter uns lag, blickte Mama wehmütig über ihre Schulter und warf einen letzten Blick auf das wundervolle Panorama ihres Wohnsitzes, in welchem sie seit fast sechzig Jahren glücklich lebte. Die allmähliche Entwicklung des Ortes hatte sie wohlwollend und stolz, fast wie eine Mutter bei ihrem Kind, beobachtet.

Während Tränen über ihr ergriffenes Gesicht liefen, sprach sie leise und versonnen vor sich hin: „Schaut nur, wie groß und wie reich unser Ort geworden ist.“

„Ja, Mama, du hast es mit Papa schön hier gehabt, gell?“, antwortete ich vom Rücksitz hervor mit bemüht fester Stimme.

Mir fiel es schwer, meine Ergriffenheit während Mamas vermutlich letzter Fahrt aus Bodenmais zu verbergen. Lange hatte sie sich gegen diesen Abschied für immer von ihrem geliebten Zuhause, ihrer gewohnten Umgebung, gewehrt. Jetzt hatte sie keine Kraft mehr dazu.

Karsten chauffierte das Auto langsam über Berg und Tal entlang der Wiesen und Felder hinter Langdorf, Schwarzach und durch den Wald hinter Außenried bis wir über Tröplkeller nach Zwiesel kamen. Er sprach kein einziges Wort in diesen dichten Augenblicken. Bei der Auffahrt zum Krankenhaus spürten wir alle, wie sich auch unser bisheriges Leben von uns verabschiedete. Für Mama war es klar, dass etwas Unbekanntes auf sie zukommen würde. Karsten und mir war bewusst, dass die Zeit nicht mehr fern war, dass unsere Mama, mit der wir zehn Jahre durch die Pflege eng verbundenen waren, uns verlassen würde.

Karsten parkte vor der Krankenhauspforte und ich besorgte einen Rollstuhl. Mit Mühe stieg Mama mit unserer Hilfe aus dem Auto aus. Ich schob ihr den Rollstuhl hin und sie ließ sich rückwärts in den Rollstuhl fallen. Wir fuhren sie zur Anmeldung. Nach den Formalitäten brachten wir Mama in das Krankenzimmer. Das zweite Bett war leer. So konnten wir sie ungestört auskleiden und ins Bett bringen. Als ich ihre Wäsche, Pflegeutensilien und persönlichen Dinge verstaut hatte, kam eine Ärztin zur Aufnahmeuntersuchung. Ein Ordner wurde für sie angelegt und das Namensschild am Bettgestell festgeklemmt. Wir fühlten uns zunächst unserer größten Verantwortung enthoben. Mama war in das Krankenhaussystem eingegliedert worden. Trotzdem blieben wir noch zwei Stunden bei ihr, bis wir meinten, sie könne sich jetzt in ihrer neuen Umgebung zurechtfinden. Gegen Abend fuhren wir in gedrückter Stimmung nachhause. Wir machten uns auf eine schwere Zeit gefasst.

Im Krankenhaus verschlechterte sich der Zustand Mamas nochmals. Sie bekam einen kleinen Schlaganfall, wie mir ein Arzt mitteilte. Wir mussten schon mit dem Schlimmsten rechnen.

Mama erholte sich aber so weit, dass sie wieder verständlich sprechen konnte. Unvergesslich bleiben mir ihre wohl gesetzten Worte, mit denen sie während eines klaren Momentes Karsten und mir für alles dankte, was wir ihr Gutes getan hatten. Gott möge uns alles reich vergelten. Gerührt beteuerte sie, welch guten Mann ich habe und wie viel schöne Jahre noch vor uns liegen würden. Nun sei sie einverstanden, in ein Altenheim zu gehen. Sie sei nicht selbstsüchtig und wolle uns nicht weiter zur Last fallen. Wir sollten uns ein schönes Leben machen.

Uns war in diesem Augenblick bewusst, dass das Mamas Abschiedrede war. In dieser Weise hatte sie noch nie mit uns gesprochen. Sie tat es auch nicht wieder.

Am anderen Tag bedauerte Mama den geplanten Einzug ins Altenheim. Wir hatten aber keine andere Wahl mehr, denn unsere Kräfte waren erschöpft. Dieser Entschluss ist uns nicht leicht gefallen.

Gehen konnte Mama jetzt gar nicht mehr. Täglich waren wir bis zu fünf Stunden bei Mama und übernahmen ihre Pflege, so gut wir konnten. Wir hofften trotz allem auf Besserung, denn das bedeutete Aufschub dessen, was uns Schmerz zufügen würde.

Karsten und ich waren froh darüber, als Mama nach 14 Tagen im Krankenhaus zunächst in der Kurzzeitpflegeeinrichtung des Altenheimes in Regen ein Zimmer bekam. Ein anderes in der Pflegestation wurde uns in Aussicht gestellt. Die täglichen, langen Besuche im Krankenhaus hatten ein Ende. Wir waren erleichtert, denn nun war Mama einfacher in unserem Ort erreichbar. Das stellten wir uns vor allem für winterliche Straßenverhältnisse als großen Vorteil vor. Ich zog Mama schön an, hängte ihr meine Bernsteinkette um, die sie so sehr an mir liebte und Karsten brachte sie im Rollstuhl zum Auto. Unsere Stimmung war beinahe fröhlich. Mama bemerkte, dass sie nicht geglaubt hätte, noch einmal „heimzukommen." Als ich sie verbesserte und sagte, wir würden ins Altenheim fahren, antwortete sie nichts darauf.

3. Unterbringung im Altenheim im Sept. 2004

Eine Schwester holte uns mit dem Rollstuhl vom Parkplatz ab. Mama ließ die folgenden Handlungen ohne Kommentar über sich ergehen. Wir besuchten sie täglich mehrere Stunden lang. Wir hofften, dass sie sich gut einleben würde.

Nach zwei Wochen verschlechtere sich aber ihr Zustand erneut und sie dämmerte im Sessel oft nur so dahin. Ihre Beine schwollen eines Tages stark an. Ich kaufte sofort zwei Nummern größere Hausschuhe. Darüber freute sie sich noch so sehr, dass sie spaßig meinte: „Ja, wenn ihr so gut für mich sorgt, dann könnte ich es ja noch eine Weile hier aushalten." Es kam aber anders.

Am anderen Nachmittag, es war ein Donnerstag Ende September, fand ich Mama im Aufenthaltsraum vor und erschrak schon an der Türe. Mama sah wie tot aus. Sie saß mit einer Decke zugedeckt im Ruhesessel. Ihr Kopf war zur Seite geneigt. Als ich sie mit offenem Mund noch hörbar atmen hörte, fiel mir ein Stein vom Herzen. Ich betrachtete lange ihr fahles Gesicht und ihre knochigen Hände. Es schien mir wie eine Vorausschau auf Mamas Ableben, auf das ich mich bald einstellen musste. Als Mama wach wurde, schien sie von ganz weit her gekommen zu sein.

Ein Tag später, Freitag, war der letzte Tag, den sie außerhalb des Bettes verbracht hatte. Ihr Lebensfunke war schon sehr schwach. Am Samstag, den 02. Okt., bekam Mama Fieber und musste von den Schwestern im Bett versorgt werden.

4. Endgültiger Abschied von meiner Mutter am 07.10.2004

Bald darauf trübte sich ihr Bewusstsein und sie war auch nicht mehr ansprechbar. Ab und zu jammerte sie nur noch und lallte die Silben meines Namens. Durch eine Infusionsnadel wurden ihr noch die üblichen Medikamente verabreicht. Mama riss sich aber nachts die Nadel heraus. Deshalb brachten die Schwestern eine gepolsterte Schiene am Arm an. Unruhig bewegte sie den geschienten Arm hin und her oder sie hob ihn hoch und ließ ihn wieder fallen. Es kam mir vor, als ob Mama keine Infusion mehr haben wollte.

Der Arzt und die Schwestern taten alles, um ihre letzten Stunden zu erleichtern. Darüber empfanden wir eine große Dankbarkeit. Wir waren in Mamas letzten fünf Lebenstagen nicht belastet mir pflegerischen Aufgaben. So konnten wir jederzeit in Ruhe an ihrem Bett sitzen und uns mit jedem Tag ein Stückchen von ihr verabschieden.

Im vorletzten Jahr schenkte ich Mama zum Muttertag eine blaue Hortensie. Als der Stock verblüht war, pflanzte ich ihn in den Garten. Gerade jetzt blühte die Pflanze mit einer einzigen hellblauen Blüte. Diese schnitt ich ab und brachte sie am Mittwoch zu Mama. Ich stellte die Blüte in einer hohen Vase auf den Nachttisch, daneben das Versehkreuz und eine Kerze.

Unser Kaplan spendete die Krankensalbung. Wir waren auf alles vorbereitet.

Am Donnerstag, den 07. Okt., verschlechterte sich Mamas Zustand weiter. Sie lag zweifellos im Sterben. Gefasst bereiteten wir mit den Hospizhelferinnen des Altenheimes das Zimmer für Mamas letzte Stunden vor. Nun spendete statt der grellen Deckenleuchten eine verhüllte Stehlampe sanftes Licht. Auf dem Nachttisch brannte eine Kerze vor dem Versehkreuz. Die hellblaue Hortensienblüte schenkte Trost. Karsten und ich hielten Mamas Hände und beteten leise.

Mamas Augen waren geöffnet und blickten ins Leere, ihr Gesicht war eingefallen. Aus dem offenen Mund kam rasselnd und brodelnd der Atem. Die schweißnasse Stirn fühlte sich abwechselnd kalt und heiß an. Die Arme und Beine Mamas waren geschwollen. Die Haut wurde fahl. Das Herz schlug nur noch schwach und unregelmäßig. Die Nägel verfärbten sich bläulich, an den Beinen zeigten sich schon rosafarbene Flecken.

Ich besprayte Mamas trockenen Mund, tupfte ihre Stirn ab, deckte sie je nach der Temperatur ihrer Haut zu oder ab und sprach mit ihr.

Ein letztes Mal dankte ich ihr für alles, was sie Zeit meines Lebens für mich getan hatte.

Mama wurde von den Schwestern noch um 19.45 Uhr für die Nacht versorgt.

Kurz vor 20 Uhr kam Adelheid herein. Sie ist Nachtschwester im Altenheim und wie ich ehrenamtliche Hospizhelferin. Da sie keinen Dienst hatte, wollte sie die Nachtwache bei Mama zu übernehmen, damit wir zum Schlafen nachhause gehen konnten. Tagelang hatten wir schon an Mamas Bett ausgeharrt. Wir bedankten uns bei Adelheid herzlich für ihre Bereitschaft und die anmutige Engelskulptur, die sie mitgebracht und auf den Nachttisch gestellt hatte. Dann schickten wir uns an, nach Hause zu gehen.

Das muss Mama gehört haben!

Vor kurzem erst hatte sie mir versprochen, dass ich in ihrer letzten Stunde zum Abschiednehmen bei ihr sein dürfe, so wie ich es bei Papa tun konnte. Mir war das sehr wichtig! Das scheint mir eine Erklärung dafür zu sein, was dann geschah.

Wir hatten uns gerade erhoben um zu gehen, als Mama auf einmal deutlich hörbar tief ein und dann lange aus atmete. Erschrocken horchten wir auf und blickten zu ihr! Dann war kurze Stille. Nun sog sie ein letztes Mal die Luft in ihre Lunge ein, hielt kurz inne und ließ sie, wie befreit, mit einem langsam absteigenden Ton ausströmen. Es schien, als hätte sie gerade eine große Last abgelegt.

Dann war Stille.

Bestürzt beobachtete ich Mama. Dann fragte ich Adelheid: „Sag, war's das schon?“

Die erfahrene Schwester nickte.

Ich legte mein Ohr auf Mamas Brust.

Ihr Herz schlug nicht mehr.

Sie ist von uns gegangen und ich konnte kaum glauben, dass es mit so einer Leichtigkeit geschah. Dennoch überkam mich ein tiefer Schmerz, als keine weiteren Atemzüge Mamas mehr folgten und sie so reglos in ihrem Kissen lag.

Wie früher bei Mama, konnte ich mich jetzt an Adelheids Schulter ausweinen!

Die mütterliche Frau war für uns in dieser schweren Stunde eine große Hilfe. Dafür werden wir ihr immer dankbar sein. Es scheint mir sogar, dass meine einfühlsame Mama ihren Heimgang so bestimmt hatte, dass wir ihn nicht nur erleben durften, sondern auch, dass uns im größten Schmerz dieser liebevolle Mensch zur Seite stand!

Ich musste es erst langsam begreifen, dass ich endgültig für mein künftiges Leben keine Mutter mehr hatte. Mit dem Gefühl, von ihr zurückgelassen und abgeschnitten zu sein, musste ich mich erst vertraut machen.

Nachdem wir uns wieder gefasst hatten, beteten Karsten und ich die Sterbegebete.

Adelheid öffnete das Fenster und meldete Mamas Tod der Stationsschwester. Diese trat leise ins Zimmer und sprach uns ihre Anteilnahme aus. Dann notierte sie Mamas Todeszeitpunkt für den Arzt, entfernte behutsam die Infusionsnadel und richtete das Bett.

Nun kam die Zeit des letzten Abschieds.

Ich schloss Mamas Augenlider und Mund. Dann legte ich das Sterbekreuz auf ihre Brust und faltete ihre Hände darüber. Sachte legte ich meine handgestrickte Decke um Mamas Haupt und Hände, damit uns ihre Wärme noch ein wenig erhalten bliebe.

In unserer Trauer konnten wir uns nicht so schnell von Mama und dem Sterbezimmer entfernen. Wir wachten noch einige Stunden.

Ich beobachtete Mama unentwegt. Noch konnte ich in ihrer Nähe sein, sie anfassen und über ihr Haar streichen. Langsam erkaltete ihr Körper und ihre Seele wich mehr und mehr aus ihm. Ein Hauch wunderbaren Friedens legte sich über ihr Gesicht. Ihre Falten glätteten sich und ihre feinen Züge wurden immer klarer sichtbar.

Eine lange, beschwerliche Reise war zu Ende.

5. Rückblick in Liebe auf unsere unvergessliche Mama

Am 07. Oktober 2004, um 20 Uhr, ging meine liebe Mutter mit 92 1/2 Jahren in den ewigen Frieden heim.

Uns bleibt die liebevolle Erinnerung an Mama, der wir unser jetziges Leben und Auskommen verdanken.

In allem, was wir tun, denken und fühlen sind ihre Spuren erkennbar.

Sie hat uns vorgelebt, was wirklich im Leben zählt. Um glücklich zu sein brauchte sie keine Reichtümer.

Es waren die kleinen Freuden des Lebens, die unscheinbaren, mit denen sie zufrieden war. Ihr Herz blieb unbeschwert und frei vom Streben nach mehr als zum Leben nötig war.

Federleicht konnte sie die Schwelle in eine andere Wirklichkeit überschreiten. Mit zwei tiefen Atemzügen verabschiedete sie sich von dieser Welt.

Trotz vieler Enttäuschungen behielt sie ihre zuversichtliche Lebenseinstellung und ihren bemerkenswerten Humor.

Ihr ansteckendes Lachen wird noch in der Erinnerung oft ein heiteres Lächeln in uns hervorzaubern.

Wir blicken ihr nach und vermissen sowohl ihr herzliches als auch ihr tiefsinniges Wesen, das aus dem Grund ihrer Seele kam.

Ihr Leben war geprägt von Glaube, Hoffnung und Liebe. Diese drei Gaben begleiteten sie durch ihr beschwerliches Leben.

Von
Gott
geleitet
und
in ihm geborgen, trug sie das
Los, das er ihr zugedacht.
Doch er war
bei ihr
am
Abend
und
am
Morgen
und
ganz gewiss
an ihrem letzten Tag.

1912 - 2004 - Lebensweg meiner Mutter in Bayern, Preußen und Böhmen

1. Kreis Regen: Viechtach, Schlag, Kirchdorf, Zwiesel
2. München und Umland
3. Paterswalde/Wehlau; Königsberg
4. Swinemünde
5. Berlin
6. Deutsch Krone; Schneidemühl
7. Posen/Polen;
8. Weimar
9. Teplitz-Schönau/Sudetenland (jetzt Tschechien)
10. Flucht über Brüx, Karlsbad, Falkenau bis zum Grenzübertritt in Asch
11. Weiterfahrt in Bayern über Selb, Regensburg und Regen nach Bodenmais

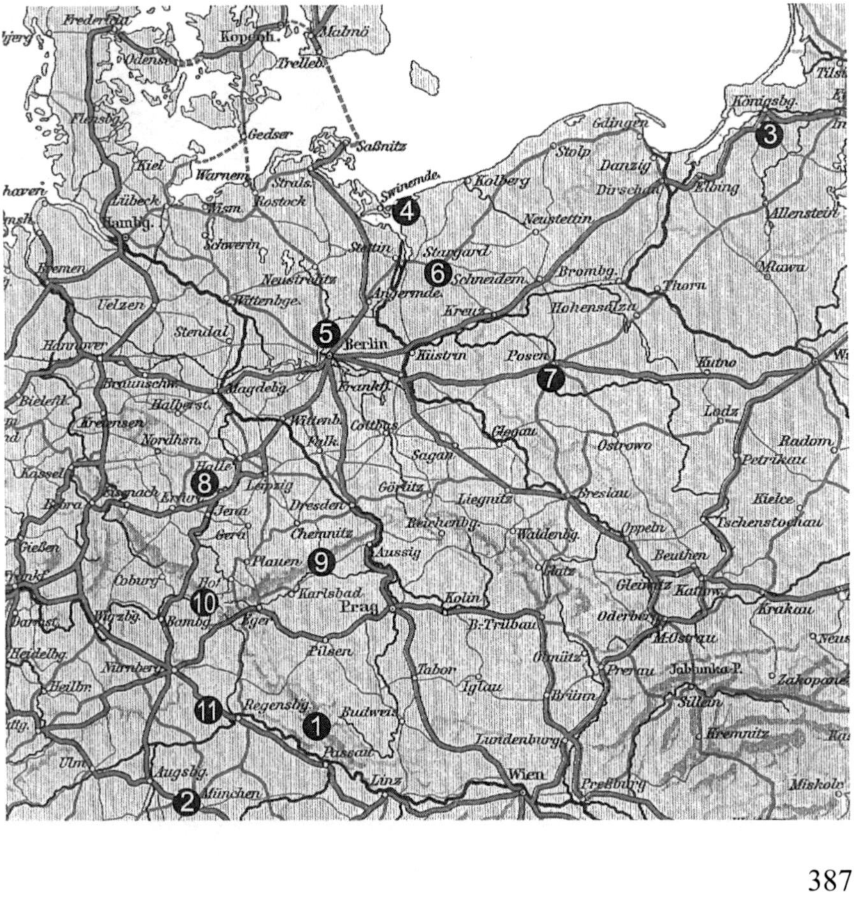

Die Autorin

Karin Morawetz, geborene Thamm,
geb. 09.08.1944 in Zuckmantel bei
Teplitz-Schönau im Sudetenland
Verheiratet, zwei erwachsene Söhne
Fachlehrerin i. R.
Ehrenamtliche Tätigkeiten u. a. als
Hospizhelferin
Wohnhaft in Regen